中等职业学校汽车运用与维修专业通用教材

发动机构造与维修

主　编　杨桂玲
副主编　李　军　高广海　刘贵森

机 械 工 业 出 版 社

本书以桑塔纳轿车为例，详细介绍了汽车发动机总体构造及工作原理，气缸体总成的构造与维修，配气机构的构造与维修，汽油机燃料供给系的构造与维修、柴油机燃料供油系的构造与维修，润滑系的构造与维修、发动机冷却系的构造与维修等。

本书根据最新资料编写，充分体现了理论、实践一体化，内容丰富，可作为中等职业学校汽车运用与维修专业教学用书，也可供汽车维修技术人员参考。

图书在版编目（CIP）数据

发动机构造与维修/杨桂玲主编．—北京：机械工业出版社，(2021.1 重印)
中等职业学校汽车运用与维修专业通用教材
ISBN 7-111-18245-6

Ⅰ．发… Ⅱ．杨… Ⅲ．①汽车—发动机—构造—专业学校—教材 ②汽车—发动机—车辆修理—专业学校—教材 Ⅳ．U472.43

中国版本图书馆 CIP 数据核字（2005）第 157178 号

机械工业出版社（北京市百万庄大街 22 号 邮政编码 100037）
策划编辑：朱 华 责任编辑：朱 华 版式设计：冉晓华
责任校对：王 欣 封面设计：王伟光 责任印制：常天培
北京虎彩文化传播有限公司印刷
2021 年 1 月第 1 版第 6 次印刷
787mm×1092mm 1/16 · 15.75 印张 · 384 千字
13501—13800 册
定价：39.80 元

电话服务 网络服务
客服电话：010-88361066 机 工 官 网：www. cmpbook. com
010-88379833 机 工 官 博：weibo. com/cmp1952
010-68326294 金 书 网：www. golden-book. com
封底无防伪标均为盗版 机工教育服务网：www. cmpedu. com

中等职业学校汽车运用与维修专业通用教材
编　委　会

本书主编　杨桂玲

本书副主编　李　军　高广海　刘贵森

本书参编　辛　勤　林鹏翔　姜海艳　黄世扎　朱春红
　　　　　黄志荣　李　霞　张英华　江　帆

本书主审　林为群

前　言

本套教材是根据教育部确定的中等职业学校汽车运用与维修专业技能型紧缺人才培养的指导思想，以提高学习者的职业实践能力和职业素养为宗旨，倡导以学生为本位的教育培训理念和建立多样性与选择性相统一的教学机制编写的。通过综合和具体的职业技术实践活动，帮助学生积累实际工作经验，突出职业教育的特色，全面提高学生的职业道德、职业能力和综合素质。

汽车运用与维修专业技能型紧缺人才培养培训的基本原则是：

1. 以全面素质为基础，以能力为本位。
2. 以企业需求为基本依据，以就业为导向。
3. 适应企业技术发展，体现教学内容的先进性和前瞻性。
4. 以学生为主体，体现教学组织的科学性和灵活性。

根据这一指导思想和基本原则，我们组织编写了这套中等职业学校汽车运用与维修专业通用教材。

本套教材具有以下特点：

1. 采用新标准、新规范、新规定。
2. 反映新结构、新材料、新工艺、新知识与新经验。
3. 突出实践，理论与实训比例为1:1左右。
4. 教材内容以够用为主，定位准确，难度适宜。

通过本套教材的学习，可以使学生达到以下要求：

1. 能够了解汽车维修企业的生产过程，具备初步的企业生产经验。
2. 能够分析和解决本专业的一般技术问题，具有初步拟定工作计划、组织实施和评估的能力。
3. 能够借助工具书阅读一般的专业外文技术资料。
4. 具有良好的人际交流能力、团队合作精神和客户服务意识。
5. 具有安全生产、环境保护以及汽车维修等法规的相关知识和技能。

学生通过对本套教材的学习，完全能掌握必要的本专业理论知识，同时还能达到相应的技能要求，还能够取得相应的职业资格证书，为就业打下良好的基础。

在编写本套教材过程中，得到很多中职学校和有关工厂企业的大力支持，在此致以深切谢意。

中等职业学校汽车运用与维修专业通用教材编委会

目　录

前言

第一章　汽车发动机总体构造及工作原理 …… 1

第一节　汽车发动机概述及常用术语 …… 1
第二节　内燃机基本工作原理 …… 2
第三节　内燃机总体构造 …… 7
第四节　内燃机类型及型号编制规则 …… 10

第二章　曲柄连杆机构的构造与维修 …… 12

第一节　气缸体曲轴箱组的结构与维修 …… 12
第二节　活塞连杆组的结构与维修 …… 15
第三节　曲轴飞轮组的结构与维修 …… 21

第三章　配气机构的构造与维修 …… 33

第一节　概述 …… 33
第二节　气门组的构造与维修 …… 39
第三节　气门传动组的构造与维修 …… 51

第四章　汽油机燃料供给系的构造与维修 …… 63

第一节　概述 …… 63
第二节　可燃混合气成分与汽油机性能的关系 …… 68
第三节　汽油供给装置 …… 70
第四节　汽油机燃料控制系统 …… 78
第五节　空气供给系统 …… 90
第六节　可燃混合气(空气)供给和废气排出装置 …… 97
第七节　综合故障诊断与排除 …… 105

第五章　柴油机燃料供油系的构造与维修 …… 138

第一节　概述 …… 138
第二节　喷油器 …… 143
第三节　喷油泵 …… 151
第四节　调速器 …… 166
第五节　输油泵和柴油滤清器 …… 174
第六节　喷油泵的驱动与供油正时 …… 179
第七节　PT 供油系统、VE 泵简介 …… 183
第八节　废气涡轮增压器 …… 186
第九节　柴油机燃料供给系的使用、维护与常见故障的诊断与排除 …… 189

第六章　润滑系的构造与维修 …… 201

第一节　润滑系油路 …… 202
第二节　润滑系主要部件 …… 205
第三节　综合故障诊断与排除 …… 216

第七章　发动机冷却系的构造与维修 …… 220

第一节　概述 …… 220
第二节　典型发动机冷却系的结构与维修 …… 232

参考文献 …… 242

第一章　汽车发动机总体构造及工作原理

第一节　汽车发动机概述及常用术语

一、概述

发动机是将各种形式的能量转换为机械能的机器。把燃料燃烧的热能转变为机械能的发动机称为热力发动机。

热力发动机分为外燃机和内燃机。燃料燃烧的热能通过其他介质转变为机械能的称为外燃机，如蒸汽机；燃料燃烧的热能直接转变为机械能的称为内燃机，如汽油机和柴油机。内燃机具有热效率高、结构紧凑、体积小、维修方便、起动性好等优点。

内燃机按活塞运动形式的不同，分为往复活塞式内燃机和转子式内燃机。往复活塞式内燃机工作时燃料燃烧的气体压力推动活塞作往复直线运动，利用曲柄连杆机构将活塞的直线运动转变为曲轴的旋转运动。转子式内燃机工作时，相当于活塞的三角形转子在蚕形壳体内作偏心回转运动，直接将燃料燃烧的膨胀力转化为内燃机的输出转矩。往复活塞式内燃机以技术先进、可靠性高而在汽车上被广泛使用。

二、常用术语

如图 1-1 所示，发动机的常用术语有：

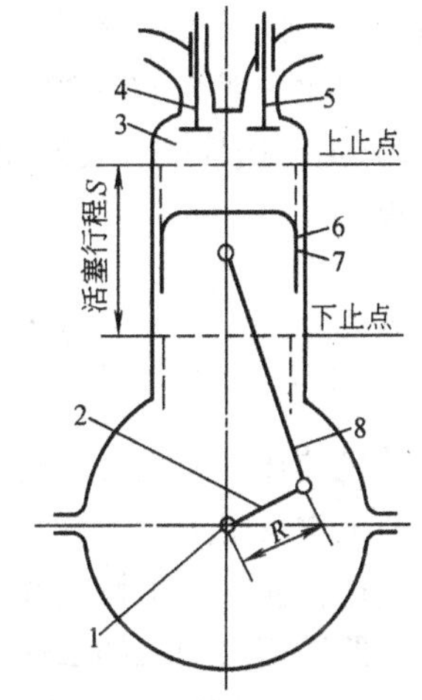

图 1-1　发动机的基本术语和参数

1—曲轴旋转中心　2—曲柄　3—燃烧室　4—进气门　5—排气门　6—气缸　7—活塞　8—连杆

(1) 上止点——活塞往复运动时，其顶面离曲轴回转中心最远时的位置。

(2) 下止点——活塞往复运动时，其顶面离曲轴回转中心最近时的位置。

(3) 活塞行程——活塞运行的上、下两个止点之间的距离，用 S（单位：mm）表示。

(4) 活塞冲程——活塞运行时由一个止点到另一个止点的运行过程。

(5) 曲柄半径——曲轴上的主轴颈中心线到连杆轴颈中心线的垂直距离，用 R（单位：mm）表示。当气缸轴线通过曲轴的回转中心时，$S=2R$。

(6) 气缸工作容积——活塞从上止点到下止点所扫过的容积，即活塞面积与行程的乘积，用 V_h（单位：L）表示

$$V_h = (\pi D^2 S/4) \times 10^{-6}$$

式中　V_h——气缸工作容积（L）；

D——气缸直径（mm）；

S——活塞行程（mm）。

(7) 发动机工作容积——多缸发动机各气缸工作容积的总和，也叫发动机排量，用 V_l（单位：L）表示

$$V_l = V_h i$$

式中　V_l——发动机工作容积（L）；

i——气缸数。

(8) 燃烧室容积——活塞在上止点时活塞顶面所封闭的气缸容积，它是气缸的最小容积，用 V_c（单位：L）表示

(9) 气缸总容积——活塞在下止点时活塞顶面所封闭的气缸容积，它是气缸的最大容积，用 V_a（单位：L）表示

$$V_a = V_h + V_c$$

(10) 压缩比——气缸总容积与燃烧室容积的比值，用 ε 表示

$$\varepsilon = \frac{V_a}{V_c} = \frac{(V_h + V_c)}{V_c} = 1 + \frac{V_h}{V_c}$$

压缩比表示活塞由下止点移动到上止点时气缸内的气体被压缩的程度，或者说体积缩小的倍数。压缩比越大，燃烧后产生的压力越大。现代车用汽油机的压缩比一般为 6～10；柴油机的压缩比一般为 16～22。

(11) 工作循环——在发动机内进行的每一次将燃料燃烧的热能转化为机械能的一系列连续过程。

第二节　内燃机基本工作原理

发动机的作用就是将燃料燃烧的热能转换为机械能，从而输出动力。其能量的转换是通过不断地依次反复进行“进气→压缩→做功→排气”四个连续过程来实现的，每进行一次这样的连续过程叫一个工作循环。

一、四冲程汽油机的工作原理

(一) 四冲程汽油机的工作循环

四冲程汽油机的工作循环包括进气、压缩、做功和排气四个行程。图 1-2 为单缸四冲程汽油机工作循环示意图。

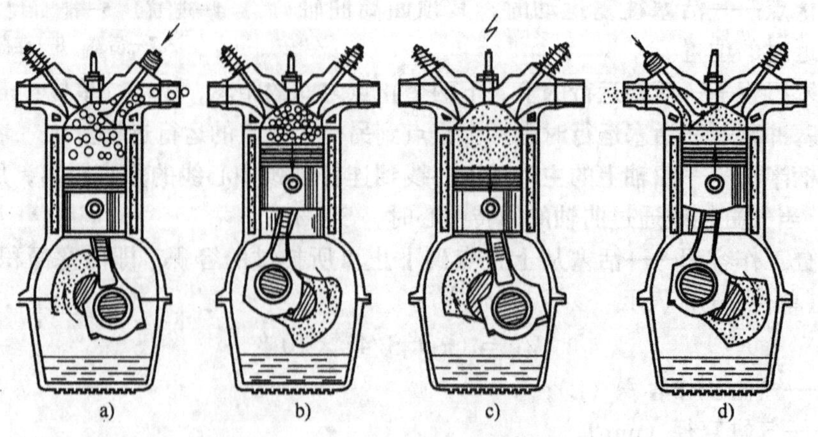

图 1-2　四冲程汽油机工作循环

a) 进气　b) 压缩　c) 做功　d) 排气

1. 进气行程

进气门打开，排气门关闭，曲轴带动活塞由上止点向下止点运动（图 1-2a）。活塞移动过程中气缸内容积逐渐增大，形成一定的负压力（真空度）。于是经过滤清的空气与汽油混合成可燃混合气，通过进气门被吸入气缸。活塞到达下止点时，进气门关闭，进气行程结束。由于进气过程中化油器、进气管、进气门等有进气阻力，进气行程结束时气缸内压力低于大气压力，约为 75～90kPa；由于气缸、活塞等高温机件及上一循环残余废气的加热，气体温度约为 370～440K。

2. 压缩行程

进、排气门均关闭，活塞在曲轴带动下，从下止点向上止点运动（图 1-2b），气缸内容积逐渐减少，可燃混合气被压缩，活塞到达上止点时，压缩行程结束。

在压缩行程中，气体压力和温度升高，可燃混合气进一步均匀混合，压缩终了时，气缸内的压力约为 600～1500kPa，温度约为 600～800K，远高于汽油的点燃温度。

3. 做功行程

进、排气门均关闭。在压缩行程末，火花塞产生电火花点燃可燃混合气，并迅速燃烧，使气体的温度、压力迅速升高而膨胀，推动活塞从上止点向下止点运动，再通过连杆驱动曲轴对外做功，活塞到达下止点时做功行程结束（图 1-2c）。

在做功行程的开始阶段，气缸内气体压力、温度急剧上升，瞬时压力可达 3～5MPa，瞬时温度可达 2200～2800K，随着活塞下移，压力、温度下降，做功行程终了时压力为 300～500kPa，温度降至 1500～1700K。

4. 排气行程

做功行程终了时，排气门打开，进气门关闭，曲轴通过连杆推动活塞从下止点向上止点运动（图 1-2d）。废气在自身压力和活塞推动作用下，经排气门被排出气缸，活塞到达上止点，排气门关闭，排气行程结束。

排气行程终了时，由于燃烧室占有一定容积，气缸内还存在有少量残余废气，气体压力也因排气门和排气管的阻力而仍高于大气压力。此时，压力约为 105～125kPa，温度约为 900～1200K。

排气行程结束后，排气门关闭，同时进气门再次开启，开始下一个工作循环。

（二）爆燃燃烧与表面点火

1. 爆燃

汽油机发生爆燃时外部特征是：气缸内发出特殊尖锐的金属撞击声；冷却液过热；较严重时功率下降，耗油率上升。爆燃是一种极其有害的不正常燃烧。

在正常火焰传播的过程中，处在最后燃烧位置上的那部分未燃混合气（常称末端混合气）进一步受到压缩和辐射热的作用，加速了先期反应。如果在火焰前峰尚未到达之前，末端混合气在最适宜发火的部位形成新的火焰中心，混合气自燃并由此开始以高速（1000m/s 以上）的火焰传播，使局部压力、温度很高，并伴随着冲击波。压力冲击波反复撞击缸壁，发出尖锐敲缸声，严重时破坏缸壁表面的附面气膜和油膜，使传热增加，气缸盖和活塞顶温度升高，冷却系过热，汽油机功率减少，耗油率增加，甚至造成活塞、气门烧坏，轴瓦破裂，火花塞绝缘体破坏，润滑油氧化成胶质，活塞环、活塞容易粘在槽内。

目前，防止爆燃的主要措施是采用合理的压缩比，使用较高牌号的汽油和设计更合理的燃烧室等。

2. 表面点火

在汽油机中，凡是不靠电火花而由燃烧室内炽热表面（如排气门头部、火花塞绝缘处或零件表面炽热的沉积物等）点燃混合气的现象统称表面点火。它的点火时刻是不可控制的，表面点火多发生在 ε = 9 以上的强化汽油机上。依据是否伴随爆燃分为：非爆燃性表面点火（不伴随爆燃）和爆燃性表面点火（表面点火后引起爆燃）。非爆燃性表面点火又分为：早火和后火。早火是在火花塞点火之前，炽热表面点燃混合气的现象。由于它提前点火而且热点表面比火花塞的大，使燃烧速度快，气缸压力、温度较高，发动机工作粗暴，并且由于压缩功增加，向缸壁传热增加，致使功率下降，火花塞、活塞等零件过热。与爆燃不同，表面点火是由活塞、连杆、曲轴等运动件受到冲击负荷产生振动造成的。凡是能促使燃烧室温度和压力升高以及促使积炭等炽热点形成的一切条件都能促成表面点火。后火是在火花塞点火之后，炽热表面点燃其余混合气的现象，它对发动机影响不大。

表面点火是高压缩比发动机产生的另一种不正常的燃烧现象。产生表面点火时也伴随有强烈的敲击声（较沉闷），发动机的寿命和可靠性均受影响。

（三）四冲程汽油机工作特点

通过上述四冲程汽油机工作循环的分析可知，四冲程汽油机具有以下工作特点：

（1）每个工作循环中曲轴旋转两周（720°），活塞上下往复运动四个单程，进、排气门各开启一次。

（2）四个行程中，只有做功行程是有效行程，其余都是辅助行程，靠消耗飞轮储备的能量来完成。

（3）可燃混合气是利用电火花点燃的。

（4）发动机起动必须有外力将曲轴转动。

二、四冲程柴油机的工作原理

四冲程柴油机和四冲程汽油机一样，每个工作循环也要经历进气、压缩、做功、排气四个行程。但由于柴油机用的燃料是柴油，其粘度大，蒸发性差，而自燃温度却比汽油低（汽油的自燃温度约为 653K，柴油的自燃温度约为 473～573K），因此，柴油机在可燃混合气的形成及着火方式等方面与汽油机有较大的区别。

（一）四冲程柴油机的工作循环

1. 进气行程

进气行程如图 1-3a 所示，它与汽油机不同，进入气缸的不是可燃混合气，而是纯空气。由于进气阻力比较小，上一行程残留的废气温度比较低，进气终了的压力约为 80～95kPa，温度约为 320～350K。

2. 压缩行程

压缩行程如图 1-3b 所示。柴油机压缩的是纯空气，而且由于柴油机压缩比大，压缩终了时的温度和压力都比汽油机高，压力可达 3～5MPa，温度可达 800～1000K。

3. 做功行程

做功行程如图 1-3c 所示。压缩行程接近终了时，喷油泵将高压柴油经喷油器呈雾状喷入气缸，与压缩后的空气混合，形成可燃混合气。此时气缸内的温度远高于柴油的自燃温度，柴油便自行着火燃烧，气缸内温度压力急剧升高，瞬时压力可达 5～10MPa，瞬时温度

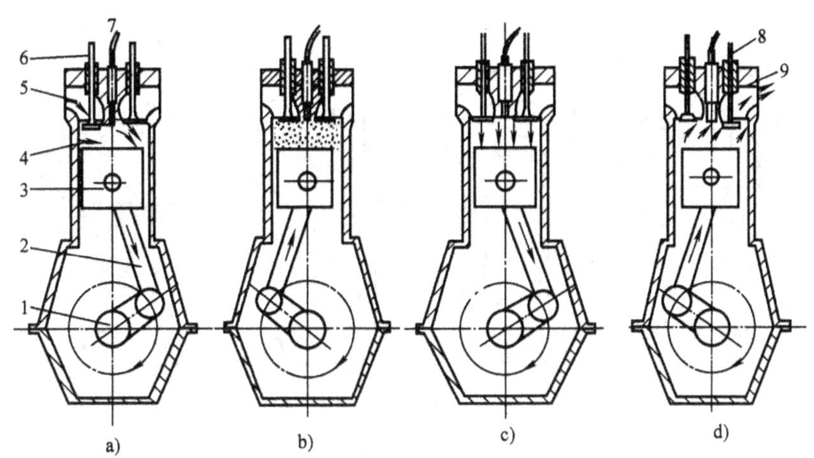

图 1-3 四冲程柴油机工作循环

a）进气 b）压缩 c）做功 d）排气

1—曲轴 2—连杆 3—活塞 4—气缸 5—进气道 6—进气门 7—喷油器 8—排气门 9—排气道

可达 1530～1930K。在高压气体推动下，活塞下行并带动曲轴旋转。做功行程终了时压力约为 200～400kPa，温度约为 1200～1500K。

4．排气行程

排气行程如图 1-3d 所示，与汽油机排气行程基本相同。排气终了气缸内压力约为 105～125kPa，温度约为 800～1000K。

（二）四冲程汽油机与柴油机的比较

汽油机与柴油机工作循环的基本内容相似，但不完全相同，主要区别是：

（1）所用燃料不同。

（2）混合气形成方式不同。汽油机的燃油和空气在气缸外混合，进气行程进入气缸的是可燃混合气，而柴油机进气行程进入气缸的是纯空气，燃油是在做功行程开始阶段喷入气缸，在气缸内形成可燃混合气。

（3）压缩比不同。

（4）着火方式不同。汽油机靠电火花点燃混合气，而柴油机是用高压将柴油喷入气缸内，靠高温空气加热自行着火燃烧。汽油机在结构上需有一个专门的点火系，而柴油机则没有。

三、二冲程发动机工作原理

二冲程发动机是在活塞上下运动二个行程，曲轴旋转一周内完成一个工作循环的。其工作循环也包括进气、压缩、做功和排气四个过程。

（一）二冲程汽油机工作循环

1．第一行程——进气、压缩行程

活塞在曲轴的带动下由下止点向上止点移动，当活塞将换气孔、排气孔、进气孔都关闭时，见图 1-4a，活塞开始压缩在上一循环即已进入气缸的可燃混合气。同时在活塞的下方因活塞让出空间而形成负压（这种发动机的曲轴箱必须是密封的），活塞继续上行，进气孔开启后（图 1-4b），来自化油器的可燃混合气被吸入曲轴箱内。活塞到达上止点，完成进气、压缩两个过程。

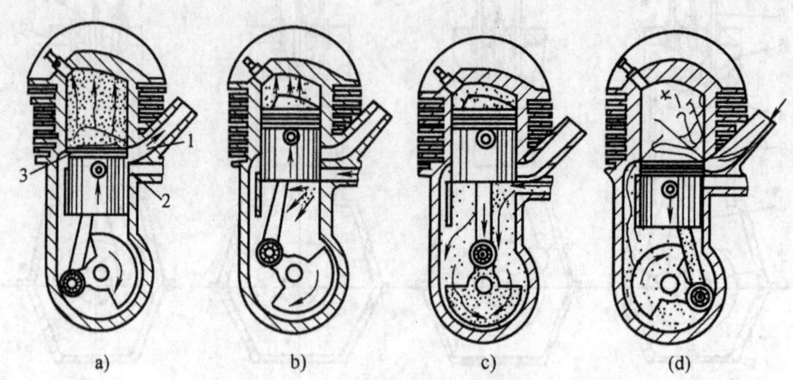

图 1-4　二冲程汽油机工作循环

a）进气　b）压缩　c）做功　d）排气

1—排气孔　2—进气孔　3—换气孔

2. 第二行程——做功、排气行程

活塞接近上止点时（图 1-4c），火花塞产生电火花，点燃被压缩的可燃混合气，燃烧后产生高温、高压气体，推动活塞向下止点运动做功。当活塞下行，关闭进气孔后，活塞下方曲轴箱内的可燃混合气被预压。当活塞下行到排气孔开启时（图 1-4d），废气靠自身压力经排气孔排出。活塞再稍许下降，换气孔露出，曲轴箱内预压的可燃混合气经换气孔进入气缸，并驱除废气，这一过程称为换气过程，它一直延续至下一行程活塞再上行到关闭换气孔和排气孔为止。

二冲程汽油机活塞做成特殊形状，使新鲜可燃混合气的气流引向上部，这样既可防止新鲜混合气大量地混入废气，随废气一起排出气缸污染环境造成浪费，又可驱除废气，使排气更为彻底。但要完全避免可燃混合气随废气排出，是不可能的。

（二）二冲程柴油机工作原理

二冲程柴油机的工作循环与二冲程汽油机的工作循环相似，所不同的主要是进入气缸的不是可燃混合气，而是纯空气，压缩的也是纯空气。

图 1-5 为带换气泵的二冲程柴油机工作循环示意图。新鲜空气由换气泵加压后，经过气

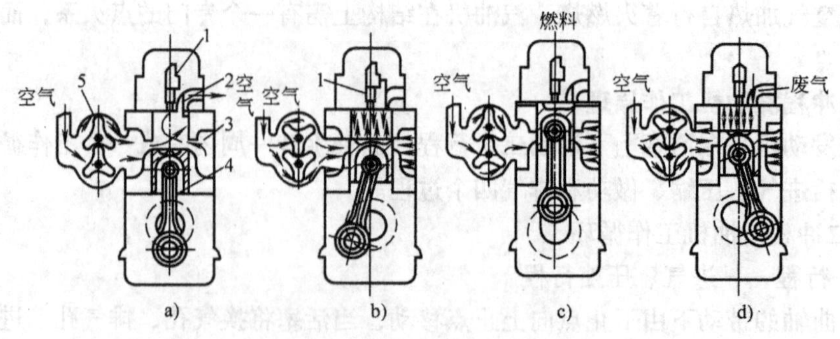

图 1-5　二冲程柴油机工作循环

a）换气　b）压缩　c）做功　d）排气

1—喷油器　2—排气门　3—进气孔　4—活塞　5—扫气泵

缸外部的空气室和气缸壁上的多个进气孔进入气缸，而废气经由专设的排气门排出。

1. 第一行程——换气、压缩行程

在曲轴的带动下，活塞自下止点向上止点移动。行程开始前进气孔和排气门均开启，由换气泵提高压力的空气进入气缸进行换气。当活塞继续上移进气孔被关闭，继而排气门也关闭时，开始对空气进行压缩。

2. 第二行程——做功、排气行程

活塞接近上止点时，柴油经喷油器喷入气缸，迅速与高温、高压空气混合并自行着火燃烧。活塞受燃烧气体膨胀作用自上止点向下止点运动做功。活塞下行至约2/3行程时，排气门开启，废气靠自身压力自由排出气缸，此后进气孔开启，进行换气。换气一直持续到下一行程活塞上移至进气孔被完全遮盖为止。

（三）二冲程发动机的特点

(1) 完成一个工作循环，二冲程发动机曲轴只转一周，而四冲程发动机要转两周。因此，当发动机工作容积、压缩比和转速相等时，理论上讲，二冲程发动机的功率应是四冲程发动机的两倍，但实际上只有1.5～1.6倍。

(2) 当转速相同时，二冲程发动机做功次数较四冲程发动机的多一倍，因此运转比较平稳，这对单缸发动机更为明显。

(3) 由于没有气门或只有排气门，也就减少了有效行程，有一部分新鲜混合气也会随废气排出，经济性差，且对空气污染严重，已趋于淘汰。二冲程柴油机由于换气时进入气缸的是纯空气，没有燃料损失，为某些汽车所采用。

第三节　内燃机总体构造

由于发动机的基本原理相似，总体构造也就大体一致。下面主要介绍目前最常用的四冲程液冷式汽油机和柴油机的总体构造。

一、汽油机的总体构造

汽油机通常由两大机构五大系统组成。图1-6为上海桑塔纳JV发动机的结构图。

1. 曲柄连杆机构

曲柄连杆机构是发动机实现热功能转换的核心机构。主要由机体组（气缸体、气缸盖、油底壳）、活塞连杆组（活塞、活塞环、活塞销、连杆体、连杆盖、连杆螺栓）、曲轴飞轮组（曲轴、飞轮）组成。

2. 配气机构

为使发动机工作循环连续进行，必须定时开闭进、排气门，以便向气缸内充入新鲜空气和排出废气，为此，发动机设置了配气机构。它主要由气门组（气门、气门导管、气门弹簧）和气门传动组（正时齿轮、凸轮轴、挺柱、推杆、摇臂、摇臂轴）组成。

3. 燃料供给系

传统化油器式燃料供给系一般由汽油箱、汽油泵、汽油滤清器、化油器、空气滤清器、进气歧管、排气歧管、排气消声器等组成。其作用是把汽油和空气混合成比例合适的可燃混合气送入气缸，并使燃烧后生成的废气排入大气。

电子控制燃油喷射装置主要由燃油供给系统（汽油箱、电动汽油泵、汽油滤清器、汽油压力调节器、喷油器、冷起动喷油器、汽油压力缓冲器）、空气供给系统（空气滤清器、空气流量计或进气压力传感器、节气门、怠速空气阀）、电子控制系统（电控单元、各类传感器、执行器）组成。

4. 点火系

传统点火系主要由蓄电池、发电机、分电器、点火线圈、火花塞和点火开关等组成。汽油机靠点火系产生的高压电火花，适时点燃气缸内的可燃混合气。

电子控制燃油喷射发动机点火系统主要由蓄电池、发电机、曲轴位置传感器、凸轮轴位置传感器、爆燃传感器、电控单元、点火线圈组件、火花塞和点火开关等组成。在电子控制燃油喷射系统中，常把电子控制点火系统划入电子控制系统中。

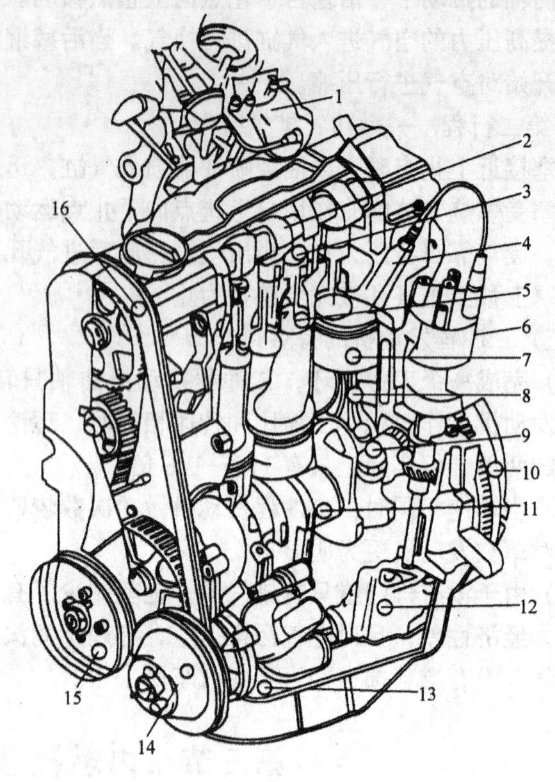

图 1-6　JV 发动机结构图

1—化油器　2—凸轮轴　3—液压挺柱　4—火花塞　5—气门　6—分电器　7—活塞　8—连杆　9—中间轴　10—飞轮　11—曲轴　12—机油泵　13—机油集滤器　14—水泵带轮　15—曲轴带轮　16—正时齿形带传动机构

5. 冷却系

液冷却系一般由水泵、节温器、散热器、风扇、循环水套、分水管等组成。其作用是把机件多余的热量散发出去，以保持发动机正常的工作温度。

6. 润滑系

润滑系作用是将润滑油送到相对运动零件的摩擦表面，减轻机件磨损，还有冷却、清洗零件表面及密封、减振和防锈的功能。一般由机油泵、集滤器、限压阀、润滑油道、机油粗滤器、机油细滤器、机油冷却器等组成。

7. 起动系

起动系包括起动机及其附属装置，作用是起动发动机。

二、柴油机的总体构造

柴油机通常由两大机构四大系统组成。图 1-7、图 1-8 为康明斯 B 系列 6BT118-01 型柴油机横纵剖视图。其曲柄连杆机构、配气机构、润滑系、冷却系和起动系与汽油机相似，这里不再赘述。不同的是柴油机的燃料供给系与汽油机差别较大，且柴油机没有点火系。

柴油机燃料供给系主要由柴油箱、柴油滤清器、输油泵、喷油泵、调速器、喷油器、空气滤清器，进、排气管，排气消声器等组成。增压柴油机进气系统还装有涡轮增压器。

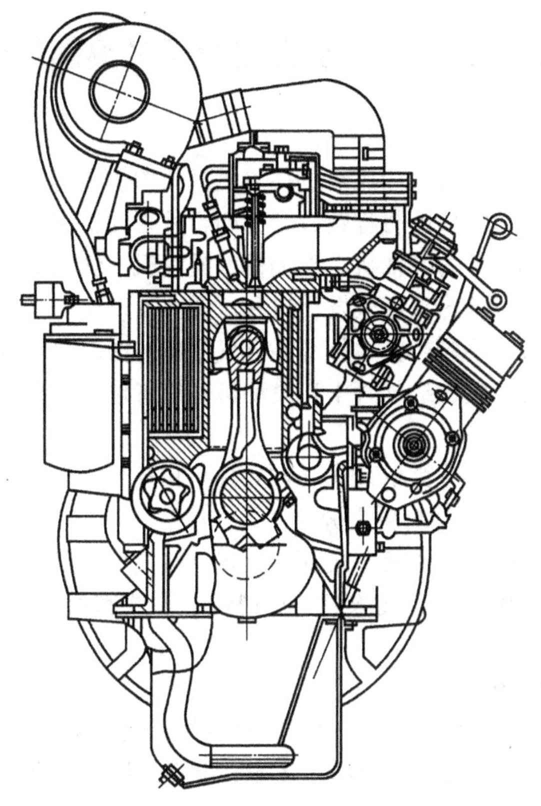

图 1-7　康明斯 B 系列 6BT118-01 型柴油机横剖视图

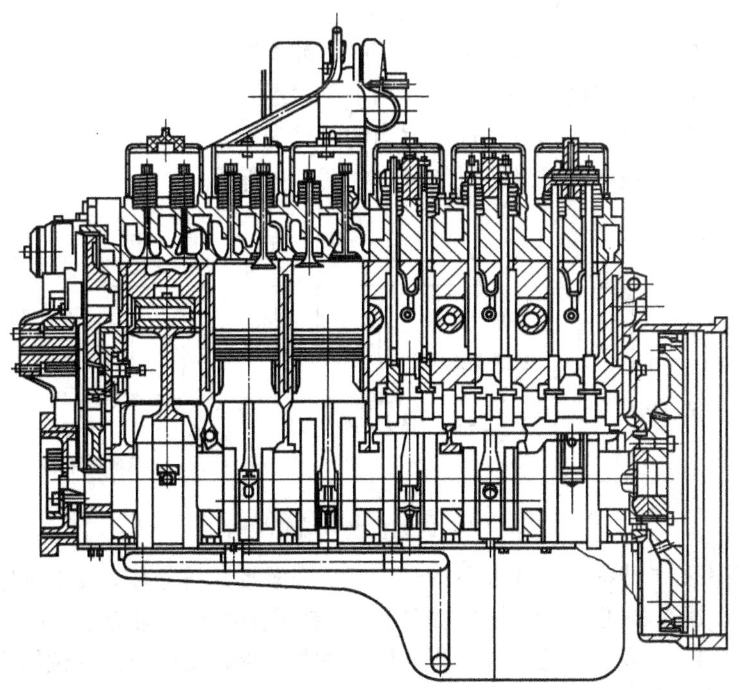

图 1-8　康明斯 B 系列 6BT118-01 型柴油机纵剖视图

第四节　内燃机类型及型号编制规则

一、内燃机类型

汽车发动机多采用往复活塞式内燃机，往复活塞式内燃机可以从不同角度进行分类。

(1) 按完成一个循环所需要的行程数，分为四行程发动机和二冲程发动机。

(2) 按所用燃料不同，分为柴油机、汽油机、酒精机、煤气机和多种燃料机。

(3) 按点火方式不同，分为点燃式发动机和压燃式发动机。

(4) 按混合气形成方式不同，分为外部混合气形成和内部混合气形成两种。前者包括化油器式发动机和汽油喷射（喷在进气管中）发动机；后者包括压燃式发动机和汽油直接喷射（喷在气缸中）发动机。

(5) 按气缸排列的不同，分为单列式（直列式）和双列式两种。单列式又分为直立式和卧式两种，而双列式也有V形和对置之分。

(6) 按冷却方式的不同，分为液冷式发动机和风冷式发动机。

还可以按凸轮轴的位置、混合气浓度、负荷调节方式和每个气缸的气门数等来进行分类。

二、内燃机型号编制规则

车用内燃机的类型各异，为了生产、使用、购销和识别不同的发动机，我国于1991年对内燃机名称和型号的编制方法重新进行了审定，颁发了国家标准《内燃机产品名称和型号编制规则》(GB/ T 725—1991)。规定：内燃机型号由首部、中部、后部和尾部四部分组成。

(1) 首部：产品系列代号、换代符号和地方、企业代号，由制造厂根据需要自选相应字母表示，但需经主管部门或标准化机构核准。

(2) 中部：由缸数符号、气缸布置形式符号、冲程符号和缸径符号组成。

(3) 后部：结构特征和用途特征符号，用字母表示。

(4) 尾部：区分符号，由制造厂选用适当的符号表示。

内燃机型号的排列顺序及符号所代表意义如图1-9所示。

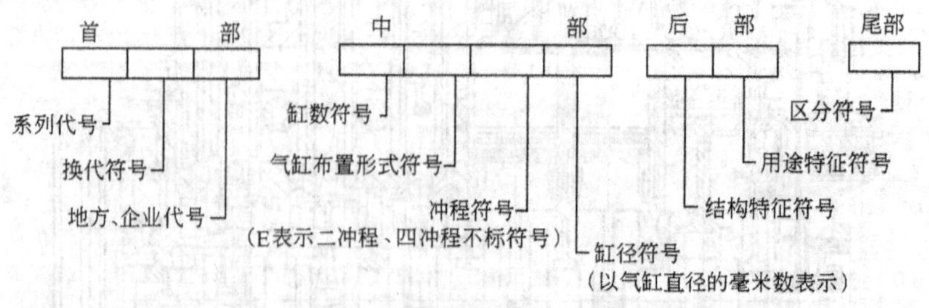

图1-9　内燃机型号编制规则

图中，用E表示二冲程，四冲程不标号。气缸布置形式符号按表1-1规定，结构特征符号按表1-2规定，用途特征符号按表1-3规定。必要时，其他结构符号允许制造厂自选，但不得与表1-1、表1-2、表1-3规定的字母重复，并需行业标准化归口单位核准备案。结构特征符号可重叠使用，但应按表1-2中规定的字母次序依次重叠表示。

表 1-1 气缸布置形式符号

符　　号	含　　义
无符号	多缸直列及单缸
P	平卧形
V	V 型

表 1-2 结构特征符号

符　　号	结 构 特 征	符　　号	结构特征
无符号	液冷	F	风冷
N	凝汽冷却	S	十字头式
Z	增压	Z_L	增压中冷
D_z	可倒转		

表 1-3 用途特征符号

符　　号	用　　途	符　　号	用　　途
无符号	通用型及固定动力	T	拖拉机
M	摩托车	G	工程机械
Q	汽车	J	铁路机械
D	发电机组	C	船用主机，右机基本型
C_z	船用主机，左机基本型	Y	农用运输车
L	林业机械		

发动机型号举例：

（1）CA6102——表示由第一汽车制造厂生产、六缸、直列、四冲程、缸径 102mm、液冷、通用型。

（2）EQ6100-1——表示由第二汽车制造厂生产、六缸、直列、四冲程、缸径 100mm、液冷、通用型、第一次改型产品。

（3）YC6105QC——表示由广西玉林柴油机机器股份有限公司生产、六缸、直列、四冲程、缸径 105mm、液冷、车用柴油机、第二次改型产品。

（4）1E65F——表示单缸、二冲程、缸径 65mm、风冷、通用型。

第二章　曲柄连杆机构的构造与维修

第一节　气缸体曲轴箱组的结构与维修

一、总体结构

AFE型发动机气缸体总成分解图如图2-1所示，AJR型发动机气缸体总成分解图如图2-2所示。

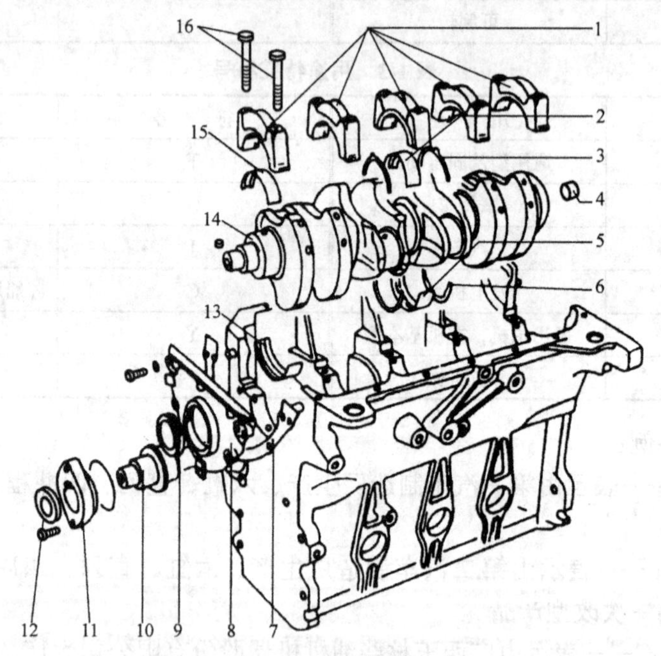

图2-1　AFE型发动机气缸体总成分解图

1—主轴承盖　2、5—3号主轴承　3、6—半圆形止推环　4—滚针轴承　7—衬垫
8—前油封凸缘　9—油封　10—中间轴　11—密封凸缘　12—油封　13、15—1、2、4和5号主轴承
14—曲轴　16—曲轴主轴承盖螺栓（拧紧力矩65N·m）

二、发动机气缸体的结构与维修

（一）发动机气缸体的结构

气缸体是发动机各个机构和系统的装配基体，通常有直列、V形和水平对置三种形式。

气缸体下部为曲轴箱结构，有一般式、龙门式和隧道式三种。

桑塔纳2000轿车发动机的气缸体为四缸直列、液冷、无缸套、全支承（有五个主轴颈）、龙门式（曲轴轴线在气缸体下平面之上）结构，用合金铸铁铸造而成。龙门架深度为58mm，宽度为98mm。气缸体长379mm，高278mm，质量32.8kg。缸径81mm，缸心距88mm，两缸间壁厚仅有7mm。前后两端轴向缸壁最薄处只有5mm，缸筒壁厚6mm。气缸体上下平面、前后端面、两侧的安装平面都进行了加厚并增设加强肋。

冷却液从气缸体左下方中部进入，经过气缸体两端水道进入右边，流过上平面分布的水孔进入气缸盖。

AFE 型发动机曲轴箱采用压力平衡通风方式，装有冷却液温度和爆燃传感器。AJR 型发动机没有中间轴和分电器，水泵一半壳体铸在气缸体上。汽油箱里装有电动汽油泵。原中间轴驱动的齿轮式机油泵改为由曲轴借链条带动的转子泵，因此在气缸体结构上作了相应改进。

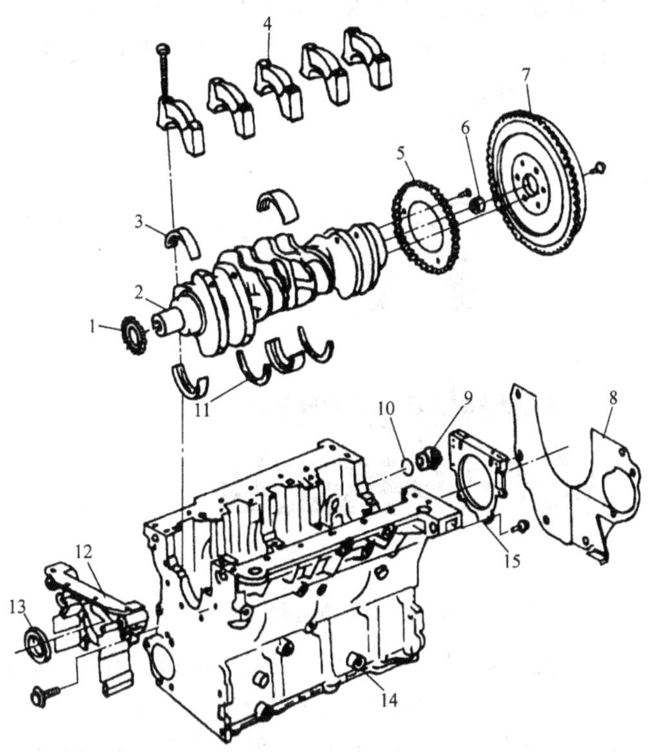

图 2-2　AJR 型发动机气缸体总成分解图

1—机油泵链轮　2—曲轴　3—曲轴瓦　4—轴承盖　5—脉冲轮　6—滚针轴承　7—飞轮　8—中间支板　9—螺塞　10—O 形密封圈　11—止推片　12—支架　13—前油封　14—气缸体　15—后油封架

（二）AFE 型发动机气缸体的维修

1. 气缸体的分解

（1）将气缸体反转倒置在工作台上。

（2）拆下中间轴密封凸缘，拆下气缸体前端中间轴密封凸缘中的油封。

（3）在汽油泵及分电器已拆卸的情况下，拆下中间轴。

（4）拆下正时齿轮端曲轴油封。不解体更换该油封时，应使用油封取出器 2085。

（5）拆下前油封凸缘及衬垫。

（6）分几次从中间到两边逐渐拧松主轴承盖紧固螺栓，如图 2-3 所示。

（7）拆下曲轴各主轴承。

2. 气缸体的装配

气缸体的装配可按拆卸相反的顺序进行，但注意以下事项：

（1）装配气缸体时应更换中间轴密封凸缘油封、曲轴前油封凸缘衬垫。

（2）安装曲轴前油封时，应在油封外圈和唇边上涂一薄层机油，在曲轴颈上套上专用工具 3083，通过装在导套上的压套将油封压到位。

（3）中间轴密封凸缘紧固螺栓拧紧力矩为 25N·m。

（4）装配中间轴时，中间轴最大轴向间隙应为 0.25mm。

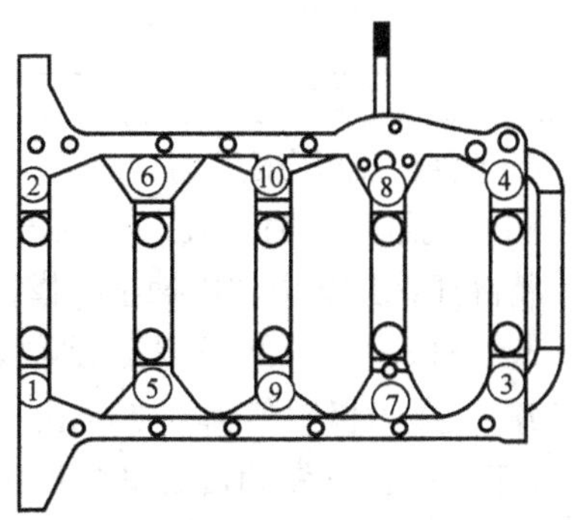

图 2-3　曲轴主轴承盖的拆卸顺序

（5）主轴承盖紧固螺栓拧紧力矩为 65N·m，拧紧顺序与图 2-3 所标序号的顺序相反。

（6）曲轴 3 号主轴承为推力轴承，其两端有半圆形止推环。注意：定位及开口必须朝向滑动轴承安装，各滑动轴承不能互换。

3．检查气缸直径

使用 50～100mm 的量缸表检查气缸直径，如图 2-4 所示，检查结果与标准尺寸的误差最大为 0.08mm。检查时应在上中下三个位置上，进行横向（*A* 向）和纵向（*B* 向）垂直测量，如图 2-5 所示。

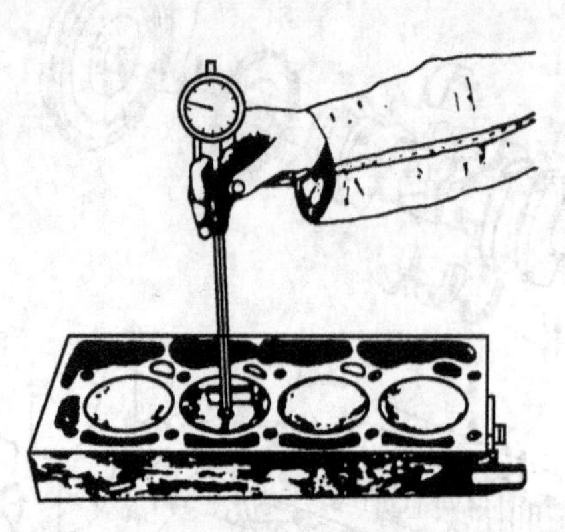

图 2-4　用量缸表检查缸径

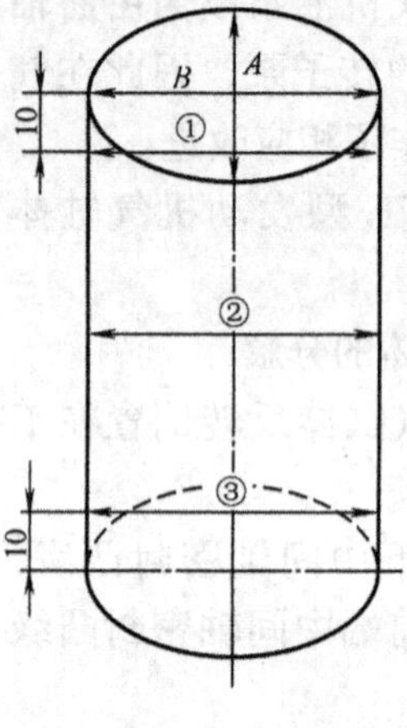

图 2-5　气缸的测量部位

如果气缸体已用 VW540 装配架固定在装配台上，则不可测量缸径，因为夹紧后测量不准。

镗磨后气缸的圆度和圆柱度误差应不大于 0.005mm。各缸直径之差不得超过 0.05mm。将活塞倒装入气缸中，在气缸壁与活塞之间垂直活塞销方向插入厚 0.03mm、宽 12～15mm 的塞尺，再用拉力计（弹簧秤）检查拉出塞尺时的拉力，其值应为 98～245N，拉力过小或过大，则表明气缸镗磨过量或不足。气缸与活塞的配合间隙应为 0.025～0.030mm，磨损极限值为 0.11mm。AFE 发动机活塞与气缸配合尺寸，见表 2-1。

表 2-1　AFE 型发动机活塞与气缸配合尺寸

磨 损 尺 寸	活塞/mm	气缸直径/mm
标准尺寸	80.98	81.01
第一次	81.23	81.26
第二次	81.48	81.51
第三次	81.98	82.01

4．检查气缸压缩压力

测量气缸压力时，发动机油温至少为 30℃，节气门应在全开位置。

将高压线从分电器中抽出并搭铁。用 V.A.G1381 压缩压力测试仪检查气缸的压缩压力。

起动机开关一直开到测试仪器上不再显示压力上升时，气缸压缩压力值应为 1～1.3MPa，压力极限值为 0.75MPa，各缸之间最大压力允许差为 0.3MPa。

（三）AJR 型发动机气缸体的维修

1．检查气缸直径

使用测量范围在 50～200mm 的量缸表，在气缸为三个位置上（参见图 2-5 所示）进行横向（A 向）和纵向（B 向）垂直测量，要求与标准尺寸的最大误差为 0.08mm。AJR 型发动机活塞与气缸的配合尺寸，如表 2-2 所示。

表 2-2　AJR 型发动机活塞与气缸的配合尺寸

尺　　寸	活塞/mm	气缸直径/mm
标准尺寸	80.965	80.01
修复尺寸	81.465	80.51

2. 检查气缸压缩压力

检查时，应先检查并确保发动机机油温度至少为 30℃。在点火开关断开的情况下，拔出所有 4 个喷油器的插头。旋出火花塞，将节气门全开。用 V.A.G1381 或 V.A.G1763 测试气缸压缩压力。保持起动状态，直到测试仪器上的压力不再增加为止。记录下气缸压缩压力值。新发动机气缸压缩压力值应为 1～1.3MPa，最低压力极限值为 0.75MPa，各缸压力差不得大于 0.3MPa。

检查完毕后应查询故障码。因为拔下电气元件插头会导致故障被存储，查询故障码，必要时删除故障码。

三、气缸盖、气缸垫和油底壳的功用和结构

1. 气缸盖

气缸盖的主要作用是封闭气缸上部，并与活塞顶部和气缸壁一起构成燃烧室。气缸盖的结构取决于发动机的冷却方式、燃烧室的形状以及气门的布置形式等因素。

目前，汽车多采用顶置气门式发动机，其气缸盖内除有水套外，还有燃烧室，进排气通道及气门导管孔和进排气门座等。汽油机气缸盖还设有火花塞座孔，而柴油机设有安装喷油器的座孔。

2. 气缸垫

气缸盖与气缸体之间装有气缸衬垫，简称气缸垫。其作用是保证气缸盖与气缸体间的密封，防止漏气、漏水。气缸垫有金属—石棉气缸垫和纯金属垫两种。目前使用较多的是金属—石棉气缸垫。

3. 油底壳

油底壳的主要作用是储存机油并封闭曲轴箱。其形状取决于发动机的总体布置和机油容量。油底壳底部装有放油塞，油底壳内有挡油板，防止汽车振动使油面波动太大。

第二节　活塞连杆组的结构与维修

一、AFE 型发动机活塞连杆组的结构与维修

1. 活塞连杆组的拆装

活塞连杆组的分解图如图 2-6 所示。活塞、活塞销及连杆的结构分别如图 2-7、图 2-8 和图 2-9 所示。活塞连杆组的拆装可按图 2-6 所示进行，但应注意以下几点：

(1) 对活塞做标记时，应从发动机前端向后打上气缸号，并打上指向发动机前端的箭头。

(2) 拆卸连杆和连杆轴承盖时，应打上所属气缸号。安装连杆时，浇铸的标记须朝 V 形带轮方向（发动机前方）。

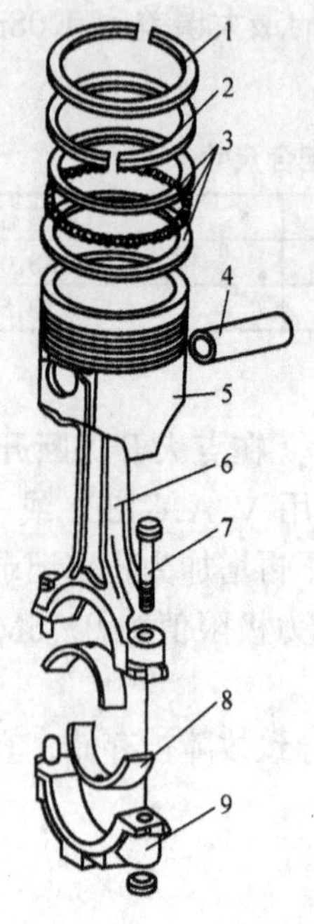

图 2-6　JV 型发动机活塞连杆组分解图
1—第一道气环　2—第二道气环
3—组合油环　4—活塞销　5—活塞
6—连杆　7—连杆螺栓　8—连杆轴承
9—连杆轴承盖

(3) 连杆螺母为 M8×1，拧紧连杆螺母时，应在接触面涂机油，用 30N·m 力矩拧紧，接着再转动 180°。

(4) 拆装活塞环时应使用专用工具，如图 2-10 所示。安装活塞环时，应使活塞环开口错开 120°，有“TOP”记号的一面朝向活塞顶部。

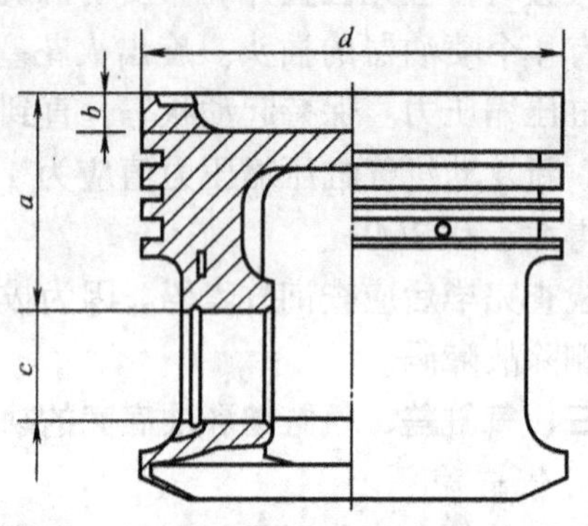

图 2-7　活塞的结构
($a=22.2$mm　$b=5.1$mm　$c=20$mm　$d=81$mm)

(5) 拆装活塞销时，应将活塞加热至 60℃，用拇指仅需较小的力就应能将涂有机油的活塞销压入活塞销座孔中，如图 2-11 所示。而且在垂直状态时，活塞销不能在自重作用下从销座孔中自行滑出，用手晃动活塞销时应无间隙感，这表明活塞销与销座孔配合适宜。拆装活塞销卡簧时需用专用工具。

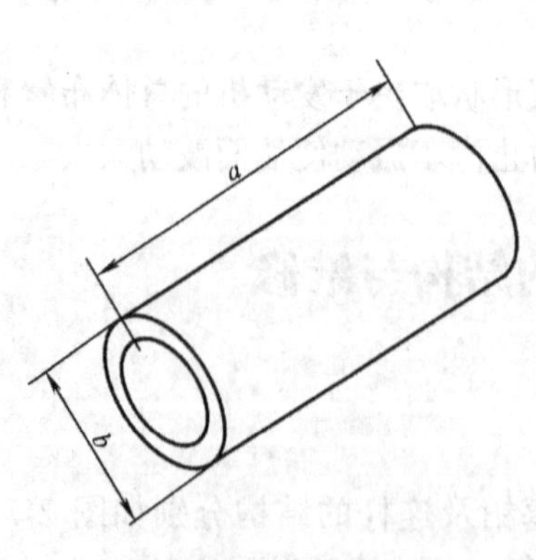

图 2-8　活塞销的结构
($a=54$mm　$b=20$mm　装配工具为 VW222a)

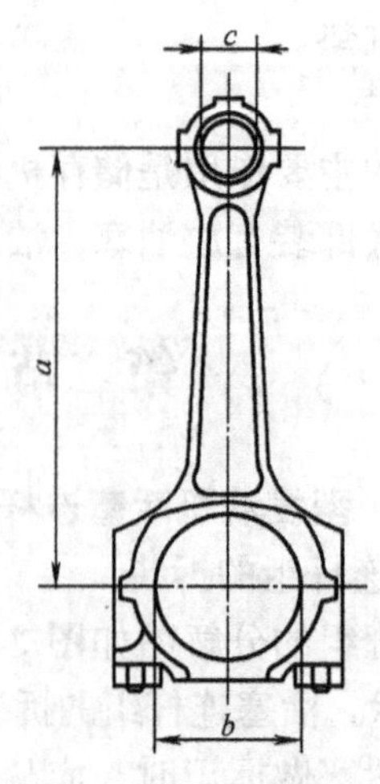

图 2-9　连杆的结构
($a=144$mm　$b=50.6$mm　$c=20$mm)

2. 活塞环

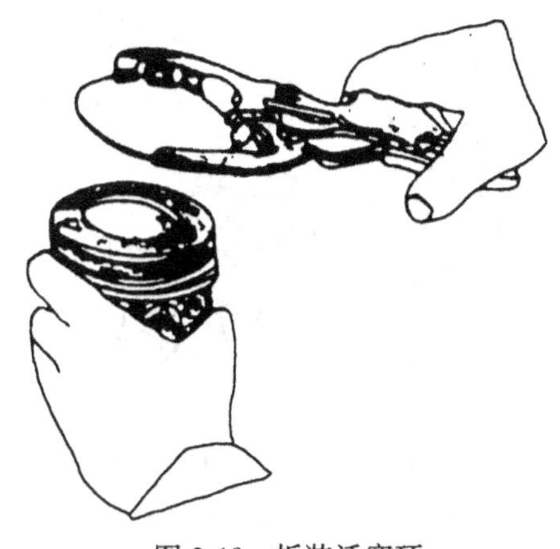

图 2-10　拆装活塞环

图 2-11　装配活塞环

（1）检查活塞环侧隙。活塞环侧隙是指活塞环与环槽的间隙，用塞尺检查活塞环侧隙，如图 2-12 所示。新活塞环侧隙应为 0.02～0.05mm，磨损极限值为 0.15mm。

（2）检查活塞环开口间隙。活塞环端隙是指将活塞压入气缸后，活塞开口的间隙，测量时，将活塞环垂直压过气缸约 15mm 处，用塞尺检查活塞环端隙，如图 2-13 所示。新环：第一道气环开口间隙应为 0.30～0.45mm，第二道气环开口间隙应为 0.25～0.40mm，油环开口间隙应为 0.25～0.50mm，活塞环开口间隙磨损极限值为 1.00mm。

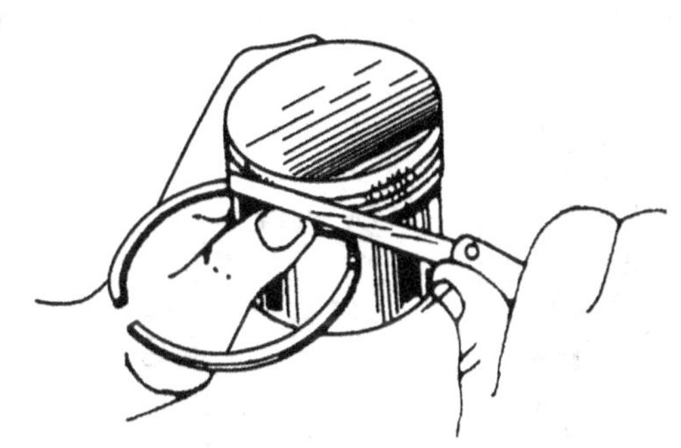

图 2-12　检查活塞环侧隙

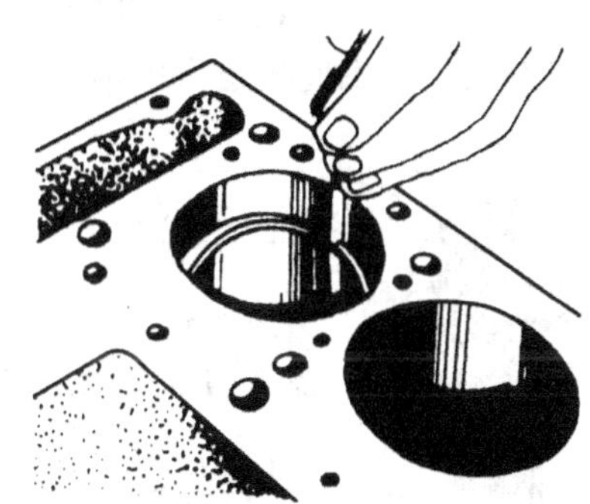

图 2-13　检查活塞环开口间隙

3．活塞

检查活塞直径。在活塞下部离裙部底边约 15mm、与活塞销垂直方向处测量，如图 2-14 所示。活塞直径与标准尺寸的最大误差量为 0.04mm。

4．连杆

（1）检查连杆轴向间隙。连杆的轴向间隙检查，如图 2-15 所示。连杆的轴向间隙磨损极限值为 0.37mm。

（2）检查连杆径向间隙。检查连杆径向间隙时，可用塑料间隙测量片对装好的发动机进行检查。具体测量方法如下：

1）拆下连杆轴承盖，清洁连杆轴承和轴颈。

2）将塑料间隙测量片沿着轴向置于轴颈和轴承上。

3）装上连杆轴承盖，并用 30N·m 力矩紧固螺栓，不要转动曲轴。

4）拆下连杆轴承盖，测量压扁后塑料间隙测量片的厚度，与规定值相比较。连杆径向

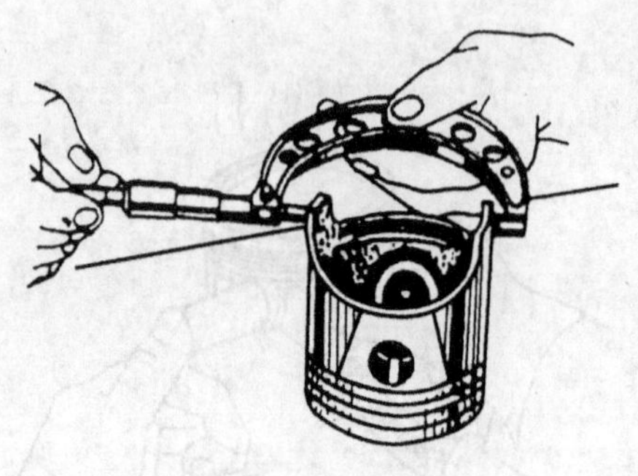

图 2-14　检查活塞直径

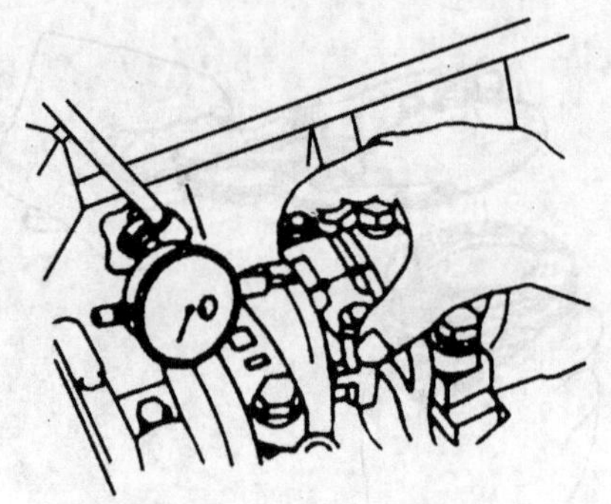

图 2-15　检查连杆轴向间隙

间隙应为 0.024～0.048mm，磨损极限值为 0.12mm。

5）径向间隙在装配完毕的发动机上进行检查，螺栓允许重复使用一次，但须在螺栓头上打标记，有此记号的螺栓下次必须更换。

6）安装轴承盖时，在轴承盖螺母接触面涂机油，并用 30N·m 的力矩紧固，接着再转动 180°。

(3) 检查连杆的弯曲量和扭曲量。使用连杆检验器，把活塞销试装到连杆上，再把连杆大端装到连杆检验器上，如图 2-16 所示，测量连杆的弯曲量。如图 2-17 所示，测量连杆的扭曲量，在 100mm 长度上，连杆的弯曲变形量不得大于 0.05mm，连杆扭曲量不得大于 0.15mm。否则应进行校正，连杆的弯曲和扭曲的校正如图 2-18 所示，由于常温下校正连杆会发生弹性变形，因此校正后可稍许加温处理。

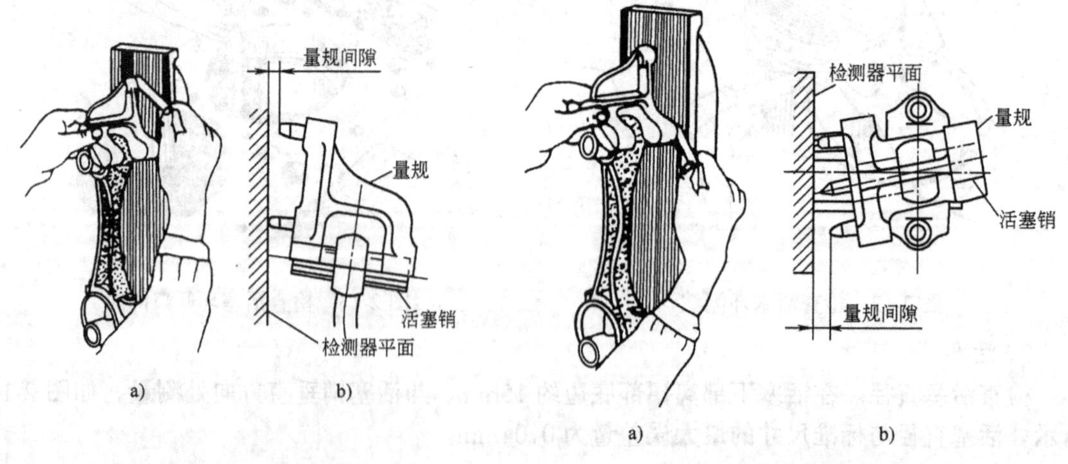

图 2-16　检查连杆弯曲量
a）测量间隙　b）弯曲示意图

图 2-17　检查连杆扭曲量
a）测量间隙　b）扭曲示意图

5. 连杆衬套

(1) 连杆衬套的选配。发动机在大修时，在更换活塞、活塞销的同时，必须更换连杆衬套，以恢复其正常配合。

连杆衬套与连杆小头应有 0.06～0.10mm 的过盈量，以保证衬套在工作时不走外圆。分别测量连杆小头内径（如图 2-19 所示）和新衬套外径（如图 2-20 所示），其差值就是衬套的过盈量。

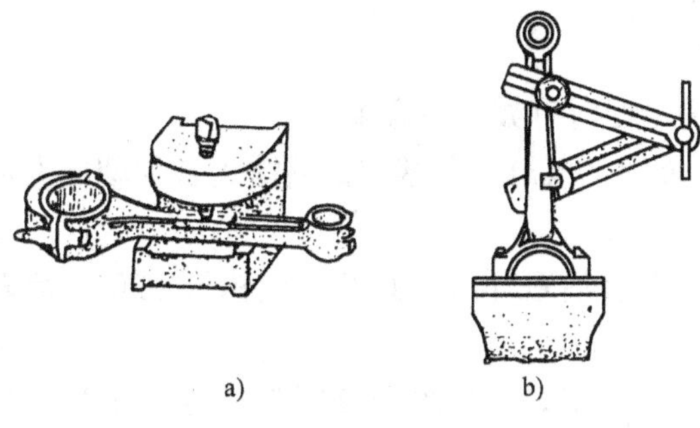

图 2-18 连杆弯曲和扭曲的校正

a）连杆弯曲的校正 b）连杆扭曲的校正

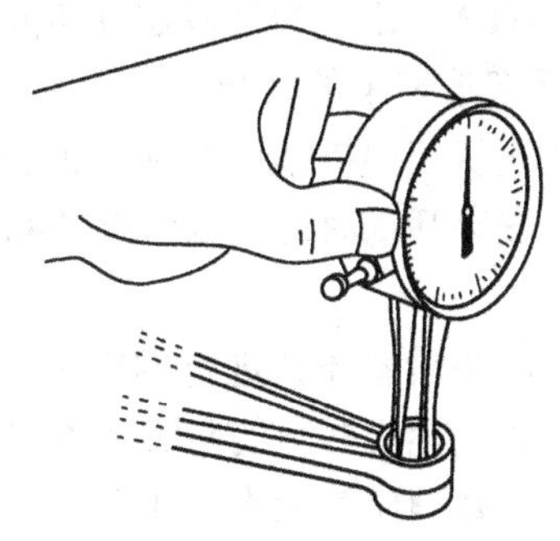

图 2-19 测量连杆小头内径

新衬套的压入可在台虎钳上进行。压入前，应检查连杆小头有无毛刺，以免擦伤衬套外圆。压入时，衬套倒角应朝向连杆小头倒角一侧，并将其放正，同时对正衬套的油孔和连杆小头油孔，如图 2-21 所示，确保润滑油畅通。

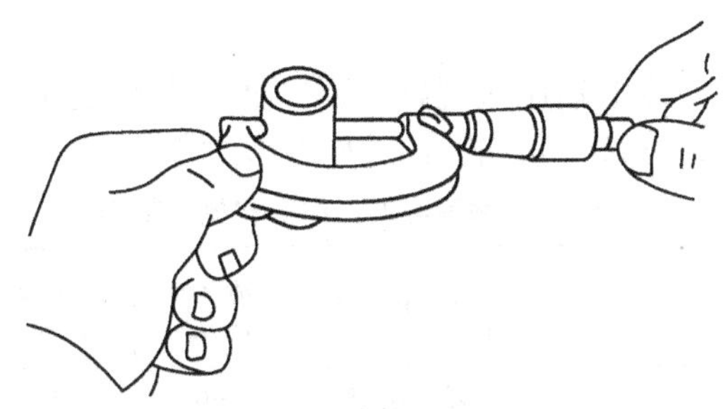

图 2-20 测量衬套外径

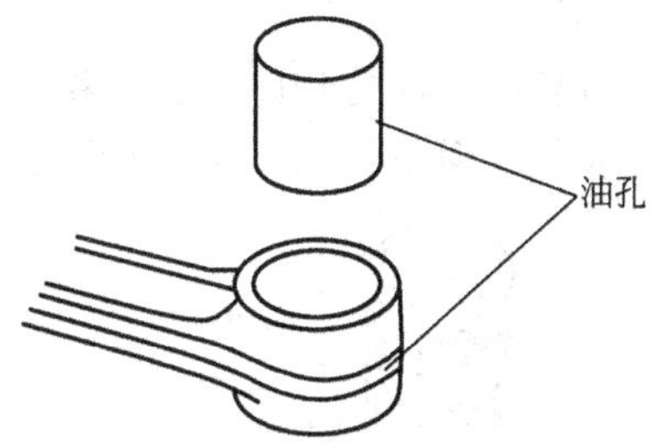

图 2-21 连杆衬套油孔对准连杆油孔

（2）连杆衬套的修配。活塞销与连杆衬套的配合，在常温下应有 0.005～0.010mm 的间隙，接触面积应在 75%以上。配合间隙过小，可将连杆夹到内圆磨床上进行磨削，并留有研磨余量。再将活塞销插入连杆衬套内配对研磨，研磨时可加少量机油，将活塞销夹在台虎钳上，沿活塞销轴线方向扳动连杆，应有无间隙感觉。加入机油扳动时无“气泡”产生，把连杆置于与水平面成 75°角时应能停住，轻拍连杆徐徐下降（如图 2-22 所示），此时配合间隙为合适。

经过镗削加工的衬套，应能用大拇指把活塞销推入连杆衬套内，并有无间隙感觉，如图 2-23 所示。

图 2-22 连杆衬套修配质量的检验

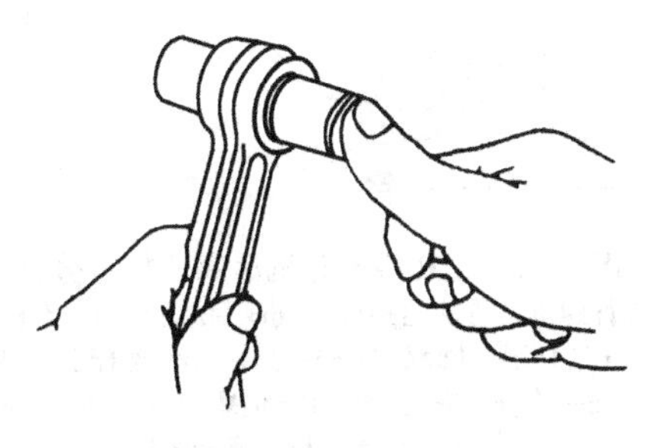

图 2-23 检查活塞销与连杆衬套的配合

二、AJR 型发动机活塞连杆组的结构与维修

1. 活塞连杆组的拆装

活塞连杆组的拆装可参见图 2-24 进行，拆装维修时有如下注意事项：

(1) 安装活塞时应注意活塞的标记位置和所配对的气缸，活塞裙部的箭头必须朝向发动机前方。

(2) 使用活塞环钳进行拆卸和安装活塞环。安装活塞环时，其开口应错开 120°。活塞环上“TOP”标记必须朝向活塞顶部。

(3) 活塞销应使用专用工具 VW222a 进行拆卸和安装，如果安装困难，可将活塞加热到 60℃。

(4) 连杆螺栓螺母在拆卸后应更换，安装时先润滑螺纹和接触表面。在测量连杆径向间隙时，螺栓拧紧力矩为 30N·m，不要再加 90°角。

(5) 安装连杆轴承盖时应注意安装位置，安装时不要使用密封剂。

(6) 连杆的轴向间隙为 0.10～0.35mm，磨损极限值为 0.40mm；连杆的径向间隙为 0.10～0.05mm，磨损极限值为 0.12mm。在测量连杆径向间隙时不要转动曲轴。

2. 活塞环

(1) 检查活塞环的开口间隙。将活塞环从气缸体上端压入气缸，距气缸边缘约 15mm。用塞尺测量活塞环的开口间隙，如图 2-25 所示，活塞环开口间隙标准见表 2-3 所示。

表 2-3　活塞环开口间隙和侧隙标准值

间　隙	活塞环名称	新活塞环 /mm	磨损极限值/mm
活塞环开口间隙	第一道气环	0.20～0.40	0.80
	第二道气环	0.20～0.40	0.80
	油环	0.25～0.45	0.80
活塞环侧隙	第一道气环	0.06～0.09	0.20
	第二道气环	0.06～0.09	0.20
	油环	0.03～0.06	0.15

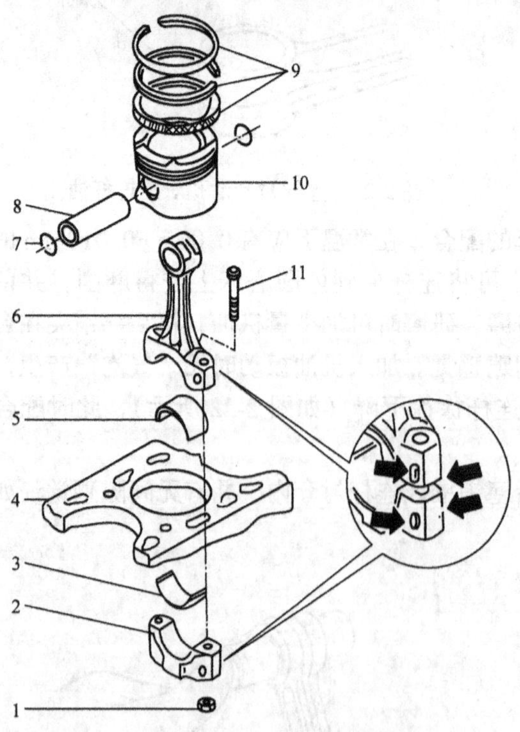

图 2-24　AJR 型发动机活塞连杆组分解图

1—连杆螺母（拧紧力矩 30N·m + 90°角）　2—连杆轴承盖　3—连杆下半轴承　4—气缸体　5—连杆上半轴承　6—连杆　7—夹箍　8—活塞销　9—活塞环　10—活塞　11—连杆螺栓

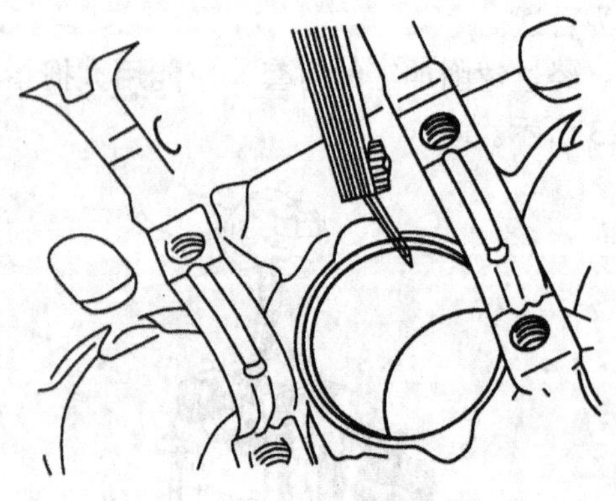

图 2-25　检查活塞开口间隙

(2) 检查活塞环侧隙。检查之前清洁环槽，用塞尺检查活塞环的侧隙，如图 2-26 所示，活塞环侧隙标准值见表 2-3 所示。

3. 活塞

检查活塞直径。用千分尺在距活塞裙部下边缘约 10mm 处与活塞销垂直方向测量，如图 2-27 所示，测量值与标准尺寸的误差最大应为 0.04mm。

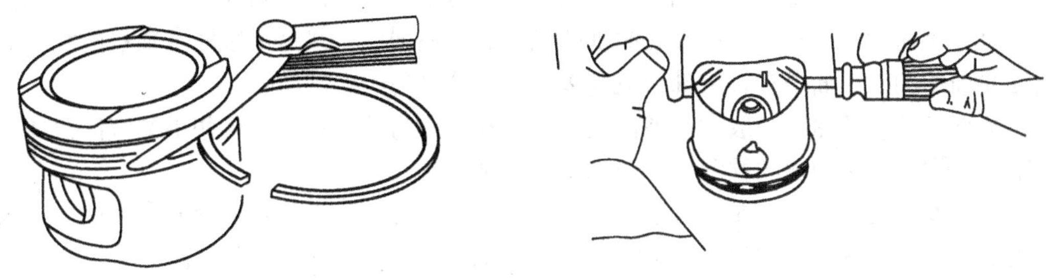

图 2-26　检查活塞环侧隙　　　　图 2-27　检查活塞直径

第三节　曲轴飞轮组的构造与维修

一、曲轴飞轮组构造

（一）曲轴

曲轴是发动机重要的机件之一。其作用是将活塞连杆组传来的气体作用力转变成曲轴的旋转力矩对外输出；并驱动发动机的配气机构及其他辅助装置（如发电机、水泵、风扇等）工作。为了保证工作可靠，要求曲轴具有足够的刚度和强度，各工作表面要耐磨而且润滑良好。

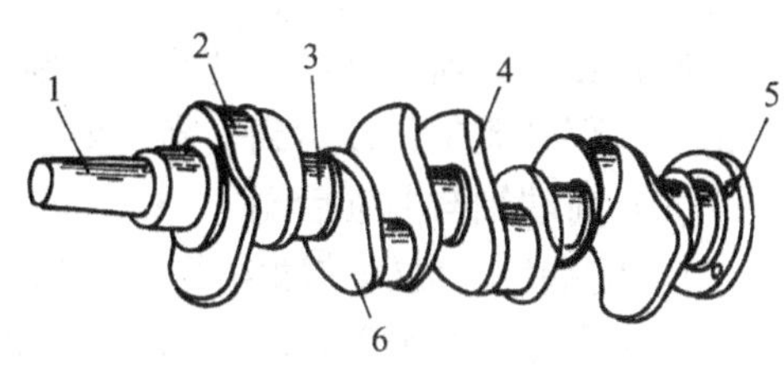

图 2-28　整体式曲轴

1—前端轴　2—连杆轴颈　3—主轴颈　4—平衡重　5—后端凸缘　6—曲柄

1. 曲轴的结构

车用发动机曲轴有整体式与组合式结构两种形式，分别如图 2-28 和图 2-29 所示。

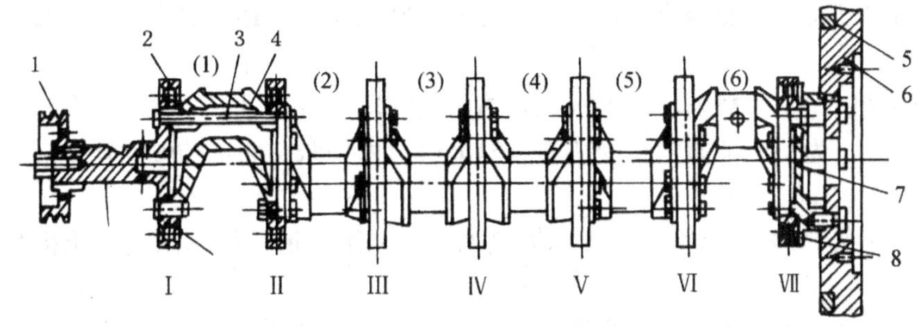

图 2-29　组合式曲轴

1—皮带盘　2—滚动轴承　3—连接螺杆　4—曲柄　5—齿圈　6—飞轮　7—后端凸缘　8—挡油圈

曲轴主要由前端轴、曲拐、曲轴后端三部分组成。

（1）曲拐：每个连杆轴颈与其两端的曲柄及主轴颈构成一个曲拐。曲拐的组成与各部分的名称见图 2-28 所示。

1）连杆轴颈也叫曲柄销，与连杆大头装配在一起。连杆轴颈一般为实心轴，有时为了减轻质量，减小离心力，也采用空心轴结构。

2）按照曲轴的主轴颈数，可以把曲轴分为全支承曲轴和非全支承曲轴两种。在相邻的两个曲拐之间，都设置一个主轴颈的曲轴，称为全支承曲轴；否则称为非全支承曲轴。

全支承曲轴的优点是可以提高曲轴的刚度和弯曲强度，并且可减轻主轴承的载荷。其缺点是曲轴的加工表面增多，主轴承数增多，使机体纵向长度增加。

多缸发动机的曲轴一般做成整体式的。连杆大头为整体式的，某些小型汽油机或采用滚动轴承作为曲轴主轴承的发动机，都采用组合轴承。

主轴颈和连杆轴颈是发动机中最关键的滑动配合副。为了提高轴颈的耐磨性，一般均进行边面淬火，轴颈过渡圆角处还须滚压强化等工艺，以提高其抗疲劳强度。

3）曲柄和平衡重。曲柄用来连接主轴颈和连杆轴颈。平衡重的作用是平衡连杆大头、连杆轴颈和曲柄等产生的离心力及其力矩，以使发动机运转平稳。

平衡重有两种，一种是与曲轴制成一体；另一种是制成单独的平衡重块，再用螺钉固定在曲柄上，后一种叫做装配式平衡重。加平衡重会导致曲轴质量增加和材料消耗增加，锻造工艺复杂。因而，曲轴是否加平衡重，要视具体情况而定。

曲轴在装配前必须经过动平衡校验，对不平衡的曲轴，常在其偏重的一侧平衡重或曲柄上钻去一部分质量，以达到平衡的要求。

（2）前端轴与曲轴后端

1）前端轴。曲轴前端主要用来驱动配气机构、水泵和风扇等附属机构，故前端轴上安装有正时齿轮（或齿形带轮）、风扇与水泵的带轮、扭转减振器以及起动爪等。

2）曲轴后端。多数曲轴后端采用凸缘盘结构，用以安装飞轮。

3）前后端的密封。曲轴前后端均伸出另外曲轴箱，为了防止润滑油沿轴颈外漏；在曲轴的前后端均设有防漏密封装置。常见的密封装置有挡油盘、填料油封、自紧油封、回油螺纹等。一般发动机多采用两种以上防漏装置组成复合式防漏结构。

（3）曲轴的轴向定位：发动机在工作中，离合器通过飞轮作用于曲轴上的轴向力，使曲轴产生轴向窜动将破坏曲柄连杆机构各零件间正常的相互位置，故必须采取轴向限位措施加以限制。

曲轴的轴向定位一般采用止推法或翻边轴瓦。定位装置可以装在前端第一道主轴承处或中部某轴承处。为了保证曲轴在受热膨胀时能够自由伸张，曲轴的轴向定位装置只能设置在一处。

上海桑塔纳 JV 发动机采用全支承锻制曲轴，在第三道主轴承两端装止推片实现轴向定位。

解放 CA6102 型发动机在曲轴第一道主轴承座两端加装环状整体式止推片实现轴向定位。

（4）曲拐的布置与发动机工作循环表

1）一般规律。曲拐的布置主要取决于气缸数、气缸排列方式（直列、V 型）和各缸的工作顺序，并应遵循以下原则：各缸的做功间隔角（$720°/i$，i 为气缸数）应均衡，（例如：

四缸发动机做功间隔角为 180°，六缸发动机做功间隔角为 120°）以使发动机运转平稳；连续做功的两个气缸应尽量远一些，以减轻主轴承的载荷，同时避免相邻两缸进气门同时开启而出现进气重叠现象；V 型发动机两列气缸应交替做功；曲拐布置应尽可能对称、均衡。

2）常见的多缸发动机曲拐布置与工作循环表。四冲程直列 4 缸发动机曲轴曲拐布置如图 2-30 所示。工作循环表见表 2-4 和表 2-5。

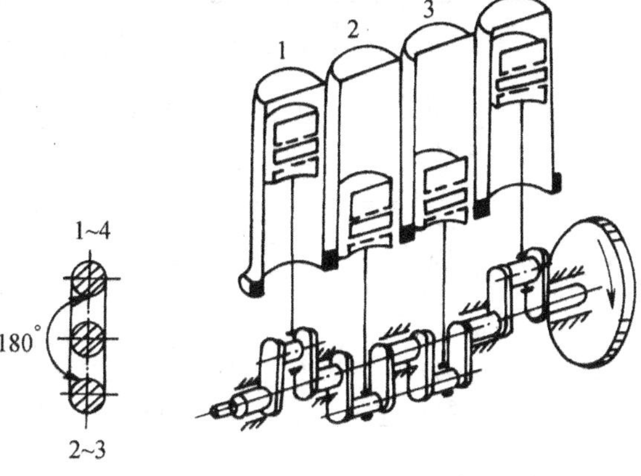

图 2-30　直列四缸发动机曲轴曲拐布置

表 2-4　四冲程直列 4 缸发动机工作循环表（工作顺序 1-3-4-2）

曲轴转角/(°)	第一缸	第二缸	第三缸	第四缸
0～180	做功	排气	压缩	进气
180～360	排气	进气	做功	压缩
360～540	进气	压缩	排气	做功
540～720	压缩	做功	进气	排气

表 2-5　四冲程直列 4 缸发动机工作循环表（工作顺序 1-2-4-3）

曲轴转角/(°)	第一缸	第二缸	第三缸	第四缸
0～180	做功	压缩	排气	进气
180～360	排气	做功	进气	压缩
360～540	进气	排气	压缩	做功
540～720	压缩	进气	做功	排气

四冲程直列 6 缸发动机曲轴曲拐布置如图 2-31 所示。做功间隔角为 120°，做功顺序 1-5-3-6-2-4，工作循环表见表 2-6。

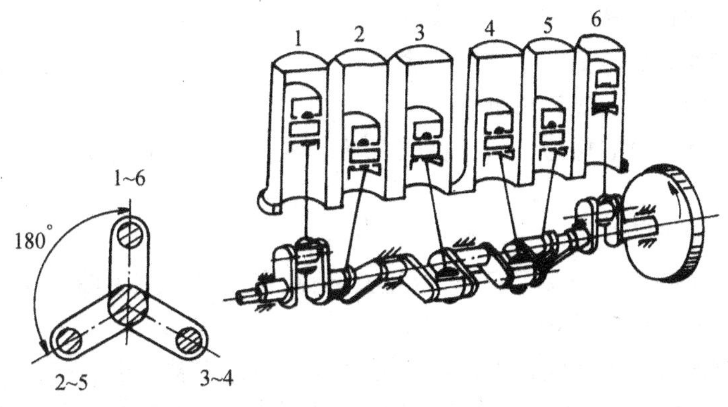

图 2-31　直列 6 缸发动机曲轴曲拐布置

表 2-6　四冲程直列 6 缸发动机工作循环表（工作顺序 1-5-3-6-2-4）

<table>
<tr><th colspan="2">曲轴转角/°</th><th>第一缸</th><th>第二缸</th><th>第三缸</th><th>第四缸</th><th>第五缸</th><th>第六缸</th></tr>
<tr><td rowspan="4">1～180</td><td>0</td><td rowspan="4">做功</td><td rowspan="3">排气</td><td rowspan="2">进气</td><td rowspan="2">做功</td><td rowspan="3">压缩</td><td rowspan="4">进气</td></tr>
<tr><td>60</td></tr>
<tr><td>120</td><td rowspan="3">压缩</td><td rowspan="3">排气</td></tr>
<tr><td>180</td><td rowspan="3">进气</td><td rowspan="3">做功</td></tr>
<tr><td rowspan="3">180～360</td><td>240</td><td rowspan="3">排气</td><td rowspan="3">压缩</td></tr>
<tr><td>300</td><td rowspan="3">做功</td><td rowspan="3">进气</td></tr>
<tr><td>360</td><td rowspan="2">压缩</td><td rowspan="2">排气</td></tr>
<tr><td rowspan="3">360～540</td><td>420</td><td rowspan="3">进气</td><td rowspan="3">做功</td></tr>
<tr><td>480</td><td rowspan="3">作功</td><td rowspan="3">排气</td><td rowspan="3">压缩</td><td rowspan="2">进气</td></tr>
<tr><td>540</td></tr>
<tr><td rowspan="3">540～720</td><td>600</td><td rowspan="3">压缩</td><td rowspan="3">压缩</td><td rowspan="3">排气</td></tr>
<tr><td>660</td><td rowspan="2">排气</td><td rowspan="2">进气</td><td rowspan="2">作功</td></tr>
<tr><td>720</td></tr>
</table>

2. 主轴承

主轴承俗称大瓦，基本结构与连杆轴承相同，主轴承一般开有周向油槽和主油孔。有的发动机为了不降低负荷较重的下轴瓦的强度，只在上轴瓦开油槽，因而在装配时两片轴瓦不能装错。

（二）飞轮

飞轮是一个转动惯量很大的圆盘，其作用是：

1）储存做功行程的能量，为非做功行程提供动力。

2）使曲轴均匀旋转。

3）使发动机能够克服短时间的超负荷。

4）起动机通过飞轮上的齿圈起动发动机。

5）校准发动机的点火时刻或喷油时刻。此外，在结构上飞轮又被用作传动系中摩擦式离合器的驱动件。

飞轮外缘上有一个齿圈，与起动机的驱动齿轮啮合，供起动发动机时使用。

二、曲轴飞轮组拆装

（一）拆卸

1）拧下飞轮螺栓，从曲轴上拆下飞轮。

2）拆下曲轴前、后端油封及油封凸缘。

3）拆卸飞轮内孔中的滚针轴承。

4）拆下主轴承盖紧固螺栓，取下各道主轴承盖及轴承，做好标记，按顺序摆放，不得错乱，抬下曲轴。

（二）曲轴飞轮组的装配

1）将清洗干净的气缸倒置于安装支架上，正确安放好各道主轴承瓦和止推垫片，注意将有油槽的一片轴瓦装在缸体轴承座孔中。

2）将曲轴放入缸体轴承座孔中；依次记号合上各道主轴承盖，按规定转矩依次拧紧各轴承盖螺栓（拧紧力矩为 65N·m）；安装止推垫片后应轴向撬动曲轴检查其轴向间隙，轴向间隙在第 3 轴承处测量。新件为 0.07～0.17mm，磨损极限为 0.25mm。每紧固一道主轴承盖后应转动曲轴数周，检查其径向间隙，轴承过紧间隙不合要求时应查明原因，及时予以排除。

3）安装曲轴前、后端油封凸缘，凸缘衬垫及油封等；安装前油封时，先在曲轴颈套上导套 VW3083，油封外圈和唇边涂薄油，由导套将其推入到位。

4）安装飞轮、前端轴齿带轮。安装飞轮时，使用大众公司专用工具 10-201，使用涂 D6 防松胶的螺栓，其紧固力矩为 75N·m。

5）安装滚针轴承时，有字的一端朝向外面，安装时使用 VW207C 专用工具。安装好后，滚针轴承外端面离飞轮安装孔外端面的距离为 1.5mm。

三、曲轴飞轮组检修

曲轴是发动机的主要零件之一，形状复杂，精度高。在工作中，曲轴承受着活塞连杆组传递的周期变化的冲击载荷和旋转运动产生的离心力。在这些力的作用下，曲轴常产生轴颈磨损、弯曲、扭曲变形，有时还产生裂纹、甚至断裂。因此，修理前必须查清曲轴损伤的部位程度，对其实行正确的修理。

（一）曲轴的检修

1. 曲轴裂纹的检修

（1）曲轴裂纹的形成原因。曲轴的裂纹一般是由冲击载荷引起的，裂纹多数发生在曲柄臂与轴颈之间的过渡圆角处以及油孔处。前者多为横向裂纹，严重的将造成曲轴断裂，后者多为轴向裂纹，沿斜置油孔的锐边向轴向发展。

（2）曲轴裂纹的检修。曲轴裂纹的检验方法有磁力擦伤法和浸油敲击法。

磁力擦伤是借助探伤器将零件磁化，在零件可能产生裂纹处撒些磁粉，当磁力线通过裂纹边缘处时，磁粉将会吸附在裂纹处，从而显现出裂纹的部位和大小。浸油敲击法是将清洗干净的曲轴放在煤油中浸泡片刻，再把曲轴取出擦净，表面撒上白粉，然后用锤子沿轴向敲击非工作面，白粉如有明显裂纹状油迹出现，则该处有裂纹。

（3）曲轴裂纹的修复。曲轴裂纹发生在非受力部位或裂纹不会延伸时，可予以修复。例如曲轴轴向细小的裂纹可采用磨削的方法修复。曲轴裂纹在曲柄臂与轴柄颈等受力部位时，应换用新件。

2. 曲轴变形的检修

（1）引起曲轴变形的原因。曲轴产生弯曲和扭曲变形，多数是由于使用或修理不当造成的。曲轴发生弯曲变形后，加剧活塞连杆组和气缸的磨损，以及曲轴和轴承的磨损，甚至引起曲轴的断裂。曲轴的扭曲变形，将影响发动机的配气正时和点火正时，还会加速活塞连杆组和气缸的磨损。导致曲轴产生弯曲和扭曲变形的主要因素有：

1）发动机在爆燃或超负荷等冲击条件下工作。

2）个别气缸不工作或工作不均衡。

3）各道主轴承松紧度不一致。

4）主轴承座孔同轴度误差增大。

5）个别气缸内活塞卡缸（或胀缸）。

6）拖带挂车时起步过猛或紧急制动时未踩下离合器。

7）曲轴存放不当，长时间横放无支承。

（2）曲轴变形的检验

1）曲轴弯曲的检验。将曲轴第一道和最后一道主轴颈搁置在检验平板的V形架上，将百分表测头垂直地触及中间一道主轴颈，如图2-32所示。

转动曲轴，此时百分表指针所示的最大误差，即为曲轴主轴颈的同轴度误差。一般要求中型货车发动机曲轴应不大于0.15mm，轿车发动机曲轴不大于0.06mm，否则，应予校正。低于此限可结合磨削轴颈予以修正。

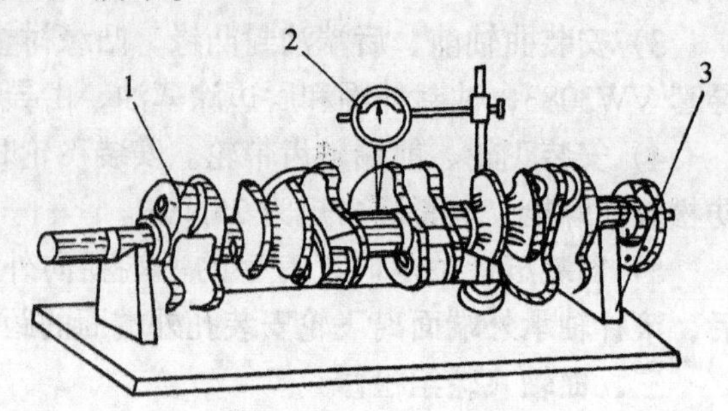

图2-32 曲轴弯曲的检验

1—曲轴 2—百分表 3—V形架

2）曲轴扭曲的检验。将曲轴置于检验平板的V形架上，然后将第一、第六缸（或第一、第四缸）连杆轴颈转到水平位置，用百分表测量两轴颈至平板的距离，求得同一方位上两高度差 ΔA，即得曲轴扭转变形的扭转角 θ

$$\theta = 360\Delta A / 2\pi R$$

式中 θ——曲轴扭转变形的扭转角（°）；

ΔA——同一方位上两轴颈至平板的高度差（mm）；

R——曲柄半径（mm）。

$R = 57.7 \pm 0.10$mm（EQ6100-1发动机）

$R = 43.2 \pm 0.10$mm（桑塔纳JV发动机）

3. 曲轴变形的修复

（1）曲轴弯曲的校正。曲轴弯曲超过允许极限时，应进行校正。校正通常采用冷压校正法和表面敲击法。

1）冷压校正法：将曲轴置于压床平台的V形架上，在压头与轴颈之间垫以铜皮，转动曲轴，当百分表指示在弯曲的最大值处时，在曲轴弯曲相反方向加压，如图2-33所示，压力应缓缓增加，并注意观察百分表示值。对于钢制曲轴，压弯量应为曲轴弯曲量的10～15倍，并保持1.5～2min后释放压力。曲轴校正后需经时效处理，此时应将曲轴加热到300～500℃，保温0.5～1h，以消除冷压时产生的内应力。

曲轴弯曲变形圈套时，必须反复多次校正，防止一次变形量过大而造成曲轴的折断。对于球墨铸铁的曲轴，一般不提倡校直，如必须进行校直，应特别小心，并且压校变形量不得大于原弯曲量的10倍，EQ6100-1发动机曲轴就是用球墨铸铁制造的，压校时应特别谨慎。

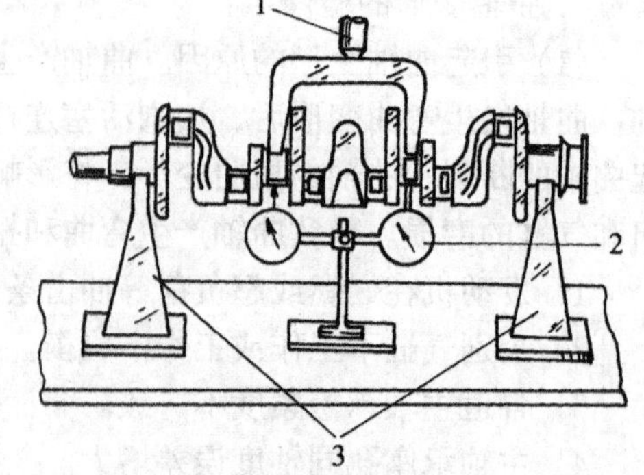

图2-33 曲轴冷压校正

1—压头 2—百分表 3—V形架

2）表面敲击法：表面敲击法校正曲轴适用于弯曲量不大于0.30～0.50mm的曲轴，可用球形锤子和风动手锤两种方法。通过敲击曲柄臂表面的非加工面，使曲柄变形，因而使曲轴轴线发生位移，从而达到校正弯曲的目的。敲击的部位、程度和方向要根据弯曲量的大小、方向确定。敲击的方法和可敲击的部位如图 2-34 所示。

(2) 曲轴扭曲的校正。曲轴若产生轻微扭曲变形，可直接在曲轴磨床上结合连杆轴颈磨削予以修正。曲轴扭曲转角过大时，则应报废曲轴。

4. 曲轴轴颈磨损的检修

(1) 曲轴轴颈磨损的规律和原因。曲轴主轴颈和连杆轴颈的磨损是不均匀的，磨损部位有一定的规律性。主轴颈与连杆轴颈径向磨损呈椭圆形，且最大磨损部位相对应，即各主轴颈的最大磨损靠近连杆轴颈一侧；而连杆轴颈的最大磨损也是靠近主轴颈一侧，如图 2-35 所示。曲轴沿轴向还有锥形磨损。

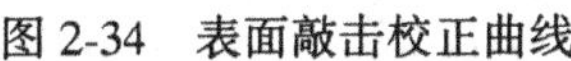

图 2-34　表面敲击校正曲线

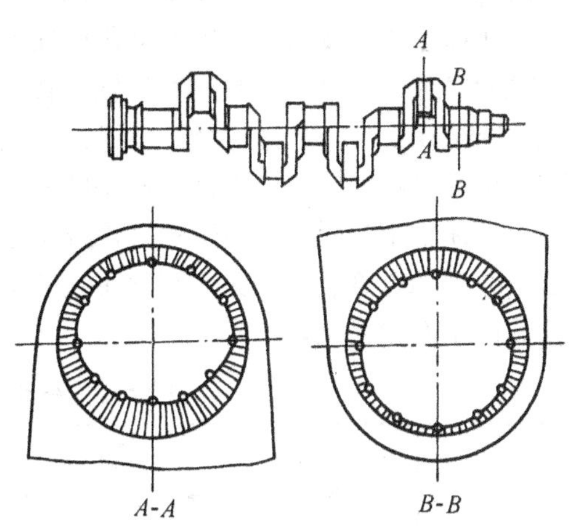

图 2-35　轴颈的磨损规律

轴颈的椭圆形磨损是由于作用在轴颈上的力，沿圆周方向分布不均匀引起的。发动机工作时，连杆轴颈承受着由连杆传来的周期性变化的气体压力，活塞连杆组往复运动的惯性力及连杆大端回转运动离心力的作用，这些力的合力作用在连杆轴颈内侧，方向始终沿曲柄半径向外，使连杆大头始终压紧在连杆轴颈内侧。因而连杆轴颈的内侧磨损最大，造成椭圆形。

连杆轴颈产生锥形磨损，主要是由于通往连杆轴颈的油道是倾斜的，曲轴旋转时，在离心力的作用下，润滑油中的机械杂质偏积在连杆轴颈的一侧，因而加速了该侧轴颈的磨损，使连杆轴颈磨损呈锥形。此外，连杆弯曲，连杆大头的不对称结构等原因，都会使轴颈沿轴向因受力不均而发生磨损偏斜。

主轴颈磨损成椭圆形，主要是受到连杆、连杆轴颈及曲柄离心力的影响，使靠近连杆轴颈一侧轴颈与轴承发生相对磨损较大。如图 2-34 所示五个主轴颈，其中二、四两道主轴颈由于两边都有连杆轴颈，受力均匀，磨损也较均匀，而其余三道轴颈的磨损是靠近连杆的一侧磨损严重。

实践表明。连杆轴颈的磨损比主轴颈的磨损严重。这是由于连杆轴颈的负荷较大，润滑条件又差的缘故。

轴颈表面还可能出现擦伤和烧伤。擦伤是由于机油不清洁，其中较大的机械杂质把轴颈表面划成沟痕造成的。轴颈表面的烧伤则是烧瓦引起的，这主要是由于润滑油的压力不足，机油太稀，油路阻塞等造成的，这时轴颈与轴瓦发生剧烈摩擦，温度上升，使轴颈表面烧成蓝色，有时轴瓦合金被烧熔。

（2）曲轴磨损的检测。曲轴轴颈的磨损通常都用外径千分尺进行测量。每个轴颈测量两个截面，每个截面测量 3~4 个点的直径。将每次测量的直径值记录下来，最后计算出曲轴各轴颈的圆度误差和圆柱度误差，计算方法与测量气缸的方法类似。

曲轴主轴和连杆轴颈的圆度、圆柱度误差；桑塔纳 JV 发动机不超过 0.02mm，EQ6100-1 发动机不超过 0.025mm。

（3）曲轴轴颈磨损的修复。曲轴轴颈的磨损超过技术要求后，应采用缩小直径的方法来恢复轴颈的几何形状。如果曲轴轴颈存在擦伤或烧伤等损伤，也可采用上述方法予以修复。

目前，国内均采用磨削曲轴轴颈的方法来恢复它的几何形状磨削加工可以保证曲轴轴颈的表面粗糙度符合要求。曲轴的磨削应在其他各种损伤修复后进行。

轴颈修理尺寸是根据磨损后的轴颈直径来确定的。曲轴连杆轴颈和主轴颈的修理尺寸，东风 EQ6100-1 发动机分两级，桑塔纳 JV 发动机的曲轴有三级修理尺寸，每级以 0.25mm 递减。维修过程中，应以制造厂提供的修理数据为依据。

由于曲轴十分耐磨，一般的维修及至第一次大修，有时均不必考虑修磨轴颈，只需更换轴承。若轴颈需修磨，在保证磨削质量的前提下，应尽可能选择最接近的修理尺寸级别，以延长其使用寿命，见表 2-7。

表 2-7　部分发动机曲轴轴颈修理尺寸　　（单位：mm）

车　型	尺寸轴颈名称	轴　颈　尺　寸						
		标准尺寸	第一级	第二级	第三级	第四级	第五级	第六级
桑塔纳 1.6L	主轴颈	$54^{-0.22}_{-0.042}$	53.75	53.50	53.25			
	连杆轴颈	$54^{-0.022}_{-0.042}$	45.75	45.50	45.25			
桑塔纳 1.8L	主轴颈	54						
	连杆轴颈	47.8						
东风 EQ6100	主轴颈	74.98~75	74.73~74.75	74.48~74.50				
	连杆轴颈	61.98~62	61.73~61.75	61.48~61.50				

曲轴磨削需要专用的设备和熟练的技术工人，一般这项工作是在具有这些条件的专业修理厂中进行。曲轴磨削后，应满足下列技术要求：

1）同名轴颈必须为同级修理尺寸，且与轴承的配合间隙符合要求。

2）轴颈的圆度、圆柱度误差不大于 0.005mm，表面粗糙度 R_a 值不大于 0.32μm，轴颈与曲柄的过渡圆半径为 3.0~3.5mm。

3）主轴颈的同轴度偏差，一般为 0.03~0.05mm。

4）同位连杆轴颈同轴度误差应不大于 0.10mm，各曲柄在圆周上的夹角误差应不大于 1°。

5）连杆轴颈轴心线与主轴颈轴心线的平行度误差不大于 0.01mm，两轴心线距离符合原设计尺寸。

（二）曲轴轴承的检修

汽车发动机的曲轴轴承，多采用薄壁滑动轴承，由瓦背和减磨合金组成。瓦背用厚度为 1.45~2.45mm 的低碳钢压制而成，背面镀有 0.001~0.003mm 的锡层，以保证与轴承座孔的接触面积和防止锈蚀作用。轴承的减磨合金有巴氏合金、铜铅合金和高锡铝合金等。桑塔纳 JV 发动机采用三层合金，表层为巴氏合金。

1．曲轴轴承的损伤及原因

（1）轴承的磨损：由于曲轴相对轴承所作的旋转运动，速度高，负荷大，起动初期有干摩擦，所以磨损伴随摩擦而生。而曲轴轴承的合金无论是强度还是硬度都比轴颈低得多，因此，相对磨损就更剧烈。

（2）合金刮伤：主要是润滑油滤清不良，使机械杂质进入轴承间隙之中，硬质磨料把合金表面刮伤，严重时沿合金表面刮出一道道环状沟痕。

（3）疲劳剥落：由于轴承长期承受交变冲击载荷的作用，使合金开始产生疲劳，继而出现裂纹，裂纹不断发展导致合金剥落。

（4）烧瓦：一般都是润滑条件破坏出现干摩擦，使轴承温度急剧升高，合金发生膨胀，进一步加剧润滑条件的恶化，导致合金熔化。如原间隙过小会造成烧瓦抱轴现象。

2．曲轴轴承损伤的检验

检验前，应将曲轴轴承及轴承座和轴承盖清洗干净。若存在明显的环状沟槽或麻点时，应予以报废。当合金表面仅有少量很浅的环状沟槽，或少量麻点剥落，对轴承承载能力影响不大时，可用内径百分表进一步检查轴承的尺寸及几何形状。将轴承装入轴承座和轴承盖，并按规定力矩拧紧轴承盖螺栓，分别测量出轴承内孔的最大最小直径值，如图 2-36 所示；测量点应避开轴承分合面和油槽，然后计算出轴承内孔的圆度误差，圆柱度误差及其与轴颈的配合间隙。曲轴主轴承内孔的圆度误差应不大于 0.025mm，曲轴主轴承与轴颈的配合间隙应不大于 0.15mm，配合间隙接近极限值时，就应予以更换。

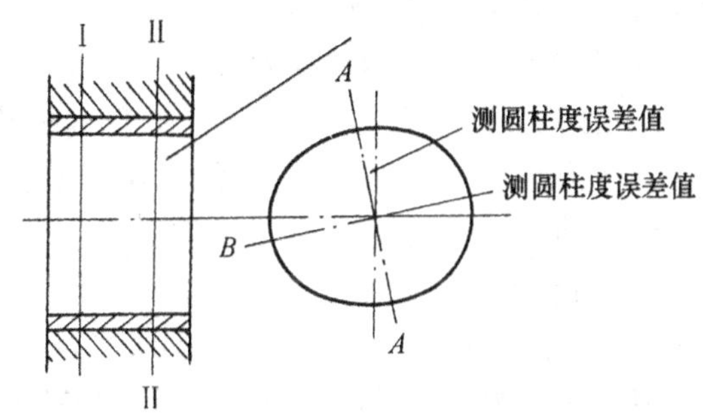

图 2-36　曲轴轴承的测量位置

3．曲轴轴承的选配

曲轴轴承经过一个发动机大修间隙里程的使用，由于磨损严重，在发动机大修时，应随着曲轴的修磨而全部更换。

（1）检查主轴承座孔。由于轴承的本身刚度小，其内孔形状和尺寸完全取决于轴承座孔，因此在选配前，首先应检查座孔是否符合技术要求，要求座孔的圆度和圆柱度误差都不能超过 0.025mm。其检查方法如下：

1）擦净轴承座和轴承盖，装上轴承盖，按规定力矩拧紧螺栓。

2）用量缸表测量座孔的圆度与圆柱度误差值。

3）当圆度、圆柱度误差超过规定时，可以用加厚减磨层的轴承进行镗削，以消除误差。

（2）选配轴承

1）根据轴颈选配轴承。轴承的修理尺寸与轴颈一样，具有相应的修理级别。因此在选配轴承时，应根据曲轴轴颈的修理尺寸，按修理级别选用相应缩小尺寸的新轴承。不允许用下一级修理尺寸的轴承采用多镗削合金的方法，将内孔扩大，以代替上一级别的轴承使用。这是因为轴承合金的厚度与其疲劳强度有关，过多的镗削掉轴承合金，会降低合金层的疲劳强度。

曲轴轴承与轴颈的径向和轴向配合间隙应符合要求。见表2-8，表2-9。

表2-8　曲轴轴承与轴颈的径向间隙　（单位：mm）

参数		标准径向间隙	极限值
机型	项目		
桑塔纳JV发动机	主轴承	0.030～0.080	0.170
	连杆轴承	0.024～0.048	0.120
EQ6100-1发动机	主轴承	0.040～0.110	0.200
	连杆轴承	0.026～0.084	0.150

表2-9　曲轴轴承与轴颈的轴向间隙　（单位：mm）

参数		轴向间隙	参数		轴向间隙
机型	项目		机型	项目	
桑塔纳JV发动机	主轴承	0.07～0.17	EQ6100-1发动机	主轴承	0.14～0.35
	连杆轴承	0.10～0.37		连杆轴承	0.10～0.35

2）对曲轴轴承的要求

①瓦背光滑，定位凸榫好：轴承背面应光滑无斑点，表面粗糙度 R_a 值应不低于1.25μm。凸榫是防止轴承转动起定位作用的，如凸榫损坏，应重新选配轴承。

②弹性合适：新轴承的曲率半径应大于轴承座孔的半径，保证轴承压入座孔后，借轴承自身的弹力能与座孔平顺贴合。

③合金表面应无裂缝和砂眼。

④轴承的圆弧长度应符合要求。新的轴承装入座孔内，上下两片的每端均应高出座平面，一般为0.03～0.05mm，以保证轴承与座孔紧密配合，提高散热效果。

（3）轴承的修配

1）轴承的镗削。目前更换EQ6100-1发动机和桑塔纳JV发动机所使用的曲轴轴承时，均应选配新件。对于桑塔纳JV发动机来说，严禁对曲轴轴承进行镗削或手工刮配，否则，轴承装配后会影响其使用寿命。对于EQ6100-1发动机来说，在确无配件供应或应急修理中，也可选用合金层被加厚的可刮削轴承，对其进行镗削加工或手工刮配，使轴承与轴颈达到配合要求。

镗削加工曲轴轴承，可以保证轴承孔的尺寸精度和形位公差，提高修理质量。目前，此项工作是将曲轴轴承送到具有镗瓦机的专业修理厂中进行镗削加工。

2）轴承的手工刮削

①曲轴主轴轴承的刮削

a.清洁主轴轴承座孔，并检查座孔的磨损情况。

b.校正水平线。将各道主轴承装入主轴承座内，在每道主轴颈上，涂些红丹油，把曲轴抬到主轴承上。通过轴颈对轴承施加适当压力，观察各道轴承的接触印痕位置，如果接触位置在轴承两端边缘略下为正常；如果接触位置是在轴承的两端边缘或在轴承下部接触，或有的轴承根本不接触，均属不符合要求，应重新选配。接触情况不一致，但相差不大时，可进行修刮，使中心线一致。

c.刮配轴承。水平线校正好后，按标记装上有轴承的轴承盖，并在轴承座与盖之间加适当调整片（每边总厚度不超过 0.20mm），垫片应垫至轴承端面。交错拧紧各道轴承螺栓，拧紧顺序一般为先中间，而后依次向两边进行，每次拧紧力矩的大小，应以曲轴尚能转动为限，每拧紧一道，转动曲轴数圈，直至各道轴承盖适度拧紧，最后再转动曲轴数圈。然后拆下轴承盖，根据接触痕迹，确定修刮部位。

刮削轴承时，刮刀要锋利，要放平，一次刮削面积与厚度要适当，掌握刮重留轻、刮大留小、边刮边试、反复进行的原则。接近刮好时，应将全部轴承盖按规定力矩拧紧，转动曲轴，再检查接触痕迹，进行选择性刮削，以保证接触面积不少于 75%，第一道和最后一道轴承接触面积应不少于 85%。轴承两端因无垫片调节，刮削量较大。又因两端无垫片调节，两刮削量超过规定的间隙后将无法修复，因此，对轴承两端的刮削应十分谨慎。

d. 检查曲轴轴承配合间隙。刮削完毕后，曲轴主轴颈轴向间隙和径向间隙应符合要求。

② 连杆轴承的刮削

a. 清洁连杆轴承座孔，并检查座孔的磨损情况。

b. 检查接触痕迹，将曲轴放在支架上，在轴颈表面涂一层红丹油。将装配好轴承的连杆套在相应的轴颈上，均匀地拧紧螺栓，边拧紧边转动连杆，直至感觉转动有阻力为止。按工作方向转动连杆，使轴承与轴颈摩擦，拆下连杆观察印痕，确定刮削部位。

c. 刮削轴承。刮削前，应在端盖结合面处垫入厚度为 0.05mm 的垫片 2～3 片，这样可以提高刮削速度，减少合金的修刮量。开始修刮时，接触部位都是在轴承的两端，且压痕较重，此时每次可多刮一些。

修刮的方法和原则同修刮主轴承时一样，修刮后的轴承要求松紧度合适，接触面积不少于 75%。

d. 检查轴承刮削后的松紧度。轴承松紧度的检查方法，通常是在轴承上涂一层薄机油，将连杆装在相应的轴颈上，按规定力矩拧紧轴承盖螺栓，然后用手甩动连杆，连杆应能转动数圈，沿曲轴轴线扳动连杆，应无间隙感。

e. 连杆大头的轴向间隙和径向间隙应符合要求。

（三）飞轮的检修

1. 飞轮的损伤及原因

（1）飞轮齿圈的磨损和轮齿折断。发动机起动时，飞轮齿圈上的齿轮能受到起动机齿轮的频繁撞击和滑移干摩擦，易造成轮齿的磨损和轮齿折断。

（2）飞轮工作面的磨损。飞轮工作面即为离合器摩擦片接合面，工作时由于离合器在分离与接合的瞬间，与飞轮平面存在转速差，从而产生相对滑动摩擦，使飞轮平面产生磨损，此为正常磨损。

由于操作不当，离合器无自由行程，离合器压盘压力不足等原因，使离合器与飞轮经常处于半结合状态，从而加剧了飞轮平面的磨损，严重时还会因高速摩擦产生的高温而产生局部烧灼结硬，使摩擦能力下降。当离合器摩擦片磨损到极限后，露出的铆钉头将在飞轮表面刮成沟槽，严重损伤飞轮平面。

（3）飞轮螺栓孔的损伤。由于飞轮承受的转矩较大，并常伴随着冲击载荷，因而导致飞轮螺栓孔产生损伤变形。

2. 飞轮的检修

（1）飞轮齿圈的检修。飞轮齿圈如只有个别齿损坏，齿圈单面磨损，可在轮齿另一端头重新倒角，将齿圈翻边使用。若齿面严重磨损超过齿长的30%或齿连续损坏4齿以上，应予以更换。换用的新齿圈与飞轮外圆的配合过盈量一般为0.30～0.60mm，具体安装时，应将齿圈加热到350～400℃，趁热压至止口，冷却后即具有一定紧度。

(2) 飞轮工作面的检修。飞轮工作面磨损或形成波浪形槽，应用磨石磨平，深度超过0.5mm时或平面度误差大于0.20mm时，应予以更换。飞轮加工后，其总厚度一般不得减少1.2mm。飞轮及齿圈的常见损伤如图2-37所示。

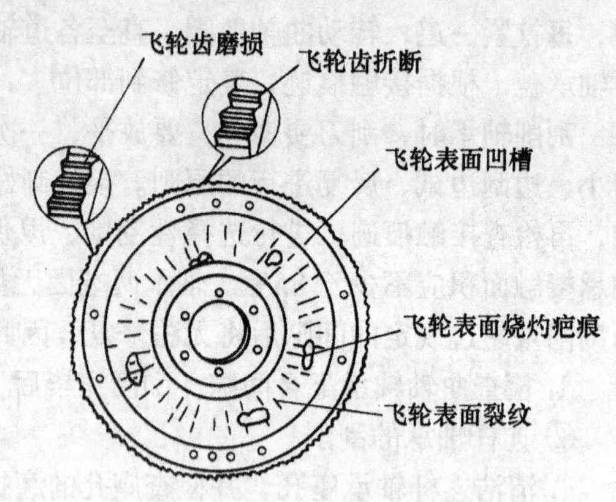

图2-37 飞轮及齿圈的常见损伤

(3) 飞轮螺栓孔的检修。飞轮螺栓孔磨损，若圆度误差大于0.035mm，可采用扩孔修理，然后换用相应加大尺寸的螺栓以固定飞轮。

(4) 飞轮修复后的检验。飞轮修复后，工作表面应平整，不能有裂纹，其平面度误差应小于0.10mm。飞轮的厚度一般不得小于基本尺寸1.2mm。飞轮与曲轴装合后，飞轮平面对曲轴轴线的端面全跳动应小于0.20mm，其检验方法如图2-38所示。飞轮与曲轴装合后，同时应在动平衡机上进行动平衡试验，所允许的动不平衡但应符合原厂规定，即：EQ6100-1发动机所允许的动不平衡量为100g·cm；桑塔纳JV发动机所允许的不平衡量为10g·cm。

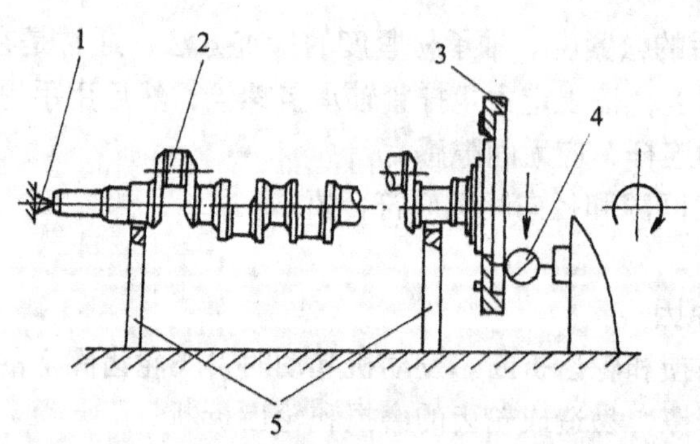

图2-38 飞轮平面对曲轴轴线端面全跳动的测量
1—轴向定位 2—曲轴 3—飞轮 4—百分表 5—V形架

第三章 配气机构的构造与维修

第一节 概 述

配气机构的作用是按照发动机工作循环和各缸的做功次序，定时地将各缸的进、排气门开启和关闭，以便发动机进行进气、压缩、做功和排气等工作过程。

一、配气机构的组成

发动机的配气机构由气门组和气门传动组组成。

气门组的作用是封闭进、排气道。气门传动组的作用是控制气门的打开以及开闭时刻和开闭规律。

图3-1为凸轮轴下置顶置气门式配气机构的组成与布置。气门组主要包括气门15、气门座圈14、气门导管13、气门弹簧12、气门导管油封11、气门锁片10和气门弹簧座8等。气门传动组主要包括凸轮轴正时齿轮、凸轮轴1、挺柱2、推杆4、摇臂6和摇臂轴7等。

气门15穿过气门导管13，在其尾端通过锁片固定着气门弹簧座。气门弹簧12套装在气门杆外围，上端抵于气门弹簧座8，下端抵于缸盖，安装后有一定的预紧力。当气门关闭时，在气门弹簧预紧力的作用下，气门头部密封锥面压紧在气门座上，将气道封闭。摇臂轴7通过支座固定在缸盖上平面，摇臂6套在摇臂轴上，可绕摇臂轴转动。摇臂长臂端与气门杆尾部接触，短臂端装有调整气门间隙的调整螺钉。凸轮轴1安装在缸体的一侧，呈杯状的挺柱2装在挺柱导向体3内，下端与凸轮轴接触。推杆4上端与摇臂调整螺钉接触，下端与挺柱接触。

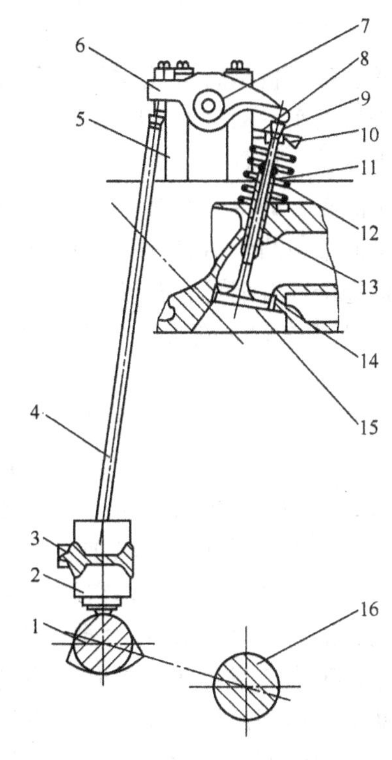

图3-1 凸轮轴下置顶置气门式配气机构
1—凸轮轴 2—挺柱 3—挺柱导向体 4—推杆 5—摇臂轴支座 6—摇臂 7—摇臂轴 8—气门弹簧座 9—气门帽 10—气门锁片 11—气门导管油封 12—气门弹簧 13—气门导管 14—气门座圈 15—气门 16—曲轴

二、配气机构的工作过程

发动机工作时，曲轴通过正时齿轮驱动凸轮轴旋转。凸轮轴在转动过程中，凸轮基圆部分与挺柱接触时，挺柱不升高，气门保持关闭。当凸轮的凸起部分与挺柱接触时，将挺柱顶起，通过推杆和调整螺钉使摇臂绕摇臂轴摆动，压缩气门弹簧，将气门头部向下推离气门座而使气门打开。当凸轮的凸起最高点与挺柱接触时，气门开启最大。转过这一点后，挺柱逐渐下降，气门便在弹簧作用下逐渐关闭。当凸轮的凸起部分离开挺柱时，气门完全关闭。四冲程发动机每完成一个工作循环，曲轴转两周，凸轮轴转一周（传动比为 2∶1），各缸的进、排气门各开启、关闭一次。

从上述工作过程可以看出，气门的开启是通过气门传动组的作用来完成的，而气门的关闭则是由气门弹簧来完成的。气门的启闭时刻与规律完全取决于凸轮的轮廓曲线。每次气门打开时压缩了气门弹簧，为气门关闭积蓄了能量。

三、气门间隙

发动机工作时，气门在高温作用下会因受热膨胀而伸长。由于气门传动组零件都是刚性体，假如在冷态时各零件之间不留间隙，受热膨胀的气门只能向离开气门座的方向伸长而使气门关闭不严，导致发动机功率下降，燃油消耗增加，发动机过热，甚至不能起动。为了补偿气门受热后的膨胀量，在发动机冷态装配时常在气门组与气门传动组之间（如气门杆尾部与摇臂头部之间）留有一定的间隙，这一间隙称为气门间隙。气门间隙的大小根据车型的不同而不同。轿车的气门间隙一般为 0.15～0.25mm，货车的气门间隙一般为 0.25～0.45mm。排气门由于受热温度较高，气门间隙一般留得大些。

四、配气机构的布置形式及驱动方式

现代汽车发动机都采用顶置气门式配气机构，即气门布置在气缸盖上，头部朝下，开启时向下运动。顶置气门式配气机构可按下列方式分类：

按凸轮轴的位置不同，可分为凸轮轴上置式、凸轮轴中置式和凸轮轴下置式三种。

按曲轴与凸轮轴的传动方式不同，可分为齿轮传动式、链条传动式和齿形带传动式。

按每个气缸配置的进排气门数不同，可分为二气门式、四气门式和五气门式等。

（一）凸轮轴上置式配气机构的布置及驱动

凸轮轴上置式配气机构是把凸轮轴布置在气缸盖上，其布置和驱动形式分别有两种。

1. 凸轮轴上置式配气机构的布置

第一种布置形式是凸轮轴直接通过摇臂驱动气门，如图 3-2 所示，它的特点是省去了挺柱、推杆，使往复运动质量大大减小，非常适合于高速发动机，因此在轿车和微型车发动机上得到广泛应用。神龙富康、天津夏利轿车和微型汽车发动机的配气机构都采用这种形式。

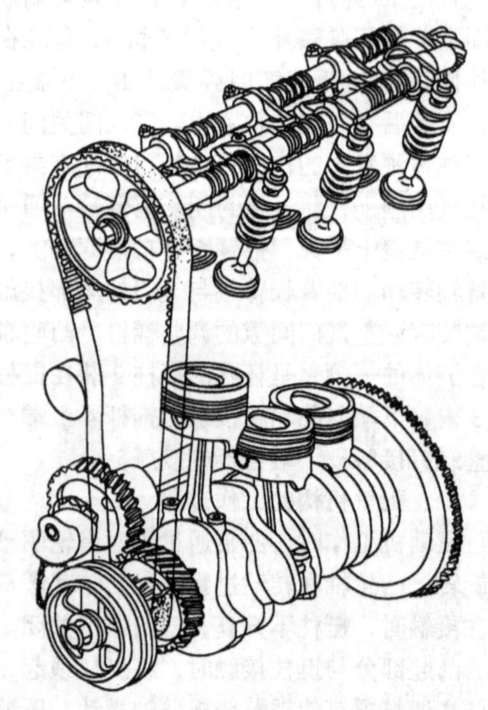

图 3-2　TJ376Q 型发动机凸轮轴上置式配气机构

第二种布置形式是凸轮轴直接推动液压挺柱，控制气门的开闭，如图 3-3 所示。它的特点是省去了摇臂机构，也没有推杆，往复运动质量更小，系统刚度大，对凸轮轴和气门弹簧的设计要求也低，适用于高速强化发动机。上海桑塔纳、一汽奥迪和捷达轿车发动机的配气机构采用这种形式。

2. 凸轮轴上置式配气机构的驱动

凸轮轴上置式配气机构，由于凸轮轴与曲轴相距较远，早期的发动机采用链传动，如图3-4所示。为使链条具有一定张力而不致抖动或脱链，链传动装置装有导链板、链条张紧器等。近年来，在高速汽车发动机上已广泛采用齿形带代替链条（见图3-2和图3-3）。齿形带传动综合了链传动比较精确、速比不变和带传动平稳、噪声小、结构简单、传动可靠的优点，一汽奥迪 、捷达、上海桑塔纳和天津夏利等轿车的发动机都采用了齿形带传动。这种齿形带的基体部分为耐油合成橡胶，与带轮接触的表层为尼龙织物，中间承受拉力部分为玻璃碳化纤维，因此具有较高的强度。

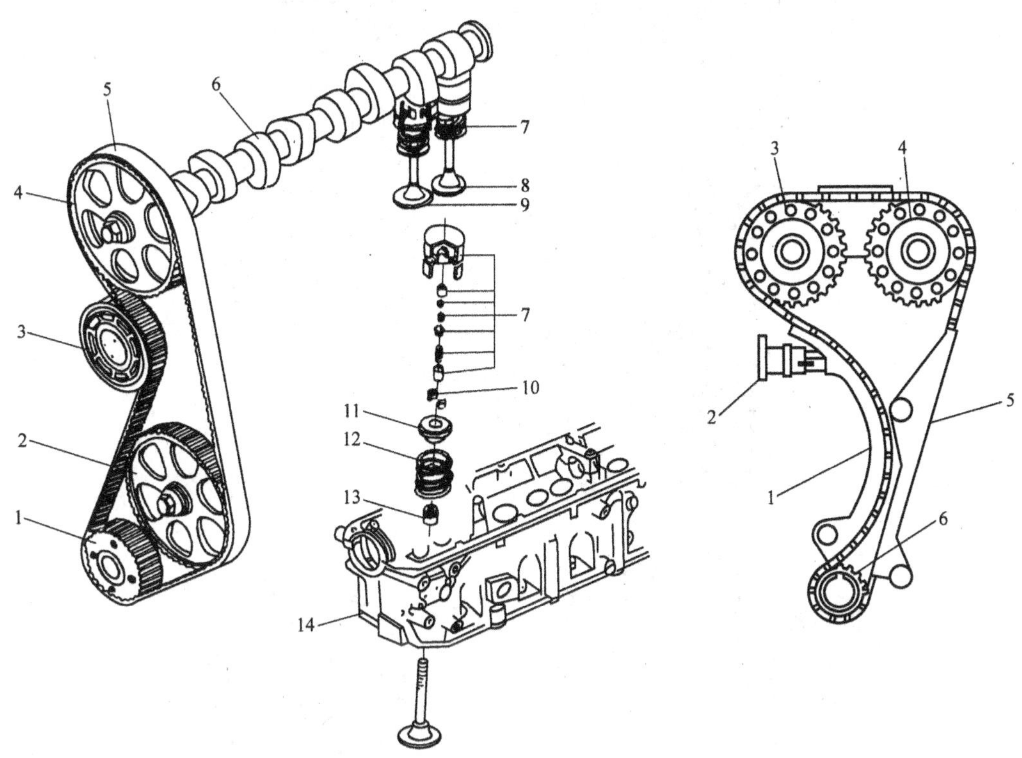

图3-3 桑塔纳2000轿车AFE发动机凸轮轴上置式配气机构

1—曲轴正时齿轮 2—中间轴正时齿轮 3—张紧轮 4—凸轮轴正时齿轮 5—正时齿形带 6—凸轮轴 7—液压挺柱组件 8—排气门 9—进气门 10—气门锁片 11—气门弹簧座 12—气门弹簧 13—气门油封 14—气缸盖

图3-4 凸轮轴上置式配气机构的链传动装置

1—链条张紧导板 2—链条张紧器 3—进气凸轮轴链轮 4—排气凸轮轴链轮 5—导链板 6—曲轴链轮

（二）凸轮轴下置式配气机构的布置及驱动

凸轮轴下置式配气机构的凸轮轴位于曲轴箱中部、位置较曲轴偏上，其布置形式如图3-1所示。由于曲轴和凸轮轴的距离较近，因此凸轮轴下置式配气机构采用一对正时齿轮传动。大多数货车和大中型客车发动机都采用这种形式。

（三）气门的布置与驱动

1. 二气门式

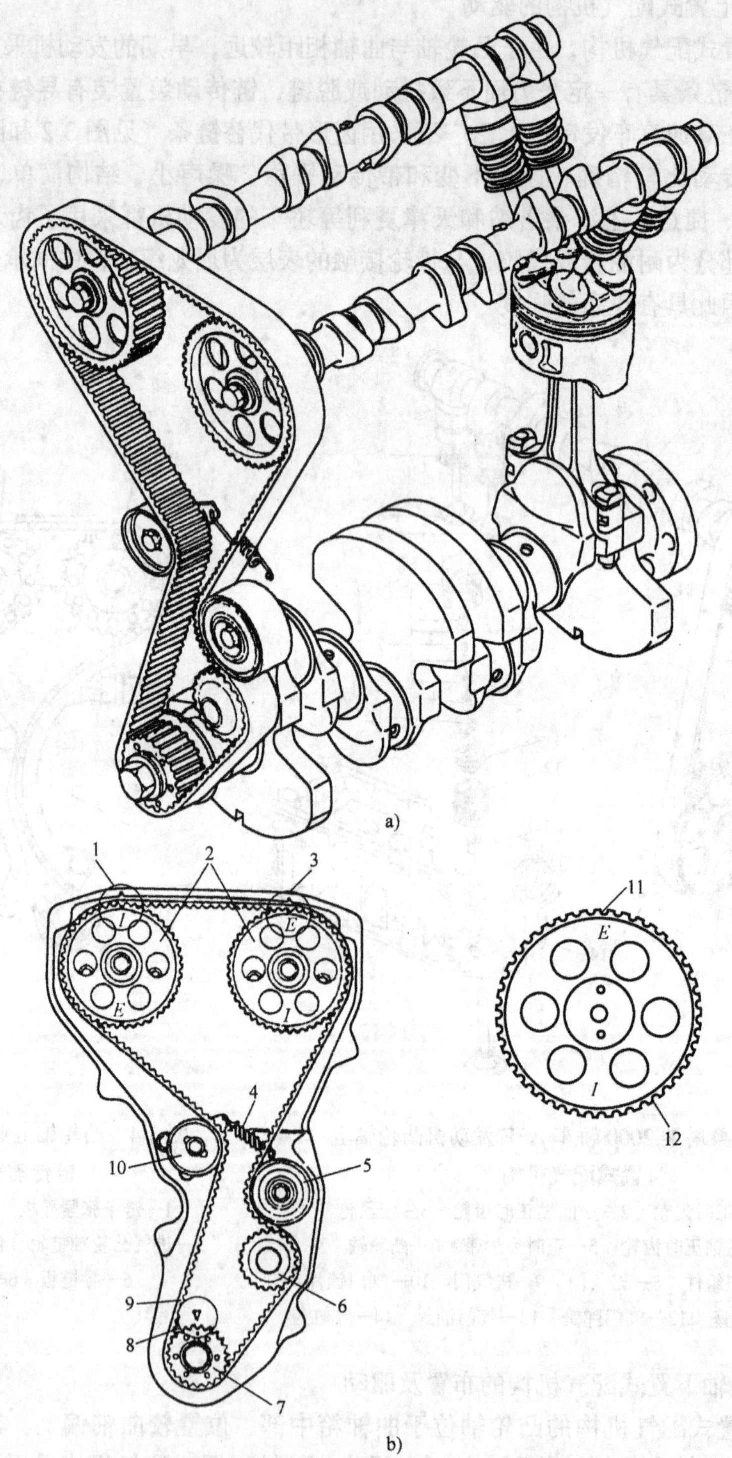

图 3-5　四气门配气机构的传动布置图

1—进气凸轮正时记号　2—凸轮轴正时齿轮　3—排气凸轮正时记号　4—弹簧　5—惰轮　6—水泵齿轮　7—曲轴正时齿轮　8—曲轴正时记号　9—齿形带　10—张紧轮　11—记号　12—齿轮

大多数发动机都采用每缸一进一排两个气门的结构形式，气门布置与驱动形式有两种：一种是把所有气门沿机体纵向排成一列，进排气门由同一根凸轮轴或由安装在同一根摇臂轴上的摇臂驱动，盆形和楔形燃烧室多采用这种气门布置形式；另一种是把所有气门沿机体纵向排成两列，进排气门分别由两根凸轮轴或由安装在两根摇臂轴上的摇臂驱动。

2. 四气门或五气门式

一些重型货车的V形柴油机或高级轿车发动机上采用了每缸四气门甚至五气门的结构，尽可能大地增加了进气通道截面，提高了充气效率，使换气质量大大提高。此外，采用四气门或五气门后还可适当减小气门升程，改善配气机构的动力性。

当每缸采用多气门时，气门排列的方案通常是同名的气门排成一列，分别用进气凸轮轴和排气凸轮轴驱动。凸轮轴由曲轴正时齿轮通过齿形带驱动，如图3-5所示。

一汽捷达轿车EA113型发动机采用五气门结构，其气门布置如图3-6所示。

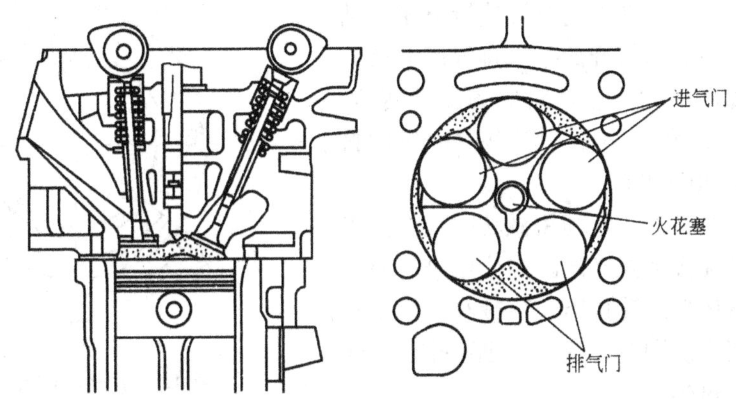

图3-6　五气门发动机气门布置

五、配气相位

发动机每个气缸的进、排气门开始开启和关闭的时刻，通常用相对于上、下止点时曲拐位置的曲轴转角来表示，称为配气相位（或配气正时）。配气相位用曲轴转角的环形图来表示，称为配气相位图，如图3-7所示。

四冲程发动机的每一个工作行程曲轴旋转180°，由于现代高速发动机转速很高，活塞的每一行程经历的时间十分短促。例如：上海桑塔纳2000型轿车的AJR电控发动机，最大输出功率时的转速为5200r/min，每个行程经历的时间为$60s/(5200\times2)=0.0057s$。在这样短的时间内要完成进气或排气过程是很困难的，往往会使发动机进气不足或排气不净，从而使发动机功率下降。所以，为了使进气充分、排气彻底，现代发动机都采取了延长进、排气时间的方法，即气门的开启与关闭的时刻并不正好是曲拐处在上止点和下止点的位置，而是分别提早和延迟了一定的曲轴转角，以改善进、排气状况，提高发动机的动力性。

1. 进气门的配气相位

如图3-7所示，发动机的进气门是在排气行程接近终了，活塞到达上止点之前打开的。从进气门开始打开到活塞到达排气行程上止点对应的曲轴转角，称为进气提前角，用α表示。汽车发动机的进气提前角一般为10°～30°。

进气门早开的目的，主要是为了当活塞到达上止点时，进气门已经开大，使进气行程开始时新鲜气体能顺利充入气缸。

进气行程活塞到达下止点后，进气门并未马上关闭，而是曲拐继续转过一定角度，活塞又上行一定距离后才关闭。从活塞位于进气行程下止点起，到进气门关闭所对应的曲轴转角称为进气迟闭角，用 β 表示。发动机的进气迟闭角一般为 40°～80°。

进气门晚关的目的，主要是利用进气行程终了时缸内压力仍低于大气压所形成的压力差和气流惯性继续进气。

由于进气门早开晚关，进气门实际开启的时间对应的曲轴转角为 $180^\circ+\alpha+\beta$，称为进气持续角，约为 230°～290°。

2．排气门的配气相位

发动机的排气门是在做功行程接近终了，活塞还未到达下止点之前打开的。从排气门开始打开到活塞到达做功行程下止点对应的曲轴转角，称为排气提前角，用 γ 表示。汽车发动机的排气提前角一般为 40°～80°。

排气门早开的目的，是利用做功行程接近终了时对活塞做功无多大意义的缸内余压进行自然排气，使大部分废气迅速排出，以减小活塞上行时的强制排气阻力。同时，废气的迅速排出，还可以防止发动机过热。

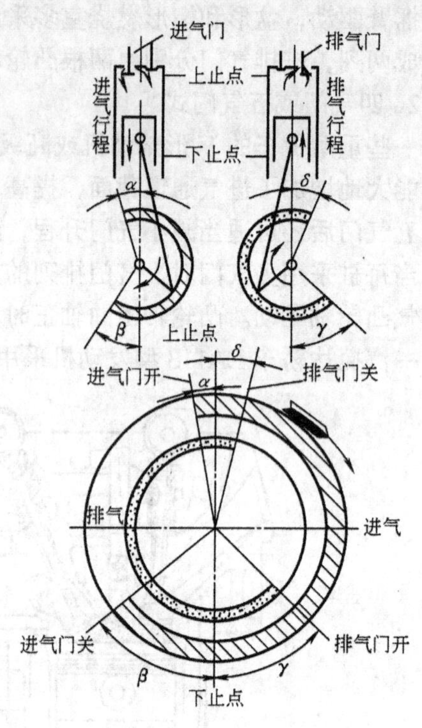

图 3-7　发动机配气相位图

经过整个排气行程，活塞到达排气上止点后又下行一定的曲轴转角，排气门才关闭。从活塞位于排气行程上止点起，到排气门完全关闭时所对应的曲轴转角，称为排气迟闭角，用 δ 表示。发动机的排气迟闭角一般为 10°～30°。

排气门晚关的目的，主要是为了利用排气行程终了时燃烧室的废气压力仍高于大气压力，使废气在压力差和气流惯性的作用下继续排气，可以使废气排放得更干净。

由于排气门的早开晚关，排气门实际开启的时间对应的曲轴转角为 $180^\circ+\gamma+\delta$，称为排气持续角，约为 230°～290°。

3．气门重叠

由于进气门在排气上止点之前已经开启，而排气门又在排气上止点之后才关闭，这就出现了在同一时间内，进气门和排气门同时开启的现象，这种现象称为气门重叠或气门叠开。气门重叠所对应的曲轴转角称为气门重叠角，即 $\alpha+\delta$。

由于新鲜气流和废气气流都有自己的流动惯性，在短时间内不会改变流动方向。因此，只要气门重叠角选择适当，就有利于换气而不会造成废气倒流入进气管和新鲜气体随同废气排出的可能。

发动机的配气相位是在发动机研制过程中，通过发动机台架调整试验确定下来的，所确定的数值是现有结构下的最佳值，在使用维修中不允许随意改变。桑塔纳发动机配气相位如表 3-1 所示。

表 3-1　桑塔纳发动机配气相位

机　　型	进　气　门		排　气　门	
	开　　启	关　　闭	开　　启	关　　闭
JV（1.8L）	上止点前 1°	下止点后 37°	下止点前 42°	上止点后 2°
AFE（1.8L）	上止点前 2°	下止点后 34°	下止点前 44°	上止点后 8°
AJR（1.8L）	上止点前 1.2°	下止点后 37.45°	下止点前 40.8°	上止点后 4.55°

第二节　气门组的构造与维修

一、气门组的构造

气门组包括气门、气门座、气门导管及气门弹簧等零件。气门组的组成如图 3-8 所示。

(一) 气门与气门座

气门分为进气门和排气门两种。

(1) 气门的作用：气门用来封闭进排气道。

(2) 气门的构造：气门由头部和杆部构成，两者圆弧连接。头部用来封闭气道，由气门顶部和密封锥面组成。杆部用来在气门开闭过程中起导向作用。

1. 气门顶部的形状

气门顶部的形状分为平顶、凹顶和凸顶三种。

平顶是大多数发动机采用的一种形式，其特点是结构简单，受热面积小，制造方便，质量较小，进、排气门都可以使用，如图 3-9a 所示。

凹顶的特点是杆部与头部的过渡部分具有一定的流线形，可减小进气阻力，但顶部的受热面积大，故只适用于进气门，不宜做排气门，如图 3-9b 所示。

凸顶的特点是强度高，耐冲击，排气阻力小，废气消除效果好，适用于排气门。但凸顶气门头受热面积大，质量和惯性力大，加工也比较复杂，如图 3-9c 所示。

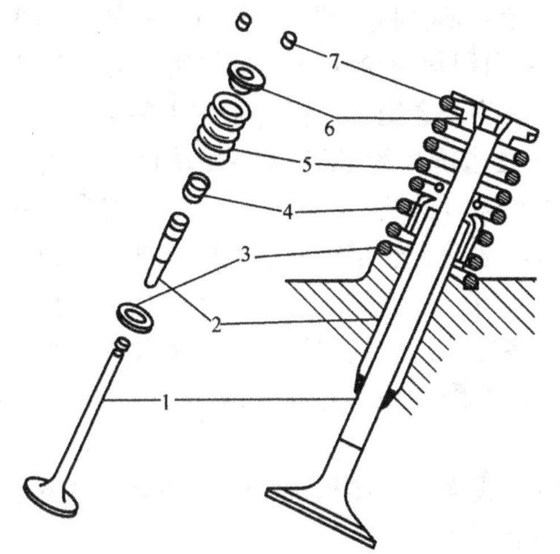

图 3-8　气门组零件

1—气门　2—气门导管　3、6—气门弹簧座　4—气门油封　5—气门弹簧　7—锁片

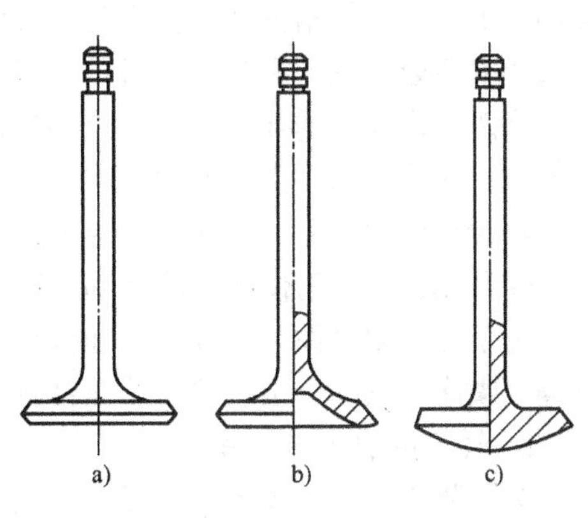

图 3-9　气门头部的结构形式

a）平顶　b）凹顶　c）凸顶

2．气门密封锥面

气门密封锥面也称工作锥面，是与杆部同心的圆锥面，用来与气门座接触，起到密封气道的作用。气门密封锥面与气门顶平面的夹角称为气门锥角（图 3-10a）。气门锥角的大小不仅影响气门的密封性，还影响气流阻力、气流通过面积和锥面的磨损。进气门的锥角有 45°和 30°两种，排气门的锥角都是 45°。如图 3-10b 所示，在气门升程相同的情况下，气门锥角越小，气门口通道截面宽度越大，因此进气阻力小。但由于锥角小，气门头部边缘薄，强度与刚度较小，工作中容易变形，而且气门的密封性与导热性较差，而大锥角气门则能避免这些缺点。

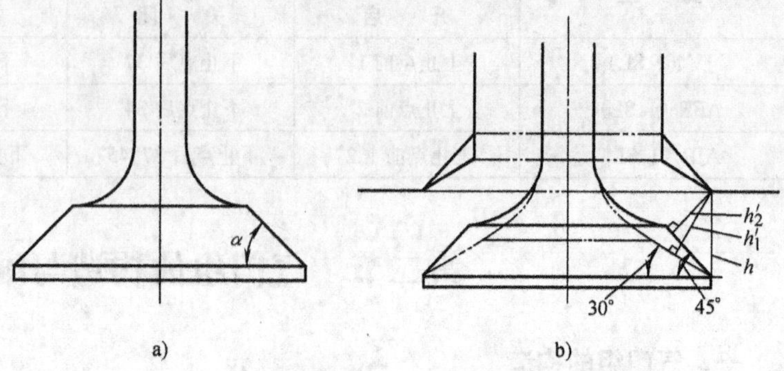

图 3-10　气门锥角与气门口通道截面的关系
a）气门锥角　b）不同气门锥角对气门口通道截面的影响

气门顶部边缘与工作锥面间应有一定厚度，以防工作中受冲击损坏或被高温气体烧坏，一般气门边缘的厚度为 1～3mm。

为减小进气阻力，增加进气量以提高发动机动力，进气门头部直径总是设计得比排气门的头部直径大，以使气缸的进气充分，这也是进、排气门的一个明显的区别。

3．气门杆

气门杆除了导向作用外还承受侧向（径向）力，并带走一部分热量。杆部为圆柱形细长杆，表面经热处理和磨光，尾部开槽用于安装锁片，或钻孔用于安装锁销。

4．气门的材料

由于气门工作时承受的温度很高，进气门达 573～673K（300～400℃），排气门高达 1053～1253K（780～980℃），且散热润滑困难，承受冲击力大，因此要求气门材料必须在较轻的重量下有足够的强度、刚度和导热能力，能耐高温和耐磨损。进气门一般采用中碳合金钢（如铬钢、镍铬钢和铬钼钢等），排气门多采用耐热合金钢（如硅铬钢、硅铬钼钢等）。为节约耐热合金钢，有些发动机排气门头部采用耐热合金钢，而杆部采用中碳合金钢。

为改善排气门的导热性能，有些发动机（如捷达轿车的 EA113 型发动机）采用了充钠排气门，在排气门杆部的封闭内腔充注钠，钠在约为 1243K（970℃）时变为液态，具有良好的热传导能力。气门工作时，通过液态钠的来回运动，热量很快从气门头部传到根部，通过导管散热，从而可使温度降低约 373K（100℃），在一定程度上提高了气门的使用寿命。

为了提高耐磨性、耐腐蚀性和抗热冲击，有些发动机的气门杆尾部顶端和气门密封锥面堆焊（喷涂）钴基合金或钨钴硬质合金，堆焊硬度达到（55±5）HRC。

5．气门机油防漏装置

为了防止机油过多地从气门导管流入燃烧室造成烧机油和积炭，气门杆上一般还设有机油防漏装置，常见的有如图 3-11 所示的几种结构形式。

气门座是进、排气道口与气门头部密封锥面配合的环形座。

6．气门座的作用

气门座与气门头部一起对气缸起密封作用，同时接受气门头部传来的热量使气门得到散热。

7. 气门座的形式与材料

气门座的形式有两种：一种是直接在气缸盖上镗出，散热效果好，但不耐磨，如图3-12所示；另一种是单独制成气门座圈镶嵌在气缸盖上（见图 3-13），一般用耐热合金钢或耐热合金铸铁加工而成，耐高温、耐磨损和耐冲击，且容易维修更换。

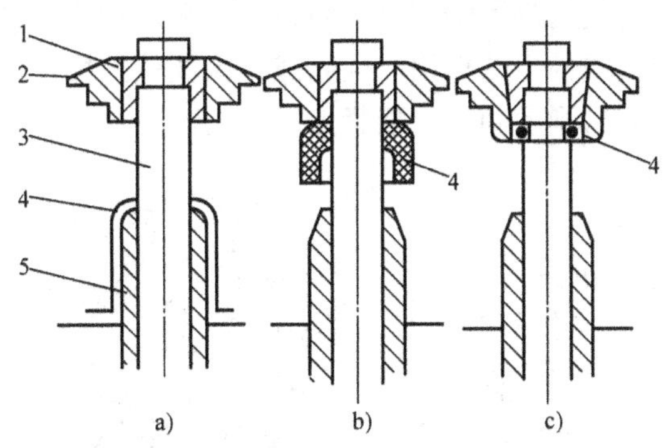

图 3-11 气门机油防漏装置

1—锁片 2—气门弹簧座 3—气门杆
4—气门油封或密封圈 5—气门导管

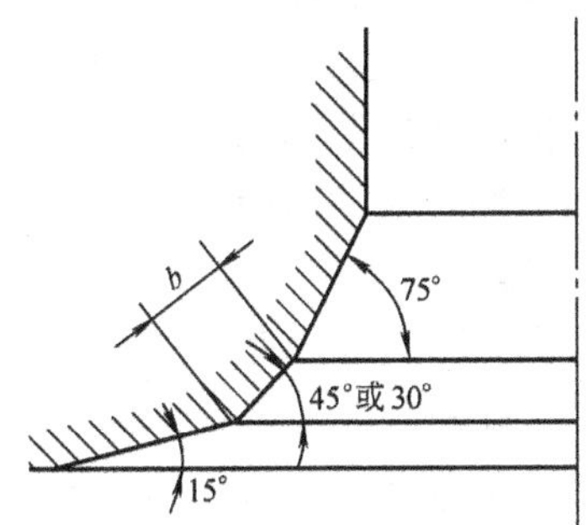

图 3-12 气门座和锥角

8. 气门座的锥角

气门座的锥角由三部分组成（见图 3-12)。45°或 30°锥面与气门密封锥面贴合。为保证有一定的座合压力，使密封可靠，同时又有一定的散热面积，要求气门座的 45°或 30°工作锥面宽度 b 为 1～3mm。75°和 15°锥面用来调整中间工作锥面的宽度和上下位置。

（二）气门导管

1. 气门导管的作用

气门导管主要起导向作用，保证气门的往复直线运动和落座准确，还起到在气门杆和气缸盖之间的传热作用。

2. 气门导管的结构

气门导管通常单独制成零件，压装在气缸盖上。由于导管下端伸入到进排气道内，为防止对气流造成阻力，伸入端的外圆一般做成圆锥状。有些发动机为防止气门导管松动脱落，在导管外圆上开有卡环槽，采用卡环对导管进行固定与定位，如图 3-13 所示。还有些发动机将导管伸入端的内孔做成锐边沉割，以便在气门运动中刮除气门杆上的沉积物。

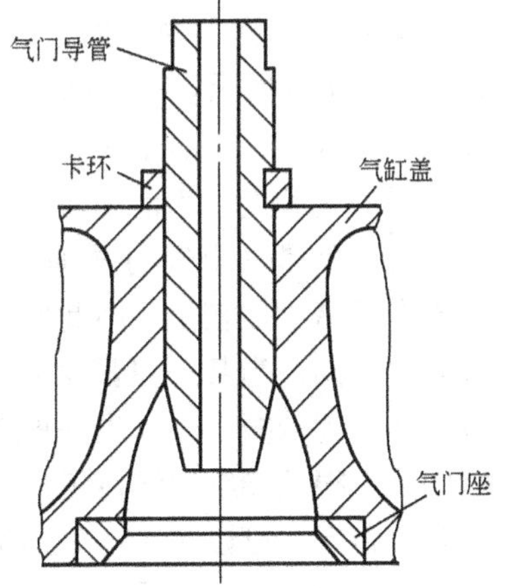

图 3-13 气门导管与镶嵌式气门座

有些发动机（如北京切诺基吉普车发动机）的气门导管是直接在缸盖上加工出来的孔，不可拆换。

3. 气门导管的材料

气门导管多采用灰铸铁、球墨铸铁或铁基粉末冶金制造，以保证和铸铁气缸盖有同样的线膨胀系数。轿车发动机的铝合金缸盖的气门导管多采用铜锌合金制造，这种导管的耐磨性、导热性和加工性均比较好。气门导管与气门杆之间留有0.05~0.12mm的间隙，以保证与气门杆的配合精度和与气门座的同轴度要求。

(三) 气门弹簧

气门弹簧是圆柱形的螺旋弹簧，位于缸盖与气门尾端的弹簧座之间。

1. 气门弹簧的作用

气门弹簧的作用是使气门自动复位关闭并与气门座紧密贴合；防止气门在发动机振动时发生跳动而导致关闭不严；防止各传动件之间因惯性力的作用产生间隙，保证气门按凸轮轮廓曲线的规律关闭。因此，气门弹簧应具有足够的刚度和安装预紧力。

2. 气门弹簧的结构

气门弹簧多为等螺距弹簧，有些发动机为了避免弹簧在工作中共振以致断裂，采用变螺距弹簧或双弹簧结构，如图3-14所示。

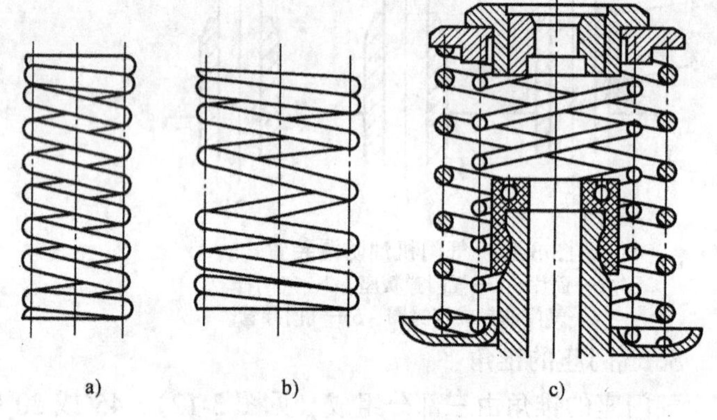

图3-14 气门弹簧的结构形式

a）等螺距弹簧 b）变螺距弹簧 c）双弹簧结构

为了提高等螺距气门弹簧的刚度，即提高气门弹簧的自然振动频率，采用加粗弹簧的直径和减小弹簧的圈径的方法，如图3-14a所示。

变螺距弹簧的两端螺距较小而且两端螺距不一样，中间螺距较大，如图3-14b所示。在压缩时，螺距较小的弹簧两端逐渐贴合，使有效圈数逐渐减少，共振频率逐渐提高，可有效避免共振的发生，同时还可以减少弹簧的数量。变螺距弹簧安装时将大螺距一端朝上（为活动端），小螺距一端朝下（为固定端）。

双弹簧结构是每个气门同轴安装两根直径不同、旋向相反的内外弹簧，如图3-14c所示。由于内弹簧刚度较小，因此两弹簧的自振频率不同，当某一弹簧发生共振时，另一弹簧起减振作用。当一根弹簧折断时，另一根还能继续维持工作；内外弹簧旋向相反，可以防止一根弹簧折断时卡入另一根弹簧内。另外，采用双弹簧还可以减小弹簧的高度，减小安装空间。

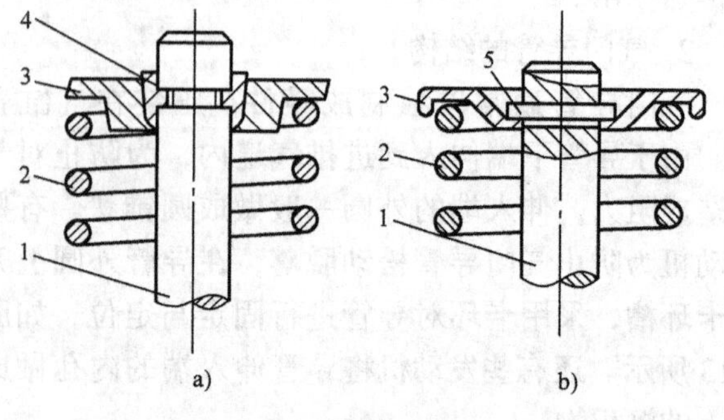

图3-15 气门弹簧座的固定方式

a）锁片固定 b）锁销固定

1—气门杆 2—气门弹簧 3—气门弹簧座

4—锁片 5—锁销

3. 气门弹簧的固定

气门弹簧套装在气门杆上，一端支承在气缸盖上，另一端支承于装在气门杆尾端的弹簧座上，用锥形锁片（两片）或锁销固定，如图3-15所示。

4．气门弹簧的材料

气门弹簧多采用圆柱螺旋形弹簧，用高碳锰钢、铬钒钢等钢丝卷制而成。为提高疲劳强度，弹簧丝表面要磨光、抛光或喷丸处理，同时为防止生锈，弹簧表面还需镀锌、镀铜或氧化发蓝处理。

二、气门组的维修

气门与气门座圈的配合要求是气门组的主要技术要求，它影响到气缸的密封性，对发动机的动力性和经济性关系极大。

对气门与气门座的配合要求是：

（1）气门与座圈的工作锥面角度应一致。为改善气门与气门座圈的磨合性能，可将气门的工作锥面角度磨削成比座圈工作锥面角度小0.5°～1°。

（2）气门与座圈的密封带位置在气门工作锥面中部靠内侧。过于靠外，使气门的强度降低；过于靠内，会造成与座圈接触不良。

（3）气门与座圈的密封带宽度应符合原设计规定，一般为1.2～2.5mm。排气门大于进气门的宽度；柴油机的宽度大于汽油机的宽度。密封带宽度过小，将使气门磨损加剧；宽度过大，容易烧蚀气门。

（4）气门工作锥面与杆部的同轴度误差应不大于0.05mm。

（5）气门杆与导管的配合间隙应符合原厂规定。

（一）气门的检修

1．气门的损伤与检验

气门常见的损伤有头部工作锥面起槽、接触面变宽、烧蚀氧化出现斑点和凹陷，气门杆部磨损和弯曲变形等。检验气门时，若出现下列损伤之一时，应予更换新件。

（1）用千分尺测量气门杆的磨损量，如图3-16所示。载货汽车气门杆的磨损量大于0.10mm，轿车气门杆的磨损量大于0.05mm，或出现明显的台阶形磨损。

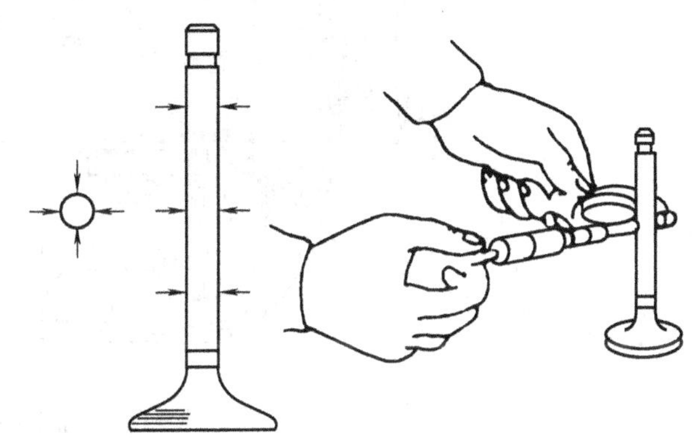

图3-16　气门杆磨损量的测量

（2）测量气门头部边缘厚度小于1.0mm（如图3-17）。因为气门头部边缘厚度过小，工作时容易变形和烧蚀。

（3）气门杆尾端的磨损大于0.5mm（有不平或起槽）。

（4）用百分表检查气门杆的弯曲（如图3-18）。当气门杆的直线度误差和工作面径向圆跳动量大于0.05mm时，应予更换或校直，校直后的直线度误差不得大于0.02mm。

（5）气门头部烧蚀、烧裂、烧缺无法修复时。

2．气门头部工作锥面的修理

当气门头部工作锥面起槽、接触面变宽、烧蚀氧化出现斑点和凹陷不是很严重时，可在气门光磨机（图3-19）上进行修磨后继续使用。

气门的光磨工艺如下：

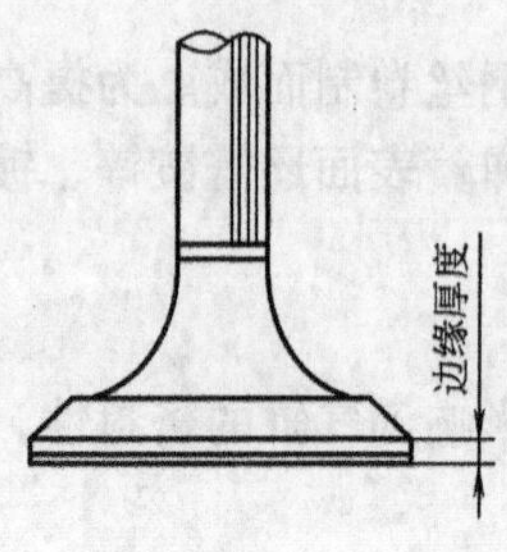

图 3-17　气门头部边缘厚度的测量

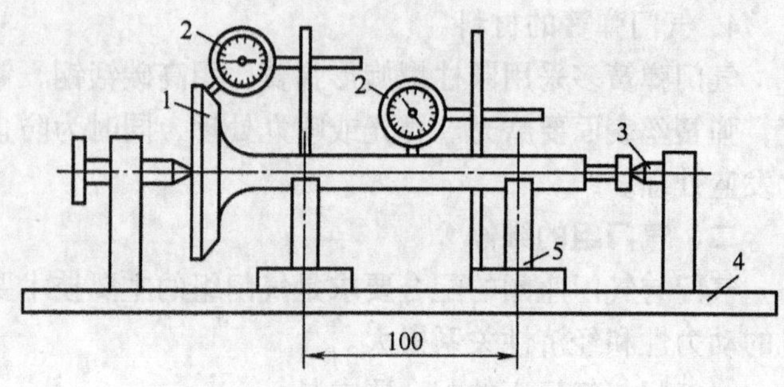

图 3-18　气门杆弯曲的检查

1—气门　2—百分表　3—顶尖　4—检验平板　5—V 形块

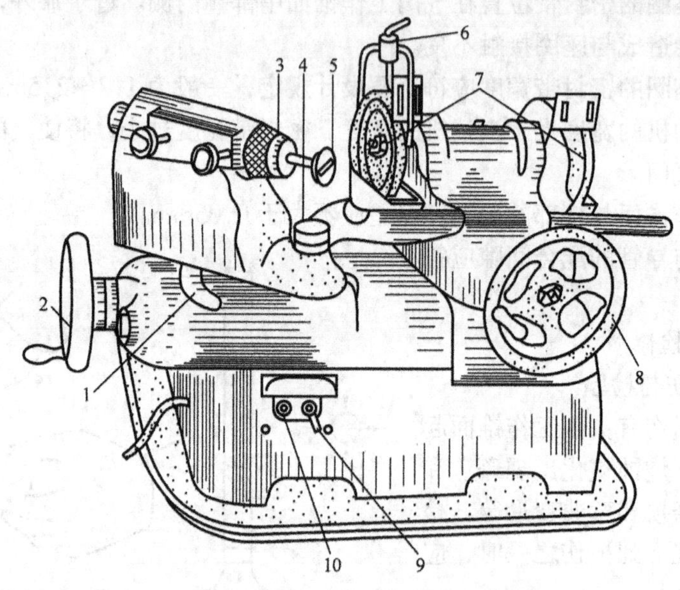

图 3-19　气门光磨机

1—刻度盘　2—横向手柄　3—夹架　4—夹架固定螺钉　5—气门　6—冷却液开关　7—砂轮　8—纵向手柄　9—砂轮电动机开关　10—夹架电动机开关

（1）光磨前应先将气门杆进行校直，并检查砂轮面是否平整。

（2）将气门杆紧固在夹架上，使气门头的伸出长度约为 30～40mm。调整夹架的位置，使之与气门工作锥角相符。

（3）先开动夹架电动机，观察气门是否摇摆，若摆动较大应先校正。

（4）试磨：开动夹架电动机和砂轮电动机，先使砂轮轻轻接触气门，查看砂轮与气门锥面的接触情况，若磨削痕迹与气门工作锥面在全长接触或略偏向内端，说明夹架的角度符合要求。

（5）光磨：开动切削液开关进行光磨。光磨进给时，一手转动横向手柄慢慢移动夹架作横向进给，另一手转动纵向手柄，将砂轮移向气门工作面，并来回转动横向手柄，使转动着的气门工作面在砂轮工作面左右慢慢移动，但不能让气门移出砂轮工作面。光磨时进给量要小，切削液要充足，以提高气门工作锥面的加工精度和降低表面粗糙度值，待到把旧痕、缺陷全部磨去，再进行 3~5 次进给，直到没有火花为止。光磨后气门头部边缘厚度不小于 1.0mm。

有些发动机的气门磨损后不允许修整光磨气门，只能更换，如捷达轿车 EA113 型发动机的钠冷气门以及奥迪轿车发动机的气门均有此规定。

（二）气门导管的检修

1. 气门导管的检查

主要是检查气门杆与导管间的配合间隙，方法如下：

(1) 方法一：用内径百分表测量导管内径（图 3-20），将测得的内径减去新气门杆直径，就是气门杆与导管间的配合间隙。常见车型气门杆与气门导管的配合间隙见表 3-2。

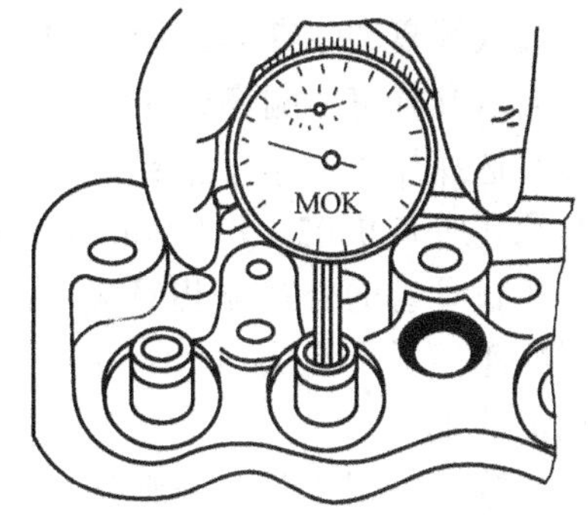

图 3-20 气门导管内径的测量

表 3-2 气门杆与气门导管的配合间隙 （单位：mm）

车型	进气门			排气门		
	气门杆直径	配合间隙	使用极限	气门杆直径	配合间隙	使用极限
上海桑塔纳	$\phi8_{-0.03}^{0}$	0.02~0.04	1.0	$\phi8_{-0.03}^{0}$	0.02~0.04	1.3
一汽捷达	$\phi8_{-0.03}^{0}$	0.02~0.04	1.0	$\phi8_{-0.03}^{0}$	0.02~0.04	1.3
神龙富康	$\phi7_{-0.025}^{-0.010}$	0.035~0.065	0.07	$\phi7_{-0.035}^{-0.020}$	0.045~0.075	0.09
北京切诺基	$\phi8_{-0.11}^{-0.02}$	0.025~0.076	1.0	$\phi8_{-0.11}^{-0.02}$	0.02~0.07	1.2
天津夏利	$\phi7_{-0.055}^{-0.040}$	0.04~0.07	0.09	$\phi7_{-0.060}^{-0.045}$	0.045~0.075	0.10
解放 CA1091	$\phi9_{-0.040}^{-0.025}$	0.025~0.062	0.20	$\phi9_{-0.055}^{-0.040}$	0.040~0.077	0.25
东风 EQ1090	$\phi9.5_{-0.045}^{-0.023}$	0.023~0.075	0.20	$\phi9.5_{-0.07}^{-0.05}$	0.05~0.10	0.25

查表时应注意：桑塔纳 2000 轿车气门杆直径现已改为 $\phi7.0$mm，捷达王轿车气门杆直径现已改为：进气门 $\phi5.95$~$\phi5.97$mm，排气门 $\phi5.94$~$\phi5.95$mm。

(2) 方法二：将新气门插入导管，气门提起 15mm 左右，百分表抵在气门头部，沿百分表测头方向摆动气门，检查气门头部的摆动量，如图 3-21 所示。一般进气门导管的摆动量不超过 1.0mm，排气门导管的摆动量不超过 1.3mm，摆动量超限时应更换导管。

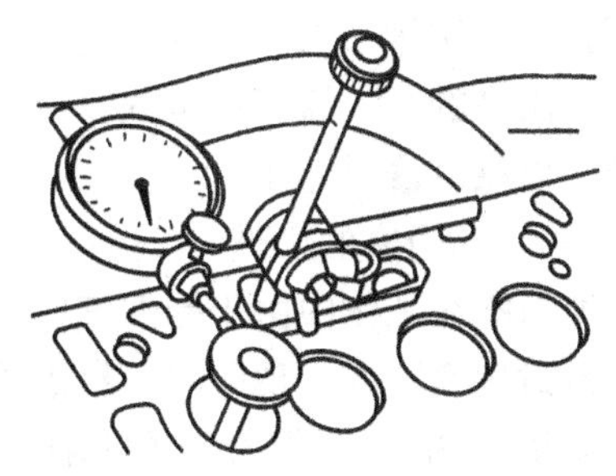
图 3-21 气门与导管配合间隙的检查

(3) 方法三（经验法）：将气门杆和导管擦净，在气门杆上涂一薄层机油，将气门在导管内拉动数次后提起一段，若松手后气门在自重下能徐徐下落，表示气门杆与导管的配合间隙合适。

2. 气门导管的更换

对更换新气门后导管与气门的配合间隙仍不合格者，应更换气门导管，方法如下：

（1）压出旧导管。将气缸盖倒置，使燃烧室向上，用最大外径略小于导管外径的阶梯形冲头插入导管孔内，用锤子或压床从燃烧室一侧将导管逐个小心压出，并做好记号。有些发动机（如天津夏利 TJ376Q 型汽油机）的气门导管拆卸前需先用铜棒将导管打断，取出定位卡环，再从燃烧室一侧将导管压出。

（2）选择外径尺寸符合要求的新气门导管。要求新导管的内径应与气门杆尺寸相配合，外径与承孔应有 0.03～0.07mm 的过盈量。在维修过程中，这一过盈量通常用比较法来判断：一般新导管的外径比相对应的旧导管的外径大 0.01～0.02mm 即可。

（3）镶装气门导管。用细砂布打磨气门导管承孔口，翻转气缸盖，使燃烧室向下。在气门导管外表面上涂少许机油，并放正气门导管，将阶梯形铜冲头插入气门导管内孔，用压床或锤子将导管从缸盖上方压入承孔内，直至台肩与承孔接触，如图 3-22 所示。无台肩导管压入后，导管上端高度（与缸盖基本平面的距离）应符合规定要求，这一高度过小（导管打入气道过多）会增加进、排气阻力，高度过大会影响导管的散热性能，还容易使摇臂压坏气门油封。

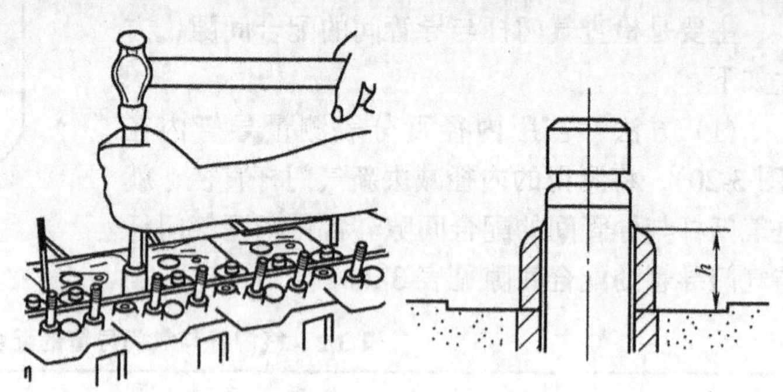

图 3-22　气门导管的镶装和导管上端高度的测量

（4）气门导管的铰削。气门导管镶入后，应检查气门杆与气门导管的间隙是否符合技术要求。如气门杆在运动中有阻滞感，说明间隙过小，在工作中可能卡死，可采用成形专用气门导管铰刀铰削。铰削时进给量要小（0.03～0.04mm），双手用力要均匀，转动要平稳，边铰边试配（经验法），直到间隙合适。

对不可拆式气门导管，如果气门导管与气门杆的配合间隙过大，可用专用扩孔工具扩大导管孔，再选用加大级别的气门杆与之相配。北京切诺基吉普车气门导管就是直接在气缸盖上加工出来的孔，属不可拆式，其气门杆直径有标准、加大 0.076mm 和加大 0.381mm 三种级别，以供维修时选用。

（三）气门座的修理

气门座在工作中由于受到气门的高速频繁冲击而磨损，以及受高温燃气的腐蚀和烧蚀，使得密封带变宽或出现凹陷、斑点等，导致气门关闭不严，气缸密封性降低。当气门座密封带变宽超过 3mm 或带面出现凹陷、斑点时，一般可通过铰削和磨削加工法修复。若气门的下陷量（气门落座后，其头部顶面低于气缸盖燃烧室平面的量）大于 2mm，或座圈松动、裂纹、烧蚀或磨损严重时，应更换气门座。

1. 气门座圈的镶换

包括取出旧座圈和镶装新座圈，工艺如下：

（1）取出旧气门座圈。取出旧气门座圈的方法有多种：气门座圈下边沿与气道间形成台阶的，可用小撬棒撬出，但要注意在支点处加垫块，以免压坏缸盖平面；用气门座圈专用拉具拉出，如图 3-23 所示；也可以用电焊沿座圈工作面均匀点焊几点，待座圈冷却收缩后轻轻一撬即可取出。

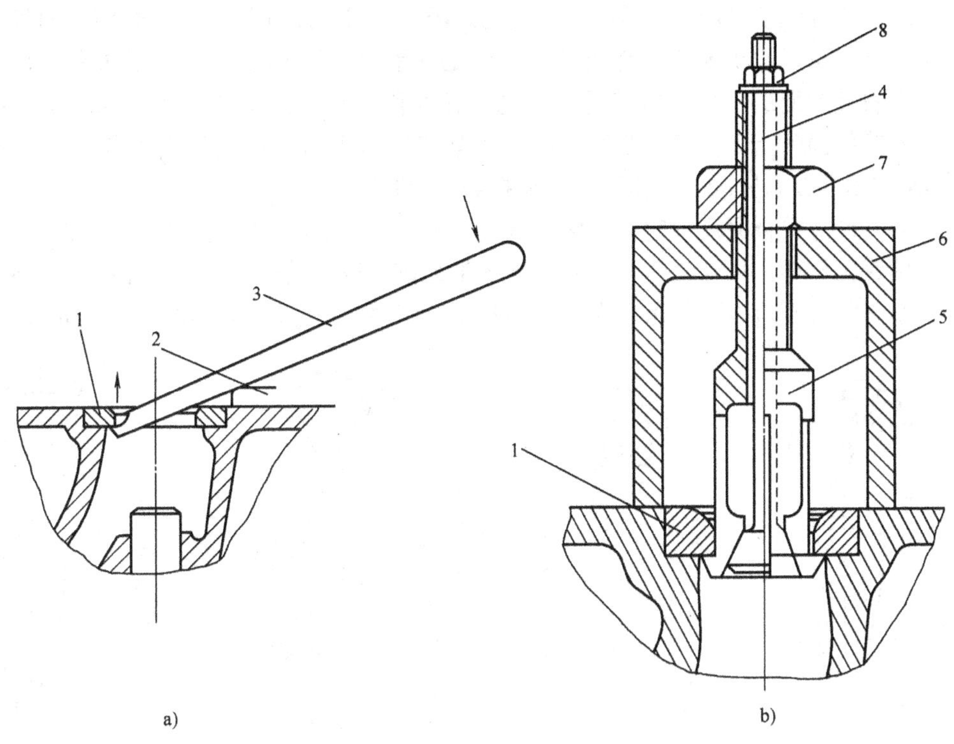

图 3-23　气门座圈的取出方法

a）撬气门座圈　b）拉气门座圈

1—气门座圈　2—垫块　3—撬棒　4—胀开锥　5—拉爪　6—套筒　7—施加拉力螺母　8—胀开用螺母

（2）选择新气门座圈。气门座圈的材料最好与承孔（缸盖）的材质相同，以使二者膨胀系数相同。用外径千分尺测量座圈外径，用内径量表测量座圈孔内径，选择合适过盈量（汽油机一般－0.05～－0.125mm，柴油机一般为－0.10～－0.15mm）。如承孔材料为铝合金，则需选择较大的过盈量。

（3）镶装气门座圈。将检验合格的新座圈用干冰或液氮冷却，时间不少于10min，同时将缸盖座圈承孔用喷灯或在箱式炉中均匀加热到373～423K（100～150℃），同时取出加热的缸盖和冷缩的气门座圈，在座圈外涂上一层密封胶，迅速将座圈压入承孔内。此外无条件时也可用阶梯形冲头直接将气门座圈压入座孔中。

2. 气门座的铰削

气门座的铰削是用成套的气门座铰刀手工操作的，铰刀有高速钢整体式和镶硬质合金刀片式两种。铰削的工艺过程如下：

（1）选择铰刀导杆：根据气门导管内径选择，一般以导杆插入导管后滑动自如又无旷动量为宜。

（2）去除座口硬化层（旧气门座）：把砂布垫在铰刀下进行砂磨，以防止铰刀在铰削时打滑和延长铰刀使用寿命。

（3）粗铰工作锥面：用与气门锥角相同的粗铰刀铰削工作锥面，直到凹陷、斑点全部去除并形成2.5mm以上的完整锥面为止。铰削时两手用力要均衡并保持顺时针方向转动，以免起棱。新座圈可直接用与气门锥角相同的细刃铰刀铰出2.5mm宽度的工作锥面。

（4）气门座和气门试配：气门座和气门的选配，一般是新气门座用旧气门，旧气门座应配新气门，这样可以较少地改变燃烧室容积而又获得较好的使用效果。用相配的气门进行涂色试配，察看接触面的位置及宽度是否合适。接触面应在气门工作锥面中部偏下（锥面小端）处，若接触面偏上，用75°锥角的铰刀铰削气门座上口，使接触面下移；若接触面偏下，用15°锥角的铰刀铰削气门座下口，使接触面上移。

接触面宽度应符合原厂规定，一般进气门为1.0～2.0mm，排气门为1.5～2.5mm。

（5）精铰工作面：用与工作面角度相同的细刃铰刀进行最后精铰，并在铰刀下垫细砂布磨修，以提高气门座口表面质量，同时可缩短下一工序的研磨时间。如图3-24所示。

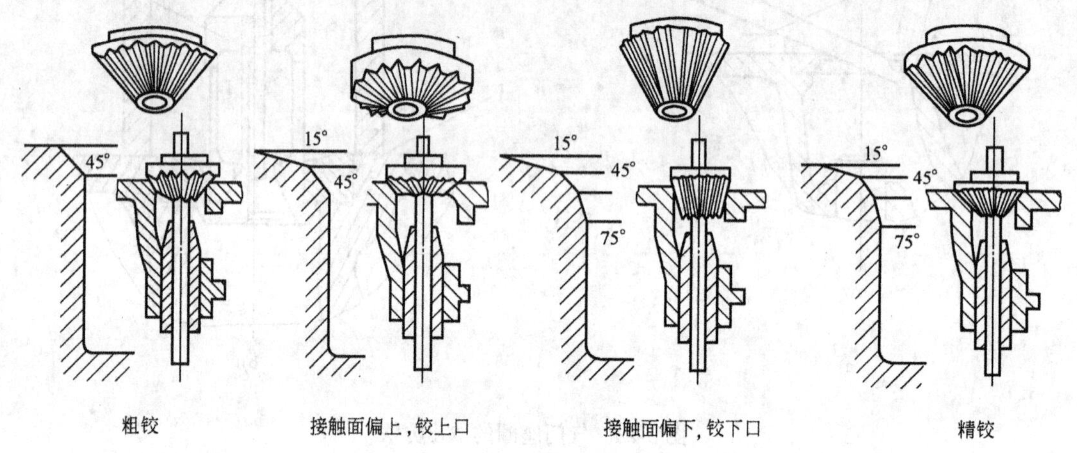

图3-24　气门座的铰削顺序

3．气门座的磨削

气门座的工作表面可以用光磨机（见图3-25）进行磨削，而且加工速度快，质量好，劳动强度低，特别适用于材质坚硬不易铰削的气门座。磨削工艺如下：

（1）选择砂轮。根据气门工作面的角度和尺寸，选择合适的砂轮并将砂轮工作面修磨平整。

（2）安装导杆。在气门导管内安装合适的导杆，再将选好的砂轮装在光磨机上。

（3）光磨。开机光磨，并施加轻微的压力。磨削时间不宜太长，要边磨边检查。

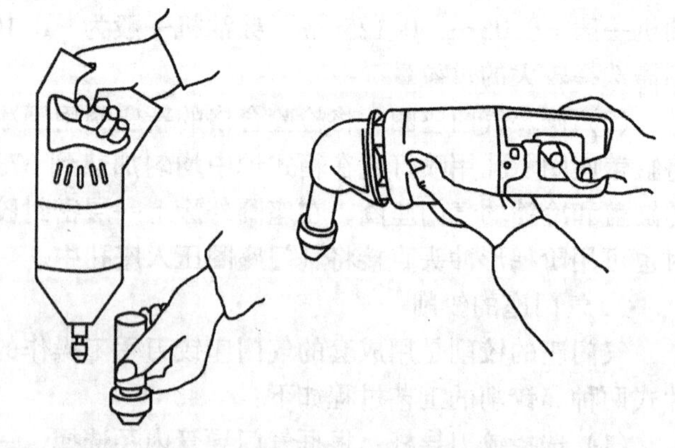

图3-25　气门座光磨机

4．气门与气门座的研磨

更换气门导管，修磨过气门工作锥面，铰削过气门座后，均需进行气门与气门座的研磨，以保证正确的配合与可靠的密封。气门的研磨，可用手工操作或在气门研磨机上进行。

（1）手工研磨：研磨前用汽油或煤油将气门、气门座和气门导管清洗干净，并在气门头部顶面按缸别打上顺序号，以免错乱。手工研磨气门可分三步走：

1）磨粗砂：在气门工作锥面上涂薄薄一层粗研磨砂，同时在气门杆上涂机油，插入导管内（严禁研磨砂进入导管），然后利用气门橡胶捻子吸住气门作往复和旋转运动进行研磨，如图 3-26 所示。

研磨时以 2～3 次/s 的频率使气门与座相拍击，在提起气门的同时旋转气门（角度以 10°～30°为宜），以保证研磨均匀。研磨时不应过分用力，也不要提起气门用力在气门座上撞击，否则会将气门工作面磨宽或磨成凹槽。

当气门工作面与气门座工作面磨出一条完整无斑痕的接触带时，磨粗砂结束，洗去粗研磨砂。

2）磨细砂：换用细研磨砂，继续研磨。重复拍击、捻转动作，直至气门工作面出现一条整齐、清晰的灰色环带时为止，洗去细研磨砂。

3）磨机油：在气门工作锥面上涂上机油，继续研磨几分钟即可。

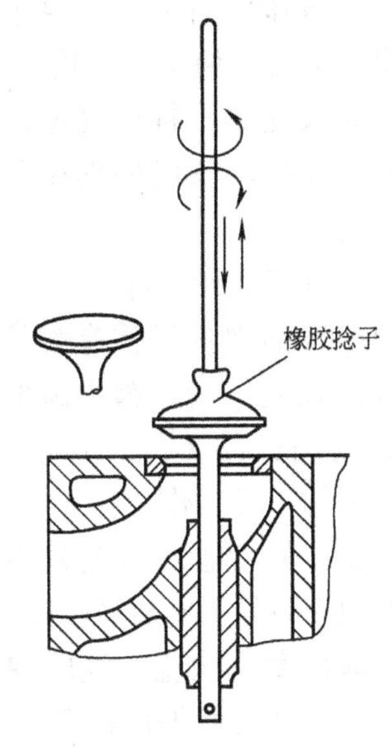

图 3-26　手工研磨气门

（2）机器研磨：将气缸盖清洗干净，放在气门研磨机工作台上，在气门工作锥面上涂一层研磨砂，同时在气门杆上涂机油，插入导管内。连接好研磨装置，调节好气门升程，开动研磨机进行研磨。先粗磨，再清洗掉粗研磨砂，换成细研磨砂研磨，整个过程约 10～12min。研磨后的工作面应成为一条平滑、光泽的圆环，不允许有中断和可见的凹槽。

5. 气门与气门座的密封性检验

气门与气门座经研磨后，应对密封性进行严格的检查，方法有以下几种：

（1）软铅笔画线检查法：将气门及气门座洗干净，用软铅笔在气门工作锥面上顺轴向均匀地画上若干条直线，每线相隔约 4mm（图 3-27a），然后与相配的气门座接触，略压紧并转动气门 45°～90°，取出气门，观察铅笔线条，若铅笔线条均被切断（图 3-27b），则表示密封良好。如发现有未被切断的线条，可将气门再插入原座，转动 1～2 圈后取出，若线条仍未被切断，说明气门有缺陷，若线条被切断，则说明气门座有缺陷。

（2）涂色检查法：将红丹或轴承蓝涂在气门工作锥面上（薄薄一层），然后用橡皮捻子吸住气门在气门座上旋转 1/4 圈，再将气门提起，若红丹整齐、均匀地布满气门座工作面一周而无间断，即表示气门与气门座密封良好。

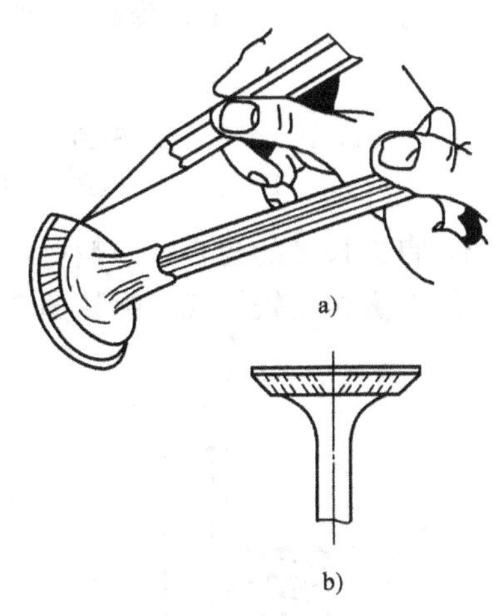

图 3-27　用软铅笔画线检查气门密封面

（3）渗漏检查法：将汽油或煤油倒入装好气门的燃烧室，从气道观察气门与座接触处，若 5min 内无渗漏现象，表示气门与气门座密封良好，如图 3-28 所示。

（4）用气门密封检验器检查：气门密封检验器由气压表 2、空气室 3 及橡胶球 5 等组成。检查时，一手压住空气室使其紧密贴合在气门头部周围，另一手反复捏动橡胶球泵气，观察压力表，使空气室内具有59～69kPa的压力，如果在半分钟内气压表的读数不下降，则表示气门与气门座的密封性良好，如图 3-29 所示。

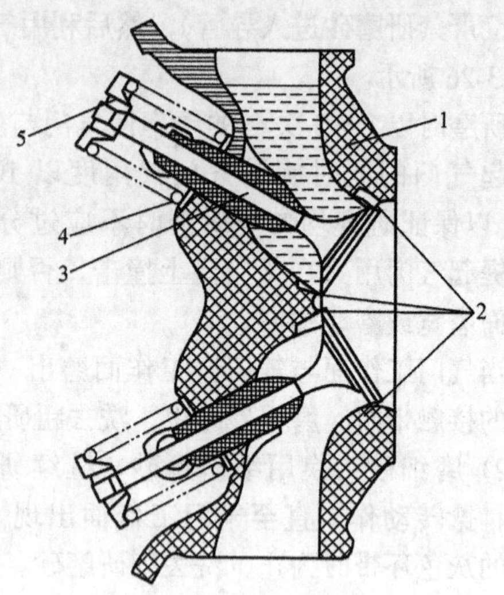

图 3-28　用汽油或煤油渗漏法检查气门的密封性

1—气道　2—气门与气门座接触面　3—气门　4—气门弹簧　5—锁片

（四）气门弹簧的检修

气门弹簧的常见损伤有裂纹折断、歪斜变形、自由长度缩短、弹力减弱等，这些损伤将导致气门关闭不严，并可能出现异响，影响发动机的正常工作 。

（1）裂纹的检验：目测或用磁力探伤仪检查，发现有裂纹不能继续使用。

（2）垂直度的检查：气门弹簧的外圆柱面在全长上对底面的垂直度误差应不大于1.5mm，可用直角尺检查（如图 3-30 所示），不合格应更换新弹簧。

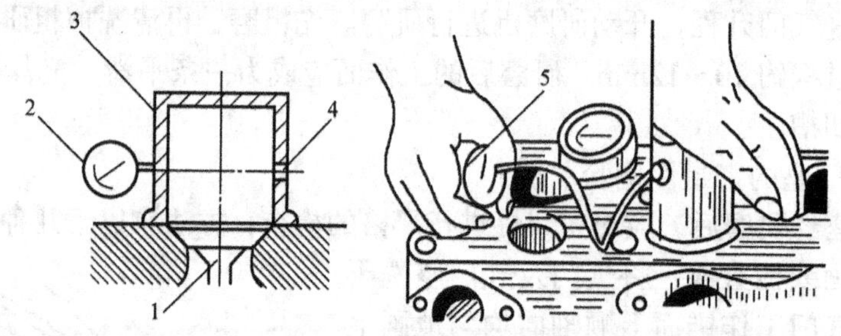

图 3-29　用气门密封检验器检查气门的密封性

1—气门　2—气压表　3—空气室　4—与橡胶球连通的气孔　5—橡胶球

（3）自由长度的检查：一般可用游标卡尺、高度尺进行测量（如图 3-31 所示），也可用新的气门弹簧相比较。气门弹簧的自由长度一般可允许缩短 3%～4%（减小值一般不得超

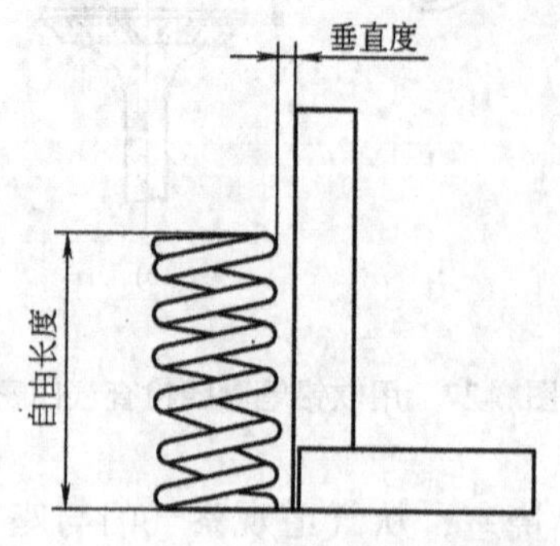

图 3-30　气门弹簧垂直度的检查

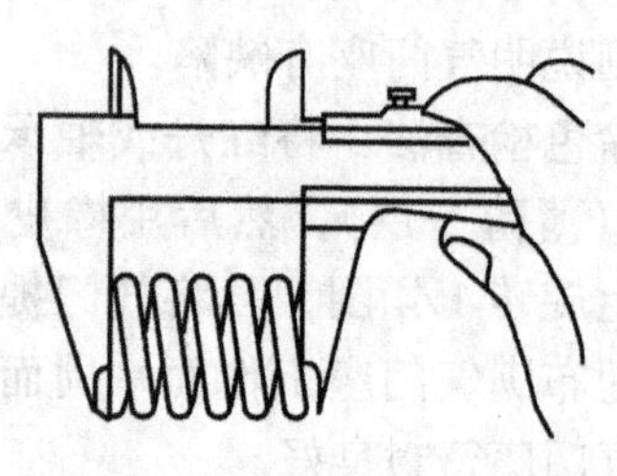
图 3-31　气门弹簧自由长度的检查

过 2mm)，超过时应予更换。

(4) 弹力的检查：在弹簧弹力试验器上进行，如图 3-32 所示。将弹簧压缩到气门开启和关闭时规定的长度，观察相应的弹力值应符合原厂规定。当弹簧弹力的减小值大于原厂规定 10%时，应予更换。在无弹簧的原厂数据时，一般多采用上述测量弹簧的自由长度减少值来判断，当弹簧自由长度减小值超过 2.0mm 时，应予更换。

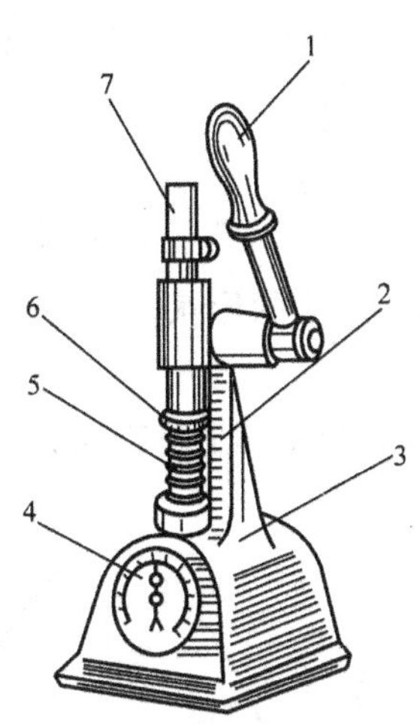

图 3-32 弹簧弹力试验器

1—操纵手柄 2—试验器本体 3—台架 4—压力表
5—被试弹簧 6—压头 7—压柱齿杆

第三节 气门传动组的构造与维修

气门传动组主要包括凸轮轴、正时齿轮、挺柱、推柱、摇臂及摇臂轴等。气门传动组的作用是控制进排气门按配气相位要求的时刻开闭，且保证有足够的开度。

一、气门传动组构造

(一) 凸轮轴

凸轮轴是气门传动组的主要部件，其作用是控制气门的开闭及升程的变化规律。下置凸轮轴式发动机，还依靠凸轮轴来驱动汽油泵、机油泵和分电器等装置。

1. 凸轮轴的结构

凸轮轴主要由凸轮的轴颈两部分组成。单根凸轮轴一般将进气凸轮和排气凸轮布置在同一根凸轮轴上，其结构如图 3-33 所示。双顶置凸轮轴配气机构的两根凸轮轴，一根是进气凸轮轴，上面布置着进气凸轮；一根是排气凸轮轴，上面布置着排气凸轮，其结构如图 3-34 所示。

(1) 凸轮的形状。气门的开闭时刻及其升程变化规律，主要取决于控制气门的凸轮外部轮廓曲线。凸轮轮廓形状如图 3-35 所示，O 为凸轮旋转中心，EA 为凸轮的基圆的圆弧段，AB 和 DE 为过渡段，BCD 为凸轮的工作段。当凸轮按图中箭头方向转过 EA 时，挺柱不动，气门关闭，凸轮转过 A 点后挺柱开始上移，到达 B 点时，气门间隙消除，气门开始开启；凸轮转到 C 点时，气门升程最大；到 D 点时气门关闭。BCD 工作段所对应的夹角 Ψ，

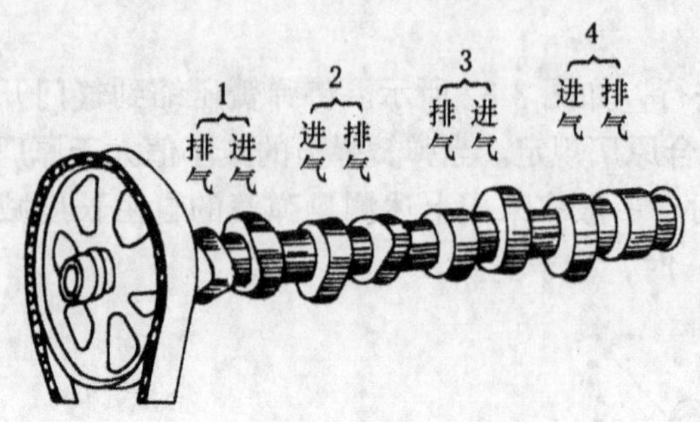

图 3-33 单凸轮轴结构

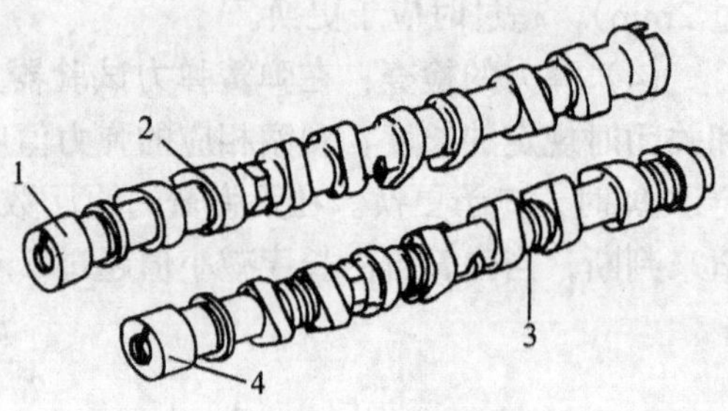

图 3-34 单凸轮轴结构

1—进气凸轮 2—凸轮 3—油槽 4—排气凸轮

称做气门开启持续角，凸轮轮廓 *BCD* 段的形状，直接决定了气门的升程及其升降过程的运动规律。

（2）同名凸轮间相对角的位置。凸轮轴上各缸同名凸轮相对角位置的排列与凸轮轴的转动方向、各缸的工作顺序和做功间隔角有关。以上海桑塔纳轿车发动机为例，从前向后看，凸轮轴顺时针转动，工作顺序为 1-3-4-2，做功间隔角为：720°/4＝180°，由于曲轴和凸轮轴间的传动比为 2∶1，所以，凸轮轴上同名凸轮间的夹角则为 360°/4＝90°，如图 3-36 所示。东风 EQ6100-1 型汽油机，凸轮轴逆时针转动，工作顺序为 1-5-3-6-2-4，做功间隔为 720°/6＝120°，凸轮轴上同名各凸轮间的夹角为 360°/6＝60°，同时凸轮位置排列如图 3-37 所示。

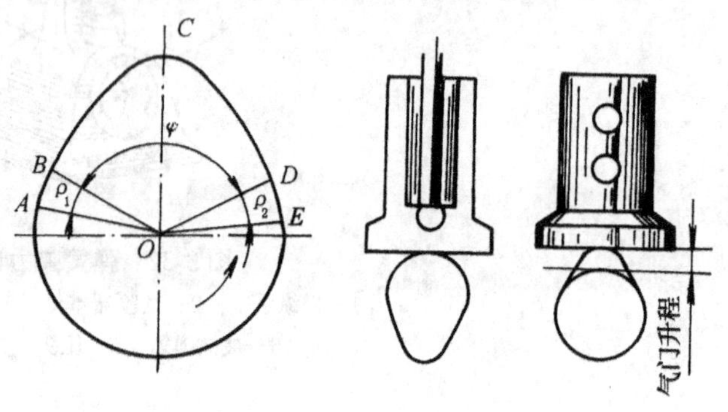

图 3-35 凸轮轮廓形状

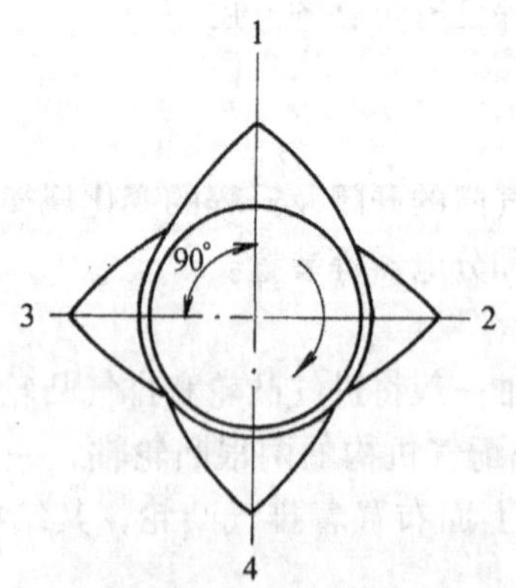

图 3-36 桑塔纳轿车凸轮轴同名凸轮排列

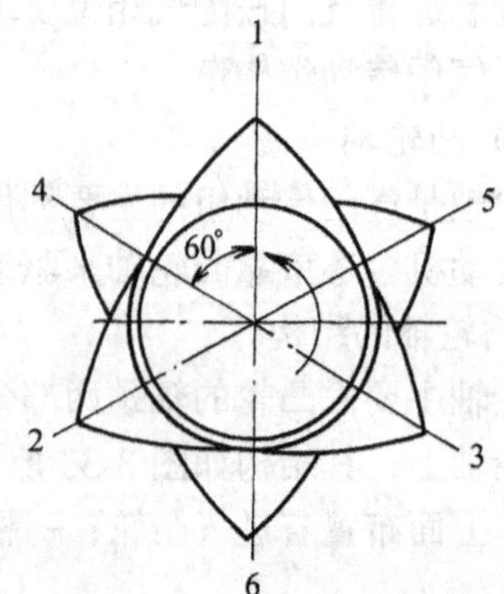

图 3-37 EQ6100-1 型发动机同名凸轮排列

（3）异名凸轮的相对角位置。同一气缸上进排气凸轮间的相对角位置排列，取决于凸轮轴的转动方向和发动机的配气相位。按照四冲程发动机的工作原理来分析，同一缸进气和排气相差一个行程，曲轴转角位置为 180°，反映到凸轮轴上排气凸轮和进气凸轮的相对角位置为 180°/2＝90°。但实际工作中，气门要早开晚闭，且进排气门早开晚闭的角度不相等，所以，同缸异名凸轮之间的夹角大于 90°。

(4) 凸轮轴轴颈。凸轮轴轴颈用以安装固定凸轮轴，它有两种方式支承方式。

1) 全支承：对应每个气缸音设有一道轴颈，支承点多，刚度好，能有效的防止凸轮轴变形。

2) 非全支承：每隔两个或多个气缸设置一个轴颈，工艺简单，成本低，但凸轮轴的刚度差。

3) 凸轮轴的轴向定位。为了防止凸轮轴轴向窜动，凸轮轴必须有轴向定位装置，如图 3-38所示。解放 CA6102 发动机凸轮轴采用止推凸缘来实现轴向定位。当凸轮轴产生轴向移动时，止推凸缘便于凸轮轴轴颈端面或与正时齿轮毂接触，从而防止了轴向窜动。止推凸缘磨损后可以更换。上海桑塔纳轿车发动机采用凸轮轴第五道轴承盖的两端面来实现轴向定位。

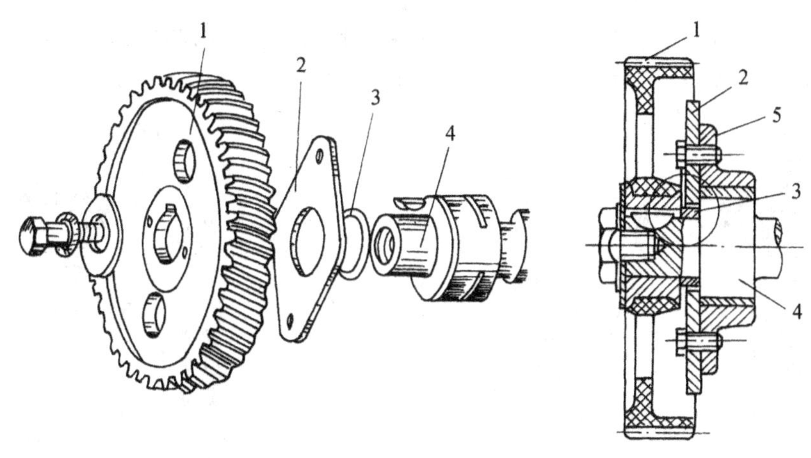

图 3-38　凸轮轴的轴向定位

1—正时齿轮　2—止推凸缘　3—止推座　4—凸轮轴　5—气缸体

4) 凸轮轴的布置形式。凸轮轴的布置形式是根据轴在发动机机体中的安装位置的不同。分为下置式、中置式和顶置式三种。

① 凸轮轴，顶置气门式的配气机构的结构形式如图 3-39。凸轮轴离曲轴较近，两者之间传动简单，安装调整容易。但从凸轮轴到气门的驱动较复杂，需要挺柱和较长的推杆，高速运动时惯性力大，细长的推杆有较大的弹性，可引起振动和噪声，并加速零件的磨损，影响发动机转速的提高。这种形式优点较为突出，在中大型发动机上应用较为广泛。

② 凸轮轴中置式配气机构如图 3-40 所示。凸轮轴位于缸体上部，这种形式可将推杆缩短，提高了刚度，减小了转动惯量，从而能承受高速回转，有的也称为高位凸轮轴。这种形式目前应用较少。

③ 凸轮轴顶置式配气机构如图 3-41 所示。这种结构中，凸轮轴直接驱动摇臂，省去了挺柱和推杆，使往复运动质量大大地减小，因此，适用于高速发动机。

2. 工作原理

发动机工作时，曲轴通过链条或齿形带驱动凸轮轴旋转。在进气行程开始时，进气凸轮凸起部分开始推动摇臂绕轴转动，摇臂的另一端则克服气门弹簧力推动气门离开气门座圈下行，使进气门打开。随着凸轮轴的继续旋转，当凸轮轴的凸起部分离开摇臂时，气门在气门

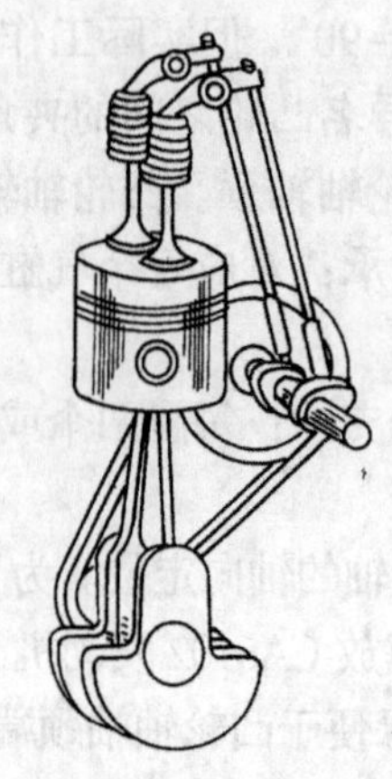

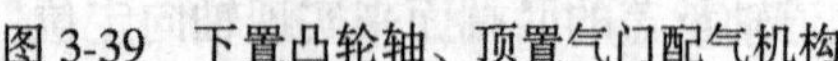

图 3-39　下置凸轮轴、顶置气门配气机构　　图 3-40　凸轮轴中置式结构

弹簧的作用下上行而落座，使进气门关闭。同样在排气行程，由凸轮轴上的排气凸轮驱动排气门打开。四冲程发动机顶置凸轮轴式配气机构工作过程如图 3-42 所示。

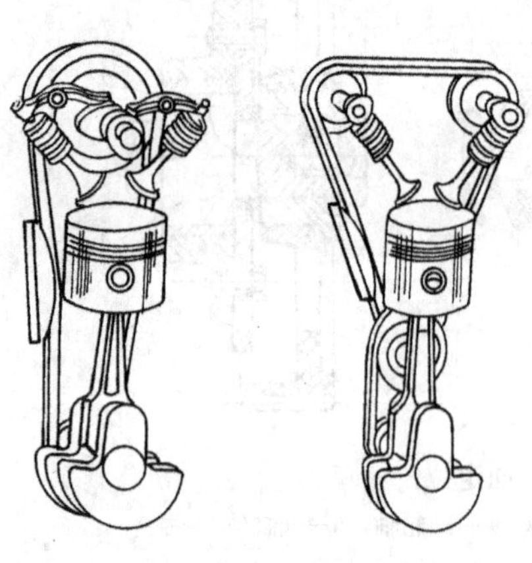

图 3-41　顶置凸轮轴配气机构

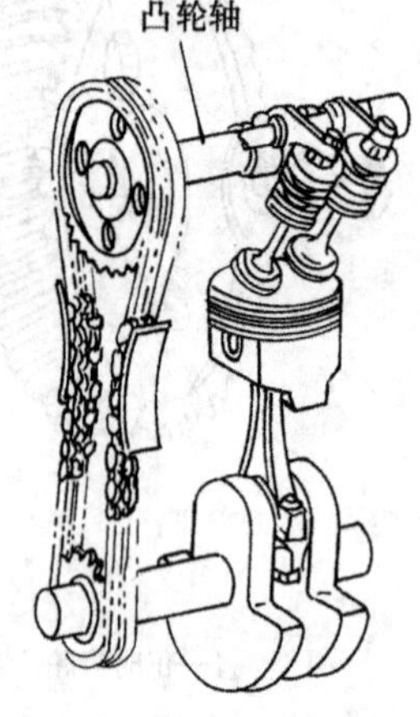

图 3-42　顶置凸轮轴配气机构工作原理

顶置凸轮轴的另一形式是用凸轮轴来直接驱动气门，去掉了摇臂机构，使气门传动机构更加简练，如图 3-43 所示。上海桑塔纳、一汽奥迪 100 型汽车发动机均采用这种形式。

3. 凸轮轴的传动方式

由曲轴到凸轮轴的传动方式有齿轮传动、链传动和齿形带传动。

凸轮轴下置、中置的配气机构大多采用圆柱形正时齿轮传动。一般从曲轴到凸轮轴的传动只需一对正时齿轮，必要时可加装中间齿轮。为了啮合平稳，减小噪声，正时齿轮多用斜齿，如图 3-44 所示。在中小功率发动机上，曲轴正时齿轮用钢条制造。而凸轮轴正时齿轮则用铸铁或夹布胶木制造，以减小噪声。

齿轮传动正时精度高，但不适合顶置凸轮轴式配气机构，顶置凸轮必须采用链或齿形带传动，如图 3-45、图 3-46 所示。

采用链传动的配气机构，为使工作时链条具有一定的张力而不致脱链，必须装有链条导板及张紧装置。链传动的可靠性和耐久性不如齿轮传动。近年来，高速发动机上广泛采用齿形带传动来代替链传动。不论采用哪种传动方式，曲轴和凸轮轴间的传动比必须保证为 2:1。

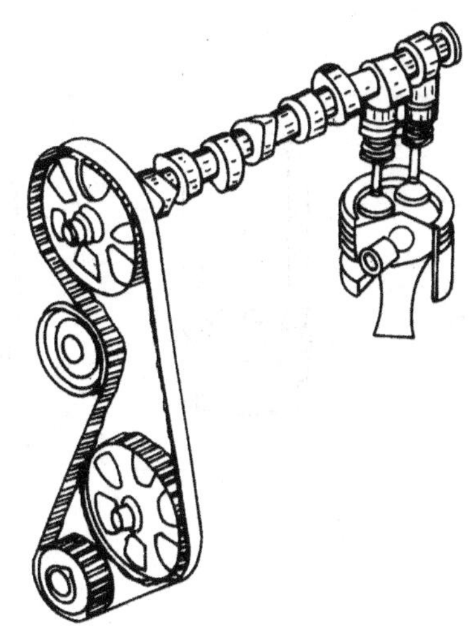

图 3-43　凸轮轴直接驱动式配气机构

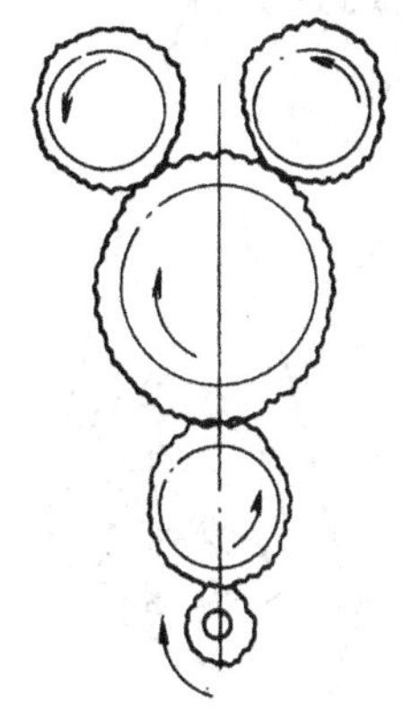

图 3-44　正时齿轮传动

（二）挺柱

挺柱的作用是将凸轮轴凸轮的推动力传给推杆，并承受凸轮轴旋转时所施加的侧向力。

1．普通挺柱

常见的普通挺柱形状有菌形、筒形和滚轮式三种，其结构形式如图 3-47 所示。通常把挺柱底部工作面设计成球面，并将凸轮制成锥形，使两者的接触点偏离挺柱轴线。工作中，当挺柱被凸轮顶起时，接触点间的摩擦力会使挺柱绕自身的轴线旋转，以实现均匀磨损，延长使用寿命。

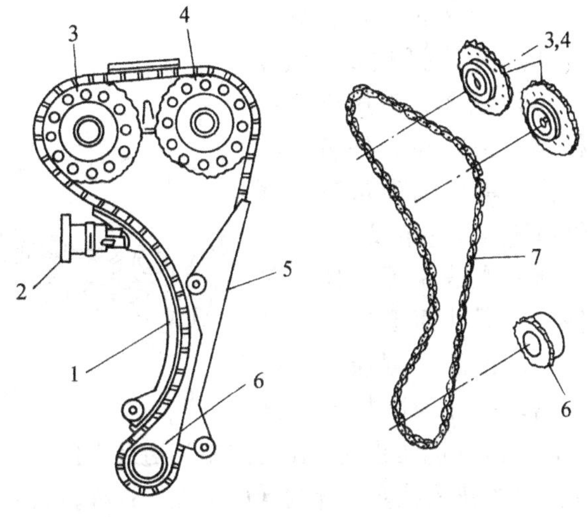

图 3-45　链传动

1—链条张紧导板　2—链条张紧器　3—进气凸轮轴链轮　4—排气凸轮轴链轮　5—链条导板　6—曲轴链轮　7—链条

筒型挺柱的下部圆周钻有小孔，便于筒内收集的润滑流出对挺柱底面和凸轮加强润滑。筒形挺柱质量较小，一般和推杆配合使用；菌形挺柱顶部装有气门间隙调节螺钉，用来调整气门间隙，中间做成中空式，以减小质量；滚轮式挺柱结构较为复杂，但其与凸轮间的摩擦阻力小，适合于中速大功率发动机。

挺柱可直接装在缸体上镗出的导向孔中，也可装在可拆式的挺柱导向体中，如图 3-48 所示。

2．液压挺柱

目前，一汽大众奥迪 100 型、上海桑塔纳轿车发动机等采用了液压挺柱，靠液压挺柱轴向自动调整功能改变挺柱长度，随时补偿气门的热膨胀量，不需预留气门间隙，具有以下优点：

1）能自动补偿气门间隙，取消了调整气门间隙的零件，使结构大为简化。

2）不需调整气门间隙，大大简化使用和维修过程。

3）消除了由气门引起的冲击和噪声，减轻了气门传动组件之间的摩擦。

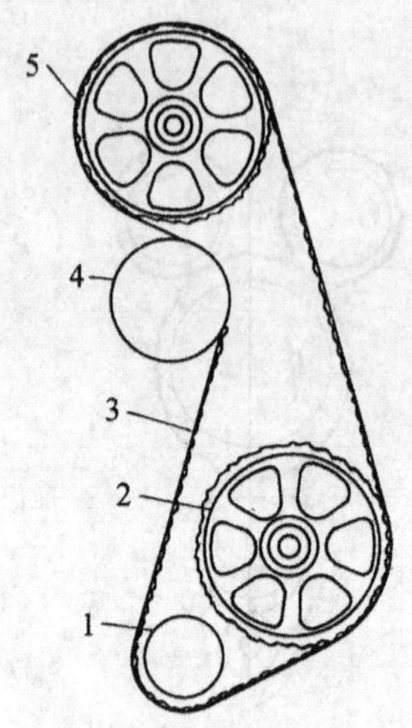

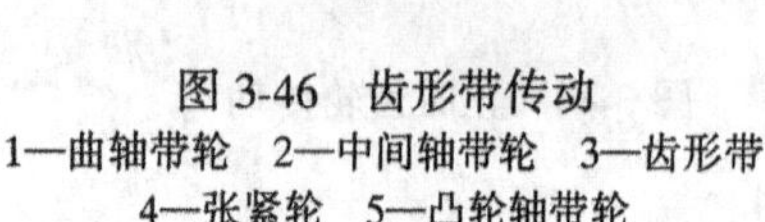
图 3-46 齿形带传动
1—曲轴带轮 2—中间轴带轮 3—齿形带
4—张紧轮 5—凸轮轴带轮

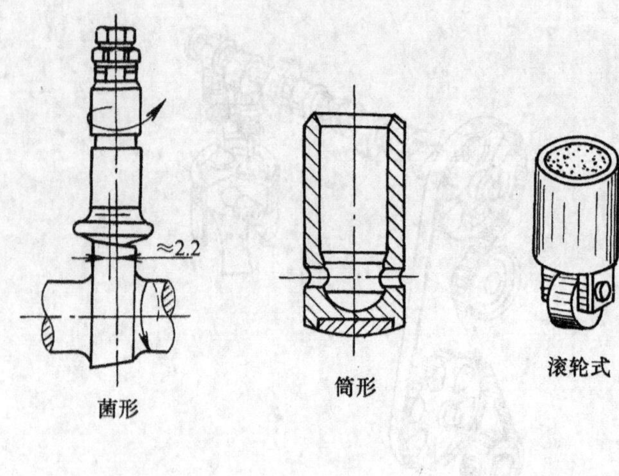

图 3-47 普通挺柱

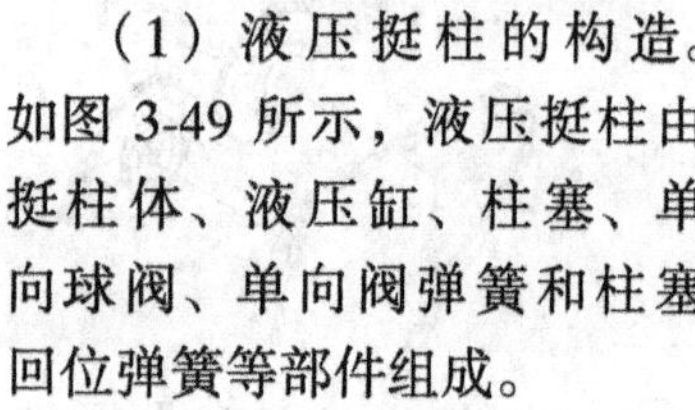
（1）液压挺柱的构造。如图 3-49 所示，液压挺柱由挺柱体、液压缸、柱塞、单向球阀、单向阀弹簧和柱塞回位弹簧等部件组成。

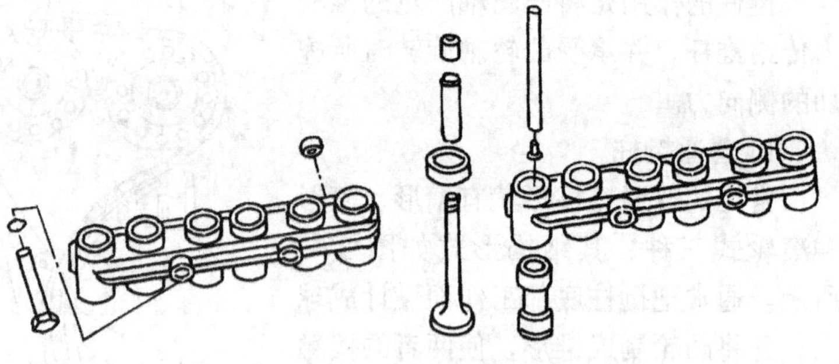
图 3-48 可拆式挺柱导向体

挺柱体是液压挺柱的基础件，外圆柱面上加工有环形油槽，顶部内侧加工有键形油槽，中部内圆柱面用来安装液压缸。机油通过缸盖上的主油道及专门设计的量孔，斜油孔进入挺柱体环形油槽，再经键形油槽进入柱塞上部的低压油腔。这样缸盖主油道与液压挺柱的低压油腔之间便形成了一个通路。

液压缸、柱塞、单向球阀和单向阀弹簧装配到一起，便构成了气门间隙补偿偶件。球阀将液压缸下部和柱塞上部分隔成两个油腔。当球阀关闭时，上部为低压油腔，下部为高压油腔；当球阀打开时，上下油腔连通。

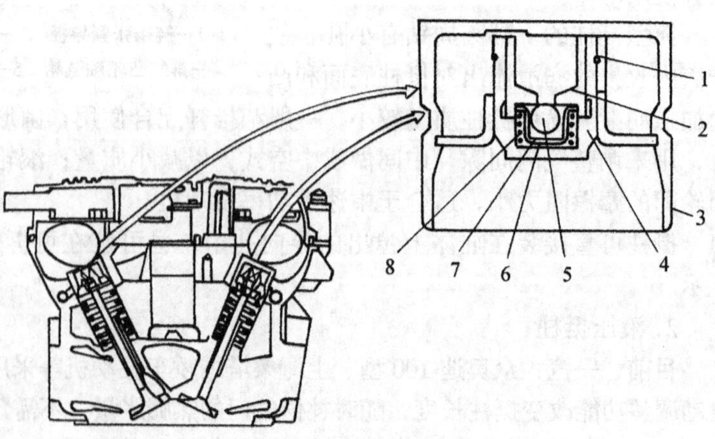

图 3-49 液压挺柱
1—卡夹 2—柱塞 3—挺柱体 4—液压缸 5—球
6—单向阀罩 7—单向阀弹簧 8—柱塞弹簧

（2）液压挺柱的工作原理。杯形液压挺柱在气缸盖的挺柱孔内，挺柱顶面与凸轮轴凸轮直接接触，液压缸底面则与气门杆尾端接触，如图 3-50 所示。当凸轮的升程段与挺柱顶面接触时，挺柱受凸轮推动力和气门弹簧力的作用，挺柱下移，高压腔内的机油被压缩，单向球阀在压力差和单向阀弹簧的作用下关闭，高低压油腔被分隔开。由于液体的不可压缩性，液压缸与柱塞成为一个刚性整体推动气门打开。

随着凸轮的转动，当凸轮升程段结束，挺柱与凸轮基圆接触时，气门落座，挺柱不再受凸轮推动力和气门弹簧力的作用，高压油腔中的压力油与回位弹簧推动柱塞上行，高压油腔的压力下降，单向球阀打开，低压油腔中的机油注入高压油腔，使两腔连通。这时，液压挺柱的顶面仍然和凸轮基圆接触，从而补偿了气门间隙。

凸轮轴的中心线与挺柱的中心线错开了 1.5mm，凸轮稍带锥度，使接触点偏离挺柱中心线，挺柱在工作过程中，在摩擦力作用下绕其轴线旋转，有利于实现均匀磨损，延长使用寿命。

（三）推杆

推杆的作用是将挺柱传来的推力传给摇臂。它是配气机构中最易弯曲的零件，要求有很高的刚度，在动载荷大的发动机中，推杆应尽量做得短些。

推杆的结构如图 3-51 所示。图 3-51a 为钢制实心推杆，同球形支座锻成一个整体，然后进行热处理。图 3-51b 为硬铝棒推杆，推杆的两端配以钢制的支承。图 3-51c、d 均由钢管制成。前者球头是直接锻成，然后精磨加工；后者的球支承则是压配的，并经淬火和磨削，以保证其耐磨性。

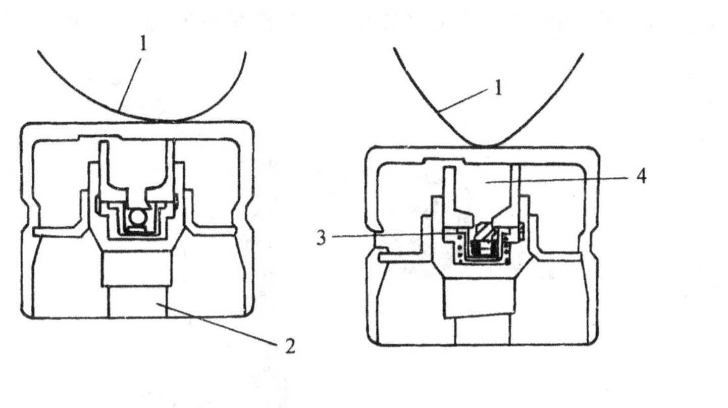

图 3-50　液压挺柱的工作原理

1—凸轮　2—气门杆　3—高压油腔　4—低压油腔

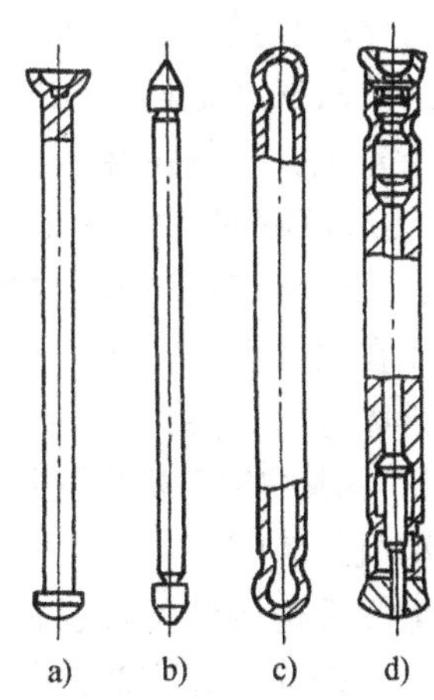

图 3-51　推杆

（四）摇臂

摇臂的作用是将推杆或凸轮传来的力改变方向，作用到气门以推开气门。摇臂组件主要有：摇臂、摇臂轴、支承座、气门间隙调整螺钉等零件组成，如图 3-52 所示。

摇臂是一个以摇臂轴为支点的双臂杠杆，两臂不等长，短臂一侧有气门间隙调整螺钉，长臂一端有一圆弧工作面用来推动气门。为了提高其使用寿命，长臂圆弧工作面需经淬火处理。

二、气门传动组的拆装

1. 桑塔纳轿车发动机配气机构气门传动组的分解

桑塔纳轿车发动机配气机构气门传动组采用同步齿形带驱动，单根顶置凸轮轴结构，在

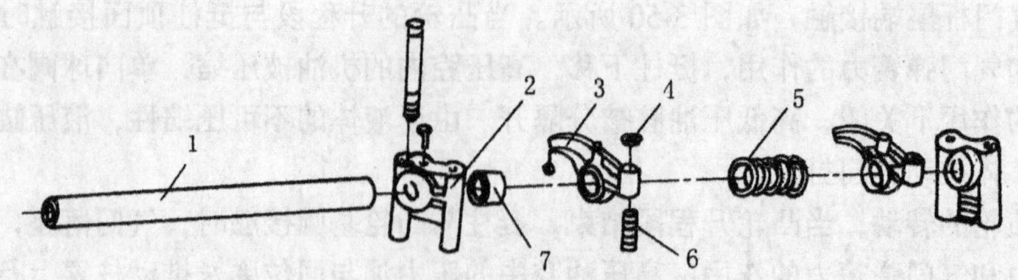

图 3-52　摇臂组件

1—摇臂轴　2—支座　3—摇臂　4—锁紧螺母　5—定位弹簧　6—气门间隙调整螺钉　7—衬套

国产轿车中具有典型的代表性。分解步骤如下：

1）拆除外围附件，如空气滤清器、化油器等。

2）将发动机固定到专用拆装架 VW540 上。

3）拆下曲轴带轮。

4）拆下齿形带上、下护罩。

5）松开齿形带张紧轮、取下齿形带、拆下张紧轮。

6）按下曲轴正时齿轮带上的紧固螺栓，拆下中间轴齿轮。

7）拧下中间轴齿轮紧固螺栓，拆下中间轴齿轮。

8）拧下气门室罩盖的紧固螺母，取下加强压条，气门罩盖，挡油板及密封衬垫。

9）按规定的顺序拧松气缸盖紧固螺栓，取下气缸盖。

10）从气缸盖上拆下凸轮轴各道轴承盖的紧固螺母（先松 1、4 道再松 2、3 道）取下轴承盖及凸轮轴，在轴承盖上打上装配标记或按顺序摆放，不得错乱。

11）取出液压挺杆，按顺序排列或在内壁上做出标记。

具体分解如图 3-53 所示。

2. 桑塔纳发动机配气机构气门传动组的装配

配气机构的装配按拆卸时的相反顺序操作，并应注意下列事项：

1）装配前必须对零部件进行清洗，检验。

2）气门组件，液压挺杆，凸轮轴轴承盖等部件必须按原位装入，不得装错。

3）各紧固件必须按规定顺序和拧紧力矩拧紧。

4）安装齿形带时，必须使凸轮轴齿形带轮背面的凹坑与气

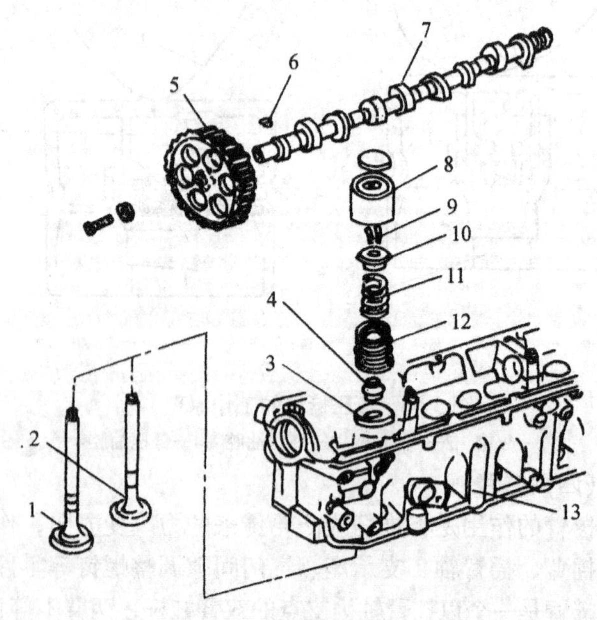

图 3-53　凸轮轴及气门分解图

1—排气门　2—进气门　3—弹簧座　4—气门油封　5—凸轮轴正时齿轮　6—半圆键　7—凸轮轴　8—液压挺杆　9—气门锁片　10—气门弹簧座圈　11—气门内弹簧　12—气门外弹簧　13—气缸盖

门室罩盖平面平齐。

东风 EQ6100-1 型发动机配气机构气门传动组的拆装和桑塔纳轿车发动机配气机构气门传动组的拆装相类似，安装凸轮轴时必须对准正时齿轮副上的标记，另需按照维修手册的要求，调整气门间隙至规定值。

三、气门传动组的检修

(一) 凸轮轴的修理

凸轮轴的主要损伤有凸轮工作面磨损，轴颈、偏心轮、齿轮磨损、凸轮轴弯曲变形等。

首先,将凸轮轴清洗干净,检查有无裂纹,凸轮轴轴颈有无明显擦伤,如有,应换用新件。

1. 凸轮磨损的检验

用外径千分尺测量凸轮的全高 h 和凸轮基圆直径 D 的差值来确定凸轮的磨损程度。EQ6100-1 进气凸轮的升程应小于 6.9mm。排气凸轮升程不小于 6.5mm；上海桑塔纳轿车凸轮最小高度不得低于 47.20mm，否则，应更换凸轮轴。

2. 凸轮轴弯曲变形的检验

将凸轮轴放在车床两顶尖间，或放在平台的 V 形块上，以两端轴颈为支点，如图 3-54 所示。将百分表测头抵在中间的轴颈上，并缓慢转动凸轮轴一周，如百分表摆动超过 0.10mm。应采用冷压法校正，校正后的弯曲度不大于 0.03mm。

3. 凸轮轴轴颈的修理

如图 3-55 所示，凸轮轴轴颈的检验，用外径千分尺测量轴颈的圆度及圆柱度误差，如超过规定值，应按修理尺寸磨削轴颈，即缩小轴颈尺寸，配用相应修理尺寸的凸轮轴轴承。例如东风 EQ6100-1 发动机大于 0.015mm，解放 CA6102 发动机大于 0.030mm，就需要磨削轴颈，其修理尺寸见表 3-3 所示。

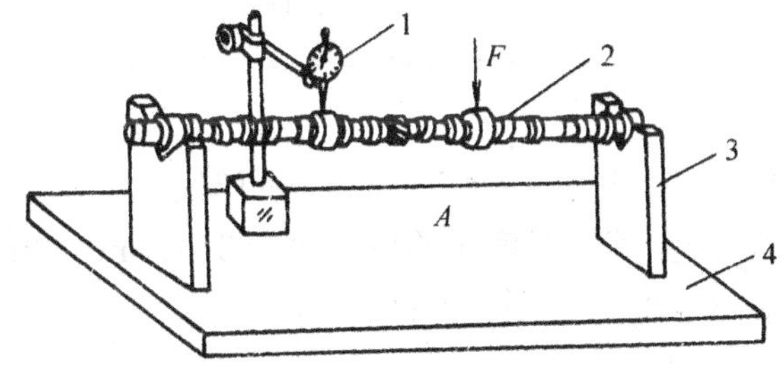

图 3-54 凸轮轴弯曲检查

1—百分表 2—凸轮轴 3—V 形铁 4—平板

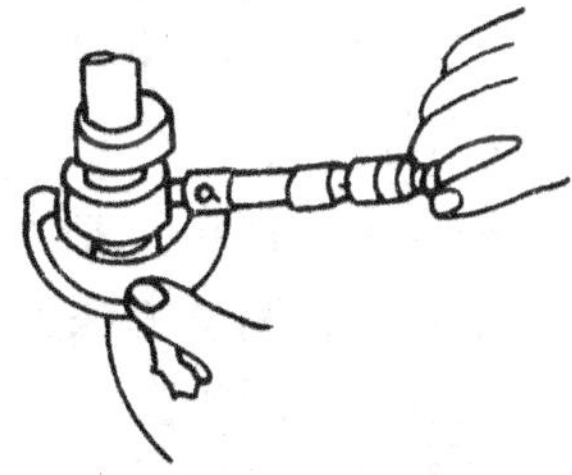

图 3-55 凸轮轴轴颈的检验

表 3-3 凸轮轴轴颈修理尺寸 (单位：mm)

车型及名称 / 等级尺寸	EQ6100—1			CA6102	
	级 差	轴颈直径	轴承内径	轴颈直径	轴承内径
标准尺寸	0.00	ϕ51.5	ϕ51.5	ϕ53.9	ϕ54.0
第一修理尺寸	0.10	ϕ51.4	ϕ51.4		
第二修理尺寸	0.20	ϕ51.3	ϕ51.3		
第三修理尺寸	0.30	ϕ51.2	ϕ51.2		
第四修理尺寸	0.40	ϕ51.1	ϕ51.1		

4. 凸轮轴其他损伤处理

凸轮轴上偏心轮磨损，可采用堆焊修复，或换用新件，EQ6100-1 发动机凸轮轴上的偏心轮直径为 ϕ40mm，如小于 ϕ38.60mm，则需修复或换用新件。

凸轮轴上驱动分电器及机油泵的齿轮磨损，应换用新件。EQ6100-1 发动机凸轮轴上的齿轮法向齿厚为 3.14mm，如果齿厚磨损大于 0.50mm，应换用新件。

正时齿轮键与键槽磨损，应换用新键。EQ6100-1 发动机凸轮轴正时齿轮键槽宽为 6mm，如超过 0.12mm，应换用新键。

凸轮轴上装正时齿轮固定螺栓的螺纹损坏，如多于 2 牙，可堆焊修复，重新车螺纹或换用新件。

凸轮轴轴颈与轴承的配合间隙一般在 0.03～0.07mm，使用极限不超过 0.15mm，如超过，则换用新轴承，轴承的修配方法有镗削法、铰削法、刮削法。

（二）气门挺杆与导孔的修理

1．气门挺杆的修理

如图 3-56 所示，用外径千分尺测量气门挺杆。其圆度和圆柱度误差应不大于 0.03mm，气门挺杆直径的磨损不超过 0.05mm，否则应修理或换用新件。

2．气门挺杆底部球形工作面的检修

气门挺杆底部球面磨损，可用样板检查漏光缝隙，如图 3-57 所示，当漏光缝大于 0.2mm 时，应换用新件。

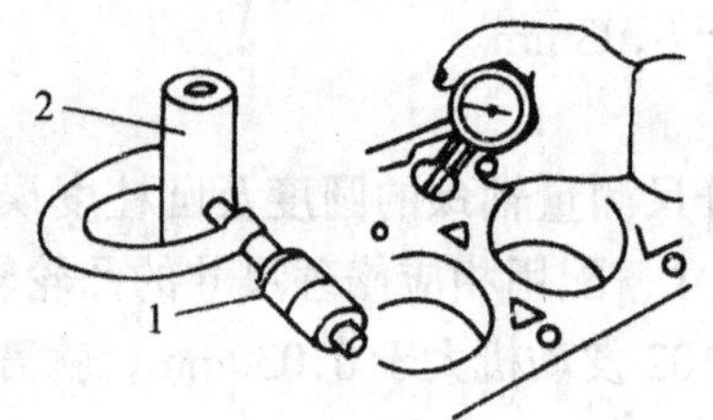

图 3-56 测量气门挺杆

1—千分尺 2—气门挺柱

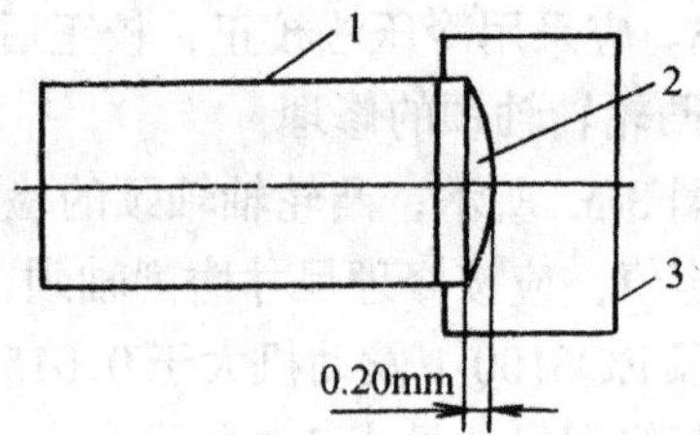

图 3-57 气门挺杆球面检查

1—挺杆 2—球面 3—样板

（三）气门推杆的检修

首先应检查推杆杆身，表面应光滑、平直，不得有锈蚀及裂纹现象。气门推杆在使用过程中，易产生弯曲，测量方法如图 3-58 所示。测量其直线度误差应不大于 0.30mm，如超过规定值，应进行冷压校直。另外，推杆下端凸球面半径应符合规定。

（四）摇臂与摇臂轴的修理

1．摇臂轴损伤的修理

摇臂轴的损伤主要是轴颈磨损和弯曲变形。

（1）摇臂轴轴颈磨损量大于 0.02mm，与摇臂的配合间隙大于 0.10mm，应换用新件或采用涂镀法修复，测量摇臂和摇臂轴的间隙如图 3-59 所示。

（2）检查摇臂弯曲变形，其直线度误差应不大于 0.20mm，如超过此值，应冷压校直，校正后的直线度误差在 100mm 长度上应不大于 0.03mm。

2．摇臂损伤的修理

摇臂组件的损伤主要有：摇臂头部磨损，摇臂轴承孔磨损，调整螺钉损坏。

（1）摇臂头部磨损后，其凹陷量应不大于 0.50mm，如超过规定，应采用堆焊，然后铣平的方法修复。

（2）摇臂上的调整螺纹孔损坏，应换用新件。

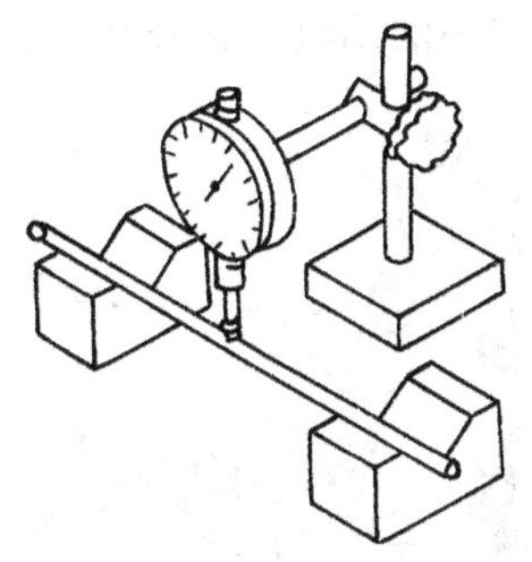

图 3-58 气门推杆弯曲的测量

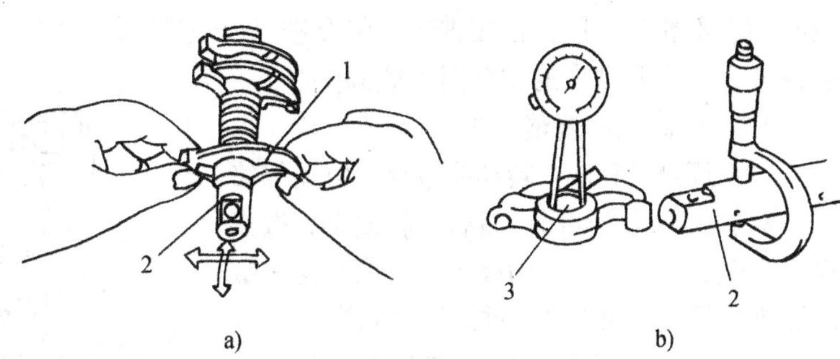

图 3-59 测量摇臂与摇臂轴间隙
a）检查摇臂与摇臂轴的配合 b）测量摇臂轴间隙
1—摇臂 2—摇臂轴 3—摇臂轴承孔

（五）液压挺杆检修

上海桑塔纳和一汽奥迪轿车等发动机的配气机构均采用液压挺杆，如图 3-60 所示。这种挺杆没有调整垫片，但需进行以下检验：

(1) 检查挺杆顶平面的磨损情况，若磨损严重或出现沟槽，需更换新件。

(2) 检查液压挺杆的密封性。液压挺杆中的柱塞和液压缸是对精密偶件，其配合间隙不超过 0.05mm。间隙过大时，挺杆在工作中从间隙渗漏出油，影响挺杆正常工作，产生异响，其密封检查方法如下：

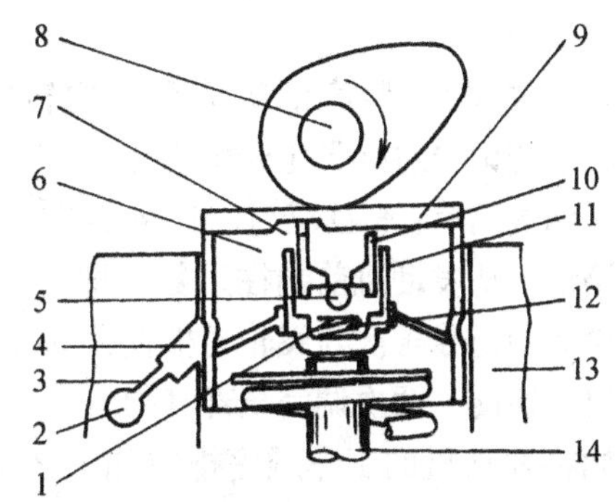

图 3-60 液压桶形挺杆结构图
1—高压油腔 2—缸盖油道 3—量油孔 4—斜形孔 5—球形阀 6—低压油腔 7—键形槽 8—凸轮轴 9—挺杆体 10—柱塞 11—液压缸 12—压力弹簧 13—缸盖 14—气门

1）先将液压挺杆浸泡在机油中，推拉柱塞若干次，排除内腔的空气。

2）将排净空气的挺杆放在实验台上，在柱塞上施加 196N 的压力，柱塞下滑 2mm 左右，测量其 1mm 滑降时间，如图 3-61 所示。在 20℃时，其标准值应大于 65s/cm，如低于该规定值，应更换液压挺柱。

注意：液压挺柱需成组更换

（六）齿形带的检查与调整

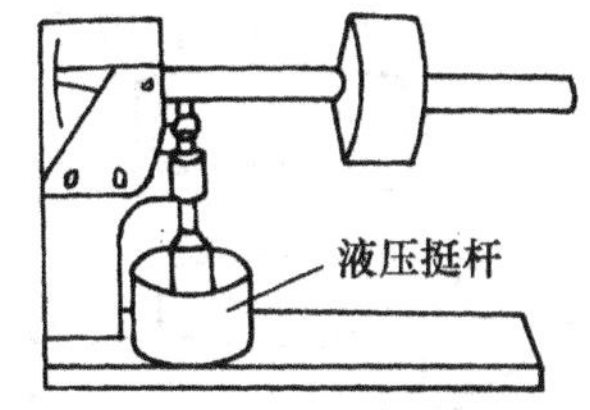

图 3-61 液压挺杆密封性检查

检查齿形带有无裂纹、老化、破损或折断现象，如有应换用新件。为保证配气机构的正常工作，齿形带的张紧力应符合要求，具体检查方法：用手指捏住齿形带的中间位置用力翻转时（凸轮轴齿带轮和中间齿带轮的中间位置），齿形带应刚好转过 90°，如图 3-62 所示。否则，应松开张紧轮紧固螺母，利用专用工具转动张紧轮进行齿带紧度的调整。

（七）气门间隙的调整

1．气门间隙调整原则

挺柱（或摇臂）必须落在凸轮的基圆上才可以调整气门间隙。因此，进、排气门在开启过程中不能调整。另外，在配气相位中，由于气门的早开迟闭，在刚要开启或关闭不久的一段时间也不能调。即：正在进气，将要进气，进气刚结束的进气门不能调整；正在排气，将要排气，排气刚结束的排气门不能调整。

2．气门间隙的调整方法

（1）逐缸调整法：转动曲轴至1缸压缩终了，调整缸的进排气门。然后摇转曲轴，按点火顺序使下一缸达到压缩终了，再调整这一缸的进排气门，依次类推，逐缸调整完毕。

（2）两次调整法：生产实践中，普遍采用两次调整法调整气门间隙，即第1缸压缩终了上止点时，调整所有气门的半数，再摇转曲轴一周，便可调整其余半数气门，两次即调整完毕。

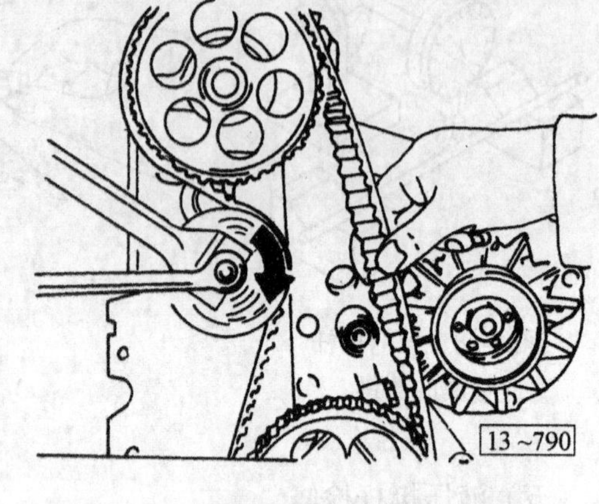

图 3-62　齿形带松紧度的检查与调整

以EQ6100-1型汽油机为例。摇转曲轴，使飞轮上的记号对准飞轮壳检查孔上的刻线，拆下火花塞检查气缸压力，确认1缸处于压缩终了。可调气门有：1缸双门，2、4缸进气门，3、5缸排气门，6缸进、排气门处于微开状态，不能调整。从发动机前端往后数，即可以调整1、2、4、5、8、9气门。再将曲轴摇转一周，使飞轮上的记号再次与飞轮壳检查孔刻线对准，此时第六缸为压缩行程终了，可调整剩余的六个气门。如此，两次调完全部气门。

如将发动机的工作顺序排成如图3-63所示的环形图，在1缸做功开始时，环形图中各缸号可分为双门可调段（左）、排气可调段（上）、双门均不可调段（右）、进气门可调段（下），即顺次可按“双、排、不、进”四段来判别气门的可调性。将曲轴转一圈，则“双-不”对调，“排-进”对调即可。

调整气门间隙的具体步骤为：先旋松锁紧螺母，用厚度符合规定间隙的塞尺插入门杆端面与摇臂之间，同时旋转调整螺钉（顺时针转动，气门间隙减小；逆时针转动，气门间隙增大）。直至拉动塞尺感到稍有阻力最后用锁紧螺母锁紧调整螺钉。锁紧时气门间隙不能发生变化。调整完毕后，应再用塞尺复查一次，如有变化需重新调整。气门间隙的调整方法如图3-64所示。

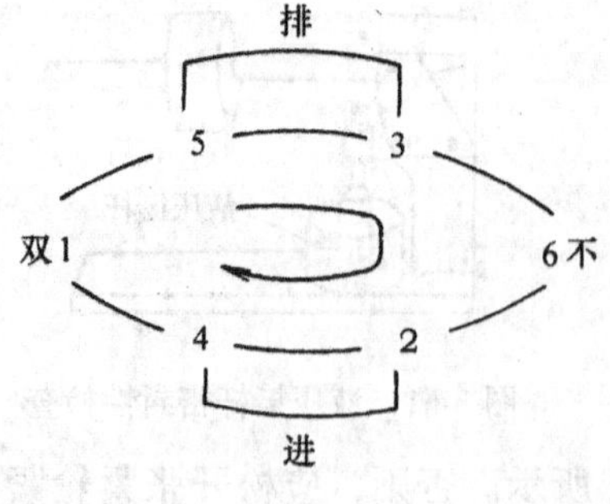

图 3-63　1缸作功时可调气门的判别

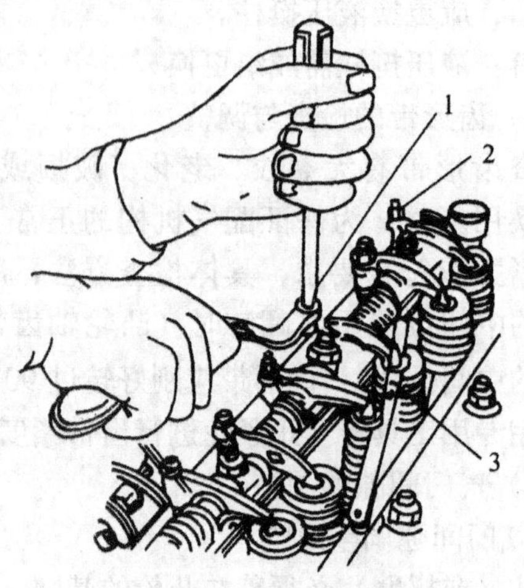

图 3-64　气门间隙的调整

1—螺钉旋具　2—气门调整螺钉　3—塞尺

第四章　汽油机燃料供给系的构造与维修

第一节　概　　述

一、汽油机燃料供给系的结构

汽油机使用的燃料是汽油。汽油要在气缸内燃烧，必须经过雾化、蒸发，并与适量的空气混合。这种按一定比例混合的汽油和空气的混合物，称为可燃混合气。

汽油机燃料供给系的作用是不断输送滤清的燃油和清洁的空气，根据发动机各种不同工作情况的要求，配制出一定数量和浓度的可燃混合气，送入气缸，并在燃烧做功后将废气排出。

汽油机燃料供给系有化油器式燃料供给系和电控燃油喷射式燃料供给系。汽车发动机的化油器，均安装在进气管上，在节气门上方设置喉管，利用气流流经喉管时产生负压，将汽油连续吸出、雾化、蒸发，与空气混合形成可燃混合气，经进气歧管流向各气缸。同时，还通过使用一些辅助装置，对不同工况下的混合气浓度进行校正。

汽油发动机使用的化油器，在长期的使用实践中，其工作特性、结构设计等多方面日趋完善，基本上能满足现代汽车发动机的要求。但随着现代汽车性能的提高，要求发动机转速高、功率大，同时废气排放法规对废气净化的要求越来越严格，故对汽油发动机提出了越来越苛刻的要求，从而也暴露了化油器的一些缺陷，严重地影响了汽油机性能的进一步提高。为解决汽油机在动力性、经济性以及排放指标等方面所存在的问题，便产生了电控燃油喷射式汽油机燃料供给系。

电控燃油喷射是汽油机混合气形成的另一种有效方法，它是以电控单元为控制中心，利用安装在发动机不同部位上的各种传感器，测量出发动机的各种工作参数，通过喷油器精确地控制喷油量，使发动机在任何工况都能获得最佳浓度的可燃混合气，以达到排放控制和节能的要求。

二、汽油机燃料供给系的组成

1. 化油器式汽油机燃料供给系的组成

化油器式汽油机燃料供给系由以下装置组成，如图 4-1 所示。

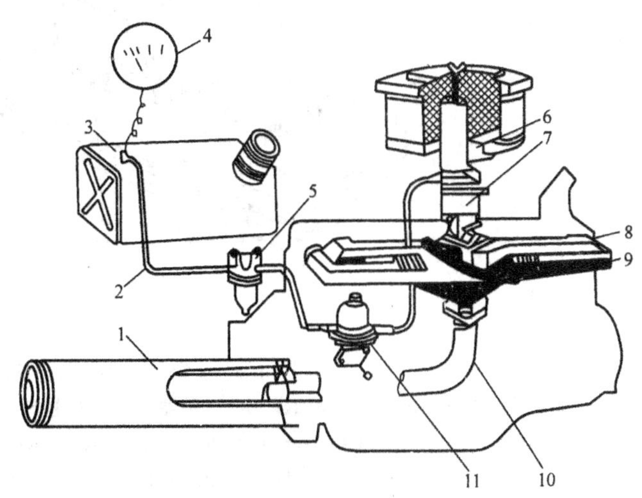

图 4-1　汽油机燃料供给系

1—消声器　2—输油管　3—汽油箱　4—汽油表　5—汽油滤清器　6—空气滤清器　7—化油器　8—进气歧管　9—排气歧管　10—排气管　11—汽油泵

（1）汽油供给装置。汽油供给装置包括汽油箱、汽油滤清器、汽油泵和输油管。其作用是完成汽油的存储、滤清和输送。

（2）空气供给装置。空气供给装置的主要部件是空气滤清器。其作用是滤除空气中的尘土和砂粒，减少发动机零部件的磨损，延长发动机的寿命。在轿车上有时还装有进气消声器。

（3）可燃混合气形成装置。可燃混合气形成装置的主要部件是化油器。其作用是将清洁的空气和汽油进行混合，形成一定数量和浓度的可燃混合气。

（4）可燃混合气供给和废气排出装置。可燃混合气供给和废气排出装置由进气歧管、排气歧管和排气消声器等组成。其作用是将化油器配制的可燃混合气均匀输送到各气缸，并汇集各气缸燃烧后的废气经消声器排出。

图 4-2 所示为上海桑塔纳轿车燃油供给系组成图。

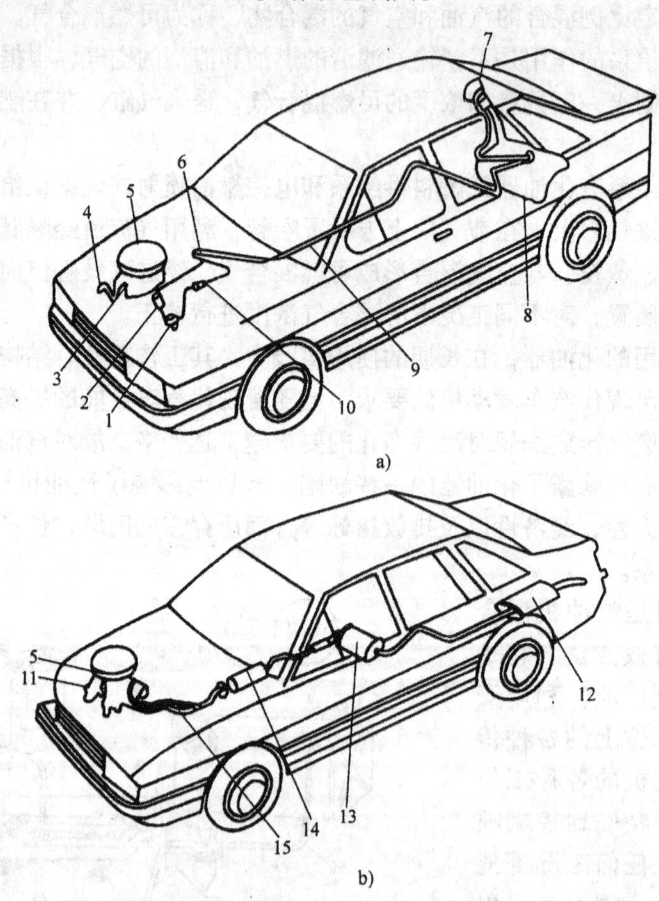

图 4-2　上海桑塔纳轿车燃料供给系

1—汽油泵　2—储油罐　3—化油器　4—进气软管　5—空气滤清器　6—回油管　7—加油器　8—油箱　9—供油管　10—汽油滤清器　11—排气软管　12—主消声器　13—中间消声器　14—前消声器　15—排气管

2．电控燃油喷射系统的组成

电控燃油喷射系统的组成如图 4-3 所示，主要包括燃油供给系统、空气供给系统和电子控制系统三部分组成，各部分的零部件见表 4-1。

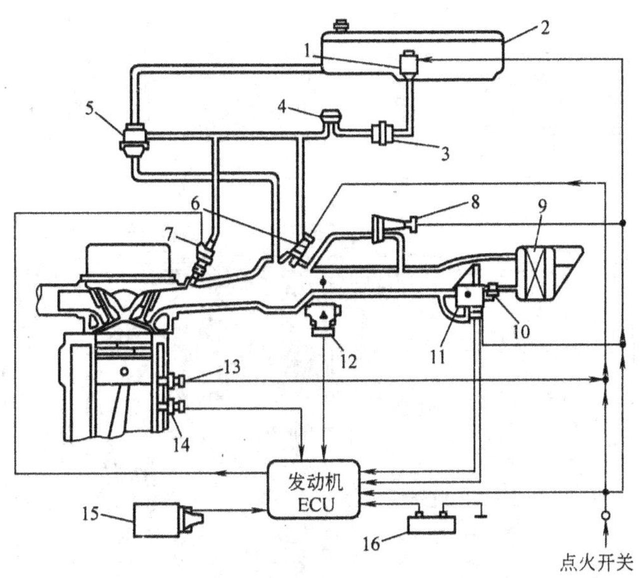

图 4-3 电控燃油喷射系统的组成

1—燃油泵 2—燃油箱 3—燃油滤清器 4—燃油压力脉动衰减器 5—燃油压力调节器 6—冷起动喷油器 7—喷油器 8—旁通空气阀 9—空气滤清器 10—进气温度传感器 11—空气流量计 12—节气门位置传感器 13—冷起动喷油器定时开关 14—冷却液温度传感器 15—点火线圈/点火器 16—蓄电池

表 4-1 电控燃油喷射系统的组成

系统名称	组　成
燃油供给系统	燃油泵、燃油滤清器、燃油压力调节器、喷油器、冷起动喷油器、油管
空气供给系统	空气流量计、节气门位置传感器、燃油压力传感器、空气阀
电子控制系统	电子控制装置（ECU）、冷却液温度传感器、进气温度传感器、曲轴位置传感器、节气门位置传感器、压力传感器、车速传感器、氧传感器、爆燃传感器等

桑塔纳 2000Gli 型轿车燃料供给系如图 4-4 所示。

与化油器式燃料供给系比较，电控燃油喷射式燃料供给系具有以下优点：

（1）进气系统中，没有化油器那样的喉管部位和进气预热的影响，进气压力损失小；不存在可燃混合气流动损失和调头换向、抢气的影响；不存在雾化不良、分配不均的影响。充气效率高，燃烧条件好，热效率高，发动机的动力性提高 15%～20%。

（2）利用电子控制单元 ECU 计量控制，均匀点喷，随机修正，使空燃比（A/F）控制在最佳区域内，燃烧效率高，又具备减速断油功能，能有效地节省燃油，发动机的经济性提高 5%～10%。

（3）与化油器式发动机相比，电控燃油喷射系统不仅能精确控制空燃比，还可以在较稀的混合气条件下工作，减少了废气中有害气体的含量。此外，采用汽油喷射，在松开节气门和减速时，可以切断汽油喷射，以消除减速时所产生的污染，使发动机的环保性能提高 20%以上（CO 体积分数小于 1%；HC 体积分数小于 1×10^{-4}）。

（4）改善了发动机的冷起动性能和加速性能。汽油喷射发动机，汽油在喷射中一直处于压力状态下，节流反应快，只要打开喷油器，汽油立即喷出，混合气浓度可以及时随发动机

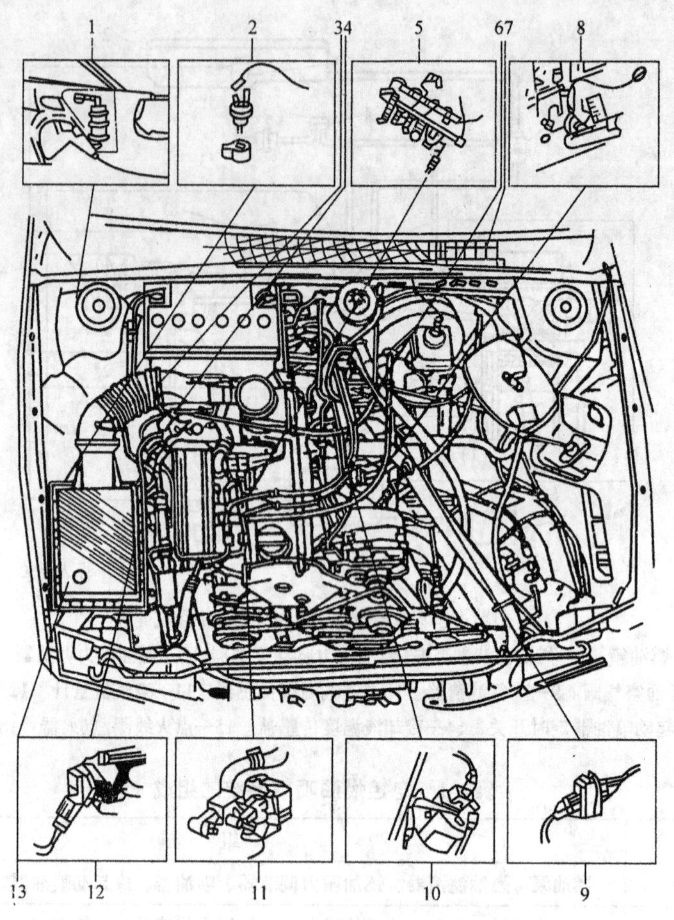

图 4-4　桑塔纳 2000Gli 型轿车燃料供给系

1—活性炭罐（位于右前翼子板内侧）　2—活性炭罐电磁阀（位于空气滤清器旁）　3—进气软管　4—节气门位置传感器　5—汽油分配管　6—喷油器　7—电控单元（ECU，位于驾驶员侧仪表板下）　8—爆燃传感器　9—4 针插头连接器（用于氧传感器）　10—点火分电器　11—怠速调节器　12—进气压力传感器和进气温度传感器　13—空气滤清器

的工况改变而改变，消除了汽油机工况转变的迟滞现象。冷起动喷油器的采用，使冷起动性能得到了明显改变。

（5）减少了发动机油路和电路的故障。因关键部件是电子控制单元 ECU，100000km 的故障率仅为 1/1000。其他部件制造精密，可靠性高，如使用维护合理，故障率远小于化油器式燃油供给系。

三、汽油机燃油供给系的工作过程

1. 化油器式燃油供给系的工作过程

汽油机燃油供给系的工作过程如图 4-5 所示。

汽油泵将汽油从油箱中吸出，经输油管进入汽油滤清器，沉淀并滤除其中的水分和杂质后进入化油器。在进气过程中，空气在气缸吸力作用下经过空气滤清器过滤后，高速流过化油器，并形成化油器喉管处的负压，在喉管处负压作用下，汽油从浮子室中被吸出，经喷管喷出与高速气流相遇，被高速气流冲撞成细小的汽油颗粒与空气混合。这股汽油和空气的混

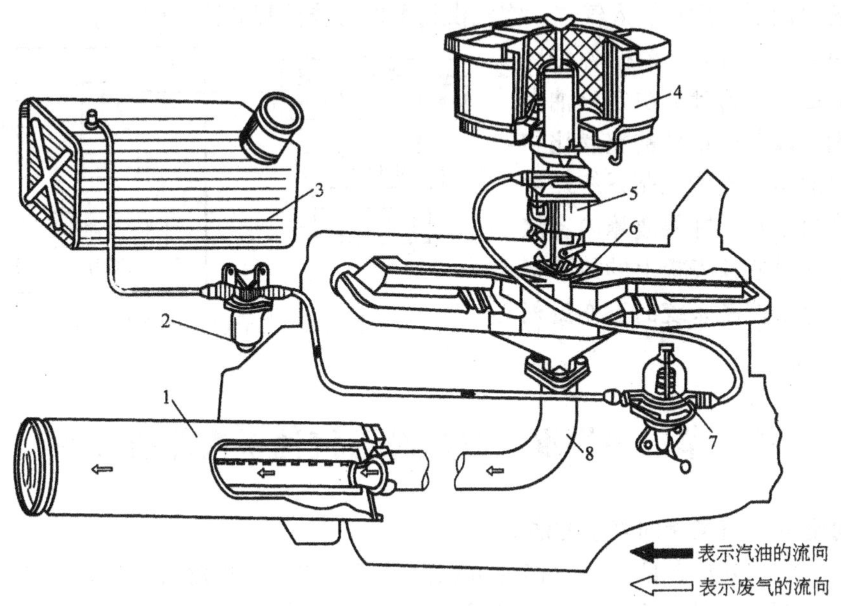

图 4-5　汽油机燃料供给系的工作过程

1—排气消声器　2—汽油滤清器　3—汽油箱　4—空气滤清器
5—化油器　6—进排气歧管　7—汽油泵　8—排气管

合物沿着进气管向气缸运动过程中边蒸发、边汽化、边混合，形成可燃混合气，分配到各气缸。混合气在气缸内燃烧作功后，形成废气汇集在排气管经排气消声器排出。

2. 电控燃油喷射式燃料供给系的工作过程

电动燃油泵将汽油从燃油箱泵出经过汽油滤清器滤清，再经压力调节器调整油压后由分配管分配到各喷油器，喷油器根据来自电子控制单元 ECU 的控制信号向进气歧管或进气门上方喷射定量的汽油。燃油供给系统的工作流程如图4-6所示。

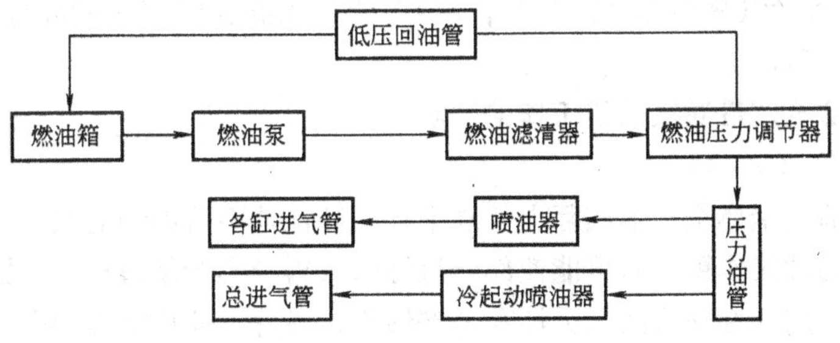

图 4-6　燃油供给系工作流程图

空气供给系统测量和控制进入发动机的空气量。经空气滤清器过滤的清洁空气，用空气流量计测量后，再经节气门体流到稳压室，分配到各缸的进气歧管，空气进入进气歧管与喷

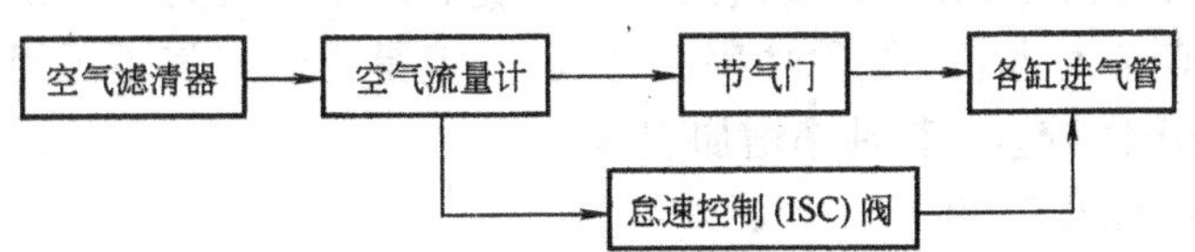

图 4-7　空气供给系工作流程图

油器喷射的汽油混合后，进入气缸。空气供给系的工作流程如图4-7所示。

电子控制单元 ECU 根据各传感器输送来的信号进行计算决定喷油量和点火时刻，以获得最佳的空燃比和最佳点火提前角。电子控制系统还可以进行故障自诊断，并将故障内容储存和输出，同时使仪表板上的故障指示灯发亮。电子控制系统的工作流程如图 4-8 所示。

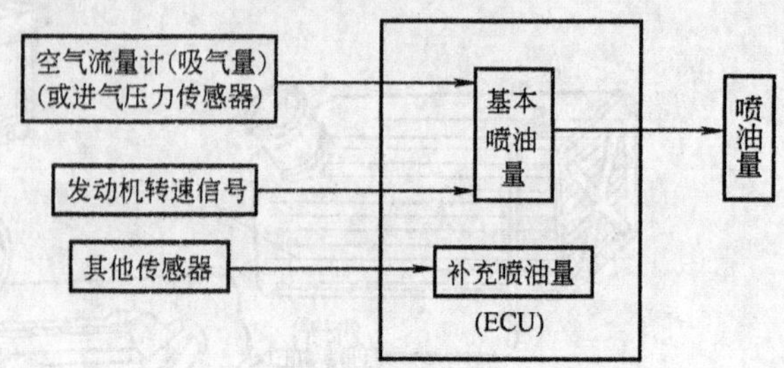

图 4-8　电子控制系统工作流程图

第二节　可燃混合气成分与汽油机性能的关系

一、可燃混合气浓度的表示方法

可燃混合气中燃油含量的多少称为可燃混合气的浓度。可燃混合气浓度可以用空燃比 R 或过量空气系数 α 来表示。空燃比是单位质量的混合气中空气质量（kg）与燃油质量（kg）的比值，即：

$$R = \frac{\text{混合气中空气质量}}{\text{混合气中燃油质量}}$$

理论上 1kg 汽油完全燃烧需要 14.7kg 的空气，空燃比 $R=14.7$ 的混合气叫标准混合气；$R>14.7$ 的混合气称为稀混合气；$R<14.7$ 的混合气称为浓混合气。

过量空气系数 α 是指燃烧 1kg 燃料实际供给的空气质量（kg）与 1kg 燃料理论上完全燃烧所需要的空气质量之比，即：

$$\alpha = \frac{\text{燃烧过程中实际供给的空气质量}}{\text{理论上完全燃烧所需要的空气质量}}$$

$\alpha=1$ 的可燃混合气称为标准混合气；$\alpha>1$ 的可燃混合气称为稀混合气；$\alpha<1$ 的可燃混合气称为浓混合气。

二、可燃混合气浓度对发动机工作的影响

1. 标准混合气（$\alpha=1$）

在理论上能够完全燃烧，但实际上气缸中空气和汽油不可能绝对均匀混合，又加上上一行程存留的废气的冲淡作用，有可能使部分汽油未来得及燃烧就被排出气缸，因此标准混合气燃烧不是最完全的，发动机的动力性和经济性不是最好。使用标准混合气发动机的功率减少 2%，耗油率增大 4%。

2. 稍浓混合气（$\alpha=0.85\sim0.95$）

由于稍浓混合气中汽油含量多，汽油分子密集，能保证汽油分子迅速找到空气中的氧分子相结合而燃烧，燃烧速度快，热量损失少，燃烧后产生的压力大，发动机获得最大功率（当 $\alpha=0.88$ 时具有最大功率，又称功率混合气）。但是由于氧气不足而不能使所有的燃料燃烧，发动机的经济性较差，耗油率增加 18%。

3. 过浓混合气（$\alpha<0.88$）

过浓混合气中由于空气严重不足，燃烧不完全，导致发动机功率下降约 10%～20%，

耗油率增加约35%~50%，排气管冒黑烟、放炮，燃烧室积炭，排气污染严重。

当 α<0.4时，混合气太浓，火焰不能传播，发动机无法工作，也称火焰传播上限。

4．稍稀混合气（α=1.05~1.15）

这种混合气可以使汽油分子获得足够的空气而能完全燃烧，发动机的经济性好，耗油率低，称为经济混合气。但是空气过量后汽油分子相对减少，燃烧速度慢，发动机功率有所降低。

5．过稀混合气（α>1.15）

过稀混合气中由于空气量过多，汽油分子过少，燃烧速度低，热量损失大，发动机功率显著降低40%~50%，耗油率激增，同时发动机加速性能变坏，化油器回火，发动机过热，排气管中出现突噜声。

α>1.4时，混合气太稀，火焰不能传播，发动机无法工作，又称为火焰传播下限。

由上述可知，如果要使发动机发出较大功率，动力性好，应使用稍浓的混合气；如果要使发动机耗油率低，经济性好，则要使用稍稀的混合气，这就要牺牲一点功率。

可燃混合气浓度对发动机动力性、经济性有很大的影响，具体可通过试验方法测试。在发动机转速一定和节气门全开的条件下，通过改变喷管量孔大小来改变 α 值，测绘出相应的发动机功率 P_e 和耗油率 g_e 曲线随 α 变化的规律如图4-9所示。图中将所测得的功率 P_e 最大值为100%，油耗率最小值为100%，并取为纵坐标，过量空气系数 α 取为横坐标。

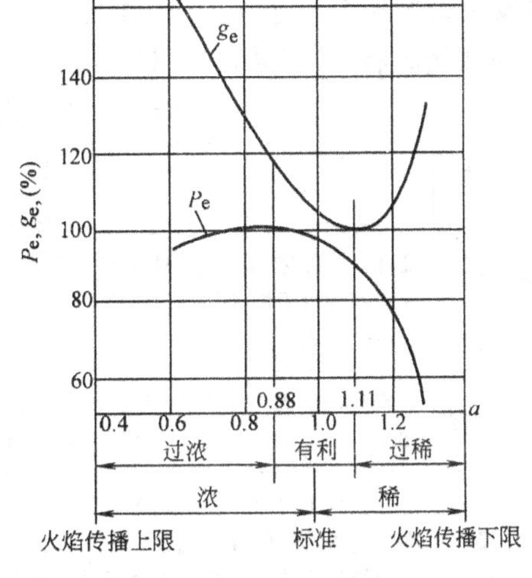

图4-9　可燃混合气浓度对发动机工作的影响

曲线的形状形象、直观的表明了以下三点：

（1）功率点和经济点是不对应的，动力性和经济性存在着矛盾，不能同时得到；

（2）混合气过浓或过稀，动力性和经济性都不理想；

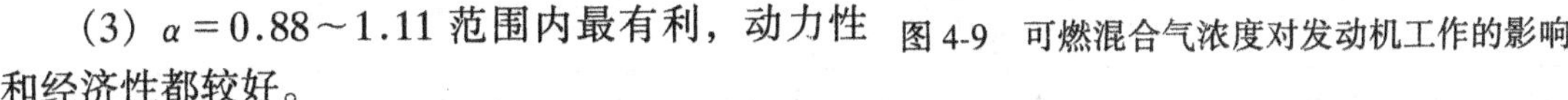

（3）α=0.88~1.11范围内最有利，动力性和经济性都较好。

可燃混合气浓度对发动机工作的影响可归纳于表4-2。

表4-2　可燃混合气浓度对发动机工作的影响

混合气	过量空气系数 α	发动机功率 P_e	油耗率 g_e	发动机工作情况
火焰传播上限	0.4	—	—	混合气不燃烧，发动机不工作
过浓混合气	0.43~0.88	减小	显著增加	排气管冒黑烟、放炮、排气污染严重
稍浓混合气	0.85~0.95	最大	增大18%	—
理论混合气	1	减少2%	增大4%	—
稍稀混合气	1.05~1.15	减少8%	最小	加速性能变坏
过稀混合气	1.13~1.13	显著减少	显著增大	化油器回火，加速性能变坏
火焰传播下限	1.4	—	—	混合气不燃烧，发动机不工作

三、汽油机各种工况对可燃混合气浓度的要求

汽车在使用过程中，实际装载质量、路面性质、道路坡度、路上车流、人流等情况都多种多样，十分复杂，这就使得汽车的行驶速度和驱动力经常需要大幅度的改变。因此，单一浓度的混合气显然不能满足发动机工作的需要。

车用发动机工况变化范围大，负荷可以从0到100%，转速可以从最低到最高，有时工况变化非常迅速。但在汽车行驶的大部分时间内，发动机是在中等负荷范围内工作的。

发动机各种工况对混合气浓度的要求见表4-3。

综上所述，车用发动机在正常运转时，在小负荷和中等负荷工况下要求发动机负荷增加时能供给由浓逐渐变稀的混合气；当进入大负荷和全负荷工况下要求发动机负荷增加时能供给由稀变浓的混合气，最后加浓到发动机发出最大功率。这种在一定转速下，车用发动机所要求的混合气浓度随负荷变化的规律称为理想化油器特性。如图4-10所示。

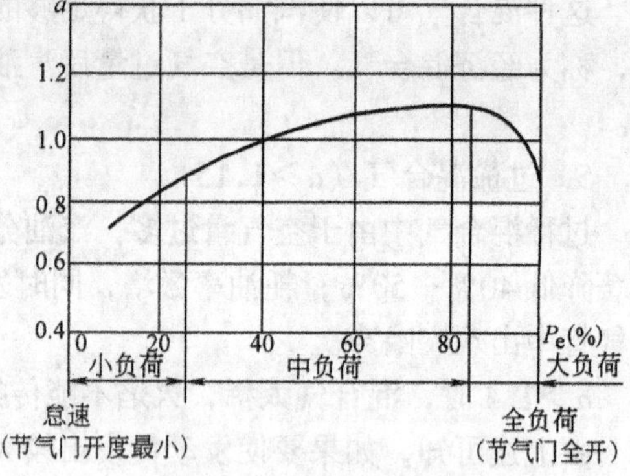

图4-10　理想化油器特性

表4-3　发动机各种工况对混合气浓度的要求

工　况	状　态　特　征	对混合气的要求
起动工况	冷车起动，曲轴运转慢（50～100r/min），发动机温度低，流经化油器气流速度小，汽油雾化、蒸发不良，大量汽油处于油粒和油膜状态，只有极少量已挥发的燃油汽化进入气缸	必须供给多而浓的混合气（$\alpha=0.2\sim0.6$）以保证有足够的燃油汽化，形成恰当浓度的混合气，从而顺利燃烧
怠速工况	节气门开度小，进气量少，发动机转速低（300～700r/min），汽油雾化、蒸发条件仍很差	需要少而浓的混合气（$\alpha=0.6\sim0.8$），以提高燃烧速度，保证发动机能稳定运转
中小负荷工况	小负荷工况时，发动机对外输出功率小，节气门开度小，进入气缸的混合气数量少，气缸残留废气比例高 中等负荷是发动机工作时间最长的工况，节气门开度适中，转速较高，汽油雾化、蒸发良好	需稍浓混合气（$\alpha=0.7\sim0.9$），以利燃烧。 需要稍稀混合气（$\alpha=0.9\sim1.1$），以保证获得一定的动力性和最佳经济性
大负荷全负荷工况	汽车要克服很大的阻力，节气门开度已达85%以上，进气量很多	需要多而浓的混合气（$\alpha=0.85\sim0.98$），以利于迅速燃烧产生最大的动力
加速工况	节气门突然开大，要求发动机转速迅速提高，由于空气流量比汽油喷出量增长快的多，此时不仅不能加速甚至会导致发动机熄火	在突然开大节气门的同时，要额外供给一定数量的汽油，以加浓混合气，从而保证迅速提高发动机的转速

第三节　汽油供给装置

一、汽油箱

汽油箱的作用是储存汽油。汽油箱储备的油量，一般可供汽车行驶300～600km。普通汽车装有一个汽油箱，越野汽车大多数都装有主、副两个油箱。汽油箱的安装位置和几何形

状服从全车的合理布局，多位于车架一侧或车身的后部。

汽油箱由钢板或塑料制造。红旗 CA7220 和奥迪 100 轿车的汽油箱由镀铅钢板制成，容量为 80L，捷达和上海桑塔纳轿车则用高分子高密度聚乙烯塑料制造。塑料汽油箱的优点是质量轻、强度高、密封性好，可制成任意形状。

各种不同型号的汽车上，汽油箱的外形尽管不同，但结构形式基本相同，图 4-11 所示为常见汽车汽油箱的构造。

汽油箱是密封的，上部焊有加油管，内装有可拉出的延伸管，其底部有过滤网，加油时可滤去油内杂质，加油管口由油箱盖盖住。在专门使用无铅汽油的汽车上，汽油箱加油管口的上部装有弹簧压力阀，在向汽油箱内加油时，只能使无铅汽油的加油嘴插入。油箱上表面装有油面指示表传感器和出油开关，出油管上端通过出油开关和汽油滤清器相连通，而下端伸入油箱底部离油箱底有一定的距离，以防吸出杂质和积水。油箱底部有放污螺塞，用以排除箱底的积水和污物。油箱内装有隔板，用以减轻汽车行驶时燃油的振荡，防止汽油大量蒸发。

为了防止汽油在汽车行驶时因振荡而溅出及汽油蒸汽的逸出，加油管口必须加盖密封。油箱盖内有空气阀和蒸汽阀，如图 4-12 所示。随着汽油的不断消耗，汽油箱内的油面将逐渐下降，汽油箱内将出现一定的负压。若负压过大，汽油不能被汽油泵吸出。这时，空气阀开启，使汽油箱与大气相通以消除汽油箱内的负压。如果气温很高，汽油蒸发太快，将使汽油箱内的压力过大。这时蒸汽阀开启，使汽油蒸汽逸出以保持汽油箱内正常压力。

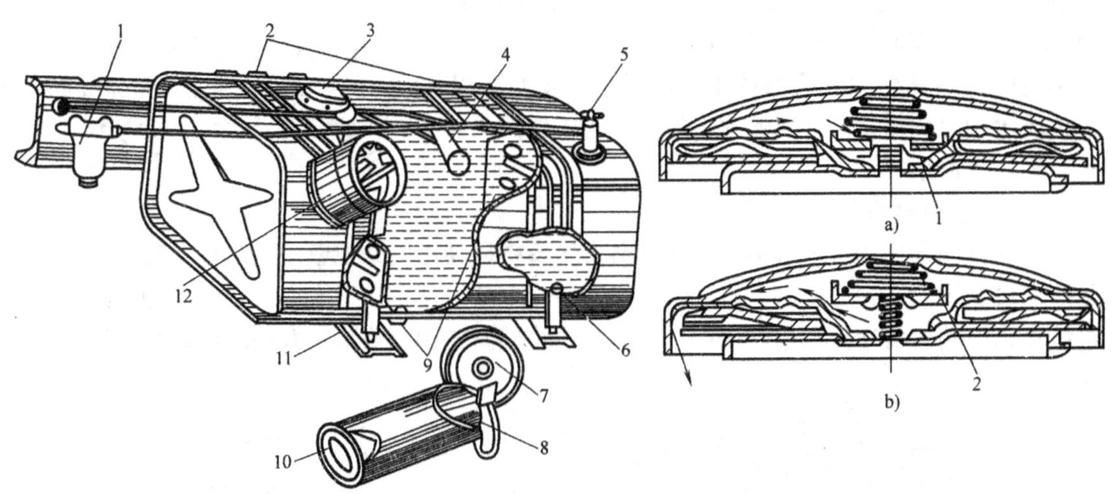

图 4-11　常见汽车的汽油箱构造图

1—汽油滤清器　2—固定箍带　3—油面指示表传感器　4—传感器浮子　5—出油开关　6—放油螺塞　7—油箱盖　8—加油延伸管　9—挡油板　10—滤网　11—支架　12—加油管

图 4-12　双阀式汽油箱盖工作示意图

a) 进入空气　b) 泄出蒸汽

1—空气阀　2—蒸汽阀

二、汽油滤清器、储油罐

1. 汽油滤清器

汽油滤清器的作用是在汽油进入汽油泵之前，滤除汽油中的水分和杂质，保证汽油泵和化油器的正常工作。目前广泛使用的滤清器其滤心有陶瓷质和纸质两种。

图 4-13 所示为国产汽车使用的 282 型汽油滤清器分解图。陶瓷滤心和沉淀杯安装在滤

清器盖上，它们与上盖之间分别用密封垫密封。上盖装有进油管接头和出油管接头，进油管接头和滤心外面的空间相通，出油管接头和滤心内腔相通。沉淀杯底部有带密封垫的放油螺塞。

汽油机工作时，汽油在汽油泵的作用下，经进油管接头流入沉淀杯中。由于此时容积变大，流速变小，比油重的水分和杂质颗粒便沉淀于杯的底部，较轻的杂质和胶质随燃油流向滤心，便被粘附在滤心上或隔离在滤心外，燃油由陶瓷滤心的微孔渗入滤心的内部，然后经出油管接头流出，如图 4-14 所示。

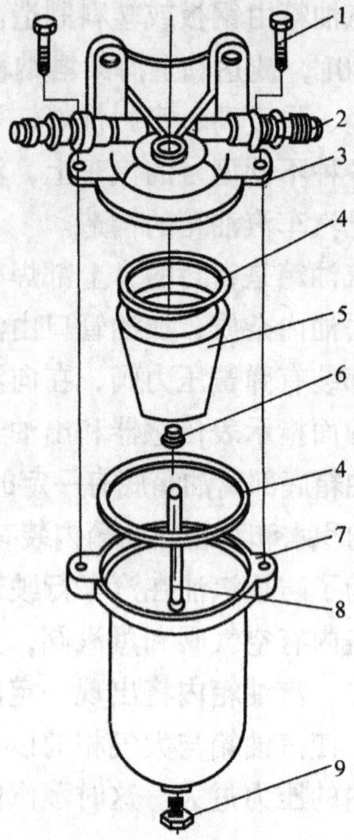

图 4-13 汽油滤清器分解图

1—螺栓 2—油管接头 3—滤清器盖 4—密封垫 5—滤心 6—密封圈 7—沉淀杯 8—固定螺栓 9—放污螺栓

2. 储油罐

现代轿车燃油供给系中除包含汽油滤清器外，常在油路中串联一个储油罐。其作用主要是沉淀汽油中的水分，并兼有储液和再次滤清的作用，如图 4-15 所示为奥迪轿车储油罐。结构与汽油滤清器类似，由滤心和外壳组成。出油端除设有与化油器相连的出油管接头外，还设有与回油管相连的回油管接头。

发动机工作时，汽油在汽油泵的驱动下，经汽油滤清器后进入储油罐，水分和杂质将沉积在壳体内或附在滤心的外表面。再次滤清后的汽油经出油口送出，用不完的汽油从回油管流回油箱。这样汽油泵始终保持了较大的汽油流量，从而保证了发动机的工作需要。

三、汽油泵

（一）电动汽油泵

电动汽油泵用于燃油直接喷射式燃料供给系中，其作用是把燃油从油箱中吸出，经燃油滤清器过滤后输送到压力调节器，再送往燃油分配管。它的安装位置不受驱动机构的限制，可装在汽油箱内浸在汽油中，也可布置在汽油箱外。电动汽油泵，直接由点火开关控制，在

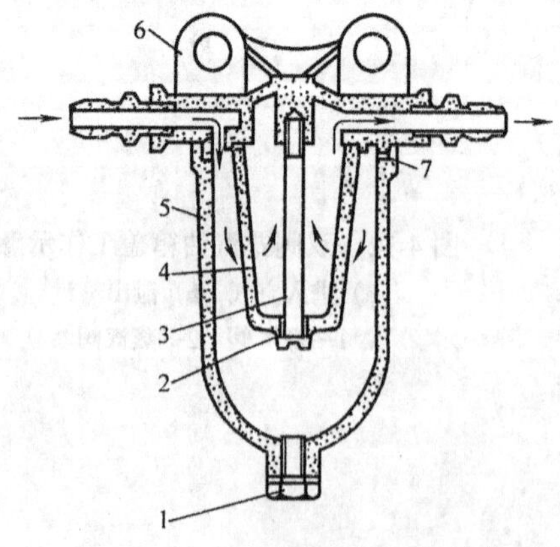

图 4-14 汽油滤清器工作示意图

1—放污螺塞 2—密封垫 3—固定螺栓 4—陶瓷滤心 5—沉淀杯 6—盖 7—密封垫

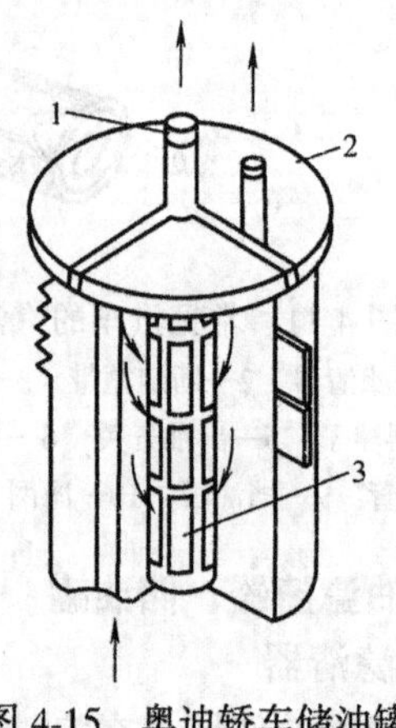

图 4-15 奥迪轿车储油罐

1—化油器接口 2—回油管接口 3—储油罐滤心

汽油机运转之前，打开点火开关，电动汽油泵立即工作。电动汽油泵外形如图 4-16 所示。

在电子控制汽油喷射系统中应用的电动汽油泵通常有两种类型，即滚柱式电动汽油泵和叶片式汽油泵。

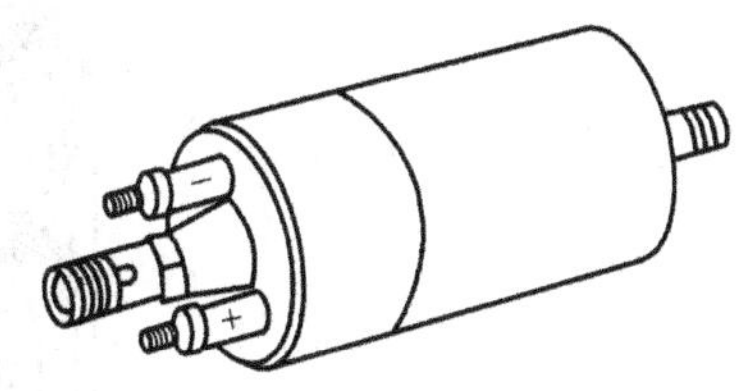

图 4-16　电动汽油泵外形图

由永磁电动机驱动的滚柱式电动汽油泵如图 4-17 所示。主要由驱动油泵的直流电动机、滚柱式油泵、限压阀和单向止回阀组成。滚柱式油泵本身有一个圆柱形腔室，其内部偏心地安装着圆盘形转子 9，转子周边上开有缺槽，滚柱 8 即支撑在此缺槽内。当转子旋转时，滚柱在离心力的作用下紧压在泵体的内表面上。同时在惯性力的作用下，滚柱总是与转子缺槽的一个侧面贴紧，从而形成若干个工作腔。由转子、滚柱和泵体围成的工作腔将随转子的转动产生容积大小的变化，在进油口一侧工作腔容积由小变大，成为低压工作腔，汽油被吸入工作腔内。在出油口一侧工作腔容积由大变小，成为高压工作腔，高压汽油被压出滚子汽油泵。

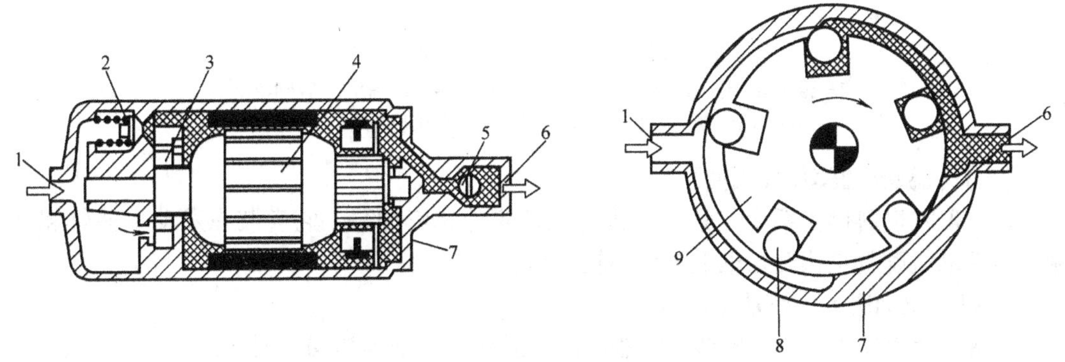

图 4-17　滚柱式电动汽油泵

1—进油口　2—限压阀　3—滚子汽油泵　4—电动机　5—单向止回阀
6—出油口　7—泵体　8—滚柱　9—转子

当接通点火开关，汽油泵电动机立即运转，带动滚子汽油泵泵油，将进油腔内的汽油吸入油泵内，加压后送往出油腔，使出油腔的压力升高，顶开单向止回阀向外部油路供油。

进油腔和出油腔之间有一个限压阀 2，当出油腔的油压超过限压阀的限定压力 (0.45MPa) 时，限压阀开启，出油腔的汽油流回进油腔，以防止油压过高损坏汽油泵。在进油口处有一进油滤网，以滤除汽油中大的杂质。在出油口处装设一个单向止回阀，当发动机停机时，单向止回阀关闭，防止汽油泵不工作时管路中的汽油倒流回汽油泵，借以保持管路中有一定的油压，目的是再起动发动机时比较容易。

滚柱式电动汽油泵运转时噪声大，油压脉动也大，而且泵体内表面和转子容易磨损。

近来越来越多的发动机采用叶片式电动汽油泵，其结构如图 4-18 所示。叶轮 3 是一个圆形平板，在平板的圆周上加工有小槽，形成泵油叶片。叶轮旋转时，小槽内的汽油随同叶轮一起高速旋转。由于离心力的作用，使出口处油压升高，而在进口处产生负压，从而使汽油从进口吸入，从出口排出。叶片式电动汽油泵运转噪声小，油压脉动小，泵油压力高，叶片磨损小，使用寿命长。

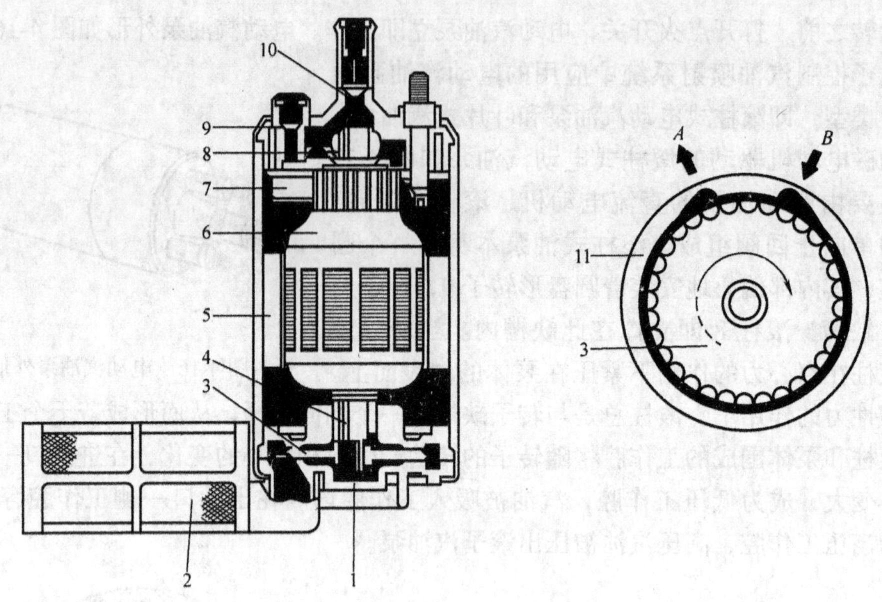

图 4-18 叶片式电动汽油泵

1—橡胶缓冲垫 2—滤网 3—叶轮及叶片 4、8—轴承 5—永久磁铁 6—电枢 7—电刷 9—限压阀 10—单向止回阀 11—泵体

（二）机械驱动膜片式汽油泵

化油器式燃料供给系中，常采用机械驱动膜片式汽油泵。它安装在发动机曲轴箱的一侧，由发动机配气机构凸轮轴上的偏心轮驱动。

1. 机械驱动膜片式汽油泵的构造

机械驱动膜片式汽油泵的型号虽然不同，但结构上基本相同，图 4-19 所示为 EQ 6100-1

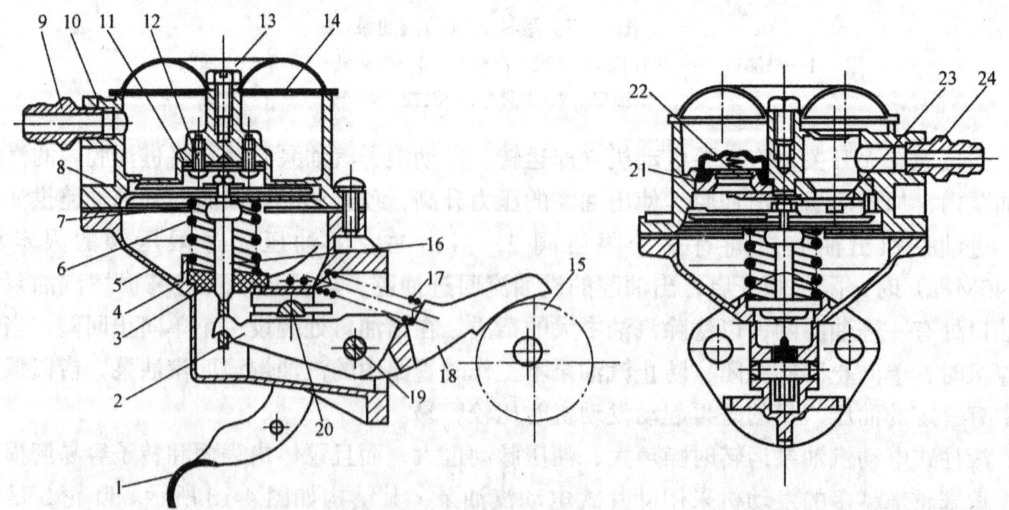

图 4-19 EQB501 型汽油泵

1—手摇臂 2—内摇臂 3—泵膜拉杆油封 4—拉杆油封座 5—下体 6—泵膜弹簧 7—泵膜下护盘 8—泵膜 9—出油管接头 10—上体 11—阀门支持片 12—螺钉 13—泵盖 14—垫片 15—偏心轮 16—泵膜拉杆 17—摇臂回位弹簧 18—摇臂 19—摇臂轴 20—手摇臂轴 21—垫片 22—出油阀 23—进油阀 24—进油管接头

型发动机采用的 EQB501 型汽油泵。

机械驱动膜片式汽油泵由上体、下体、泵膜组件三大部分组成。上下壳体用锌合金压铸而成，中间夹装着泵膜组件，利用螺钉紧固连接。

上体 10 上有进油管接头 24、出油口接头 9。金属泵盖 13 用螺钉固定在上体上，其间用垫片 14 密封。这样形成了较大的环形出油气室和分割的小气室。并装有结构相同、安装方向相反的单向阀门——进油阀 23 和出油阀 22。

油泵上、下体之间装有泵膜组件，它由膜片 8、上下护盘、拉杆 16 和紧固螺母组成。泵膜弹簧 6 装在下体弹簧座与膜片下护盘之间，用以使膜片向上拱曲。泵膜极易疲劳损坏，多用高强度尼龙布涂胶制成。

下体 5 上有凸缘盘，用来将汽油泵固定在曲轴箱的座孔上，其间装有一定厚度的密封垫。手摇臂 1 的半圆轴 20 装在摇臂内端上方。下体中装有内、外摇臂，外摇臂一端与凸轮轴上的偏心轮接触，另一端通过内、外摇臂轴与内摇臂连接在一起，内摇臂的另一端呈钩状与泵膜拉杆的长方孔连接。内、外摇臂只能作单向传动。下体钻有小孔，当泵膜破裂或密封不严时，汽油从小孔中流出，防止流入曲轴箱，也可保证泵膜下部空间与大气连通，防止因气压而影响泵膜正常运动。

2. 机械驱动膜片式汽油泵的工作过程

如图 4-20 所示，膜片式汽油泵工作过程分为吸油过程、压油过程、连续供油过程、油量调节过程和手动泵油过程。

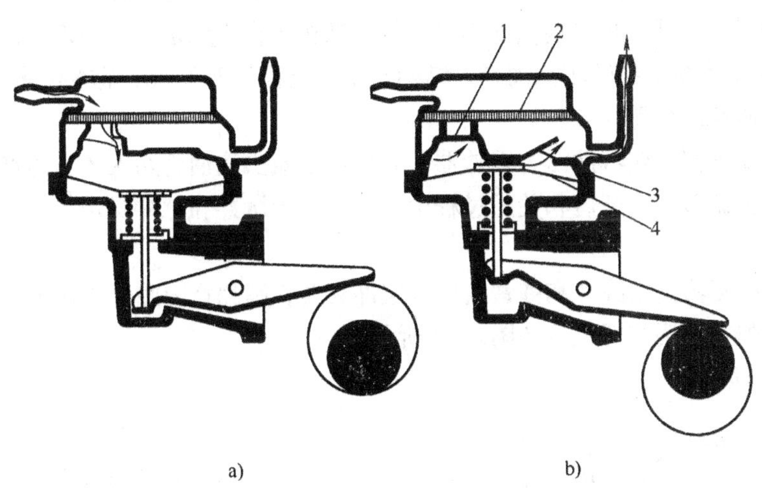

图 4-20 汽油泵的泵油过程

a）进油 b）出油

1—进油阀 2—滤网 3—出油阀 4—泵膜

吸油过程：发动机运转时，凸轮轴上的偏心轮长轴压向外摇臂，在外摇臂的驱动下，内摇臂拉动泵膜拉杆、泵膜向下运动，此时泵膜上方与上体间的空间增大，产生负压，从而使进油阀打开，出油阀关闭，汽油通过进油接头，经过进油阀进入泵膜与泵盖空间，如图 4-20a所示。

压油过程：偏心轮转过一定角度，外摇臂不受压缩，在弹簧张力的作用下回位，外摇臂仍压在偏心轮上，泵膜及拉杆也在泵膜弹簧张力的作用下向上运动，压缩泵膜与上体间的汽油，在油压的作用下出油阀打开，进油阀关闭，汽油经出油阀、出油口接头送出去，如图4-20b 所示。

连续泵油过程：被挤压到出油室内的汽油，一部分经出油管接头流向化油器，另一部分留在出油室中，压缩出油室的空气。在下一吸油过程中，出油阀关闭，出油室的汽油被压缩空气挤压继续送往化油器，保持供油连续，从而降低了出油管内油压波动。

供油量自动调整过程：汽油泵实际供油量的大小决定于泵膜的行程，行程越大泵油量越大，泵油量的大小即泵膜行程的大小，由泵膜上方油压决定。当发动机处于油耗低的工况时，油泵的出油速度小，泵膜上方油压大，泵膜上行的最高点便下降，泵膜行程减小，油泵的供油量便随之减小；反之，油泵的供油量便增大。所以，机械膜片式汽油泵能够随发动机耗油量的变化而自动调整供油量。即发动机要油给油、不要不给、要多少给多少。

手动泵油过程：在发动机起动前，若化油器浮子室内无燃油或燃油不足时，可用手摇臂泵油。摆动手摇臂，半圆轴转动迫使内摇臂摆动，从而使泵膜上下移动产生吸油和压油作用。当化油器浮子室油面达到规定高度时，浮子室针阀关闭，泵室内油压较高，泵膜停止在较低的位置，此时，内外摇臂接触面处出现了较大的分离间隙，手泵油就不起作用了。另外，若偏心轮的长轴还顶着外摇臂，则泵膜处于最低吸油位置，手摇臂不起作用。此时，应转动曲轴使偏心轮的长轴转过外摇臂后，再用手摇臂泵油。

汽油泵的供油压力一般为 27～37kPa，供油压力过高，使化油器油平面过高，造成混合气过浓；供油压力过低，将出现供油不足，使发动机工作不稳定，甚至熄火。

图 4-21 所示为桑塔纳轿车汽油泵，结构及工作过程与 EQB501 基本相同。

四、脉动阻尼减振器

脉动阻尼减振器也叫汽油压力缓冲器，其作用是减少汽油管路中的压力波动，并抑制喷油器或汽油压力调节器在开启和关闭过程中产生的压力脉冲和脉冲噪声。

1. 构造

脉动阻尼减振器是由膜片和弹簧组成的缓冲装置，膜片将内腔分为汽油室和空气室，空气室内有压力弹簧和调节螺钉，如图 4-22 所示。

2. 工作原理

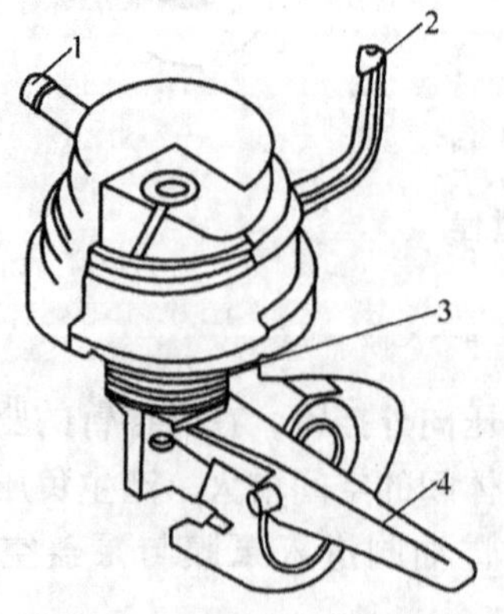

图 4-21　桑塔纳轿车汽油泵

1—进油口　2—出油口　3—回位弹簧　4—摇臂

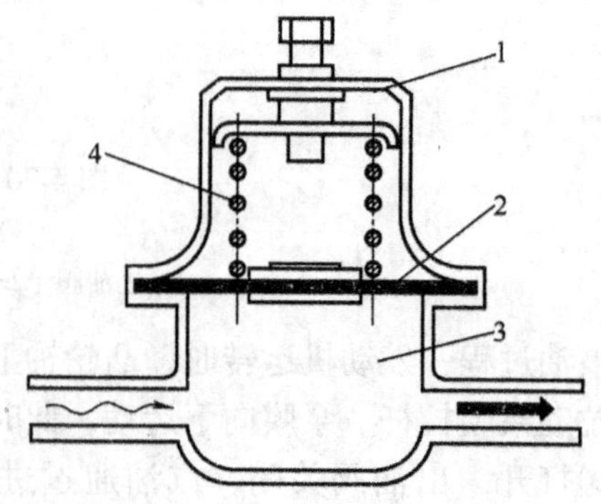

图 4-22　脉动阻尼减振器

1—大气室　2—膜片　3—燃油室　4—弹簧

当脉动油压进入减振器时，脉动压力通过膜片传给弹簧而被吸收，从而起到缓冲作用。调节螺钉可以调节控制燃油压力的大小。

五、汽油压力调节器

汽油压力调节器的作用是保持燃油供给系的压力与进气管压力之间的压力差恒定，即维持稳定的喷油压力，并且在压力过高时，多余的燃油可经回油管返回汽油箱。

因为喷油器的喷油量除取决于喷油时间外，还与喷油压力有关。在相同的喷油持续时间内，喷油压力越大，喷油量越多，反之亦然。所以只有保持喷油压力恒定不变，才能使喷油量在各种负荷下都只惟一地取决于喷油持续时间或电脉冲宽度，以实现电控单元对喷油量的精确控制。

1. 构造

汽油压力调节器安装在燃油分配管上，是一种膜片控制的溢流调节器。它有一个金属外壳，膜片将内腔分为弹簧室和燃油室。汽油泵输送的汽油从进油口进入并充满燃油室，回油口与汽油箱连通。弹簧室通过一通气管与节气门后部的进气管相通，内有一螺旋弹簧对膜片施加一个作用力，燃油室直接与供油管路相通，如图 4-23 所示。

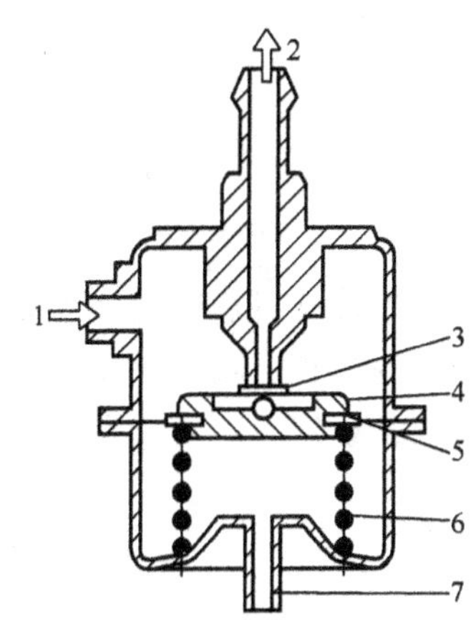

图 4-23　汽油压力调节器

1—进油口　2—回油口　3—阀门
4—阀支承板　5—膜片　6—弹簧
7—进气管连接口

2. 工作原理

当进气管压力减小时，汽油压力调节器中的膜片在油压的推动下克服弹簧预紧力与进气管压力之和向下弯曲，阀门将回油口开启，部分汽油经回油口流回汽油箱，使燃油供给系的油压下降，但两者的压力差保持不变。相反，当进气管压力增大时，膜片向上弯曲，阀门将回油口关闭，回油终止，燃油供给系的油压增大，使两者的压力差仍然保持不变。

燃油供给系的压力与进气管压力之差由汽油压力调节器中的弹簧的弹力限定，调节弹簧的预紧力即可改变两者的压力差，也就是改变喷油压力。

六、喷油器

喷油器的作用是根据电控单元提供的喷射信号，将适量的燃油适时地喷射到进气管或进气道中，并与其中的空气混合形成可燃混合气。

1. 构造

喷油器按喷口形式可分为孔式和针式。图 4-24 所示为桑塔纳 2000 轿车所用喷油器结构示意图，它是由喷油器体、滤网、电磁线圈、针阀、阀体、螺旋弹簧、调整垫片等主要零件组成。

2. 工作原理

喷油器相当于电磁阀，当电控单元发出喷射信号时，喷油器电磁线圈通电并产生电磁吸力，吸引磁心及针阀移动从其座面上升约 0.1mm，燃油从精密环形间隙中喷出。当电磁线圈断电时电磁吸力消失，磁心及针阀在弹簧的作用下将喷孔关闭，喷油器喷油停止。喷油器可以有 1、2 或 3 个喷孔，分别用于双气门、四气门和五气门发动机。

喷油器的通电、断电由电控单元控制。电控单元以电脉冲的形式向喷油器输出控制电流。当电脉冲从零升起时，喷油器因通电而开启；电脉冲回落到零时，喷油器又因断电而关

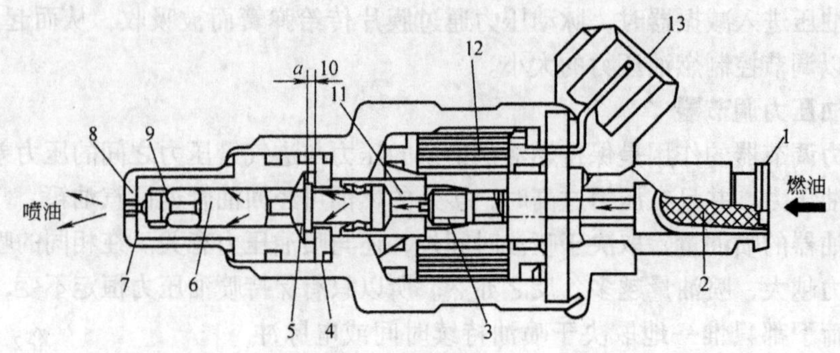

图 4-24 喷油器

1—燃油管接头 2—滤网 3—弹簧 4—调整垫片 5—凸缘部 6—针阀 7—喷油器体 8—喷口 9—阀体 10—行程 11—磁心 12—电磁线圈 13—接线插头

闭。电脉冲从升起到回落所持续的时间称为脉冲宽度。若电控单元输出的脉冲宽度长，则喷油持续时间长，喷油量多。一般喷油持续时间在 2～10s 范围内，此时间由电控单元根据发动机工况确定。

第四节 汽油机燃料控制系统

一、化油器式汽油机燃料控制装置——化油器

化油器式汽油机可燃混合气是在化油器中形成的，因此，化油器是可燃混合气形成的主要装置。其作用是根据发动机的工作需要配制出一定数量和浓度的可燃混合气。

（一）化油器的主要工作装置

化油器的种类很多，结构各异，但它们的基本结构相同，都包含了主供油装置、怠速装置、加速装置、加浓装置、起动装置等主要工作装置。

1. 主供油装置

（1）作用：主供油装置的作用是保证发动机在中、小负荷工况下，供给随节气门开度增大而逐渐变稀的经济混合气（$\alpha=0.8\sim1.1$）。除了怠速工况和极小负荷工况外，该装置都参与供油，故称主供油装置。因为发动机大部分时间是在中等负荷下工作，它的供油性能的好坏，直接影响发动机的经济性。

（2）构造：目前主供油装置广泛采用主喷管渗入空气减少主量孔处负压吸油能力的方法，使混合气浓度随节气门开大而逐渐变稀。

主供油装置结构原理如图 4-25 所示。它由空气量孔、泡沫管、主量孔、主油井、主喷管等组成。在主喷管和主量孔之间设有主油井，内装有空心的泡沫管。管子上端有空气量孔与大气相通，管侧钻有 3～4 排小孔，叫泡沫孔。

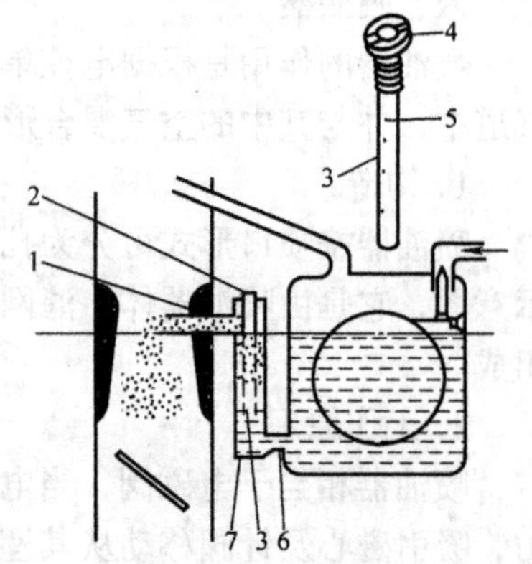

图 4-25 主供油装置

1—主喷管 2—空气量孔 3—泡沫 4—空气量孔 5—泡沫孔 6—主量孔 7—主油井

（3）工作情况：

发动机工作时，随节气门开大，喉管处负压增加，汽

油从主喷管被吸出。由于喷管截面积大于主量孔截面积，随着汽油的吸出，主油井油面下降，空气经空气量孔、泡沫孔进入主油井与汽油混合形成泡沫状混合物从主喷管喷出，促进了燃油的雾化。空气窜入主油井中，也减弱了主喷管的负压对主量孔的吸油作用，使主量孔流出的汽油相应减少。从而使混合气随节气门的开度增大而变稀，达到在中、小负荷工况下由主供油装置供给经济混合气的目的。

2. 怠速装置

(1) 作用：怠速装置的作用是保证发动机在怠速工况和小负荷工况下，供给少而浓的混合气（$\alpha=0.6\sim0.8$），维持稳定的最低转速 300～700r/min。燃油量为正常工况的 10%，多在发动机热起动过程中、短暂停车、更换变速器挡位时短时间使用。

怠速工况是浓混合气，燃烧条件不好，是排放污染比较严重的工况之一。

(2) 构造：怠速时，发动机转速低，节气门接近全闭，节气门上方喉管处的负压很低，不能将汽油从主喷管吸出，主供油装置不工作，但节气门下方的负压很高。根据这一特点，怠速装置设置了怠速油道，将怠速汽油喷口设在节气门下方，在主供油装置不工作的情况下，怠速装置向发动机供给可燃混合气，满足发动机怠速工作需要。

怠速装置结构原理如图 4-26 所示。

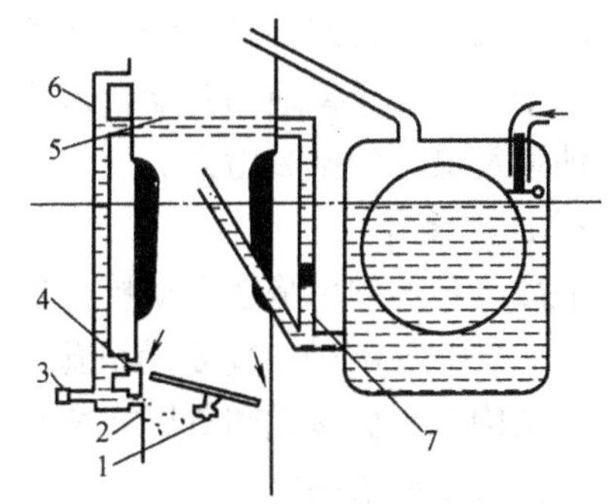

图 4-26　怠速装置

1—节气门限位螺钉　2—怠速喷口
3—怠速调整螺钉　4—过渡喷口
5—怠速油道　6—怠速空气量孔　7—怠速量孔

怠速装置构造特点如下：

怠速油道一端通浮子室，一端通节气门下方的喷口。有怠速量孔和空气量孔，怠速量孔限制怠速油量，和主量孔是串联关系。有一个怠速喷口和一个怠速过渡喷口。怠速喷口位于节气门的后方，而怠速过渡喷口位于节气门的下方，是垂直方向的长方孔。它的作用是将怠速供油延长到较大的节气门开度，以便和主供油装置供油衔接，保证发动机从怠速工况圆滑地过渡到中小负荷工况时不致发生混合气突然变稀的情况。

节气门限位螺钉用来调节节气门最小开度和空气量。怠速调整螺钉用来调整喷出的泡沫量，螺钉上有弹簧防止松转，同时可保证螺纹的密封，以防燃油外流。

(3) 工作情况：发动机低怠速运转时，节气门开度最小，位于怠速喷口和过渡喷口之间。主供油装置由于喉管处负压吸力太小不供油，怠速喷口位于节气门的下方具有很大的负压。汽油便从浮子室被吸出，经主量孔、怠速量孔、怠速油道，流经怠速空气量孔时与进入怠速空气量孔的空气混合，形成泡沫状油液，从怠速喷口喷出。喷出的泡沫状油液受节气门边缘高速气流的冲击，进一步得到雾化。由于怠速喷口处负压较大，汽油流出相对较多，而怠速空气量孔和节气门边缘流入的空气较少，从而保证了怠速工况时少而浓的混合气的需要。此时节气门上方的气压大于下方的气压，少量空气便从过渡喷口流入怠速油道，减少了出油量。过渡喷口实际上成为第二个怠速空气量孔，起到了帮助燃油再次泡沫化的作用。

在怠速喷口的上方设有怠速过渡喷口，当节气门开大到过渡喷口上方时，两喷口同时位于负压较大区，因此两喷口同时开始喷油。这样随节气门逐渐开大，空气量增大，供油量也相应的增大，保证了混合气浓度，实现了发动机从怠速工况向小负荷工况的圆滑过渡。

随着节气门进一步开大，喉管处的负压也增大，相应的节气门后方的负压降低，怠速装置的怠速喷口、过渡喷口喷油逐渐减少直至停止喷油，主供油装置开始逐渐参与并直至单独工作，使发动机过渡到中小负荷工况。

在怠速装置中怠速空气量孔除了可以渗入空气形成泡沫油液以利于汽油雾化和汽化外，还可以防止虹吸现象的发生，即防止发动机在熄火后，因节气门后负压吸力而使汽油继续从怠速喷口中喷出。现代汽车常在怠速装置中装有怠速截止阀，如图 4-27 所示。在发动机熄火后，电磁阀中的心杆将怠速油道堵死，能更有效地防止虹吸现象。

(4) 怠速的调整：怠速工况对发动机技术状况的变化非常敏感，怠速时运转的稳定性、过渡性能和排放污染程度，决定于怠速调节的好坏。它有两个调节螺钉。

怠速调整螺钉——用来调节流出喷孔的泡沫量。拧入时，出油量减少，混合气浓度变稀。偏稀时易熄火，过渡性不好。拧出时，混合气浓度变浓，混合气偏浓时油耗增大，排放污染严重。

节气门限位螺钉——用来调节节气门的最小开度和空气量，从而改变怠速的高低。拧入时，开度加大，转速升高，油耗增多；拧出时，开度减小，转速降低，油耗减少。

两个螺钉要交替地相互配合来改变混合气的量和质，以保证发动机的最低稳定转速和最小的油耗及最轻的排放污染。

3. 加浓装置

加浓装置的作用是在发动机大负荷或全负荷工况时，额外供给部分燃油，得到较浓的混合气（$\alpha=0.8\sim0.9$），使发动机输出较大功率。

按结构分有机械式和负压式两种加浓装置。

(1) 机械加浓装置

1) 构造：机械加浓装置的结构原理如图 4-28 所示，在浮子室内装有加浓量孔和加浓阀。加浓量孔与主量孔并联。加浓阀上方有推杆与拉杆固为一体，有的采用活动连接，推杆

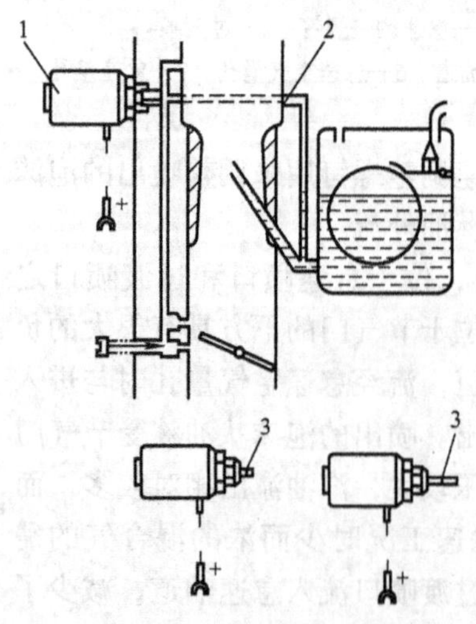

图 4-27 怠速截止阀工作原理

1—怠速截止 2—怠速油道

3—心杆

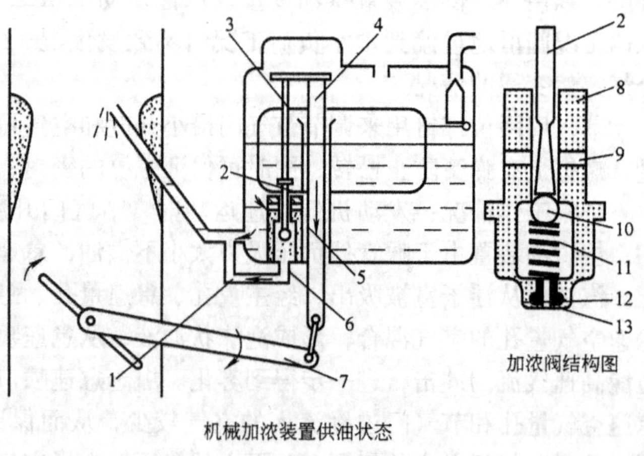

图 4-28 机械加浓装置

1—加浓油道 2—锥阀杆 3—推杆 4—拉杆 5—加浓阀

6—量孔 7—摇臂 8—阀体 9—进油口 10—加浓阀球阀

11—弹簧 12—加浓量孔 13—出油口

长度可改变。拉杆又通过摇臂与节气门相连。

2）工作情况：当节气门开度增大时，拉杆带动推杆下行，节气门开度达到80%～90%时，推杆才开始打开加浓阀。汽油从浮子室经加浓阀和加浓量孔流入主喷管与主量孔来的汽油汇合，一起由主喷管喷出，增加了汽油的供给量，混合气变浓。调整推杆的有效长度，可调整加浓开始时刻。

当节气门开度减小时，拉杆与推杆上移，加浓阀在弹簧的作用下关闭加浓量孔，加浓作用停止。显然机械加浓装置工作与否，只取决于节气门的开度。

（2）真空加浓装置

1）构造：负压加浓装置的结构原理如图4-29所示。推杆与位于空气缸中的活塞连接，在推杆上装有预先压缩的弹簧，空气缸的下方与大气相通，空气缸的上方有负压通道通到节气门下方，推杆的下端制有2～3道卡槽，以改变弹簧的张力。活塞上制有环槽，具有存污防卡、减少摩擦的作用。

2）工作情况：当发动机在转速较高，节气门开度较大或转速很低，节气门开度很小时，节气门下方负压小，对负压活塞产生的负压吸力也小，在推杆弹簧张力和活塞自重的作用下，推杆下行将加浓阀打开，汽油经加浓阀、加浓量孔流入主喷管中，使混合气变浓。改变推杆弹簧张力，可以改变负压加浓开始时刻。显然负压加浓装置工作时刻不仅与发动机转速有关，还与节气门的开度有关。

4．加速装置

1）作用：加速装置的作用是发动机节气门突然开大或超车时，在节气门开大的瞬间供给额外的燃油，使发动机的转速和功率迅速升高，以克服加速时的惯性阻力。

2）构造：机械驱动活塞式加速装置的结构原理，如图4-30所示。

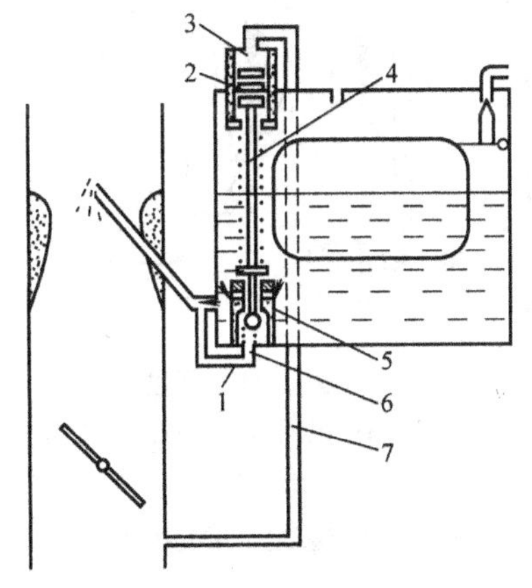

图4-29　负压加浓装置

1—加浓油道　2—负压活塞　3—负压室　4—推杆　5—加浓阀　6—加浓量孔　7—负压气道

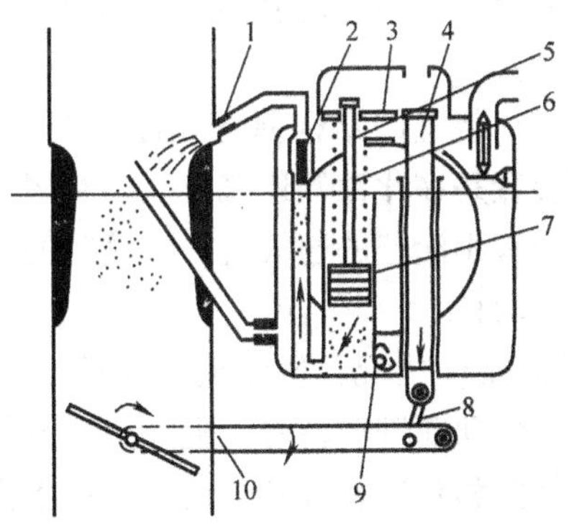

图4-30　活塞式加速装置

1—加速喷口　2—出油阀　3—连接板　4—拉杆　5—推杆　6—弹簧　7—加速泵活塞　8—连接钩　9—进油阀　10—摇臂

加速泵由活塞、活塞杆、活塞杆弹簧、进油阀和出油阀等组成。活塞用牛皮碗或耐油橡胶圈制成，有的采用铜质材料。进油阀用重量较轻的球阀或片阀，以增大关闭时的灵敏度。

出油阀用重量较大的三角针阀或球阀加重块制成，有的在球阀上压一个弹簧，以增大阀门关闭油道的密封性，防止在不加速时额外供油。出油阀的上方制有通气孔，用来破坏喷口处的负压。

加速喷口——作用是计量并喷射汽油，位于大喉管的上方。

驱动件——连接板、拉杆通过摇臂与活塞相连，连接板通过弹簧与活塞及活塞杆弹性的连在一起。当节气门迅速打开时，连接板先压弹簧，弹簧再压活塞向下运动形成弹性驱动。

3）工作情况：在加速装置不工作时，汽油经进油阀进入加速泵腔。当节气门缓慢开大时，活塞慢慢下行，泵腔内形成的油压低，不能将进油阀关闭，汽油又回到浮子室，加速喷口不喷油。

当节气门迅速开大时，拉杆与连接板迅速下行，通过弹簧将活塞迅速压下，泵腔内油压迅速升高使进油阀关闭，具有一定压力的汽油顶开出油阀从喉管上方的加速喷口喷出，向化油器额外供油。当节气门停止运动后，拉杆和连接板不再下移，但被压缩的弹簧伸长，继续推动活塞下移，延长了加速喷油时间，改善了发动机的加速性能。利用弹簧传力还有缓冲作用，不易损坏驱动件。

4）加速装置的调整：总出油量的调整——改变节气门轴上摇臂连接孔的位置。连接孔离轴心越远，活塞行程越大，出油量就多。

弹簧张力的调整——活塞杆上端有2～3个小孔，通过开口销将活塞杆固定在一定高度，从而改变了弹簧的软硬程度。弹簧张力不同，出油时刻和喷油持续时间就会改变。

5. 起动装置

1）作用和构造：起动装置的作用是发动机在冷起动时，供给极浓混合气（$\alpha=0.2\sim0.6$），使进入气缸的混合气中有足够的燃油汽化，保证发动机的顺利起动。

起动装置的结构原理如图4-31所示。最常用的起动装置是在化油器进气道上装有阻风门，阻风门上通常带有小活门的通气孔，阻风门的开启有手动式和自动式两种。

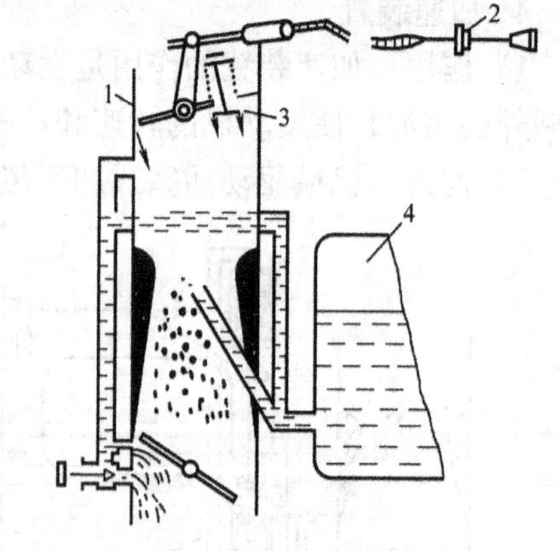

图4-31　起动装置

1—阻风门　2—阻风门拉钮　3—活门　4—浮子室

2）工作情况：发动机起动前，阻风门关闭。当起动机带动曲轴旋转时，阻风门下方负压很大，使主供油装置和怠速装置同时供油。由于供油量大，而阻风门边缘空隙流入的空气量少，故混合气极浓，便于冷车起动。

发动机在起动后，转速上升，喉管处负压升高，这时阻风门的活门被吸开，吸进少量空气，防止混合气过浓使发动机熄火。

（二）化油器的结构形式和型号

1. 化油器的结构形式

化油器的结构形式主要决定于发动机的结构和工作要求，现代化油器的结构形式多种多样。可按空气在喉管处的流动方向、喉管重叠数目、混合腔数目和工作方式加以区分。

化油器按空气在喉管处的流动方向不同，可分为上吸式、下吸式和平吸式，如图4-32

所示。其中下吸式，因其调整方便、维护简单、进气弯道少、进气阻力小，有利于提高气缸充气效率和发动机功率等优点而应用广泛。平吸式结构简单，进气阻力比上吸式小，多用于摩托车上。

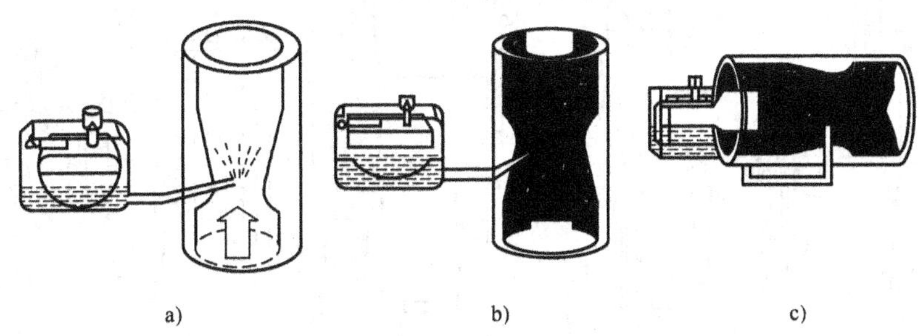

图 4-32　化油器的类型（按气流方向分）
a）上吸式　b）下吸式　c）平吸式

按喉管重叠数目可分为单喉管式、双重喉管式和三重喉管式，如图 4-33 所示。采用多重喉管（二重或三重），目的是解决充气量和汽油雾化的矛盾。单喉管，管径大，充气量大，但汽油雾化不良；采用多重喉管，将汽油喷口设在最小喉管处，不影响充气量，汽油雾化也好。

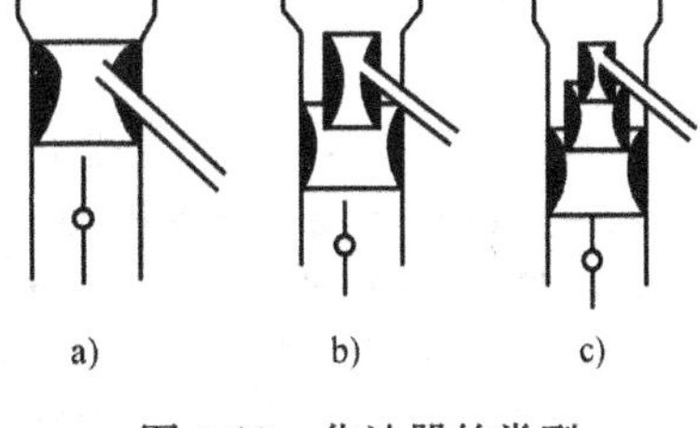

图 4-33　化油器的类型
（按重叠喉管的数目分）
a）单喉管式　b）双重喉管式
c）三重喉管式

按混合腔数目和工作方式可分为单腔式、双腔并动式和双腔分动（或四腔）式。

具有一个混合腔的化油器为单腔化油器，它的结构特征是所有的装置都为一个混合腔服务。单腔化油器的操作和调整都很方便。

双腔并动化油器，具有两个混合腔，并且两个节气门装在同一轴上能同步联动。它实质上是两个单腔化油器的并联，它有利于提高发动机的充气效率和各个气缸混合气的均匀分配。

双腔分动化油器，具有两个混合腔，主腔和副腔。主腔处于经常工作状态而副腔只有在发动机转速和负荷达到一定程度时才参入工作。双腔分动化油器节气门装在两根轴上，只能联动不能并动。双腔分动化油器主要解决高转速时发动机动力性和经济性的矛盾。

2. 化油器的产品型号

化油器型号由设计单位代号、产品特征代号、产品结构特征代号和产品顺序号组成。如 EQH102 化油器中“EQ”表示由第二汽车厂设计制造；“H”表示化油器；“1”表示单腔；“02”表示产品顺序号。EQH102 的含义是：第二汽车制造厂设计制造的单腔化油器，产品序号为 02。

（三）典型化油器

化油器的种类很多，结构形式各异，下面以 CAH101 型化油器为例具体说明化油器的结构。

CAH101 型化油器为下吸式单腔双重喉管化油器，用在解放 CA6102 型发动机上。其各部构造如图 4-34 所示。

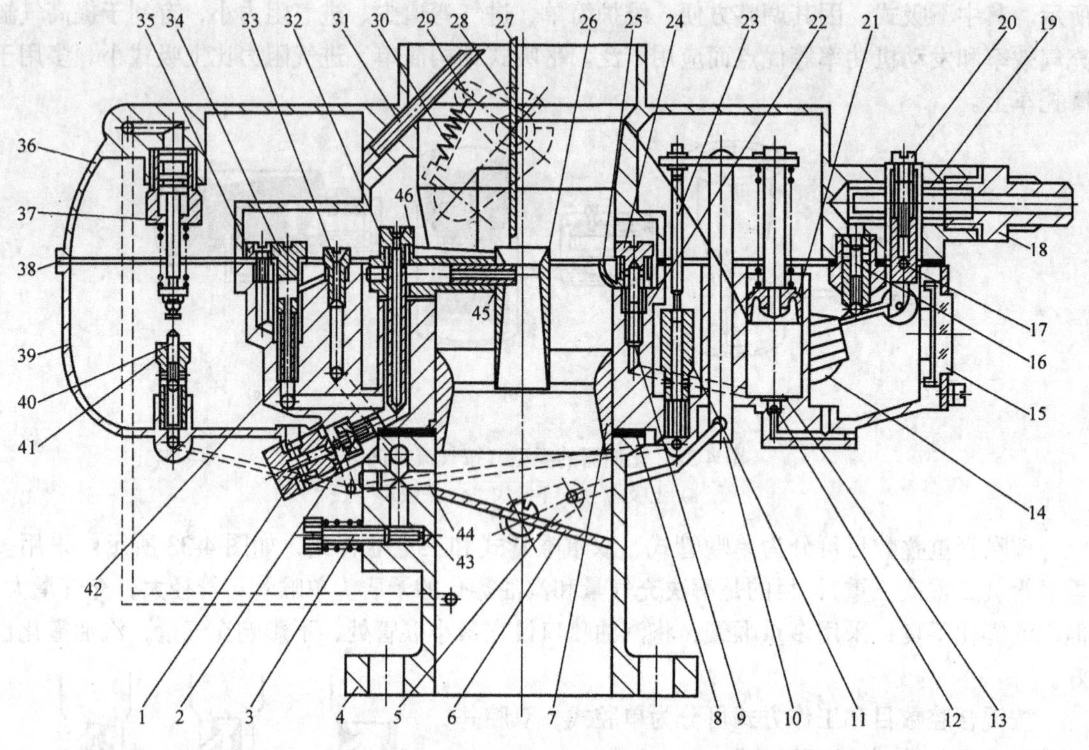

图 4-34 CAH101 型化油器结构示意图

1—主量孔组件 2—功率量孔 3—怠速调整螺钉 4—下体 5—加速泵摆臂 6—节气门 7—大喉管 8—进油管接头 9—加速泵出油阀 10—加速泵拉杆组件 11—机械加浓阀组件 12—加速泵进油阀 13—卡簧 14—浮子 15—浮子室油面观察窗 16—进油针阀 17—浮子支架 18—进油管接头 19—滤网 20—浮子室油面调整螺钉 21—加速泵活塞 22—加速泵出油阀弹簧 23—机械加浓推杆 24、34—堵塞 25—加速泵喷嘴 26—小喉管 27—阻风门 28—阻风门操纵臂 29—阻风门摆臂 30—阻风门拉簧 31—浮子室平衡管 32—泡沫管组件 33—第二怠速空气量孔 35—第一怠速空气量孔 36—上体 37—负压加浓活塞 38—衬垫 39—中体 40—负压加浓推杆 41—负压加浓阀组件 42—怠速量孔 43—怠速喷口 44—过渡喷口 45—主喷管 46—主空气量孔

1. 化油器壳体

化油器壳体分为上体、中体和下体三部分。上体和中体由锌合金压铸而成，下体则由铸铁制造。上体接空气滤清器，下体接进气管。上、中、下体之间均用螺钉紧固，上、中体之间有纸质密封衬垫，防止漏油漏气。中下体之间有隔热的衬垫板，既要防止漏油漏气，又要防止进气管向化油器中体传热。

2. 浮子机构

平衡式浮子室中设有浮子室油面观察窗，透过观察窗可以观察浮子室内的油面高度。浮子铰接在浮子支架上，拧动浮子室油面调整螺钉，可以使浮子支架上下移动，用以改变浮子室油面高度。

浮子室的平衡管斜伸到化油器的进气口，管口正对气流，以感受进气流的全压力。在进气流速发生变化时，可以保证浮子室油面上的压力变化很小，从而提高了供油的稳定性。

3. 怠速装置

CAH101 型化油器的怠速装置由怠速调整螺钉、第一怠速空气量孔、第二怠速空气量孔、怠速量孔、怠速过渡喷口、怠速喷口和节气门开度限止螺钉（图中未画出）等组成。

怠速装置从主量孔后吸油，为非独立怠速系统。汽油从主量孔经功率量孔进入怠速油道。在流过怠速量孔时，首先与自第一怠速空气量孔进入的空气混合，再与自第二怠速量孔进入的空气进一步混合后，从怠速喷口喷出。怠速供油经过两次泡沫化有利于喷出后更好的雾化，从而可以使用较稀的怠速混合气，减少怠速工况的有害排放物。

4．主供油装置

主供油装置由主量孔、功率量孔、空气量孔、泡沫管、小喉管和大喉管组成。

主供油系统的供油量由串联的主量孔和功率量孔计量。由于功率量孔的尺寸或通过能力比主量孔大。因此，功率量孔用来控制大负荷或全负荷时主供油装置与加浓装置的总供油量。主量孔与功率量孔均为固定量孔，在使用中量孔的通过能力不能调整。

5．加浓装置

加浓装置有机械式和负压式两套加浓装置。当节气门后的负压下降到14～16kPa时负压加浓装置起作用。当发动机的负荷接近全负荷时，两套加浓装置同时工作。这时将从主量孔、真孔加浓量孔和机械加浓量孔三路同时供油，并经功率量孔进入主供油装置油井。然后再与从主量孔进入油井的空气一起经喷管喷入小喉管中。

6．加速装置

CAH101型化油器的加速装置为活塞式加速泵，由加速泵活塞、活塞杆、加速泵弹簧、进油阀和出油阀等组成。拉杆和连动板都与机械式加浓装置共用，进、出油阀均为球阀。在出油阀上装有出油弹簧，用来防止不加速时出油阀被加速泵喷嘴处的负压吸开，将加速油道中的汽油吸出。

7．起动系统

CAH101型化油器采用半自动阻风门。阻风门的操纵摇臂空套在阻风门轴上，当转动操纵臂时，阻风门拉簧拉动摆臂使阻风门关闭。发动机起动之后，阻风门后的负压迅速增大。由于阻风门轴是偏置的，阻风门两翼所受的气体作用力与阻风门的力矩不等，使阻风门克服阻风门拉簧的拉力自动开启。

CAH101型化油器还附加有热怠速补偿阀，其开启温度为67℃±2℃。

（四）化油器的操纵机构

汽油发动机工作时，所供给的可燃混合气的浓度是由化油器自动调节的，而进入气缸的可燃混合气的数量是由驾驶员通过节气门进行控制的。

在汽车上，化油器节气门用两套单向传动机构，即通过踏板带动的脚操纵机构和通过拉钮带动的手操纵机构。脚操纵机构不能带动手操纵机构，而手操纵机构却能带动脚操纵机构。化油器的阻风门只有一套通过拉钮带动的手操纵机构。节气门和阻风门的拉钮都装在驾驶室里，通常两个拉钮上标有不同的记号。

单腔化油器操纵机构的组成和布置如图4-35所示。

节气门手操纵的拉钮只是在手摇起动时，或冷车起动后需较长时间暖机时，或要求发动机负荷不变时，才拉出一定位置，并利用软钢丝与护套的摩擦定位。行车中一般不采用节气门手操纵机构。

踩下加速踏板，传动杆带动节气门相应地转到一定的位置。踏板最大行程限位螺钉用来限制节气门最大开度。松开加速踏板，节气门在弹簧力的作用下回复到原位。在怠速工况下，节气门的最小开度位置由调节螺钉靠在凸轮上的位置决定。

阻风门拉钮用软钢丝与阻风门拉杆相连接，软钢丝护套固定在拉丝支架上，拉出拉钮可使阻风门关闭，如图 4-36 所示。

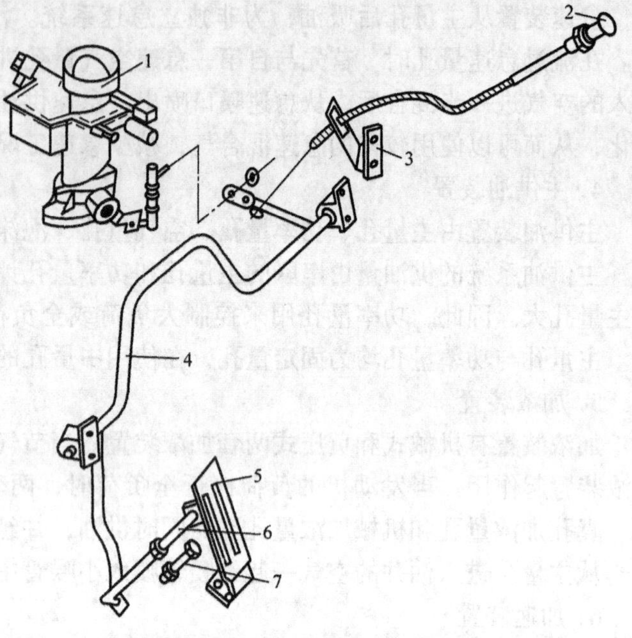

二、电控发动机的电子控制系统

电子控制系统的作用是收集发动机的各种工况信息，经电控单元计算分析后，确定相应指令，以控制最佳喷油量、最佳喷油时刻和最佳点火时刻，减轻排放污染，使发动机在各种工况下都处于最佳的工作状态。

电子控制系统主要由电控单元、各种传感器和执行器以及连接它们的控制电路所组成。不同类型的电子控制汽油喷射系统的控制功能、控制方式和控制电路的布置不完全一样，但基本原理相似。

图 4-35　化油器操纵机构示意图

1—化油器　2—油门操纵器拉钮总成　3—支承　4—加速传动摇杆轴及支承总成　5—加速踏板　6—推杆　7—踏板最大行程限位螺钉

（一）电控单元（ECU）

电控单元是电子控制单元（ECU）的简称，是发动机的综合控制装置。它由模拟数字转换器、只读存储器 ROM、随机存储器 RAM、逻辑运算装置和一些数据寄存器等组成。电控单元的功用是根据其内存的程序和数据对空气流量计及发动机各种传感器输入的信息进行运算、处理、判断，然后输出指令，向喷油器提供一定宽度的电脉冲信号以控制喷油量。电控单元一般安装在仪表板下面。图 4-37 所示为桑塔纳 2000 轿车发动机电控单元。

随着电子技术和数控技术的发展，电子控制系统的功能不断扩展。从单一的汽油喷射控制发展为对汽油喷射、点火正时、怠速及废气再循环等进行综合控制的发动机管理系统。有

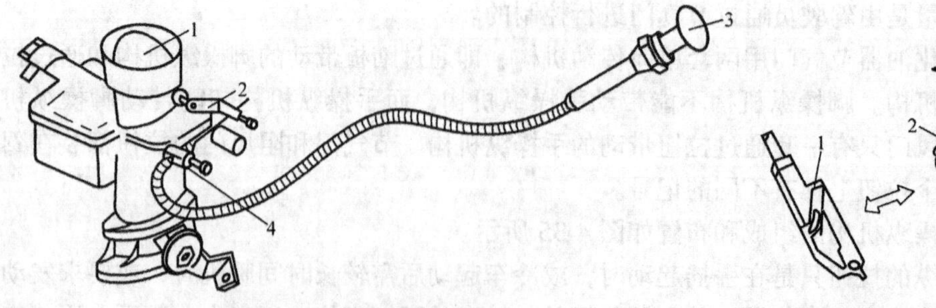

图 4-36　阻风门操纵机构

1—阻风门　2—阻风门拉臂　3—阻风门拉钮总成　4—支柱

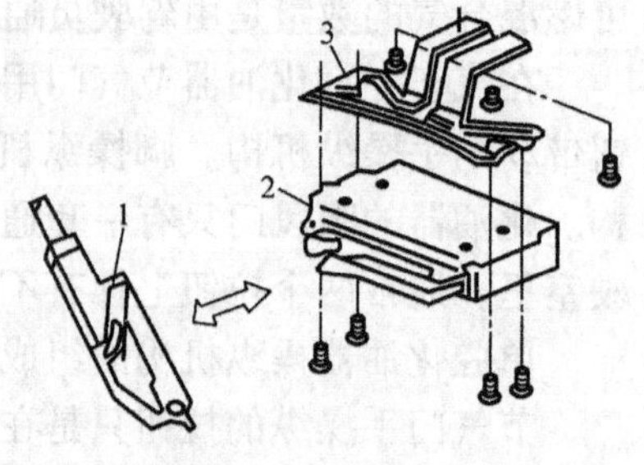

图 4-37　桑塔纳 2000 轿车发动机电控单元

1—接线插头　2—电控单元　3—固定板

的传感器的构造和作用原理已在前面作了介绍，下面介绍其余几种传感器。

（二）传感器

传感器的作用是把非电量信号转换成电量信号，输送给电控单元。电控燃油喷射发动机使用的传感器，主要有转速传感器、曲轴位置传感器、压力传感器、温度传感器、空气流量传感器、氧传感器、爆燃传感器、节气门位置传感器、车速传感器和点火信号发生器等。

1. 温度传感器

电控燃油喷射发动机使用的温度传感器，主要有发动机温度传感器、进气温度传感器。

（1）发动机温度传感器。因为发动机的温度用冷却液的温度表征，所以发动机温度传感器又称冷却液温度传感器。它安装在发动机的冷却液回路中，与冷却液接触，用来检测发动机循环冷却液的温度，并将检测结果传输给电控单元以便修正喷油量。

发动机温度传感器内部是一个半导体热敏电阻，如图 4-38 所示。冷却液的温度越低，热敏电阻的阻值越大，反之其阻值越小。传感器的两根导线都和电控单元连接，其中一根为搭铁线。电控单元根据电阻值的变化，便可测定发动机冷却液的温度。

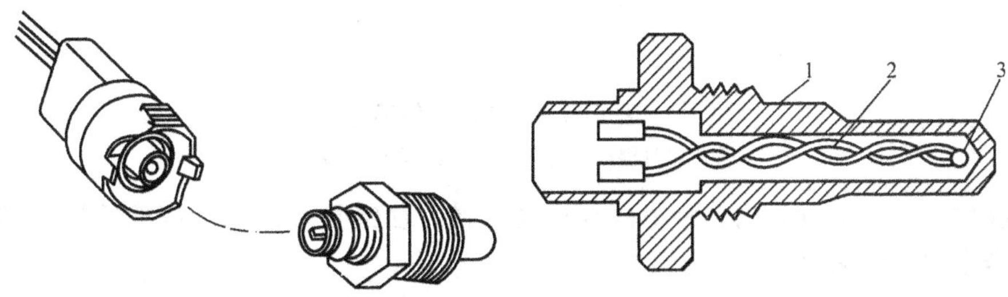

图 4-38　发动机温度传感器

1—传感器外壳　2—导线　3—热敏电阻

（2）进气温度传感器。进气温度传感器通常安装在空气流量计内或空气滤清器之后的进气管上，用于检测进气温度。并将温度变化的信息传输给电控单元作为喷油量的依据之一。

进气温度传感器内部也装有一个热敏电阻，其电阻温度特性、构造、工作原理以及电控单元的连接方式均与发动机温度传感器相同，如图 4-39 所示。

2. 氧传感器

氧传感器是电子控制汽油喷射系统进行反馈控制的传感器，安装在排气管上。其作用是检测排气中的氧分子浓度，并将其转换成电压信号输入电控单元。排气中氧分子的浓度与进入发动机的混合气浓度有关。当混合气太稀时，排气中氧分子的浓度较高，氧传感器便产生一个低电压信号；当混合气太浓时，排气中氧分子的浓度较低，氧传感器便产生一个高电压信号。电控单元根据氧传感器的反馈信号，不断地修正喷油量，使混合气成分始终保持在最佳范围内。

目前应用最多的是氧化锆式氧传感器。氧化锆是具有传导氧离子能力的固体电解质，它能在氧分子浓度差的作用下产生电动势。这种氧传感器就是利用高温时其内外侧氧浓度差会使其产生电动势的特性来测量排气中氧分子的浓度。

图 4-40 所示为氧化锆式氧传感器的结构示意图，在传感器壳体 5 内有一个由氧化锆陶瓷体制成的一端封闭的锆管 11，锆管的内外表面均覆盖一层多孔性薄铂导电层作为电极。

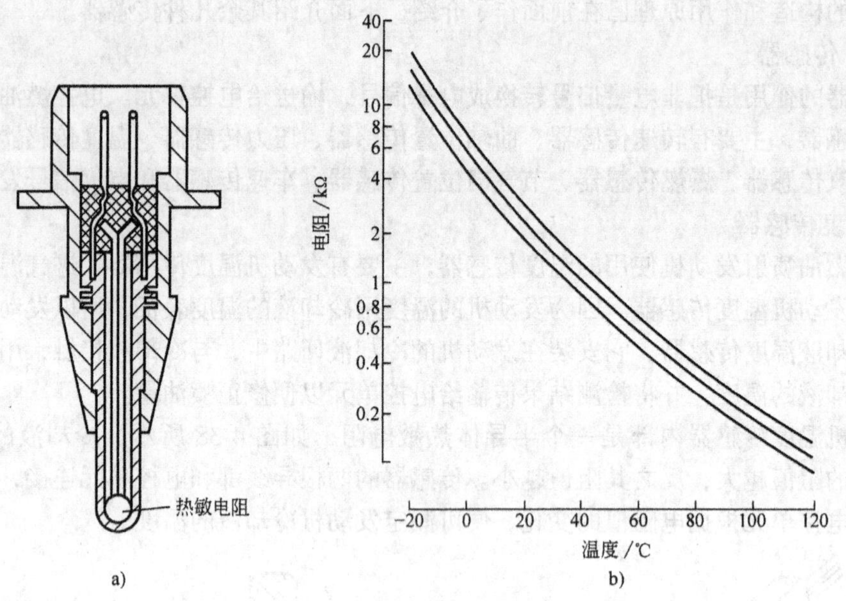

图 4-39　进气温度传感器

a）进气温度传感器构造　b）电阻温度特性

锆管的内电极 10 与大气相通，外电极与排气接触。在锆管外部套有带细长的耐热金属保护管 7，以保护锆管不损坏。

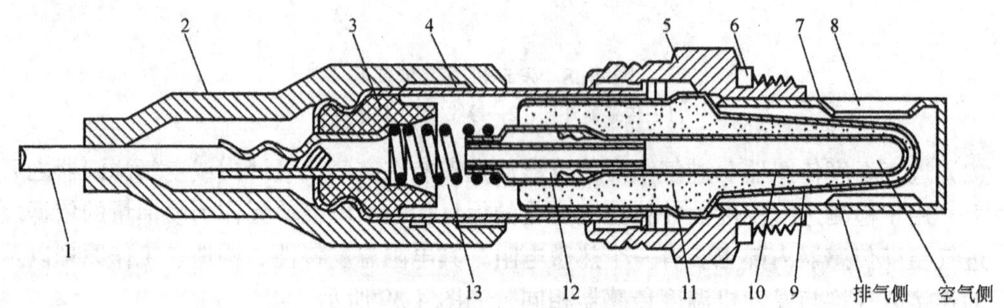

图 4-40　氧化锆式氧传感器结构（福特汽车）

1—导线　2—护帽　3—陶瓷绝缘体　4—空气入口　5—壳体　6—衬垫
7—保护管　8—排气入口　9—外电极　10—内电极　11—锆管　12—接触套管　13—接触弹簧

在发动机工作时，排气从氧传感器锆管的外表面流过。在高温下氧分子发生电离，而且总是氧离子浓度大的锆管内表面向浓度小的锆管外表面移动，从而在锆管的内外电极之间产生微小的电压。当发动机燃用浓混合气时，排气中无氧，锆管中氧离子移动强烈，产生 0.8～1V 的电压；当发动机燃用稀混合气时，排气中氧分子多，锆管中氧离子移动能力减弱，只产生约 0.1V 的电压。因此，氧传感器输出的电压信号随混合气成分的不同而变化，并以理论空燃比为界发生突变。

氧化钛式氧传感器是利用二氧化钛（TiO_2）材料的电阻值随排气中氧含量的变化而变化的特性制成的，故又称电阻型氧传感器。二氧化钛式氧传感器的外形和氧化锆式氧传感器相似。在传感器前端的护罩内是一个二氧化钛厚膜元件。纯二氧化钛在常温下是一种高电阻的半导体，但表面一旦缺氧，其晶格便出现缺陷，电阻随之减小。由于二氧化钛的电阻也随温度不同而变化，因此，在二氧化钛式氧传感器内部也有一个电加热器，以保持氧化钛式氧传感器在发动机工作过程中的温度恒定不变。

3. 爆燃传感器

爆燃传感器安装在气缸体上，用于检测发动机的爆燃情况，以便调整点火时刻。

如图 4-41 所示，爆燃传感器的螺纹旋入气缸壁，其中的主要元件是一个压电陶瓷晶体片，螺钉使一个惯性配重块紧压陶瓷晶体片而给予预加载荷。爆燃发生时，爆燃压力波通过惯性配重块使压电陶瓷晶体片压缩变形，产生电信号。

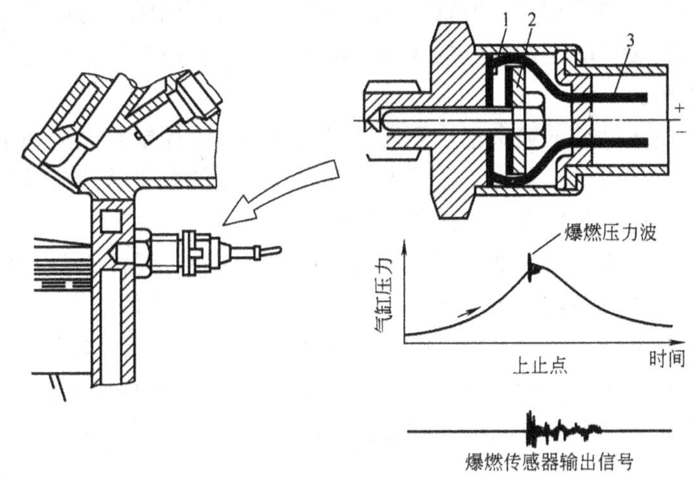

图 4-41　爆燃传感器

1—压电陶瓷晶体片　2—惯性配重块　3—线路接头

4. 曲轴位置传感器

曲轴位置传感器用以检测发动机曲轴的转角、第一缸和各缸压缩行程上止点及发动机转速信号，并将检测到的信号及时送到发动机电控单元，用以控制点火时刻和喷油正时。曲轴位置传感器的安装部位有曲轴前端、凸轮轴前端、飞轮和分电器等。

按传感器产生信号的原理，曲轴位置传感器可分为光电式、磁脉冲式和霍尔式。

(1) 光电式曲轴位置传感器。图 4-42 为用于尼桑 V6 汽车发动机的光电式曲轴位置传感器。它由发光二极管、光敏三极管、转盘等组成，并安装在分电器底版上。两对发光二极管和光敏三极管组成信号发生器。在转盘的边缘均匀地开有 360 个小细缝和 6 个大细缝。当转盘随分电器轴转动时，发光二极管通过细缝射向光敏三极管的光线使光敏三极管导通，光线被转盘遮断时，光敏三极管截止，由此产生脉冲信号。分电器每转一转，输出 360 个相同 1°的脉冲信号（相当于 2°的曲轴转角）和 6 个相间 60°的脉冲信号（相当于 120°的曲轴转角）。

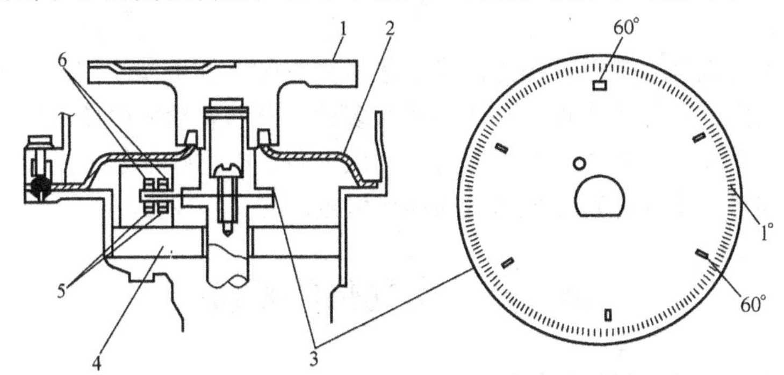

图 4-42　光电式曲轴位置传感器

1—分火头　2—防尘罩　3—转盘　4—分电器底板　5—光敏三极管　6—发光二极管

前者作为发动机的转速信号，也称 Ne 信号；后者为各缸活塞位于上止点的基准信号，也称 G 信号，其中较宽的一个为第一缸活塞位于上止点的信号。

光电式曲轴位置传感器输出矩形脉冲信号，适合与电控单元的数字系统配用。

桑塔纳时代超人轿车安装磁脉冲式和霍尔式曲轴位置传感器。

（2）磁脉冲式曲轴位置传感器。图 4-43 所示为磁脉冲式曲轴位置传感器结构示意图。电磁感应线圈相对于曲轴上齿圈的轮齿，齿圈的轮齿有两个缺齿，用于识别曲轴的位置。当发动机旋转时，曲轴上的齿圈也随着转动，传感器中电磁感应线圈的磁场相应变化，产生感应电压脉冲。

电压脉冲的频率正比于发动机的转速，电控单元通过频率信号计算出发动机的转速。当传感器相对于缺口时，传感器就发出一个宽的电压脉冲信号，曲轴每转一圈发出一个，电控单元据此计算出发动机曲轴的位置。

（3）霍尔式曲轴位置传感器。霍尔式曲轴位置传感器安装在分电器内，它主要由转子叶轮、永久磁铁及霍尔元件等组成，见图 4-44。它是个半导体片，固定在陶瓷支座上，并有四个接头 A、B、C、D，信号电流由 A、B 输入，霍尔电流由 C、D 输出。霍尔元件的对面装有永久磁铁，中间有空气间隙。转子叶轮由分电器心轴驱动，并且叶片数和气缸数相等。当叶片通过和离开间隙时即发出电信号。

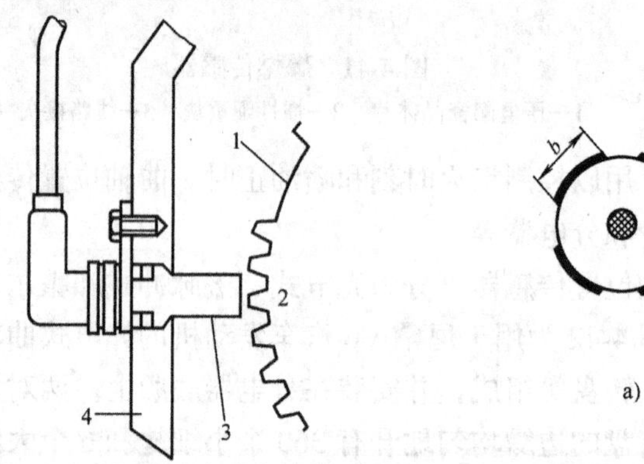

图 4-43　磁脉冲式曲轴位置传感器

1—缺齿　2—齿圈　3—电磁感应线圈　4—发动机缸体

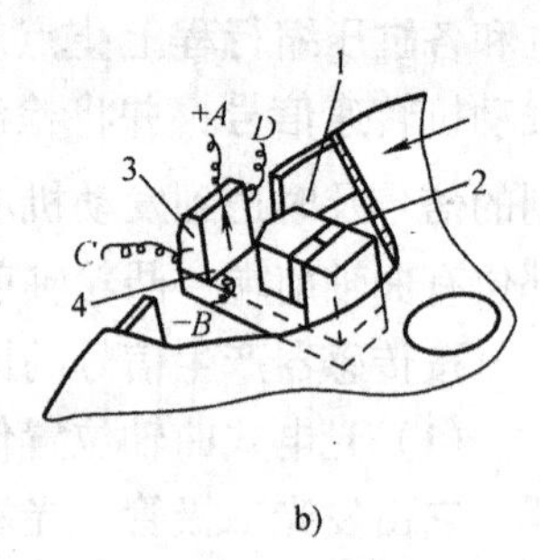

图 4-44　霍尔式曲轴位置传感器

1—缺齿　2—齿圈　3—电磁感应线圈　4—发动机缸体

（三）执行器

执行器的功用是根据电控单元输出的指令信号完成所需的机械动作，以实现某一系统的调整和控制。将电信号转换为机械运动的方式有多种，电喷发动机中使用的主要是电磁线圈和各种电动机。电喷发动机的执行器主要有电动汽油泵、电磁喷油器、怠速电控阀、点火装置、废气再循环阀等，上述执行器大部分前面已讲过。

第五节　空气供给系统

一、化油器式发动机空气供给系统

空气供给装置的主要部件是空气滤清器，作用是在空气进入化油器之前，清除其中的尘土和沙粒，减少气缸、活塞、活塞环的磨损，延长发动机的使用寿命并清除进气气流所形成的噪声，减少环境污染。

空气滤清器安装在化油器的上方，轿车为降低发动机的高度，将空气滤清器安装在更合理的位置，用软管与化油器连通。

空气滤清器一般由进气导流管、空气滤清器盖、空气滤清器外壳和滤芯组成。现在广泛用于汽车发动机上的空气滤清器仍有多种形式。

纸滤芯空气滤清器为目前普遍采用的一种类型。它具有重量轻、成本低、使用维护方便、滤清效率高等优点。纸滤芯有干式和湿式两种。干式纸滤芯可以反复使用。纸滤芯经过浸油处理后即为湿式纸滤芯，其主要优点是使用寿命长、吸附杂质的能力强和滤清效果好，但不能反复使用。图 4-45 为干式纸滤芯空气滤清器的结构和工作示意图。

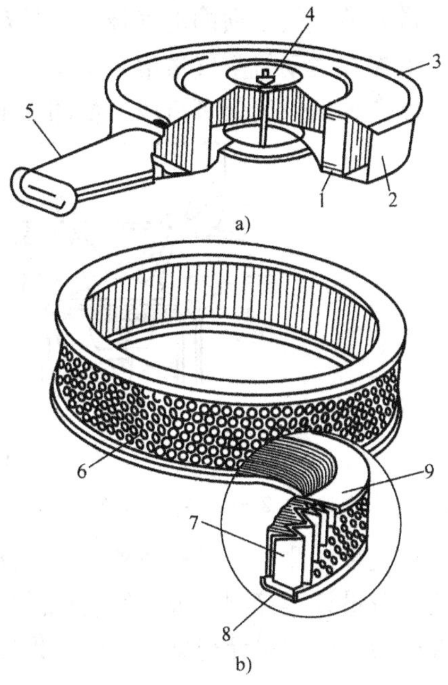

图 4-45　干式纸滤芯空气滤清器

1—滤芯　2—滤清器外壳　3—滤清器盖　4—拉紧螺杆及螺母　5—进气导流管　6—金属网　7—打折滤纸　8—滤芯下密封面　9—滤芯上密封面

由经过树脂处理的微孔滤纸制成的滤芯 1 安装在滤清器外壳 2 中。滤芯的上、下表面是密封面，当拧紧拉紧螺杆及螺母 4 把滤清器盖 3 紧固在滤清器上时，上密封面 8 和下密封面 9 分别与滤清器盖及滤清器外壳底部的配合面贴紧密合。滤纸 7 打折以增加滤芯的过滤面积和减小滤芯阻力。滤芯外面是多孔金属网 6，用来保护滤芯在运输和保管过程中不使滤纸破损。在滤芯的上、下端浇上耐热塑料溶胶，以固定滤纸、金属网和密封面间的相对位置，并保持其密封性能。

发动机工作时，进气行程中气缸内产生负压力，空气从滤清器盖与外壳夹缝中吸入，在经过滤芯时，砂粒、尘土被吸附在滤芯的外表面，滤清后的空气经进气通道进入化油器。

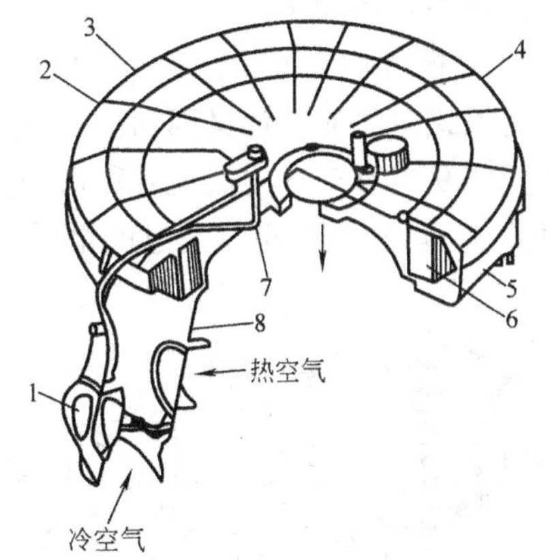

图 4-46　奥迪轿车空气滤清器

1—阀门位置负压控制器　2—温控开关负压接口　3—温控开关　4—曲轴箱和凸轮式通气阀　5—空气滤清器壳体　6—空气滤清器滤芯　7—负压软管　8—阀门

奥迪轿车空气滤清器除包含上述基本构成外，还包括进气温度自动控制调节装置。如图 4-46 所示，空气滤清器上有热空气和冷空气两个通道。热空气是利用排气管外面的空腔来加热的，冷空气直接从外界导入。设在空气滤清器的进气温度感应阀，根据空气温度的高低通过阀门位置真空泵总成自动调节进入空气滤清器的冷热空气量。进气温度通常控制在38～44℃。

二、电控式发动机空气供给系统

电控式发动机空气供给系统的作用是计量和控制汽油在发动机内燃烧时所需要的空气

量。空气经滤清器滤清后，再通过空气流量计（或进气压力传感器）测定流量（或压力）后，进入节气门后面的进气歧管，然后向各缸供给所需要的空气量。

电控式发动机空气供给系统主要由空气滤清器、空气流量计（或进气压力传感器）、节气门体和辅助空气阀等组成，如图 4-47 所示。

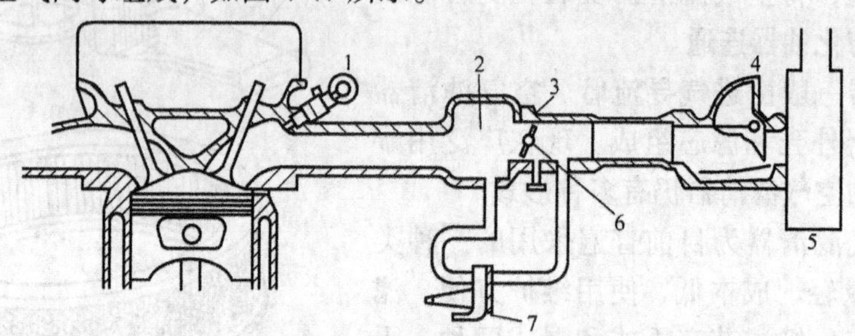

图 4-47 空气供给系统

1—喷油器 2—稳压器 3—节气门体 4—空气流量计 5—空气滤清器 6—节气门 7—辅助空气阀

空气量的测量方式有两种，一是质量流量方式，二是速度密度方式。质量流量方式是利用空气流量计直接测量吸入发动机的空气量。速度密度方式是利用进气压力传感器测量进气歧管压力，电控单元根据该压力和发动机转速计算出吸入发动机的空气量。

（一）空气流量计

空气流量计的作用是直接测量发动机运转时吸入的空气流量，并将测量的结果转换成电信号输送给电控单元。其主要形式有翼板式、热线式（热膜式）、卡门涡流式等。其中热线式流量计，因不受海拔高度的影响，对空气的阻力小，日渐被广泛使用。有的车用热膜代替热线，使用寿命较长。

1. 翼板式空气流量计

翼板式空气流量计又称活门式或叶片式空气流量计，其构造如图 4-48 所示。在空气流量计壳体 9 内有空气主流道 8 和旁通空气道 7。在主流道内装有与销轴 10 一起转动的翼板 3 和缓冲片 5。在没有空气流过的情况下，卷簧 1 总是使翼板处于关闭主流道的位置。在销轴

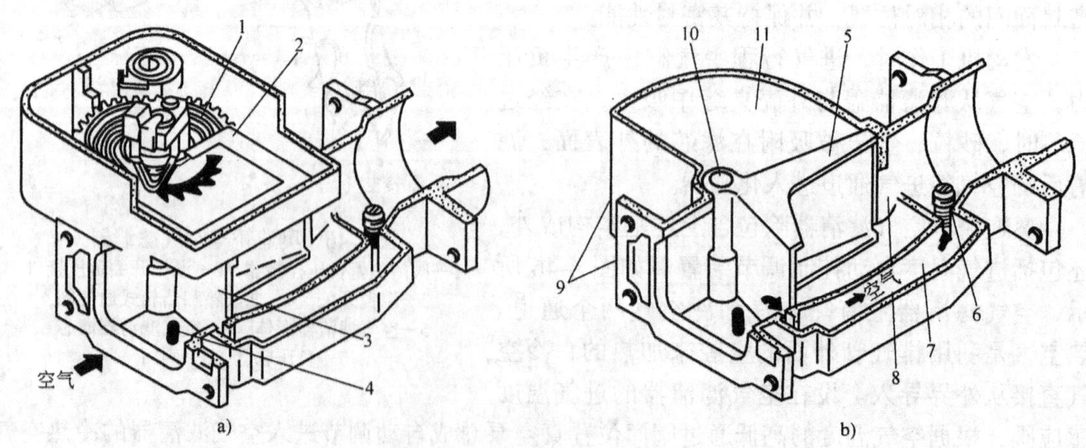

图 4-48 翼板式空气流量计

1—卷簧 2—电位计 3—翼板 4—进气温度传感器 5—缓冲片 6—旁通空气调节螺钉

7—旁通空气道 8—主流道 9—空气流量计壳体 10—销轴 11—缓冲室

的一端装有电位计 2，它将翼板转动的角度转换为电信号，电位计与电控单元连接。

当发动机怠速工作时，节气门接近关闭，只有少量的空气进入发动机。流过主流道的空气推动翼板偏转很小的角度，同时与翼板同轴的电位计则输出一个微弱的电压信号给电控单元（图 4-49a），电控单元便向喷油器输出短脉冲宽度的电脉冲。这时流过旁通空气道的空气未经流量计计量，因此不影响喷油量，但却使混合气变稀，使 CO 的排放量减少。当发动机大负荷运转时，节气门接近全开，吸入的空气量较多且全部流过主流道，空气推动翼板偏转较大的角度，电位计则输出较强的电压信号（图 4-49b），电控单元相应地输出长脉冲宽度的电脉冲。

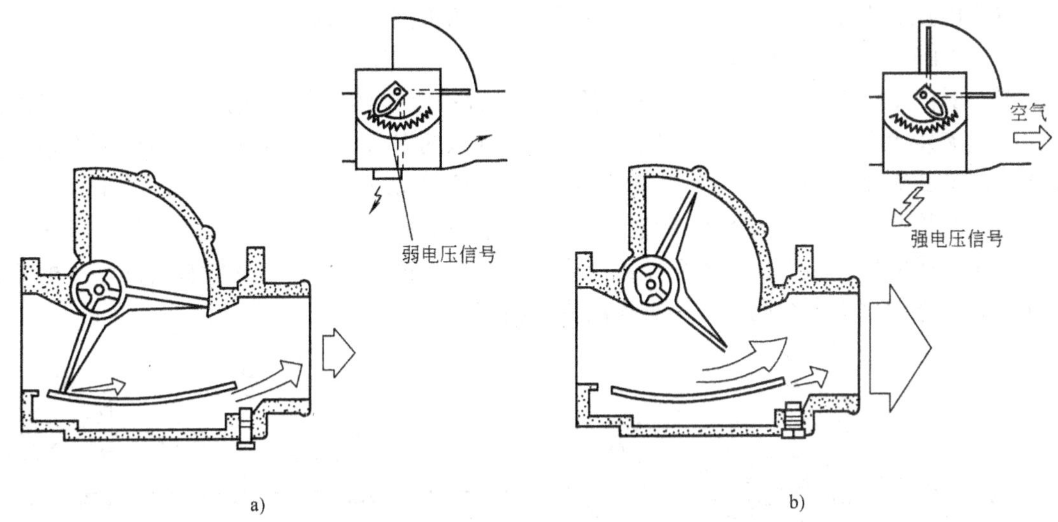

图 4-49　翼板式空气流量计工作原理

翼板偏转时，缓冲片随之一起转动，由于缓冲室内的空气对缓冲片的阻尼作用，使翼板偏转时动作平稳。即使进气量急剧变化，也可避免翼板发生振摆。

旁通空气调节螺钉用来调节怠速时旁通空气量的大小，从而达到调节怠速混合气成分的目的。旋出调节螺钉，旁通空气量增加，流经主流道的空气量减少，喷油量相应减少，使怠速混合气变稀，反之亦然。

翼板式空气流量计工作可靠，但有一定阻力，因为有运动件，所以容易磨损。

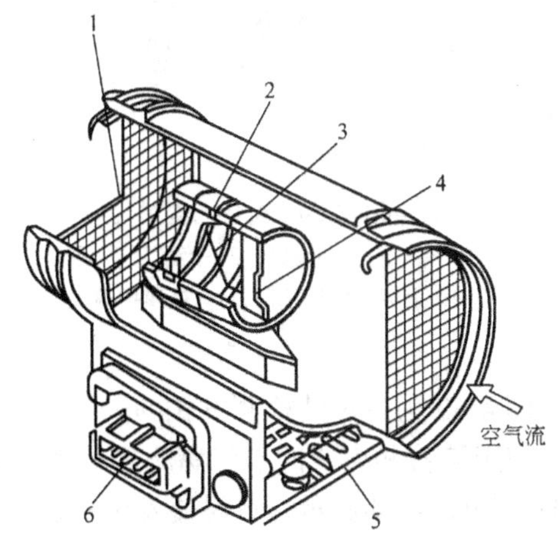

图 4-50　热线式空气流量计
1—金属防护网　2—取样管　3—热线
4—温度传感器　5—控制电路　6—连接端子

2. 热线式空气流量计

热线式空气流量计的构造如图 4-50 所示，在进气管内有一取样管，取样管内有一根铂丝，通电后发热。当发动机运转时，空气流经铂丝周围，使其热量散失，温度下降，与铂丝相连的桥式电路将改变电流，以保持铂丝的温度恒定，即当空气流量变化时，流进铂丝的电流随之发生变化，将这种变化的电流信号输入电控单元 ECU，即可测算出空气流量。

这种空气流量计的热线和进气温度传感器，都安装在空气通道中的取样管内，称为主通式，还有一种是将热线绕在陶瓷心管上，安置在旁通道内，称为旁通式。

热线式空气流量计无机械运动件，进气阻力小，反应快，测量精度高。但在使用中由于热线表面受空气中灰尘的污染而会影响测量精度。为此，在电控单元中装有自洁电路，在发动机熄火后，自动将热线加热到1000℃并维持1s时间，烧掉粘附在热线上的灰尘。

热膜式空气流量计构造和测量原理与热线式空气流量计相似，它的发热体不是铂丝而是固定在树脂薄膜上的热电阻膜片。图 4-51 所示为桑塔纳 2000 轿车发动机热膜式空气流量计，主要由控制电路、热膜、上流温度传感器、金属护网等组成。

3．卡门涡流式空气流量计

卡门涡流式空气流量计，是在进气管中央设置一个锥体状的涡流发生器，当空气流过时，在涡流发生器后部将会不断产生称之为卡门旋涡的涡流串，测出卡门旋涡的频率便可感知空气流量的大小。图 4-52 为反光镜检测方式的卡门涡流式空气流量计的机构简图。

反光镜检测方式的卡门涡流式空气流量计是把涡流发生器两侧压力变化，通过导压孔引向薄金属制成的反光镜表面，使反光镜产生振动，反光镜振动时将发光管投射的光反射给光电管，对反光信号进行检测，即可求得涡流的频率。

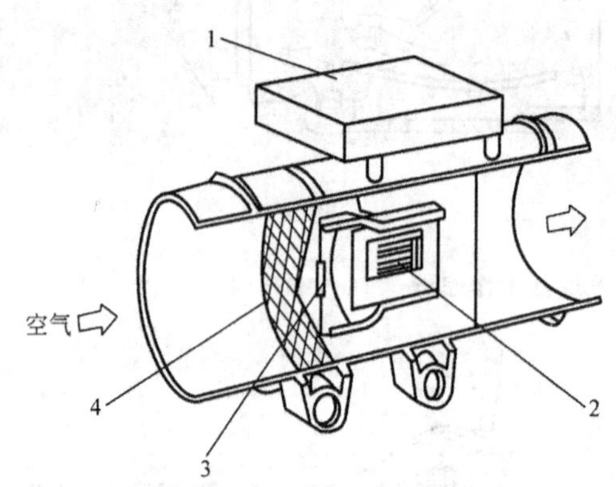

图 4-51　热膜式空气流量计

1—控制电路　2—热膜

3—上流温度传感器　4—金属护网

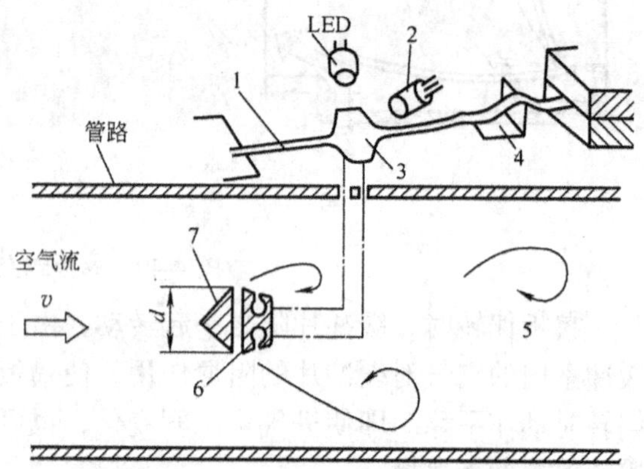

图 4-52　卡门涡流式空气流量计

（反光镜检测方式）

1—全波段　2—光电管　3—反光镜　4—板簧

5—卡门旋涡　6—导压孔　7—涡流发生器

图 4-53 为超声波检测方式的卡门涡流式空气流量计的结构简图。

超声波检测方式的卡门涡流式空气流量计，是利用卡门旋涡引起的空气密度变化进行测量的。如图 4-53 所示，在涡流发生器后产生涡流处与空气流动方向垂直的方向上安装超声波信号发生器和超声波接收器。从信号发生器发出的超声波因受卡门旋涡造成的空气密度变化的影响，到达接受器时，有的变早，有的变迟，而测出其相位差，利用放大器使之形成矩形波，则矩形波的脉冲频率即为卡门旋涡的频率。

（二）进气压力传感器

博世 D 型汽油喷射系统不设空气流量计，而是利用进气压力传感器测量节气门后进气管内的绝对压力，并以此作为电控单元计算喷油量的主要参数。在发动机工作时，节气门开大，进气量增多，进气管压力相应增加。因此，进气管压力的大小反映了进气量的多少。

进气压力传感器是将进气管内的压力变化，转换成电压变化后进行检测的。它通过橡胶软管与稳压室相连。进气压力传感器由压敏元件和放大压敏元件构成的。压敏元件是利用半导体压电电阻效应的硅膜片，硅膜片的一侧为负压室，另一侧则引入进气管压力，如图 4-54 所示。被检测压力越高，硅膜片的受热变形就越大，这种变形通过在硅膜片中形成的由扩散电阻构成的电桥转换成电信号。

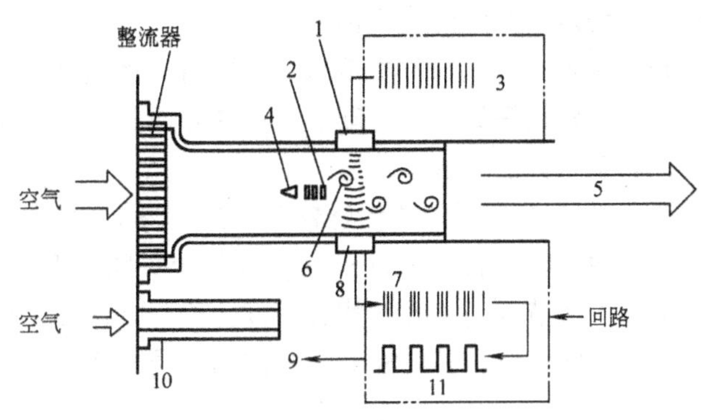

图 4-53　卡门涡流式空气流量计（超声波检测方式）

1—信号发生器　2—涡流稳定板　3—超声波发生器　4—涡流发生器　5—往发动机　6—卡门旋涡　7—与涡流对应的疏密声波　8—接收器　9—接计算机　10—旁通通路　11—整形矩形波（脉冲）

（三）节气门位置传感器

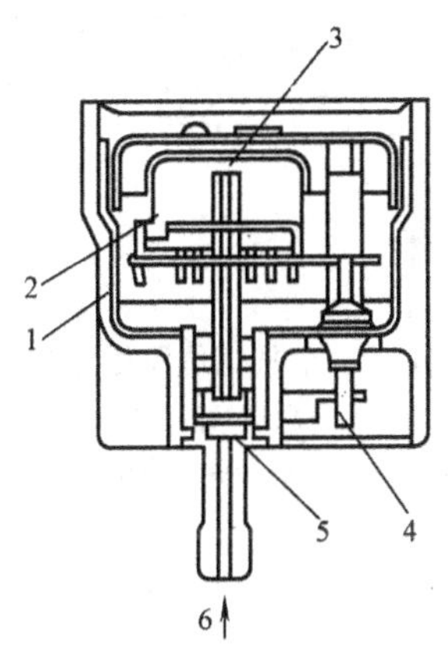

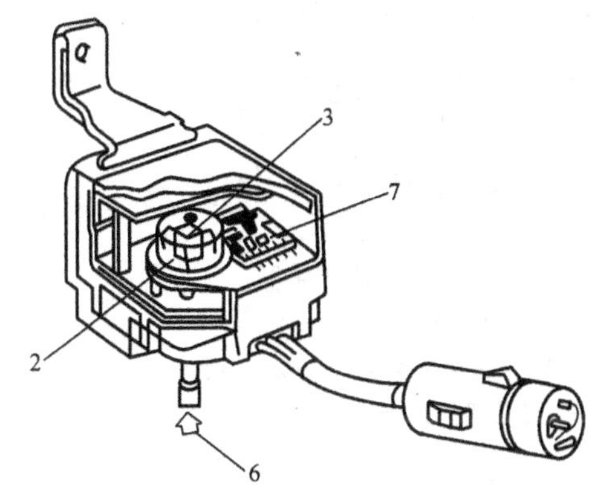

图 4-54　进气压力传感器

1—壳体　2—负压室　3—硅膜片　4—输出端子　5—滤清器　6—通进气管　7—混合集成电路

节气门位置传感器用于检测节气门的开度，并将其转换成电信号输送给电控单元。

节气门位置传感器与节气门、怠速旁通气道、调整螺钉等一起安装在节气门体内，节气门体安装在空气流量计后面的进气管上。

节气门体与加速踏板联动，用以控制进气通道截面积的变化，从而实现发动机转速和负荷的控制，在节气门轴的下端装有节气门位置传感器。

节气门体上装有怠速旁通道，当节气门关闭，发动机怠速运转时，燃油燃烧所需要的空气由怠速旁通气道进入发动机，为了能自动控制怠速转速，设有调整螺钉。节气门体的结构如图 4-55 所示。

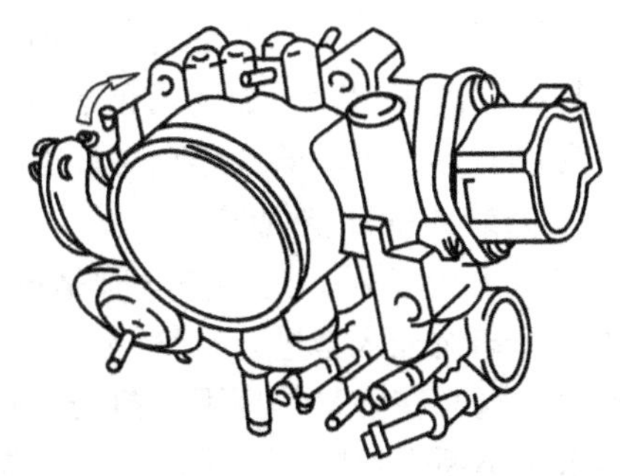

图 4-55　节气门体

节气门位置传感器主要有开关触点式、滑动电阻式和综合式。桑塔纳 2000 轿车发动机采用开关触点式节气门位置传感器。

开关触点式节气门位置传感器主要由活动触点、怠速触点、功率触点、节气门轴、控制杆、导向凸轮槽等组成。活动触点可在导向凸轮槽内移动，导向凸轮由固定在节气门轴上的控制杆驱动，如图 4-56 所示。

图 4-57 为节气门位置传感器工作原理图。怠速时，即节气门处于关闭状态时，活动触点与怠速触点相接触，可以检测节气门全关闭状态。全负荷时，活动触点与功率触点相接触，可以检测节气门大开度状态。部分负荷时，活动触点与哪个触点都不接触，通过活动触点所处的不同位置，可以检测节气门的不同开度。

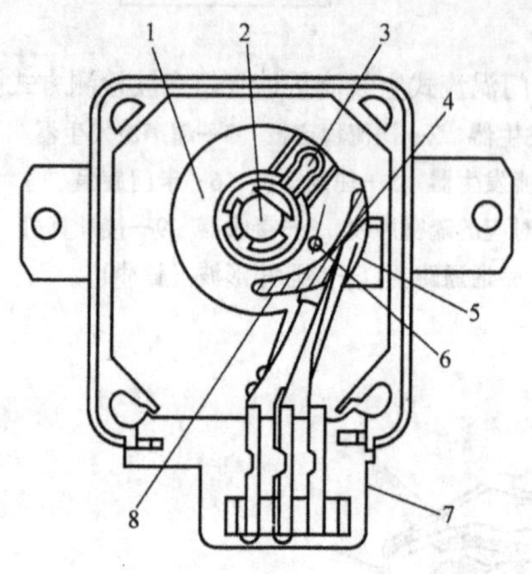

图 4-56　节气门位置传感器

1—导向凸轮　2—节气门轴　3—控制杆
4—活动触点　5—怠速触点　6—功率触点
7—连接装置　8—导向凸轮槽

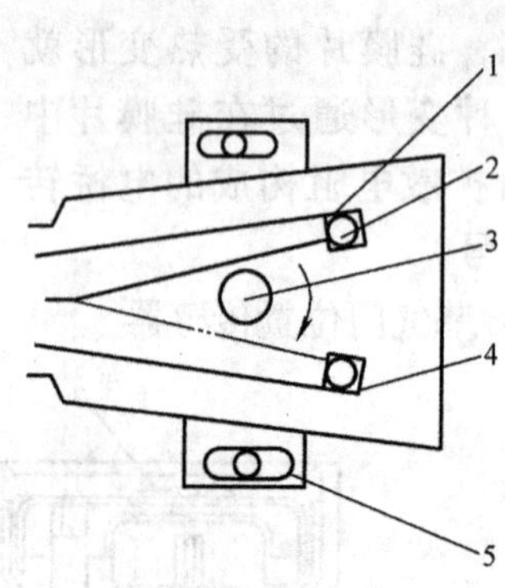

图 4-57　节气门位置传感器工作原理图

1—怠速触点　2—活动触点
3—节气门轴　4—功率触点　5—调节螺钉

（四）辅助空气阀

辅助空气阀又称空气调节器，主要是在低温起动时增加发动机冷态时的进气量，以提高怠速，缩短预热过程，提高发动机的冷起动性能。

常见的辅助空气阀主要有双金属片式和石蜡式。

1. 双金属片式辅助空气阀

如图 4-58 所示，这种空气阀由双金属片和加热用电热线圈组成，双金属片带动阀片，控制旁通气道开闭。当发动机起动时，双金属片使阀片处于开启状态，就会有较多的空气进入气缸，提高了怠速，加速了预热过程。在发动机起动的同时，电流通过电热线圈，使双金属片受热变形，带动阀片逐渐关闭旁通气道，怠速便逐渐降到正常转速。

2. 石蜡式辅助空气阀

如图 4-59 所示，这种空气阀是通过引入发动机冷却液，利用石蜡热胀冷缩使空气阀开闭的。冷却液经水管进入空气阀内，流经蜡盒四周。当发动机冷却液温度较低时，蜡盒内石蜡收缩，阀心在弹簧作用下，打开旁通气道，提高怠速。随着发动机冷却液温度的提高，蜡盒内石蜡不断受热膨胀，推动阀心逐渐关闭旁通气道，怠速便逐渐降到正常转速。

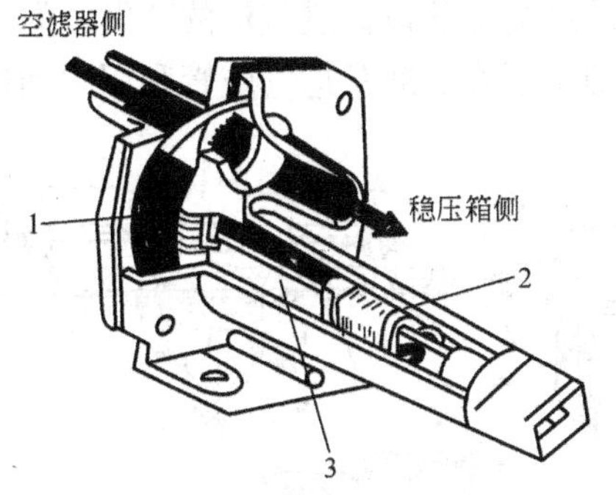

图 4-58　双金属片式辅助空气阀
1—阀门　2—加热线圈　3—双金属片

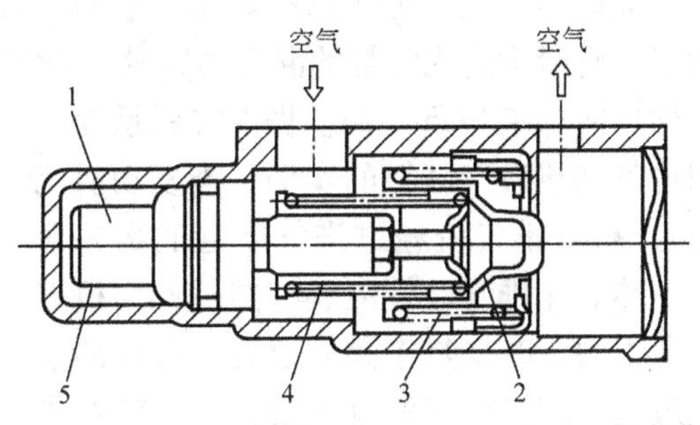

图 4-59　石蜡式辅助空气阀
1—热敏元件　2—菌形阀　3—弹簧 B
4—弹簧 A　5—发动机冷却液

第六节　可燃混合气（空气）供给和废气排出装置

一、进、排气歧管

1. 进气歧管

对于化油器式或节气门体汽油喷射式发动机，进气歧管指的是化油器或节气门体之后到气缸盖进气道之前的进气管路。它的作用是较均匀地将可燃混合气由化油器或节气门体分配到各缸进气道。对于气道燃油喷射式发动机或柴油机，进气歧管只是将洁净的空气分配到各缸进气道。进气歧管必须将可燃混合气或洁净的空气尽可能均匀地分配到各个气缸，为此进气歧管内气体流动的长度应尽可能相等。为了减小气体流动阻力，提高进气能力，进气歧管内壁应该是光滑的。

一般化油器式或节气门体燃油喷射式发动机的进气歧管由合金铸铁制造，轿车发动机多用铝合金制造。铝合金进气歧管质量轻、导热性好。气道燃油喷射式发动机除应用铝合金进气歧管外，近来采用复合塑料进气歧管的发动机日渐增多。这种进气歧管质量极轻，内壁光滑，无需加工。图 4-60 和图 4-61 所示分别为节气门体喷射式和气道喷射式发动机的进气歧管。

化油器式或节气门体燃油喷射式发动机进气歧管的温度很重要。温度太低，汽油将在管

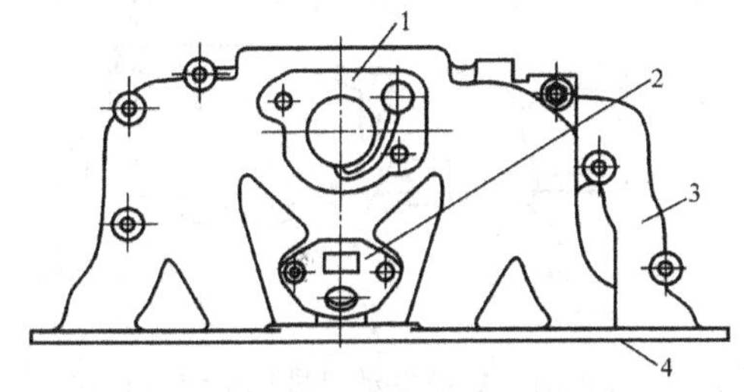

图 4-60　节气门体燃油喷射式发动机进气歧管（通用 2.5L）
1—节气门体安装面　2—废气再循环安装面
3—循环冷却液管　4—进气歧管安装面

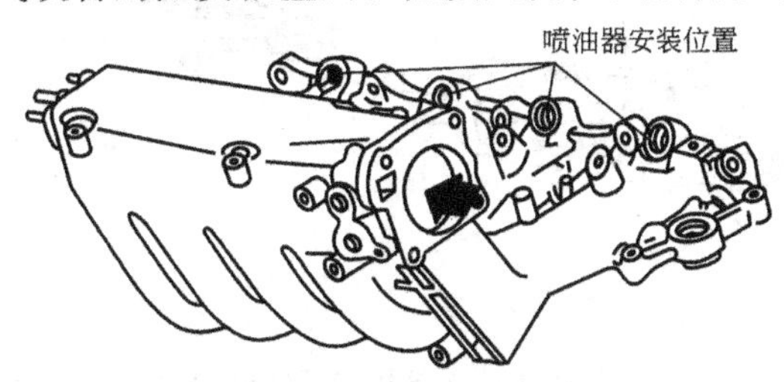

图 4-61　气道燃油喷射式发动机进气歧管

壁上凝结。因此，对这类发动机的进气歧管应进行适当的加热以促进汽油的蒸发。但如果加热过度将减少进入气缸的混合气数量，并使发动机功率下降。通常进气歧管利用发动机排气或循环冷却液进行加热。图4-62所示为利用排气加热进气歧管的实例。当发动机工作时，高温排气流经过进气歧管底部并对其加热。在排气歧管内装有热控阀，根据季节不同，改变热控阀的位置，可以调节流过进气歧管底部的废气量，即调节对进气歧管的加热程度。利用循环冷却液加热进气歧管，需在进气歧管内设置水套（图4-60），并使其与发动机冷却系连通，让冷却液在进气歧管的水套内循环流动。

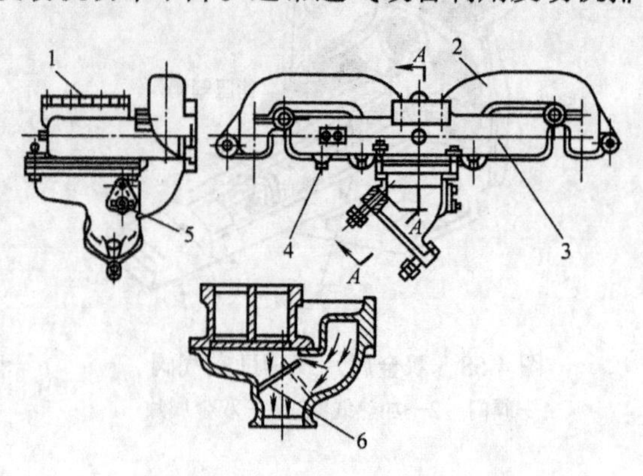

图 4-62 利用发动机排气加热进气歧管（BJ492QA）

1—化油器安装面 2—排气歧管 3—进气歧管 4—放油螺塞 5—热控阀调节手柄 6—热控阀

气道燃油喷射式发动机的进气歧管无需加热。

2．排气歧管

直列型发动机在排气行程期间，气缸中的废气经排气门进入排气歧管，再由排气歧管进入排气管、催化转换器和消声器，最后由排气管排到大气中。这种排气系统称作单排气系统，如图 4-63 所示。

V 形发动机有两个排气歧管，在大多数装配 V 形发动机的汽车上仍采用单排气系统，即通过一个叉形管将两个排气歧管连接到一个排气管上。来自两个排气歧管的废气经同一个排气管、同一个消声器和同一个排气尾管排出，如图 4-64a 所示。但有些发动机采用两个单排气系统，即每个排气歧管各自都连接一个排气管、催化转换器、消声器和排气尾管，如图 4-64b 这种布置形式称作双排气系统。

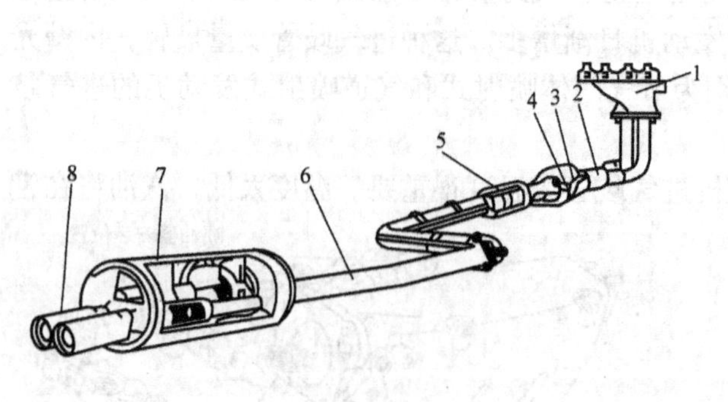

图 4-63 单排气系统的组成

1—排气歧管 2—前排气管 3—催化转换器 4—排气温度传感器 5—副消声器 6—后排气管 7—主消声器 8—排气尾管

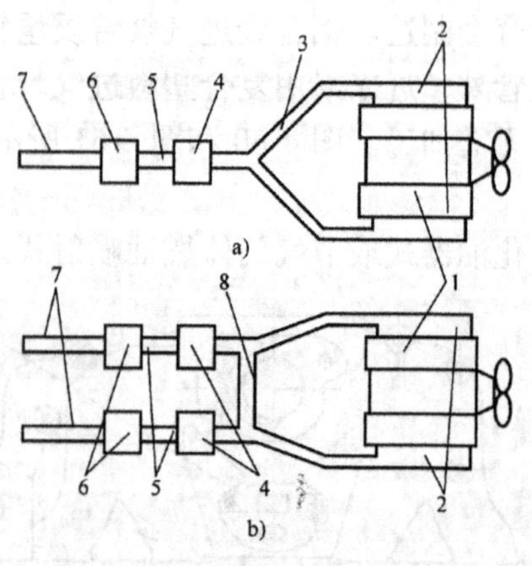

图 4-64 V 形发动机排气系统示意图

a）单排气系统 b）双排气系统

1—发动机 2—排气歧管 3—叉形管 4—催化转换器 5—排气管 6—消声器 7—排气尾管 8—连通管

双排气系统降低了排气系统内的压力，使发动机排气更为顺畅，气缸中残余的废气较少，因而可以充入更多的可燃混合气或洁净的空气，发动机的功率和转矩都相应地有所提高。

排气歧管的作用是汇集各气缸的废气，通过排气消声器排出。

一般排气歧管由铸铁或球墨铸铁制造，最近以来采用不锈钢排气歧管的汽车愈来愈多，其原因是不锈钢排气歧管质量轻，耐久性好，同时内壁光滑，排气阻力小。

排气歧管的形状十分重要。为了不使各缸排气相互干扰及不出现排气倒流现象，并尽可能地利用惯性排气，应该将排气歧管做得尽可能的长，而且各缸支管应该相互独立、长度相等。图 4-65 所示的不锈钢排气歧管的结构较好地满足了上述要求。相互独立的各个支管都很长，而且 1、4 缸排气歧管汇合在一起，2、3 缸排气歧管汇合在一起，可以完全消除排气干扰现象。图 4-66 所示为铸铁排气歧管结构图。

进、排气歧管可铸成一体，也可分别铸出，都用螺栓固定在气缸体或气缸盖的一侧，其接合面装有石棉衬垫，以防漏气。进气管以凸缘与化油器连通，排气歧管连通消声器，进、排气歧管与进、排气道相连通。

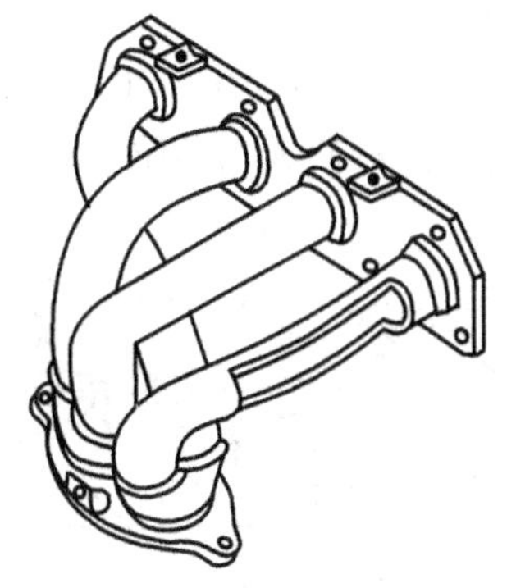

图 4-65　不锈钢排气歧管（丰田汽车）

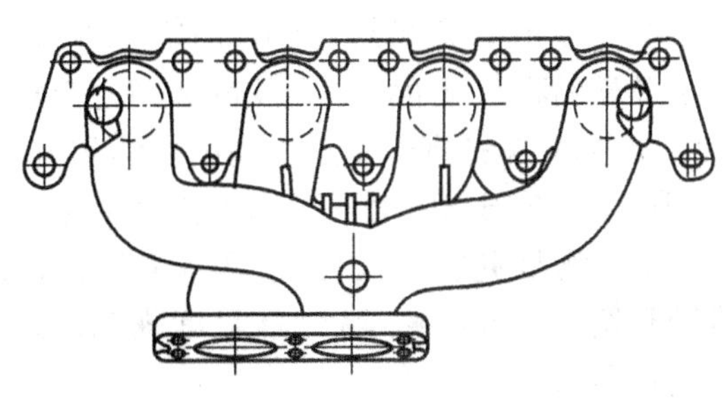

图 4-66　铸铁排气歧管（捷达汽车）

为了防止排气歧管开裂，采用分段式结构。

柴油发动机进、排气歧管常分别安装于发动机的两侧，以免排气歧管温度过高而影响发动机的充气效率。

二、排气消声器

排气消声器的作用是降低从排气管排出废气的温度和压力，以消除火星和噪声。

废气在排气管中流动时，由于排气门的开闭与活塞往复运动的影响，气流呈脉动形式，当排气门刚打开时压力近 200～250kPa，具有一定能量，如果让废气直接排入大气，就会产生强烈的排气噪声。

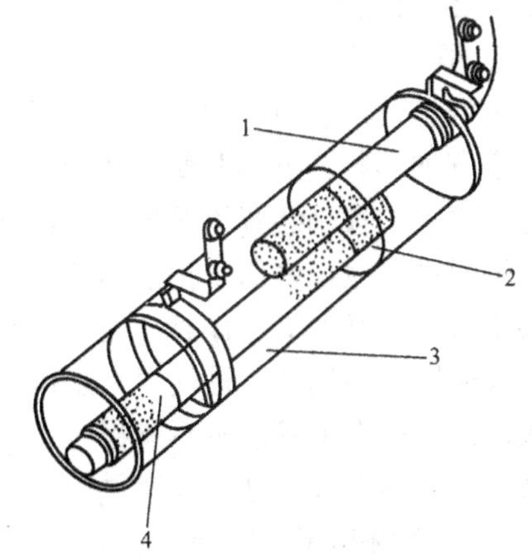

图 4-67　排气消声器

1—进气多孔管　2—隔板

3—外壳　4—排气多孔管

图 4-67 为典型的排气消声器的构造，它由外壳、多孔管和隔板等组成。外壳用薄钢板制成筒形，两端封闭，内腔用两道隔板分隔成三个消声室，在两端又各插入多孔的进入管和排出管，三个消声室通过多孔管相互沟通，废气经多孔管进入消

声室，得到膨胀和冷却，并与管壁碰撞消耗能量，压力降低，振动减轻，最后从另一多孔管排入大气，消除了火星，减轻了噪声。

三、汽车排气净化装置

随着汽车保有量的与日俱增，汽车排气对人类健康的危害及对环境的污染也日甚一日。对此，世界各国都制定了相应的法规和标准，以期把汽车有害排放物控制在较低的水平。为了满足排放标准，必须对发动机排气进行净化。近几年来，汽车界开发和创造出许多净化排气的新技术和新装置，诸如恒温进气系统、二次空气喷射系统、催化转换器、排气再循环系统、曲轴箱通风及汽油蒸发控制系统等。

1. 发动机的有害排放物

以活塞式内燃机为动力的汽车是城市大气的主要污染源之一。汽车排放的污染物主要有一氧化碳（CO）、碳氢化合物（HC）、氮氧化合物（NO_x）和微粒。

CO是燃油的不完全燃烧产物，是一种无色无味的气体。它与血液中血红素的亲和力是氧气的300倍，因此当人吸入CO后，血液吸收和运送氧的能力降低，导致头晕、头痛等中毒症状。当吸入含体积分数为0.3%的CO气体时，可致人死亡。

NO_x产生于燃烧室内高温富氧的环境中。空气NO_x体积分数达（10~20）$\times 10^{-6}$可刺激口腔及鼻黏膜、眼角膜等。当NO_x超过500×10^{-6}时，几分钟可使人出现肺气肿而死亡。

HC包括未燃和未完全燃烧的燃油和机油蒸气。HC和NO_x在阳光照射下形成光化学烟雾，其中主要的生成物是臭氧（O_3），它具有强氧化性，可使橡胶开裂，植物受害，大气能见度降低，并刺激人眼和咽喉。

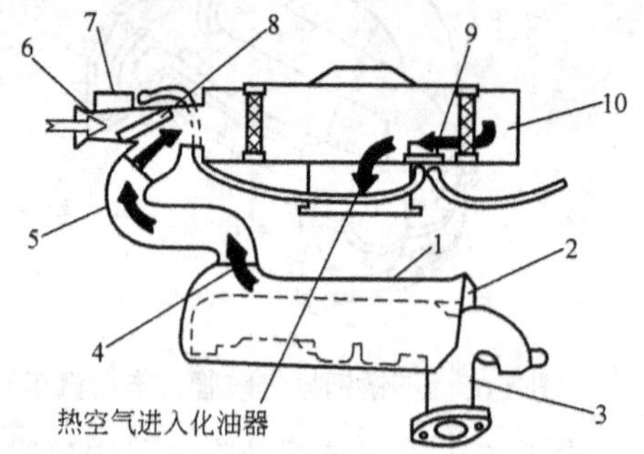

图4-68 恒温进气系统示意图

1—热炉 2—冷空气入口 3—排气歧管 4—热空气出口 5—热空气管 6—进气导流管 7—负压控制膜盒 8—控制阀 9—温控开关 10—空气滤清器

微粒主要是指柴油机排气中的炭烟，而汽油机的排气微粒微不足道。微粒表面吸附的可溶性有机物对人的呼吸道有害。

当前汽车上装备的各种排气净化装置便是为了降低上述污染物的排放。

2. 恒温进气系统

恒温进气系统也称进气温度自动调节系统。它是由空气加热装置又称热炉和安装在空气滤清器进气导流管上的控制装置构成的，如图4-68所示。

恒温进气系统多用于化油器式或节气门体喷射式发动机上。当发动机冷起动之后，在怠速或小节气门开度下工作时，由于温度低，须供给发动机浓混合气以保持其稳定运转。但浓混合气体燃烧不完全，排气中CO和HC较多。若供给稀混合气，虽然可以减少有害气体的排放，但在低温下发动机不能稳定运转。恒温进气系统的功用就是在发动机冷起动之后，向发动机供给热空气，这时即使供给的是稀混合气，热空气也能促使汽油充分汽化和燃烧，从而减少了CO和HC的排放，又改善了发动机低温运转性能。当发动机温度升高后，恒温进气系统向发动机供给未经加热的环境空气。

恒温进气控制装置在空气滤清器及进气导流管上的安装位置如图4-69所示。

恒温进气控制装置的工作原理如图4-70所示。当发动机起动后，汽车前罩下的环境温度低于30℃时，双金属片式温控开关4将通气阀5开启。进气管负压经负压软管6作用到负压控制膜盒1，并吸引膜片2向上，膜片通过连接杆带动控制阀9，将进气导流管10关闭。这时热空气从热炉经热空气管7进入空气滤清器（图4-70a)。温度在30～53℃之间时，温控开关根据温度的高低部分地开启通气阀，使进气管负压只有一部分传送到控制膜盒。在此部分负压的作用下，控制阀部分地开启导流管。这时将有部分热空气和环境空气供入发动机（图4-70b)，使进气温度基本稳定。当进气温度超过53℃之后，双金属片温控开关使通气阀全闭，负压软管与膜盒隔断，在这种情况下没有负压传到膜盒，膜片在膜片弹簧3的作用下向下移动。这时控制阀将进气导流管全部打开，而将热空气管完全封闭，于是进入空气滤清器的空气全部是环境空气（图4-70c)。

气道燃油喷射式发动机不采用恒温进气系统。

3．二次空气喷射系统

很多发动机装有二次空气喷射系统。虽然二次空气喷射系统有各种各样的结构，但其功用却基本相同，即利用空气泵将新鲜空气经空气喷管喷入排气道或催化转换器，使排气中的CO和HC进一步氧化或燃烧成为二氧化碳和水。

图4-71所示为电脑控制的二次空气喷射系统，它由空气泵1、旁通线圈及旁通阀2、分

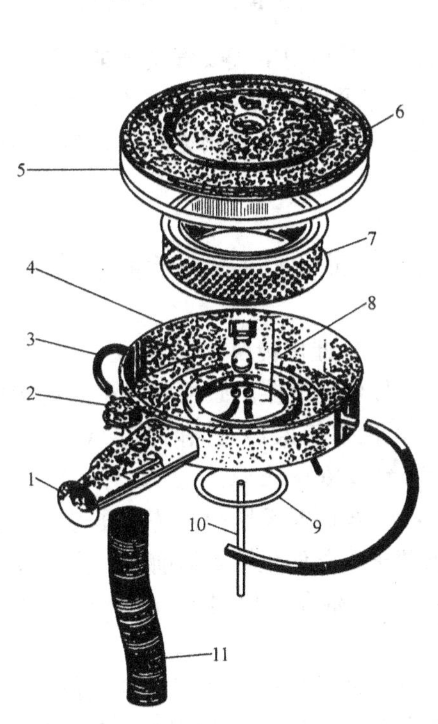

图4-69　恒温进气控制装置及空气滤清器

1—进气导流罩　2—负压控制膜盒　3—负压软管　4—空气滤清器外壳　5、9—密封圈　6—空气滤清器盖　7—滤芯　8—温控开关　10—双头螺柱　11—热空气管

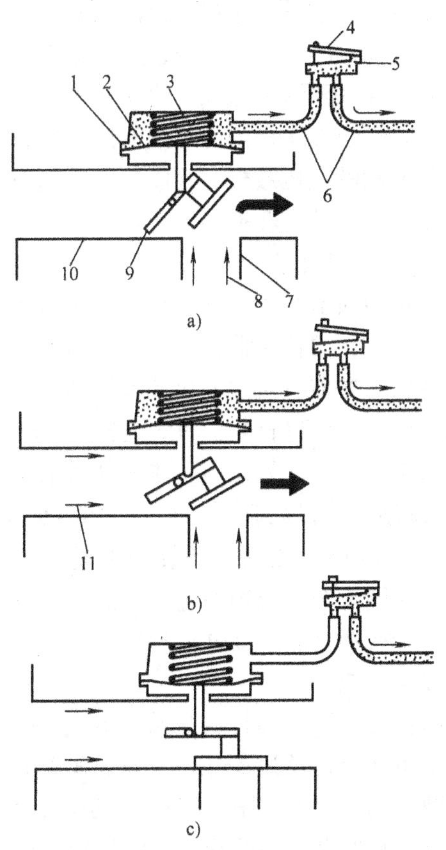

图4-70　恒温进气控制装置工作原理示意图

1—负压控制膜盒　2—膜片　3—膜片弹簧　4—温控开关　5—通气阀　6—负压软管　7—热空气管　8、9—控制阀　10—进气导流罩　11—环境空气

流线圈及分流阀4、空气分配管6、空气喷管7和单向止回阀11等组成。空气泵通常由发动机驱动，空气泵产生的低压空气称作二次空气。在分流阀与排气道之间以及分流阀与催化转换器之间均装有单向止回阀，以防止排气进入二次空气喷射系统。分流线圈及旁通线圈由电脑控制，当接通发动机点火开关后，电源电压便施加到两个线圈的绕组上，电脑通过对每个绕组提供接地使线圈通电。

当发动机起动后，电脑不使旁通线圈和分流线圈通电，于是这两个线圈同时把通向旁通阀和分流阀的负压隔断，这时空气泵送出的空气经旁通阀进入大气。这种状态称作起动工作状态，其持续时间的长短决定于发动机的温度。如果发动机温度很低，起动工作状态将持续较长时间。

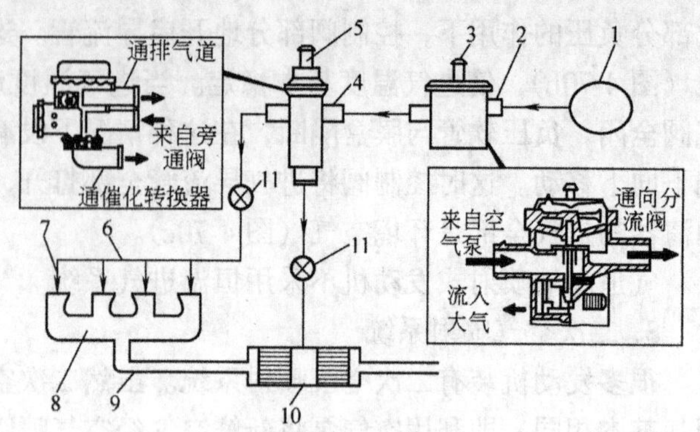

图4-71 二次空气喷射系统

1—空气泵 2—旁通阀 3、5—真空管 4—分流管 6—空气分配管 7—空气喷管 8—排气歧管 9—排气管 10—催化转换器 11—单向止回阀

发动机在预热期间，电脑同时使旁通线圈和分流线圈通电。这时进气管负压分别经旁通线圈和分流线圈传送到旁通阀和分流阀。空气泵送出的空气经旁通阀流入分流阀，再由分流阀流入空气分配管，最后由空气喷管喷入排气道。

当发动机在正常的冷却液温度下工作时，电脑只使旁通线圈通电而不使分流线圈通电，通向分流阀的负压被分流线圈隔断。这时，空气泵送出的空气经旁通阀进入分流阀，再经分流阀进入氧化催化转换器。

4．催化转换器

催化转换器是利用催化剂的作用将排气中的CO、HC和NO_x转换为无害气体的一种排气净化装置，也称作催化净化转换器。

催化转换器有氧化催化转换器和三元催化转换器。氧化催化转换器只将排气中的CO和HC氧化为CO_2和H_2O，因此这种催化转换器也称二元催化转换器。必须向氧化催化转换器供给二次空气作为氧化剂，才能使其有效地工作。三元催化转换器可同时减少CO、HC和NO_x的排放，它以排气中的CO和HC作为还原剂，把NO_x还原为氮气（N_2）和氧气（O_2），而CO和HC在还原反应中被氧化为CO_2和H_2O。当同时采用两种转换器时，通常把两者放在同一个转换器外壳内，而且三元催化转换器置于氧化催化转换器前面。排气经过三元催化转换器之后，部分未被氧化的CO和HC继续在氧化催化转换器中与供入的二次空气进行氧化反应。

催化转换器有两种结构形式，如图4-72所示。一种是颗粒型催化转换器（图4-72a），其中由100个直径为2～3mm的多孔性陶瓷小球构成反应床，排气从反应床流过。另一种是整体型催化转换器（图4-72b），其中是一个有很多蜂窝状小孔的陶瓷块，排气从蜂窝状小孔流过。转换器内的陶瓷小球或陶瓷块小孔表面有一层薄薄的铂、钯或铑的镀层。小球或陶瓷块均装在不锈钢外壳内。与颗粒型催化转换器相比，整体型催化转换器有体积小、与排气接触的表面积大和排气阻力小等优点。

催化转换器的使用条件相当严格。首先，装用催化转换器的发动机只能使用无铅汽油。

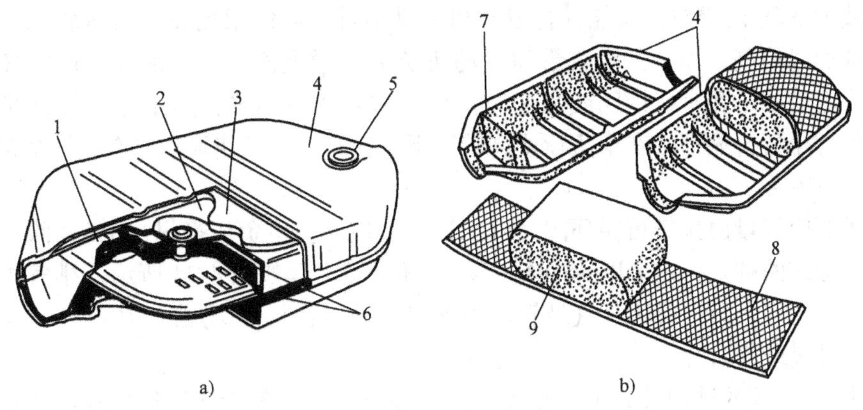

图 4-72　三元催化转换器的结构

a）颗粒型催化转换器（凯迪拉克）　b）整体型催化转换器（克莱斯勒）

1—陶瓷小球保持架　2—内壳　3—隔热层　4—外壳　5—填料孔螺塞　6—陶瓷小球

7—分流器　8—金属网　9—带蜂窝状小孔的陶瓷块

如果使用加铅汽油，铅覆盖在催化剂表面将使催化剂失效。其次，当温度超过 350℃时，催化转换器才起催化反应。温度较低时，转换器的转换效率急剧下降。因此，催化转换器都安装在温度较高的排气歧管后面。第三，必须向装有三元催化转换器的发动机供给理论混合比的混合气，才能保证三元催化转换器有较好的转换效果。如果混合气成分不是理论混合比，那么，CO 和 HC 的氧化反应或 NO_x 的还原反应不可能进行得很完全。另外，发动机调节不当，如混合气过浓或气缸缺火，都将引起转换器严重过热。

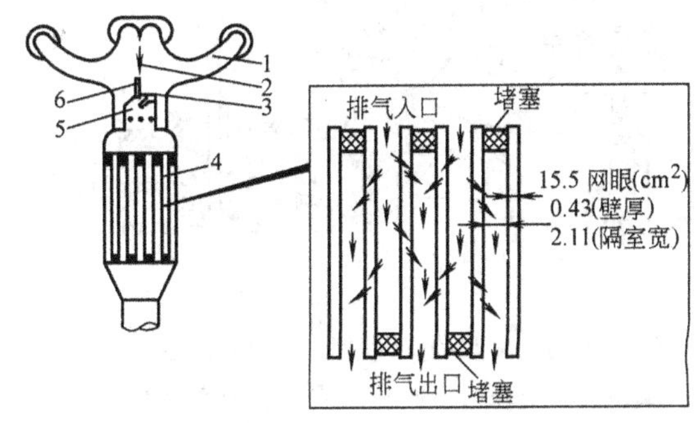

图 4-73　柴油机微粒过滤器

1—排气歧管　2—燃油　3—电热塞

4—滤芯　5—燃烧器　6—喷油器

5. 柴油机微粒过滤器

微粒是柴油机排放的突出问题。对车用柴油机排气微粒的处理，主要采用过滤法。微粒过滤器的滤芯由多孔陶瓷制造，它有较高的过滤效率。排气穿过多孔陶瓷滤芯进入排气管，而微粒则滞留在滤芯上。过滤器工作一段时间后，需及时清除存积在滤芯上的微粒，以恢复过滤器的工作能力和减小排气阻力。为此，在过滤器入口处设置一个燃烧器，通过喷油器向燃烧器内喷入少量燃油，并供入二次空气，利用火花塞或电热塞将其点燃，将滞留在滤芯上的微粒烧掉，如图4-73所示。

6. 排气再循环（EGR）系统

排气再循环是指把发动机排出的部分废气回送到进气歧管，并与新鲜混合气一起再次进入气缸。由于废气中含有大量的 CO_2，而 CO_2 不能燃烧却吸收大量的热，使气缸中的混合气的燃烧温度降低，从而减少了 NO_x 的生成量。排气再循环是净化排气中 NO_x 的主要方法。

在新鲜的混合气中掺入废气后，混合气的热值降低，致使发动机的有效功率下降。为了

做到既能减少 NO_x 的排放，又能保持发动机的动力性，必须根据发动机运转的工况对再循环的废气量加以控制。NO_x 的生成量随发动机负荷的增大而增多，因此，再循环的废气量也应随负荷而增加。在暖机期间或怠速时，NO_x 的生成量不多，为了保持发动机运转的稳定性，不进行排气再循环。在全负荷或高转速下工作时，为了使发动机有足够的动力性，也不进行排气再循环。

再循环的废气量由排气再循环阀（EGR）自动控制。由负压操纵的 EGR 阀有传统式及排气背压传送式两种。EGR 阀安装在排气再循环通道上，如图 4-74 所示，排气再循环通道的一端连接排气门，另一端通进气歧管。当 EGR 阀开启时，部分废气从排气门经排气再循环通道进入进气歧管。

传统式 EGR 阀的结构及其工作原理如图 4-75 所示。进气管负压经负压传送管 1 传入膜片室 2。当负压较小或没有负压时，在膜片弹簧 3 的作用下，锥阀 6 将排气再循环通道关闭（图 4-75a）；当负压较大时，膜片 4、膜片推杆 5 和锥阀 6 一起向上提起，将排气再循环通道打开（图 4-75b）。排气再循环通道开启的程度决定于进气管负压的大小，因此当节气门开度和发动机转速变化时，再循环的废气量将会自动地得到调节。

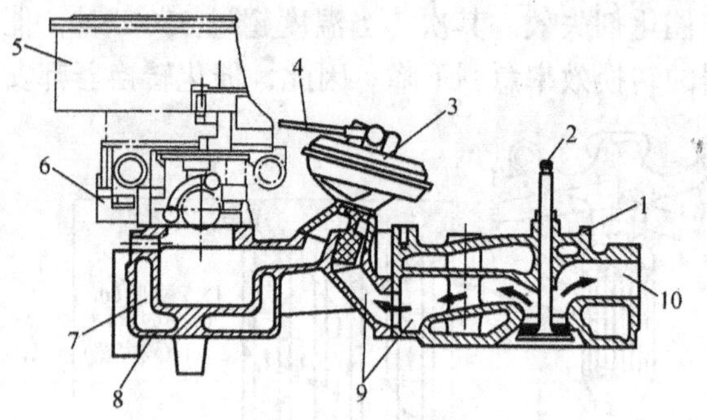

图 4-74 EGR 阀的安装位置（GM2.0L）
1—气缸盖 2—排气门 3—EGR 阀 4—真空传送管 5—空气滤清器 6—节气门体 7—水套 8—进气歧管 9—排气再循环通道 10—排气道

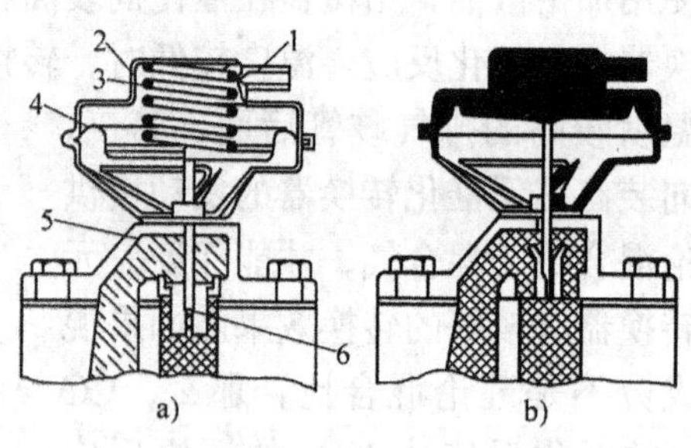

图 4-75 传统式 EGR 阀（奥兹莫比）
1—负压传送管 2—膜片室 3—膜片弹簧 4—膜片 5—膜片推杆 6—锥阀

有的 EGR 阀利用排气背压传送阀（BPV）来调节作用在 EGR 阀膜片上的负压，其中正背压 EGR 阀便属这类装置。

正背压 EGR 阀的结构和工作原理如图 4-76 所示。在膜片 10 的上方设有通气阀 3（排气背压传送阀），在膜片上加工有通气孔 6，当通气阀开启时，膜片室 2 与大气相通。在通气阀下面装有通气阀弹簧 5，使通气阀保持常开，发动机工作时，排气再循环通道内的排气压力经膜片推杆 7 的中心孔作用在膜片上。当发动机转速

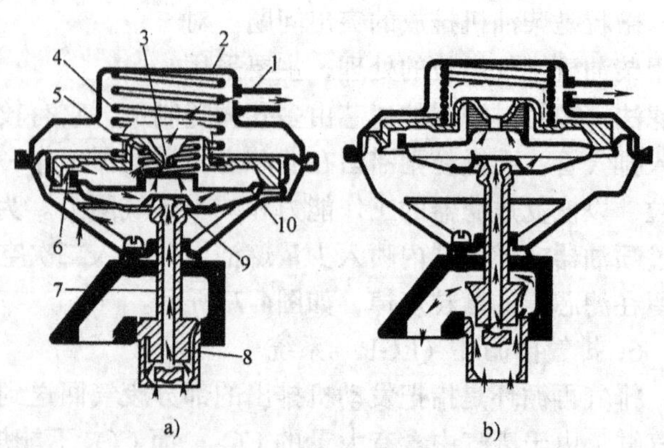

图 4-76 正背压 EGR 阀（雪佛兰）
1—负压传送管 2—膜片室 3—通气阀 4—膜片弹簧 5—通气阀弹簧 6—通气孔 7—膜片推杆 8—锥阀 9—导流板 10—膜片

较低或节气门开度很小时，排气压力不大，不足以使通气阀关闭。这时由于膜片室与大气连通，致使传到膜片室的负压被减弱或消除，锥阀 8 保持关闭（图 4-76a）。当排气压力增大时，膜片被推动向上并将通气关闭，使膜片室与大气的通路隔断。这时进气管负压传到膜片室，吸引膜片、膜片推杆和锥阀一起向上提起，使排气再循环通道开启（图 4-76b）。

第七节　综合故障诊断与排除

一、化油器式发动机

汽油机燃油供给系若有了故障，发动机将无法获得适当的混合气，致使发动机功率下降、油耗增多、起动困难、工作异常和容易熄火。燃油供给系的故障诊断首先应掌握故障现象和规律，才能准确地诊断并顺利地进行故障排除。其故障诊断方法，一般采用先外后内、由简到繁、逐段检查、逐渐缩小范围的办法，并根据发动机动力、油耗和烟色来判断燃料系的工作情况，认真细致地寻找故障的部位。现将常见的故障现象及其诊断方法分述如下。

1．不来油或来油不畅

（1）故障现象

1）在点火系工作正常的情况下，发动机不能起动或行驶中熄火。

2）拉阻风门拉钮或多次踩加速踏板，勉强能起动。加速时化油器有回火现象（回火是指火焰从进气歧管进入化油器，并从化油器喷出）。

3）用汽油泵手拉杆泵油，待化油器浮子室存满汽油后，发动机能短时间运转，但运转时间不长就逐渐熄火。

4）发动机在运转中逐渐熄火。

（2）故障原因

1）油箱开关未完全打开或关闭；油箱盖通气受阻。

2）油箱内无油或油面低于上油管下口，上油管堵塞或脱焊、有裂缝，吸不上汽油。

3）油管堵塞、碰瘪，油管接头松动或喇叭口破裂而漏油、漏气。

4）油路中有空气产生气阻。

5）汽油泵摇臂与偏心轮间间隙过大或过小，影响汽油泵的工作。

6）汽油泵滤网堵塞，汽油杯衬垫漏气，进出油阀卡滞。

7）化油器进油口滤网、主量孔、浮子室出油孔堵塞或针阀、浮子卡死。

8）化油器平衡孔堵死。

9）汽油中有水，不易着火或不能燃烧，冬季结冰堵塞管路。

（3）故障诊断与排除

不来油或来油不畅的诊断与排除如表 4-4 所示。

2．加速不良

（1）故障现象

1）急加速时，发动机不能迅速提高转速，甚至熄火。

2）有时化油器回火。

3）急加速时，消声器放炮。

（2）故障原因

表 4-4 不来油或来油不畅的诊断与排除方法

诊断步骤与方法	技 术 状 况
检查汽油箱及油表 ① 打开点火开关，观察汽油表指针指示情况，若指针不指示 ② 检查油箱开关是否打开 ③ 打开油箱盖检查存油量 ④ 检查汽油箱盖通气阀是否失效	则为无油 若油箱开关未打开则打开 若油量过少应补充加注汽油 可用更换对比法检查
化油器检查 拆下化油器进油管接头，用起动机或手摇柄转动发动机，察看出油情况	若出油良好，故障在化油器：滤网堵塞、三角阀卡死 若出油不正常或不来油，则说明故障在汽油泵
检查汽油泵 ① 拉（拨）动汽油泵手摇臂，观察汽油泵出油口出油情况 ② 若拉（拨）动手油泵不来油，则可卸下汽油泵进油管接头，并使该管口低于汽油箱内油平面的高度，利用虹吸原理观察出油情况	若出油正常，则为汽油泵内摇臂磨损或偏心轮靠得过近或过远 若不来油或来油不畅，则故障不在汽油泵；若来油正常，可断定故障在汽油泵
检查汽油滤清器及油箱 拆下汽油滤清器进油管接头，用手动打气筒，从管接头向油箱内打气	若听到有吹泡的声音，则故障在汽油滤清器 若无吹泡声（说明不通），则可断定是汽油箱上油管堵塞 若听到有漏气声，则说明油管接头或油管有破漏

1）化油器加速泵连动装置松旷或脱落。

2）加速喷嘴或油道堵塞。

3）加速泵柱塞磨损过量，皮碗破裂或加速弹簧过软。

4）加速泵进出油阀关闭不严密。

5）负压加浓阀失效。

（3）故障诊断与排除。加速不良故障诊断与排除如表 4-5 所示。

表 4-5 加速不良故障诊断与排除

诊断步骤与方法	技 术 状 况
① 将空气滤清器拆下，连续突然开闭节气门，从化油器上口观察加速喷嘴有无油喷出	若无油喷出，说明故障在加速装置上
② 检查化油器加速喷口连动装置是否良好，如图 4-47 所示	若连动装置不良，应予修好
③ 拆下加速油道螺钉，急踩加速踏板，若出油良好 若出油不良，则应检查化油器加速泵活塞皮碗是否磨损过甚或破裂，进出油阀关闭是否严密	则加速喷口堵塞 若磨损、破裂应予更换
④ 若上述检查正常，则应检查加速泵弹簧是否过软，油道是否畅通等	若弹簧过软，应更换；若加速油道堵塞，应于以疏通
⑤ 在急加速时，化油器回火，但声音不大，在高速时发动机乏力	这是由于供油不足或浮子室油面过低引起，应检查浮子室油面
⑥ 在冬天发动机刚刚起动，还没有走热时，由于气缸内温度低，燃烧速度慢，急加速时会出现化油器回火。若发动机走热后消除	属于正常

3. 中、高速运转不正常

(1) 故障现象

1) 发动机怠速运转正常，加大节气门开度到中速或高速时就熄火或转速不能继续提高，行驶无力。

2) 化油器出现回火现象。

(2) 故障原因

1) 主量孔堵塞或主配剂针调整不当。

2) 油平面过低，混合气过稀。

3) 加速喷管堵塞。

4) 节气门轴磨损过量而松旷。

5) 节气门拉杆调整不当，节气门不能全开。

6) 空气滤清器堵塞。

7) 化油器的机械加浓阀装置和负压加浓装置工作失效。

(3) 故障诊断与排除

中、高速运转不正常的故障诊断与排除方法如下：

1) 将主量孔配剂针向外旋出半圈左右，把发动机转速提高到中速、高速，看转速是否有好转，若有好转，属调整不当。

2) 若无好转，则应检查节气门轴是否松旷，将加速踏板踩到底，节气门是否全开，浮子室油平面是否过低，量孔和喷嘴是否堵塞或部分堵塞。

3) 若上述检查正常，则可能是输油不足所致，检查汽油泵膜片是否破裂，弹簧弹力是否软弱，进出油阀是否关闭严密。

4) 上述检查正常，则应检查汽油滤清器是否堵塞，管路是否畅通和漏气等。

5) 若上述检查都正常，再检查汽油泵摇臂是否磨损过大，泵体与气缸体之间衬垫是否过厚，摇臂是否靠近凸轮过近，使泵油行程不足而泵油量下降。

6) 若发动机转速提高后，排气管冒黑烟，但动力仍然不足，可拆下空气滤清器，若中高速运转正常，说明空气滤清器堵塞，应予清洗疏通。

7) 若上述检查均正常，则应检查化油器机械加浓装置和负压加浓装置工作是否正常有效，如果机械加浓装置球阀关闭不严或负压加浓装置柱塞漏气，都将导致混合气过浓而使中、高速运转不正常。

4. 怠速运转不正常

发动机怠速运转是否良好，是发动机运转正常与否的标志之一。由于怠速运转时化油器内空气流速较低，不但使充气量小，而且使废气残留量相对增多，造成燃料雾化差，可燃混合气不均匀，致使在点火后，可燃混合气的燃烧速度变慢。这就要求在怠速工况下，能够有较浓的混合气。若混合气的配剂稍微失调，进气系统漏气或点火系统工作不正常，就会产生无怠速、怠速过高或怠速不稳的现象。

(1) 无怠速

1) 故障现象

① 踩下加速踏板运转正常，抬起后就会熄火。

② 怠速运转不稳，很快便熄火。

③ 汽车行驶时怠速运转良好，但行驶时，变速器脱入空挡就熄火。

2）故障原因

① 化油器节气门下方漏气（包括化油器衬垫、进气歧管和节气门下方真空管漏气）。

② 化油器怠速量孔及其油道堵塞。

③ 化油器浮子室油平面过低。

④ 化油器怠速调整螺钉和节气门调整螺钉调整不当。

⑤ 化油器负压加浓装置漏气。

⑥ 化油器怠速空气量孔堵塞。

⑦ 进气门杆与导管的间隙过大漏气，使混合气过稀。

⑧ 东风 EQ1092 型汽车曲轴箱通风单向阀卡滞或漏气，真空调节器管子或调节器失调。

⑨ 东风 EQ1092 型汽车化油器怠速节油量孔窜动将怠速油道堵塞。

无怠速的故障诊断与排除步骤如表 4-6 所示。

表 4-6　无怠速的故障诊断与排除

诊断步骤与方法	技术状况
抬起加速踏板，发动机熄火 ① 应先调整两怠速调整螺钉 ② 若仍无怠速，则可检查怠速量孔和怠速油道是否堵塞 ③ 若不堵塞，则检查进气管负压操纵的一些辅助装置，例如曲轴箱通风单向阀是否卡滞或漏气，真空调节器是否漏气或失效等，从而影响进气歧管的负压	说明化油器怠速油道堵塞；怠速调整不当；节气门下方漏气；化油器浮子室油平面过高或过低 堵塞应疏通 若曲轴单向阀卡滞，应予调整 若真空调节器漏气或失效，应更换
怠速不稳而熄火 ① 检查各缸工作情况，是否有个别缸不工作 ② 首先调整两怠速调整螺钉 ③ 若无效，则可检查浮子室油平面是否过低或过高 ④ 若正常，则应检查真空省油器柱塞是否漏气，若拆下浮子室油平面检视孔后怠速就好转	若油平面过低或过高，应予调整 则说明真空省油器柱塞漏气，应更换柱塞

（2）怠速过高

1）故障现象

① 发动机怠速时，转速过高（超过了正常怠速 300～500r/min 范围）。

② 无法调整到上述正常范围或调慢就熄火。

2）故障原因

① 化油器节气门回位弹簧过软。

② 节气门关闭不严或节气门轴松旷变形。

③ 怠速调整螺钉调整不当。

④ 进气歧管或化油器衬垫松动而漏气。

⑤ 怠速量孔过大。

3）故障诊断与排除

怠速过高的故障诊断与排除步骤如表 4-7 所示。

（3）怠速不稳

1）故障现象

怠速运转时，发动机转速不均匀，且有发抖现象。

表 4-7 怠速过高故障诊断与排除

诊断步骤与方法	技术状况
① 检查化油器油平面是否正常	若过高，应予调整
② 起动发动机后，用手扳动节气门操纵臂，使节气门关闭	若有好转，说明节气门拉杆某处受阻卡住，或弹簧过软，致使节气门关闭不全或松旷
③ 卸下节气门回位弹簧一端，再扳动节气门拉臂试验	若有阻力，则为受阻卡住，否则，为弹簧过软，应更换
④ 调整两怠速调整螺钉，若好转	则为原调整不当
⑤ 若无效，则可拆下化油器上盖，将怠速量孔卸下，检查是否过大，可调换标准量孔作对比试验	若怠速能降下来，说明量孔过大，若仍不能好转，说明原来量孔并未扩大
⑥ 检查空气量孔是否堵塞，用手指伸进化油器上口，将空气量孔堵住 若发动机运转无变化 若发动机转速更不稳定	 说明空气量孔堵塞 说明空气量孔堵塞原来是畅通的
⑧ 若经上述检查均正常，则应检查进气歧管或化油器衬垫是否松动而漏气，节气门轴是否松旷	

2）故障原因

① 怠速调整螺钉调整不当。

② 一级怠速空气量孔或二级怠速空气量孔堵塞，这不仅会造成怠速时混合气过浓以及雾化不良，而且还会产生虹吸现象。

③ 节气门固定螺钉松动和节气门松旷。

④ 节气门边缘与怠速喷嘴的位置不合适，引起怠速不稳。

⑤ 进、排气歧管与气缸接触处或化油器固定螺钉、衬垫损坏漏气。

⑥ 曲轴箱的单向阀密封不严漏气。

⑦ 个别气缸不工作或点火时间过早。

3）故障诊断与排除：怠速不稳的故障诊断与排除如表 4-8 所示。

表 4-8 怠速不稳的故障诊断与排除

诊断步骤与方法	技术状况
① 用单缸断火法检查各缸工作情况， 若断火后怠速无变化 若断火后怠速更不稳或熄火	 说明某缸不工作 说明发动机各缸均工作
② 检查节气门在轴上的固定螺钉是否松动，节气门轴是否松旷漏气	
③ 检查化油器油平面是否正常	
④ 检查并调整怠速调整螺钉和怠速空气量孔调整螺钉	
⑤ 检查节气门边缘与怠速喷嘴的位置	将节气门关闭时，怠速喷嘴位于节气门边缘的下方，则为合适
⑥ 拆下化油器上盖，检查怠速量孔是否堵塞或磨损，与标准油量孔进行对比试验	
⑦ 检查进、排气歧管与气缸体和化油器底座衬垫是否漏气	
⑧ 检查气门间隙是否正常	

5. 混合气过浓、过稀

(1) 混合气过浓

1）故障现象

① 发动机不易起动，化油器节气门轴或浮子室衬垫等处有油渗漏。

② 怠速不稳，消声器发出无节奏的“噗、噗”声，并冒黑烟，有时还伴有放炮声。

③ 发动机动力不足，温度上升，油耗增加。

④ 火花塞电极及燃烧室积炭增加。卸下火花塞，其电极表面可发现有潮湿的汽油。

2）故障原因

① 阻风门处于关闭状态。

② 空气滤清器的机油平面过高或滤网过脏。

③ 化油器主量孔主配剂针旋出过多，量孔扩大或衬垫损坏。

④ 化油器进油针阀卡住或阀座不密合，浮子室臂弯曲或调整不当等，以致向浮子室内流油不止，使油平面高于主喷管上端，增加油的流量，引起混合气过浓。

⑤ 浮子破裂，使浮子内渗入汽油而不能浮起，致使油平面过高。

⑥ 加浓装置失效。加浓量孔单向阀卡住，处于开启状态，或弹簧过软关闭不严，或负压加浓活塞杆卡住，负压吸不上去，使针阀总是压着球阀形成长期供油状态。

⑦ 空气制动量孔堵塞，不能起减弱主喷管的负压对主量孔的吸油作用，所以混合气不能随节气门开度增大而逐渐变稀，反而使混合气变浓。

⑧ 汽油泵泵油压力过高。

3）故障诊断与排除

混合气过浓的故障诊断与排除步骤如表 4-9 所示。

表 4-9　混合气过浓的故障诊断与排除

诊断步骤与方法	技术状况
① 检查阻风门操纵机构是否有效，是否关闭过严或难以打开	应开关灵活
② 检查空气滤清器是否堵塞，其盖和壳是否相互接触，扣压过紧，影响进气	若堵塞应予清洁或更换
③ 若阻风门未关闭，空气滤清器也无堵塞，则应检查化油器浮子室油平面是否过高	
④ 若浮子室油平面过高，可用螺钉旋具木柄轻轻敲击化油器盖进油针阀附近	若油平面下降，则表明针阀与座有卡滞现象或有污物垫起 若油平面不下降，则可能是浮子破裂。三角针阀不密封，或调整不当
⑤ 检查火花塞。拆下距离化油器较近的火花塞，看电极是否潮湿	若潮湿，说明进气歧管内存积汽油过多，应予排除

(2) 混合气过稀

1）故障现象

① 发动机难以起动。

② 怠速稳不住，容易熄火。

③ 发动机转速不容易提高，猛踩加速踏板，化油器有回火现象，有时排气管放炮，且

易熄火。

④ 汽车在行驶中动力不足，稍拉风门，动力有好转。

⑤ 发动机过热。

2）故障原因

① 化油器浮子卡住或浮子调整不当，导致浮子室油平面过低。

② 化油器进油口滤网过脏。

③ 化油器主量孔堵塞或主量孔主配剂针旋入过多而使供油不足。

④ 油管破裂、凹瘪、漏气或部分堵塞。

⑤ 汽油滤清器堵塞或汽油中有水，或发生气阻现象。

⑥ 汽油泵泵膜损坏或膜片弹簧过软或损坏。

⑦ 汽油泵进、出油阀贴合不严或汽油泵内、外摇臂磨损间隙过大。

⑧ 汽油泵滤网过脏、滤杯漏气或汽油泵与气缸间衬垫过厚。

⑨ 汽油泵摇臂和凸轮轴靠得过近或过远。

⑩ 化油器或进排气歧管衬垫损坏或螺钉松动而漏气。

3）故障诊断与排除

混合气过稀的故障诊断与排除步骤如表 4-10 所示。

表 4-10　混合气过稀的故障诊断和排除

诊断步骤与方法	技术状况
① 将阻风门关闭，若情况好转	则说明混合气过稀
② 若化油器有主量孔配剂针，应先检查主量孔配剂针是否旋入过多。若旋出少许后，情况好转	则说明主量孔供油过少，对固定式主量孔，应拆下检查是否堵塞
③ 上述检查良好，则应检查浮子室油平面是否过低	若过低，应检查油面过低的原因
④ 检查油路是否有漏气处，汽油泵和汽油滤清器滤网是否堵塞，汽油泵是否由于摇臂磨损、安装位置不当、进出油阀关闭不严等故障而影响供油不足	
⑤ 检查汽油箱上油管是否堵塞	
⑥ 检查进排气歧管衬垫是否有漏气处	

6．化油器式汽油机燃料系故障排除注意事项

（1）诊断中应掌握故障重点部位，才能迅速准确地达到诊断和排除的目的。例如不来油或来油不畅的故障，是属于“油“的问题，大多发生于化油器，则可先从汽油泵着手检查。又例如加速不良、怠速不良是属于“气”的问题，大多发生于化油器，则可先从化油器着手检查。

（2）上述七种故障仅是汽油机燃料系的故障，仅就此七种故障也应从其主要现象区别着手确定是哪一种，再进行诊断。

（3）对于上吸式油箱，拆下汽油泵进油管接头放低油平面时，有时往往由于虹吸条件不充分，不一定能虹吸出油，不能仅此诊断为上油管堵塞，可辅以其他诊断方法诊断。

（4）急加速必须急踩加速踏板或急转节气门操纵臂，不得缓慢动作，否则起不到急加速

的作用。

(5) 以上故障都是以点火系工作正常的情况下为前提，否则应以油、电路综合故障诊断。

二、电控发动机（以桑塔纳2000Gli型轿车AFE型发动机为例）

1. 电子控制燃油喷射系统的自诊断

(1) 自诊断功能及使用注意事项。ECU中配备了一个故障存储器，当监测的传感器或者部件出现故障时，则故障内容以故障码的形式存储在故障存储器中，以便读取。

1) 读取故障存储器并进行故障排除后，应及时清除故障存储器。否则再次使用自诊断系统进行故障自诊断时，此次故障码会一并读出，影响系统的正常工作。

2) 如果故障是由于临时导线短路或者接触不良造成的，则该故障也被存储。这类故障将作为偶然故障以“/SP”显示。如果在40次发动机起动后，故障没有重复出现，则被故障存储器自动清除存储内容。

3) 如果一个故障涉及到氧传感器的功能，则必须至少试车4min后，才能读取故障存储器内容。

4) 如果ECU的供电电压被切断，例如：ECU插头被拔下、蓄电池接线柱上的接线被拆下，则故障存储器内原来存储的地址即被清除。

(2) 故障诊断仪。读取故障码时，必须使用专用的故障诊断仪V.A.G1551或V.A.G1552（与V.A.G1551使用方法相同，只是不能打印检查结果）及传输线V.A.G1551/3。在检查传感器与ECU间有无断路或短路时，还需要配用检测箱V.A.G1598/22与ECU线束插接器相连接。故障诊断仪的地址码和可供选择的功能分别如表4-11和表4-12所示。

表4-11　故障诊断仪的地址码

地　址　码	点火开关接通但不起动发动机	发动机怠速
01　发动机电控系统	是	是
02　自动变速器电控系统	是	是
03　制动系电控系统	是	是
08　空调/暖风电控系统	是	是
14　车轮减振电控系统	是	是
15　安全气囊	是	是
16　动力转向电控系统	是	是
17　组合仪表	是	是
22　四轮驱动电控系统	是	是
24　驱动防滑控制	是	是
25　防盗器	是	是
26　电动车顶控制	是	是
34　悬架水平电控系统	是	是
35　中央门锁	是	是
37　巡航控制系统	是	是
56　收音机	是	是
65　轮胎气压检测	是	是
00　整车电气系统自动检测程序，询问电气系统的故障记忆并打印	是	是

表 4-12 故障诊断仪的功用

功能代码	点火开关接通	发动机怠速	功能代码	点火开关接通	发动机怠速
01 显示电控单元版本号	√	×	06 结束输出	√	√
02 查询故障存储器	√	√	07 电控单元编码	√	×
03 执行元件诊断	√	×	08 阅读测量数据块	√	√
04 基本设定	√	×	10 匹配	√	×
05 清除故障存储器	√	√			

注：√表示进行，×表示不进行。

(3) 读取和清除故障码

1) 检查条件

① 蓄电池电压正常（高于 11.5V）。

② 27 号熔丝正常。

③ 发动机和变速器的搭铁正常（发动机的搭铁线在气缸盖罩壳上）。

2) 检查准备。接通点火开关，进行至少 220s 的试车。注意：

① 须在冷却液温度高于 70℃的情况下运转至少 174s。

② 发动机至少高速 6s。

③ 怠速运转 10s（至少在发动机运转 210s 后）。

④ 发动机转速至少有一次超过 2200r/min。

3) 连接仪器。关闭点火开关，打开诊断接口盖板（位于变速杆前端的防尘罩下）。如图 4-77 所示，将诊断线 V.A.G1551/3 的 5 针插头与 V.A.G1551 或 V.A.G1552 连接，另一端的 16 针插头与诊断接口连接。

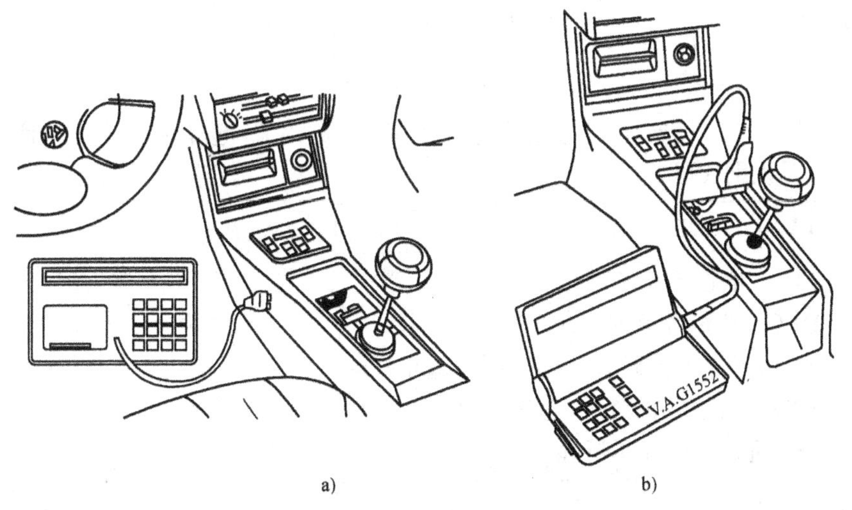

图 4-77 连接仪器

a) V.A.G1551 b) V.A.G1552

4) 读取故障码

① 打开点火开关或起动发动机并怠速运转，这时显示屏显示（以 V.A.G1551 为例）：

V.A.G-EIGENDIAGNOSE HELP
1.Schnelle Datenubertragung①
2.Binkcodeausgabe①

V.A.G-自诊断 帮助
1.快速数据传递①
2.闪光码输出①

① 交替再现。如果显示屏上没有显示，检查诊断接口端子16（与蓄电池正极相连）和端子4（与蓄电池负极相连）的电压和极性，再检查V.A.G1551/3的导线是否断路（图4-78和表4-13）。

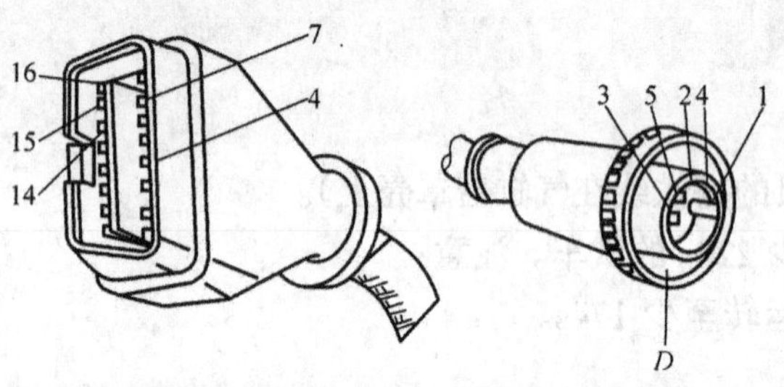

图4-78 诊断仪V.A.G1551/3的插头

表4-13 诊断线V.A.G1551/3插头触点的关系

5针插头（D插头）	16针插头
3—蓄电池（-）	4
1—K线	7
5—灯线	14
4—L线	15
2—蓄电池（+）	16

② 按"1"键选择"快速数据传递"，这时显示屏显示：

Schnelle Datenubertragung① HELP
Adresswort eingeben ××

快速数据传递 帮助
输入地址码 ××

③ 按"0"和"1"键选择"发动机电控系统"，按"Q"键确认输入，这时显示屏显示发动机电控单元识别代码：

300907311A MOTRONIC M1.5.4P 1303

300907311A：电控单元备件号
MOTRONIC：为燃油喷射系统
M1.5.4P：电控单元的硬件代码（制造编号）
1303：电控单元的软件代码（程序编号）

④ 按"→"键，这时显示屏显示：

Schnelle Datenubertragung① HELP
Funktion anwahlen ××

快速数据传递 帮助
选择功能 ××

⑤ 按“Print”键接通打印机（键内指示灯亮）。

⑥ 按“0”键和“2”键选择“查询故障存储器”，按“Q”键确认输入。这时显示屏上显示存储故障的数目（或“无故障!”）：

× Fehler erkannt!

× 个故障被识别!

如果存储了多个故障，则按顺序依次显示并打印出来。

⑦ 按“→”键，这时显示屏显示：

Schnelle Datenubertragung①	HELP
Funktion anwahlen ××	

快速数据传递	帮助
选择功能 ××	

5）清除故障码

① 按“0”键和“5”键选择“清除故障码存储器”，按“Q”键确认输入。这时显示屏显示：

Schnelle Datenubertragung	→
Fehierspeicherist geloscht!	

快速数据传递	→
故障存储器已清除!	

② 按“→”键，这时显示屏显示与“第四：读取故障码”中的第④步的相同。

③ 按“0”和“6”键选择“结束输出”，按“Q”键确认输入。

④ 重新进行试车并再次读取故障存储器，不得再有故障显示。

（4）故障码（如表 4-14 所示）

表 4-14　电子控制燃油喷射系统的故障码

故障码	V.A.G1551 打印机的输出	可能的故障原因	故障的排除
	未发现的故障	如果存在问题，则故障未能被诊断系统识别	继续按照故障码表查找故障
00518	节气门位置传感器（G69）对正极短路	电缆或 G69 对正极短路	检查 G69 的电路
		电缆断路	
	节气门位置传感器（G69）对地断路/短路	G69 损坏	
00519	进气压力传感器（G71）对正极断路/短路	G71 损坏	检查 G71 的电路
		电缆断路	

（续）

故障码	V.A.G1551 打印机的输出	可能的故障原因	故障的排除
00522	冷却液温度传感器（G62）对正极断路/短路	G62 损坏	检查 G62 的电路
		电缆断路	
00623	进气温度传感器（G42）对地断路	G42 损坏	检查电缆或 G42 对地短路的情况
		电缆对地短路	
	进气温度传感器（G42）对正极断路/短路	G42 损坏	检查 G42 的电路
		电缆断路	
00524	爆燃传感器（G61）无信号	在传感器电路内有电缆断路或短路	检查 G61 的电路
		G61 损坏	更换 G61
00525	氧传感器（G39）无信号	G39 损坏	检查 G39
		电缆断路	检查 G39 电路
	氧传感器（G39）对正极短路	G39 损坏	检查电缆或 G39 对正极短路的情况
		电缆对正极短路	
00532	供电电压信号过大	蓄电池电压大于 16.0V	检测发电机
	供电电压信号过小	蓄电池电压大于 10.0V	检测蓄电池
01249	气缸 1 的喷油器（N30）对正极短路	电缆或者 N30 对正极短路	检查 N30 或 N30 的电缆，必要时更换 N30
	气缸 1 的喷油器（N30）对地断路/短路	电缆对地断路/短路	
	气缸 1 的喷油器（N30）损坏	N30 损坏	
01250	气缸 2 的喷油器（N31）	见气缸 1 故障原因	检查 N31 的电缆
01251	气缸 3 的喷油器（N32）	见气缸 2 故障原因	检查 N32 的电缆
01252	气缸 4 的喷油器（N33）	见气缸 3 故障原因	检查 N33 的电缆
65535	ECU 损坏	ECU 的部件损坏	更换 ECU

2. 电子控制燃油喷射系统的检修

电子控制燃油喷射系统各零部件、传感器本身故障以及配线出现故障是造成系统故障的主要原因。因此掌握各组件及配线故障对发动机及车辆运行故障的影响，对于迅速查找故障原因极为重要。表 4-15 所列出为电子控制燃油喷射系统主要组件及配线对发动机及车辆的影响。

（1）控制系统。为了避免人为地破坏燃油喷射装置和点火装置，检测时应当注意以下事项：

1）在发动机运转时或者在起动转速下，不得接触或拔下点火电缆。

2）燃油喷射装置和点火装置的电缆以及检测仪的电缆，只允许在关闭点火开关后拔下或插上。

3）如果发动机要以起动转速被拖动，而本身并不起动，例如：在气缸压缩压力检测时，则应当从霍耳传感器（分电器）上拔下插头。

表 4-15　主要组件故障对发动机工作的影响

序号	组件名称	故障现象
1	ECU	① 发动机不能起动；② 发动机性能失常
2	点火线圈	① 发动机不能起动；② 无高压火花；③ 二次电压过低
3	汽油泵继电器	① 发动机不能起动；② 燃油泵不工作；③ 喷油器不喷油
4	中央线路板熔丝	发动机不能起动
5	霍尔传感器	① 发动机无法起动；② 发动机工作不稳；③ 怠速不稳；④ 间歇性熄火
6	进气压力传感器	① 发动机起动困难；② 发动机性能失常；③ 怠速不稳；④ 油耗增大
7	进气温度传感器	① 发动机性能不佳；② 怠速不稳；③ 容易熄火；④ 油耗增大；⑤ 混合器过浓
8	节气门位置传感器	① 发动机起动困难；② 怠速不稳；③ 发动机性能不佳；④ 容易熄火
9	爆燃传感器	① 发动机工作不稳；② 加速时产生爆燃；③ 点火正时不准
10	氧传感器	① 发动机性能不佳；② 怠速不稳；③ 发动机油耗增大；④ 排气污染增大；⑤ 空燃比不正确
11	冷却液温度传感器	① 发动机起动困难；② 发动机性能不佳；③ 怠速不稳；④ 容易熄火
12	喷油器	① 发动机不能起动；② 起动困难；③ 油耗增大；④ 怠速不稳；⑤ 发动机性能不佳
13	怠速调节器	① 发动机起动困难；② 怠速不稳；③ 容易熄火；④ 发动机失速
14	曲轴箱通风阀(PCV)	① 发动机不能起动或起动困难；② 怠速不稳或无怠速；③ 加速困难；④ 油耗增大
15	活性炭罐电磁阀	① 发动机性能不佳；② 怠速不稳
16	废气再循环阀(EGR)	① 发动机温度过高；② 发动机无力；③ 减速熄火；④ 油耗增大；⑤ 发动机起动困难
17	空调（A/C）开关	① 发动机不能起动；② 怠速不稳；③ 怠速时易熄火
18	汽油泵	① 发动机不能起动或起动困难；② 怠速不良或熄火；③ 发动机回火；④ 发动机性能不佳
19	曲轴位置传感器	发动机不能起动

4）燃油喷射装置和点火装置的 ECU 只有一个故障存储器。在维修操作、调整操作和查找故障之前，应当先读取故障存储器中的内容。

5）为了实现电器部件的正常功能，电压至少应当为 11.5V。

6）不得使用含硅密封胶。发动机吸入的硅胶屑在发动机内不燃烧，因此会损坏氧传感器。

第一：怠速及点火正时的检测

1）检测标准：在故障诊断仪 V.A.G1551 进入“基本设定”功能中进行检测，标准怠速转速为（800±50）r/min，其 CO 体积分数小于 1.5%。

2）检测条件

① ECU 无故障存储。

② 发动机冷却液温度至少为 80℃。

③ 对 ECU 的供电电压须大于 12.2V。

④ 空调开关必须关闭，关闭其他用电设备。

⑤ 排气系统无泄露现象。

⑥ 节气门拉索位置调节正确。

⑦ 保持前轮向正前方。

3）检测步骤

① 将点火检测仪 V.A.G1367 或 V.A.G1767 用接线夹 V.A.G1367/8 接好。将 CO 检测仪 V.A.G1363A 接好。

② 拔下稳压箱上的曲轴箱排气软管，并将通向进气管的软管口封闭。

③ 读取和清除故障存储器中的故障码。如有故障存在，须先排除故障。起动发动机进入怠速运转。

④ 按照故障诊断仪显示器上的显示进行操作。

⑤ 按下“→”键。输入进入“基本设定”功能的指令 04，并按下“Q”键确认，这时显示屏上将显示：

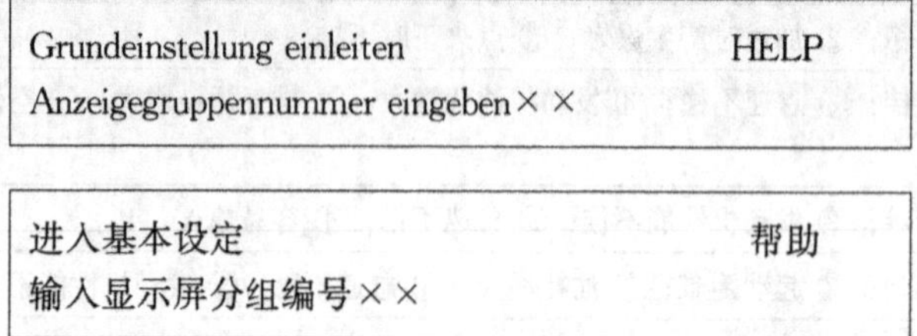

⑥ 输入显示屏“01 分组”的代码 01，并按下“Q”键确认，显示屏显示：

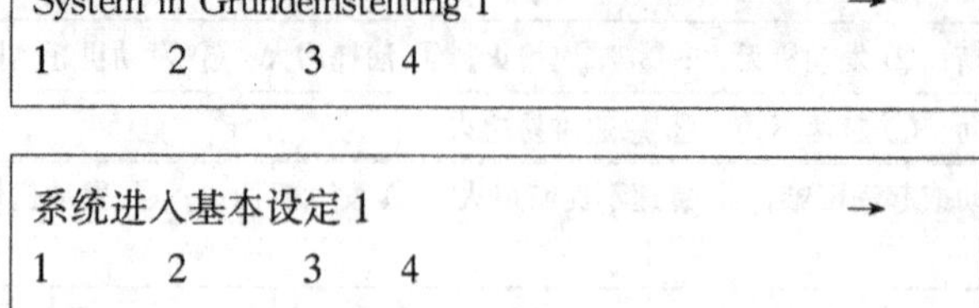

1～4 为显示区，只有当第 4 显示区显示 00000000 时，再继续进行检测。如果显示区 4 显示数字 1 或者若干个 1 则表示检测条件没有满足：

10000000＝故障存储器中有故障存在；

00100000＝空调器未关闭；

00010000＝非怠速状态；

00000100＝节气门未关闭；

00000010＝发动机转速处在无效区；

00000001＝冷却液温度低于 80℃。

⑦ 使发动机怠速运转 1min。读取显示区 1 所显示的发动机怠速转速值，其值应为(800±50)r/min。

⑧ 在该怠速转速下检测点火时刻和 CO 体积分数。点火提前角应为 12°±1°，CO 体积分数应小于 1.5%。必要时转动分电器调整点火提前角。

可利用故障诊断仪 V.A.G1551 调整点火提前角。当“基本设定”功能 01 分组显示区 4 满足 00000000 时，ECU 使发动机怠速转速升至 1500r/min 左右（此时 ECU 输出固定的点火提前角 12°），这时可转动点火分电器盘调整点火提前角。

⑨ 如果怠速转速超过额定值，检查或更换怠速调节器。调整后让发动机怠速运转至少

1min。

⑩ 按下“→”键结束发动机的基本设定，此时冷却风扇电动机不得运转。输入“结束输出”功能指令 06，并按下“Q”键确认。

第二：电器检测

1）检测说明

① 检测时要使用手持式万用电表 V.A.G1526 或者万用电表 V.A.G1715 以及二极管检测灯 V.A.G1527。

② 所给出的额定值在 0～40℃ 的环境温度范围内有效。

③ 如果测量值偏离了额定值，则应当按照电路图查找故障。

④ 如果测量值距额定值的误差很小，则应当清洁检测仪和测量电缆的插座和插头，然后重复进行检测。在更换有关的元件前，应当检测电缆和插口，并且特别是在额定值低于 10Ω 时，要对元件重复进行电阻测量。

⑤ 使用辅助测量套件 V.A.G1594 中的辅助电缆，将检测仪表连接在检测箱上。

⑥ 接线插头的触点编号和检测箱的插座编号是相同的。

⑦ 除了一览表中列出的检测步骤外，还应当检测电缆，必要时对地（-）或者对蓄电池正极（+）的短路情况也要检测。

2）检测条件

① 蓄电池电压正常。

② ECU 熔丝和燃油泵熔丝正常。

③ 发动机的搭铁线正常（位于气缸盖上）。

④ 汽油泵和汽油泵继电器正常。

3）未接 ECU 时的检测

① 关闭点火开关，从 ECU 上拔下接线插头（安装在驾驶员侧仪表盘下）。

② 将检测箱 V.A.G1598 和连接电缆 V.A.G1598-9 连接在要检测的传感器电缆束的接线插头上，如图 4-79 所示。

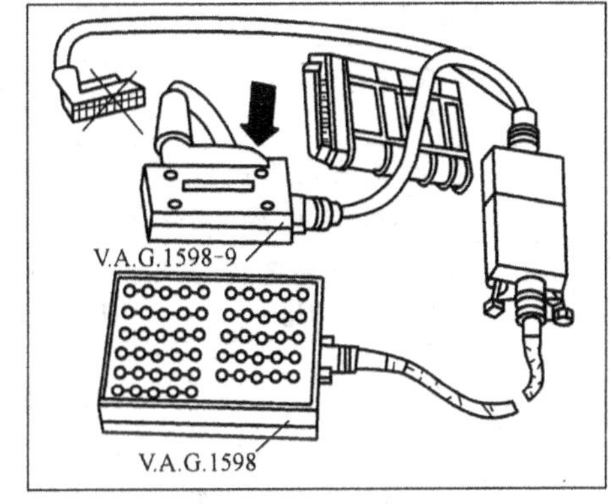

图 4-79 连接检测箱（未接 ECU）

③ 按照组件检测步骤与项目一览表（表 4-16）进行检测。

表 4-16 组件检测步骤与项目一览表

检测步骤	检 测 项 目	附 加 操 作	检 测 箱 插 口	额定值/Ω
1	至霍尔传感器（G40）的正极电缆连接	拔下霍尔传感器插头	12＋霍尔传感器插头端子 3	<0.5
2	至霍尔传感器（G40）的负极电缆连接	拔下霍尔传感器插头	48＋霍尔传感器插头端子 1	<0.5
3	霍尔传感器（G40）至 ECU 电缆连接	拔下霍尔传感器插头	49＋霍尔传感器插头端子 2	<0.5
4	至进气压力传感器（G71）的正极电缆连接	拔下进气压力传感器与进气温度传感器的插头★	12＋进气压力传感器与进气温度传感器插头端子 3	<0.5

（续）

检测步骤	检 测 项 目	附 加 操 作	检 测 箱 插 口	额定值/Ω
5	进气压力传感器（G71）至ECU的电缆连接	拔下进气压力传感器与进气温度传感器的插头★	7+进气压力传感器与进气温度传感器插头端子4	<0.5
6	至进气温度传感器（G42）的负极电缆连接	拔下进气压力传感器与进气温度传感器的插头★	30+进气压力传感器与进气温度传感器插头端子1	<0.5
7	进气温度传感器（G42）至ECU的电缆连接	拔下进气压力传感器与进气温度传感器的插头	44+进气压力传感器与进气温度传感器插头端子2	<0.5
8	至节气门位置传感器（G69）的正极电缆连接	拔下节气门位置传感器的插头	12+节气门位置传感器插头端子3	<0.5
9	至节气门位置传感器（G69）的负极电缆连接	拔下节气门位置传感器的插头	30+节气门位置传感器插头端子3	<0.5
10	节气门位置传感器（G69）至ECU的电缆连接	拔下节气门位置传感器的插头	53+节气门位置传感器插头端子2	<0.5
11	至爆燃传感器（G61）负极电缆连接	拔下爆燃传感器的插头	30+爆燃传感器插头端子2	<0.5
12	至爆燃传感器（G61）负屏蔽电缆连接	拔下爆燃传感器的插头	19+爆燃传感器插头端子1	<0.5
13	爆燃传感器（G61）至ECU电缆连接	拔下爆燃传感器的插头	11+爆燃传感器插头端子2	<0.5
14	至冷却液温度传感器（G62）负极电缆连接	拔下冷却液温度传感器上的插头	30+冷却液温度传感器插头端子2	<0.5
15	至冷却液温度传感器（G62）信号电缆连接	拔下冷却液温度传感器上的插头	45+冷却液温度传感器插头端子1	<0.5
16	至怠速调节器（N71）电缆连接	拔下怠速调节器上的插头	4+怠速调节器插头端子1 26+怠速调节器插头端子1	<0.5
17	氧传感器（G39）内电阻	拔出氧传感器插头连接	接至氧传感器插头方向的二根白色导线插头端子1和2	<0.5
18	至氧传感器（G39）负极信号电缆连接	拔出氧传感器插头连接	28+氧传感器插头端子4	<0.5
19	至氧传感器（G39）正极信号电缆连接	拔出氧传感器插头连接	10+氧传感器插头端子3	<0.5
20	进气温度传感器（G42）的电阻	点火开关关闭，拔出进气压力传感器与进气温度传感器插头	30+44	<0.5
21	爆燃传感器	点火开关关闭，拔下爆燃传感器插头连接	11+30	<0.5

★：在M1.5.4电子控制燃油喷射系统中，进气压力传感器和进气温度传感器组合在同一插头上。

④ 注意事项：为了避免损坏电子组件，在连接测量电缆前，要注意所调整的量程必须符合检测条件，而且进行表中列出的附加操作。

4）接ECU的检测

① 关闭点火开关，从ECU上拔下接线插头。

② 将检测箱 V.A.G1598 和连接电缆 V.A.G1598-9 连接在 ECU 上，如图 4-80 所示。

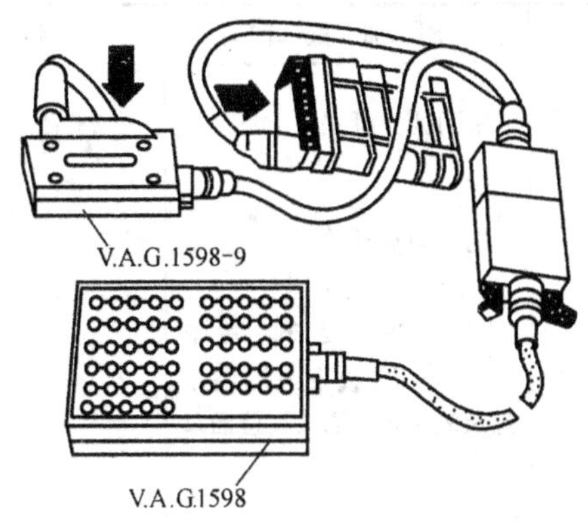

图 4-80　连接检测箱（接 ECU）

③ 按照组件检测步骤（表 4-17 ）进行检测。

表 4-17　电气检测步骤与项目一览表（接 ECU）

检测步骤	检　测　项　目	附　加　操　作	检　测　箱　插　口	额定值/V
22	霍尔传感器（G40）供电电压	打开点火开关	12＋48	约为 5
23	进气压力传感器（G71）供电电压	打开点火开关	12＋30	约为 5
24	来自进气压力传感器（G71）的信号	打开点火开关	7＋30	3.8～4.2
		起动发动机在怠速状态		0.8～1.3
		加大节气门		电压发生变化
25	来自霍尔传感器（G40）的信号	拔下点火线圈插头并取下分电器盖打开点火开关，人工转动曲轴 V 带轮	12＋49	约为 5
26	进气温度传感器（G42）供电电压	拔下进气压力传感器与进气温度传感器插头打开点火开关	30＋44	约为 5
27	来自进气温度传感器（G42）的信号	插上进气压力传感器与进气温度传感器插头打开点火开关	30＋44	0.5～3 该值和温度有关
28	节气门位置传感器（G69）供电电压	打开点火开关	12＋30	约为 5
29	来自节气门位置传感器（G69）的信号	打开点火开关，节气门关闭	53＋30	0.2～0.9
		节气门关闭		3.0～4.8
30	冷却液温度传感器（G62）供电电压	打开点火开关，拔去冷却液温度传感器插头	30＋45	约为 5
31	来自冷却液温度传感器（G62）的信号	打开点火开关，插上冷却液温度传感器插头	30＋45	0.5～2.5 该值和温度有关

（续）

检测步骤	检测项目	附加操作	检测箱插口	额定值/V
32	点火线圈（N152）供电电压	打开点火开关	2+15（即点火开关）	约为12
33	点火线圈（N152）信号电压	打开点火开关	1+2	约为12
34	气缸1喷油器（N30）的电缆连接	点火开关关闭，拔下ECU插头，拔下汽油泵熔丝及氧传感器插头连接插口14+3	2+17	约为12
35	气缸2喷油器（N31）的电缆连接	点火开关关闭，拔下ECU插头，拔下汽油泵熔丝及氧传感器插头连接插口14+3	2+16	约为12
36	气缸3喷油器（N30）的电缆连接	点火开关关闭，拔下ECU插头，拔下汽油泵熔丝及氧传感器插头连接插口14+3	2+35	约为12
37	气缸4喷油器（N31）的电缆连接	点火开关关闭，拔下ECU插头，拔下汽油泵熔丝及氧传感器插头连接插口14+3	2+34	约为12
38	空调（A/C）开关输入端	起动发动机并空载运行，关闭空调	18+41	约为12
		接通空调		约为0
39	空调压缩机输入端	起动发动机并空载运行，关闭空调	18+40	约为12
		接通空调		约为0
40	氧传感器（G39）的供电电压	发动机起动并空载运行	万用电表接至氧传感器插头连接的两根白色电缆上	12～14
41	氧传感器（G39）的信号电压	发动机起动并空载运行，接上氧传感器插头连接	万用电表接至氧传感器插头连接的黑色和灰色电缆上	0.2～0.8显示缓慢并在此区域内摆动
42	发生干扰时氧传感器（G39）的信号电压	发动机起动并空载运行，将油压调节器上负压软管拔下并予以密封	万用电表接至氧传感器插头连接的黑色和灰色电缆上	显示短时稳定，然后开始重新摆动
43	ECU端子10的基准电压	打开点火开关，拔出氧传感器插头连接	10+19	约0.15

第三：ECU电压的检测

1）接上故障诊断仪V.A.G1551，输入“发动机电控系统”的地址码01。发动机怠速运转，显示屏上显示：

Schnelle Datenubertragung	HELP
Funktion anwahlen××	

2）输入“阅读测量数据块”的功能码08，并按下“Q”键确认，显示屏显示：

Me β werteblock lesen	HELP
Anzeigegruppennummer eingeben××	

阅读测量数据块	帮助
输入显示屏分组编号××	

3）输入显示屏“02分组”的代码02，并按下“Q”键确认，显示屏上显示：

Me β werteblock lesen 2				→
1	2	3	4	

阅读测量数据块 2				→
1	2	3	4	

4）在显示区3读取显示值，额定值约为恒定的蓄电池电压。如果显示值波动，进行电气检测，必要时更换供电继电器（J176）（继电器位置2）

5）按下“→”键，输入“结束输出”功能码06，并用“Q”键确认。

第四：发动机运转状态的检测

用于检测ECU是否能识别发动机的工作状态（如：怠速、部分负载、加速、减速、滑行等）。

1）接上故障诊断仪V.A.G1551，并且输入“发动机电控系统”的地址码01。在怠速运转时，显示屏上显示：

Schnelle Datenubertragung	HELP
Funktion anwahlen××	

快速数据传递	帮助
功能选择××	

2）输入“阅读测量数据块”的功能指令08，并按下“Q”键确认，显示屏上显示：

Me β werteblock lesen	HELP
Anzeigegruppennummer eingeben××	

阅读测量数据块	帮助
输入显示屏分组编号××	

3）输入显示屏“04 分组”的代码 04，并按下“Q”键确认，显示屏上显示：

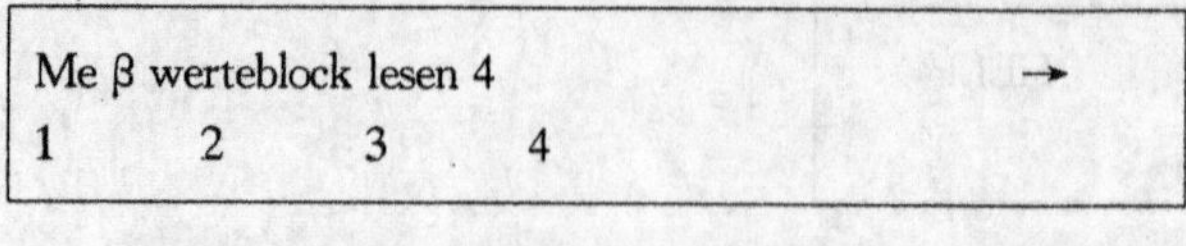
Me β werteblock lesen 4 →
1 2 3 4

阅读测量数据块 4	→
1 2 3 4	

1～4 为显示区。如果显示区上出现了其他内容，参考故障诊断仪使用说明书。

① 滑行断油：当冷却液温度高于 60℃，将发动机转速提高到大于 3000r/min，注意第 4 显示区左起第 1 位数字。突然关闭节气门，负荷指标（第 2 显示区）小于 1.0ms 时，额定值为 1。

② 怠速：

Me β werteblock lesen 4	→
…/min …ms …km/h	01000000

阅读测量数据块 4	→
…/min …ms …km/h	01000000

观察第 4 显示区左起第 2 位数字，额定值应为 1。

③ 部分负载：

Me β werteblock lesen 4	→
…/min …ms …km/h	00100000

阅读测量数据块 4	→
…/min …ms …km/h	00100000

观察第 4 显示区左起第 4 位数字。节气门全开（加速踏板短时踩到底），额定值应为 1。

④ 加速：

Me β werteblock lesen 4	→
…/min …% …km/h	00001000

阅读测量数据块 4	→
…/min …% …km/h	00001000

观察第 4 显示区左起第 5 位数字。节气门全开突然增大，额定值应为 1。

⑤ 减速：

Me β werteblock lesen 4	→
…/min …ms …km/h	000001000

阅读测量数据块 4	→
…/min …% …km/h	000001000

观察第 4 显示区左起第 6 位数字。节气门突然减小，额定值应为 1。

⑥ 第 1 缸确认：

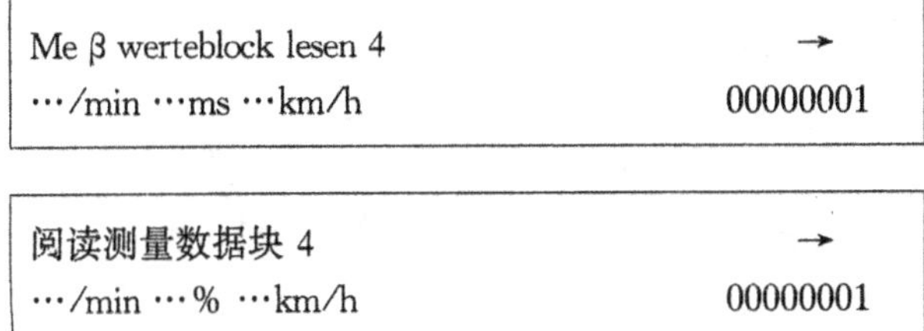

观察第 4 显示区左起第 8 位数字。霍尔传感器工作正常，额定值应为 1。如果额定值不符合要求，读取并清除故障存储器，必要时检测节气门位置传感器。

4）按下“→”键，键入“结束输出”的功能码 06，并按下“Q”键确认。

第五：节气门位置传感器的检测

1）接上故障诊断仪 V.A.G1551，并且输入“发动机电控系统”的地址码 01。

2）发动机处于怠速运转状态时，显示屏上显示：

Schnelle Datenubertragung	HELP
Funktion anwahlen××	

快速数据传递	帮助
功能选择××	

3）输入“阅读测量数据块”的功能指令 08，并按下“Q”键确认，显示屏上显示：

Me β werteblock lesen	HELP
Anzeigegrup pennummer Teingeben××	

阅读测量数据块	帮助
输入显示屏分组编号××	

4）输入显示屏“03 分组”的代码 03，并按下“Q”键确认，显示屏上显示：

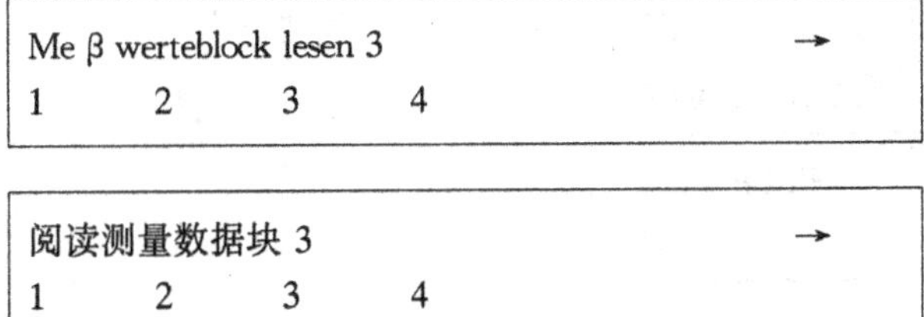

1～4 为显示区。如果显示区上出现了其他内容，参考故障诊断仪使用说明书。

5）缓慢地将节气门开到最大，观察第 3 显示区中显示的角度，其数值必须在整个开启范围内均匀升高。否则进行电器检测，必要时更换节气门位置传感器（G69）。

6）按下“→”键，键入“结束输出”的功能码06，并按下“Q”键确认。

第六：进气温度传感器的检测

1）接上故障诊断仪V.A.G1551，并且输入“发动机电控系统”的地址码01。发动机处于怠速运转状态时，显示屏上显示：

Schnelle Datenubertragung	HELP
Funktion anwahlen××	

快速数据传递	帮助
功能选择××	

2）输入“阅读测量数据块”的功能指令08，并按下“Q”键确认，显示屏上显示：

Me β werteblock lesen	HELP
Anzeigegrup pennummer Teingeben××	

阅读测量数据块	帮助
输入显示屏分组编号××	

3）输入显示屏“02分组”的代码02，并按下“Q”键确认，显示屏上显示：

Me β werteblock lesen 1				→
1	2	3	4	

阅读测量数据块 2				→
1	2	3	4	

4）在第4显示区读取进气温度值。

5）用普通的冷却剂喷雾喷到进气温度传感器（G72）上，观察所显示的温度值。温度值必须下降，如果温度值无变化，进行组件检测步骤26、27。必要时，更换进气温度传感器（G72），并进行怠速检测。

6）按下“→”键，键入“结束输出”的功能码06，并按下“Q”键确认。

第七：冷却液温度传感器的检测

1）发动机处于冷态，接上故障诊断仪V.A.G1551，并且输入“发动机电控系统”的地址码01。发动机处于怠速运转状态时，显示屏上显示：

Schnelle Datenubertragung	HELP
Funktion anwahlen××	

快速数据传递	帮助
功能选择××	

2）输入“阅读测量数据块”的功能指令 08，并按下“Q”键确认，显示屏上显示：

Me β werteblock lesen	HELP
Anzeigegrup pennummer Teingeben××	

阅读测量数据块	帮助
输入显示屏分组编号××	

3）输入显示屏“01 分组”的代码 01，并按下“Q”键确认，显示屏上显示：

Me β werteblock lesen 1			→
1	2	3	4

阅读测量数据块 2			→
1	2	3	4

1~4 为显示区。如果显示区上出现了其他内容，参考故障诊断仪使用说明书。

4）观察第 2 显示区上的冷却液温度值，温度值必须无间隔地均匀上升。

① 显示屏上的显示如果跳动 2~5℃，则是由于 ECU 造成的。

② 有故障时显示 95.2℃，并稳定不变。

③ 如果在特定的温度范围内出现发动机运转不良，而且稳定升高有中断，则表示温度信号有中断，应当更换冷却液温度传感器（G62）。

④ 如果温度值无变化，应进行组件检测步骤 30、31（见表 4-17 所示）。必要时，更换冷却液温度传感器（G62）。

5）按下“→”键，输入“结束程序”的功能码 06，并按下“Q”键确认。

第八：氧传感器的检测

1）检测条件

① 发动机冷却液温度至少为 80℃。

② 怠速检测正常。

③ 排气系统无泄露。

④ 氧传感器的加热元件供电电压正常。

2）检测步骤

① 接上故障诊断仪 V.A.G1551，并且输入“发动机电控系统”的地址码 01，显示屏上显示：

Schnelle Datenubertragung	HELP
Funktion anwahlen××	

快速数据传递	帮助
功能选择××	

② 输入“基本设定”的功能指令 04，并按下“Q”键确认，显示屏上显示：

Grundeinstellung einletiten　　　　　　HELP
Anzeigegrup pennummer Teingeben××

进入基本设定　　　　　　帮助
输入显示屏分组编号××

③ 输入显示屏“01 分组”的代码 01，并按下“Q”键确认，显示屏上显示：

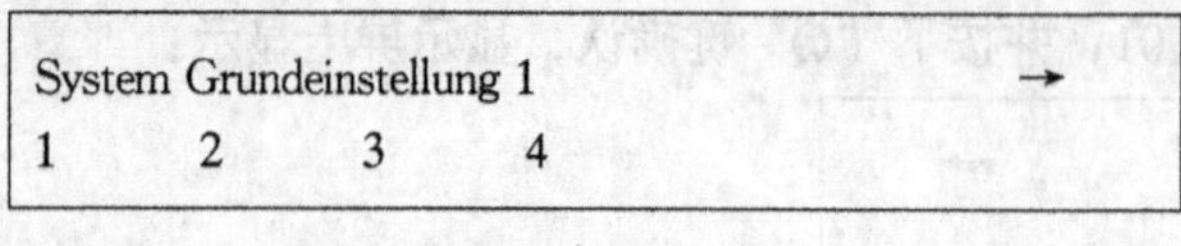
System Grundeinstellung 1　　　　　　→
1　2　3　4

系统进入基本设定 1　　　　　　→
1　2　3　4

1~4 为显示区。如果显示区上出现了其他内容，参考故障诊断仪使用说明书。只有当第 4 显示区显示 00000000 时，才能继续检测。如果显示区 4 显示出数字 1 或者若干个 1，则表示检测条件没有满足。

④ 按下“→”键，重新输入“阅读测量数据块”功能码 08，并按下“Q”键确认，显示屏上显示：

Me β werteblock lesen　　　　　　HELP
Anzeigegruppennummer eingeben××

阅读测量数据块　　　　　　帮助
输入显示屏分组编号××

⑤ 输入显示屏“01 分组”的代码 01，并按下“Q”键确认，显示屏上显示：

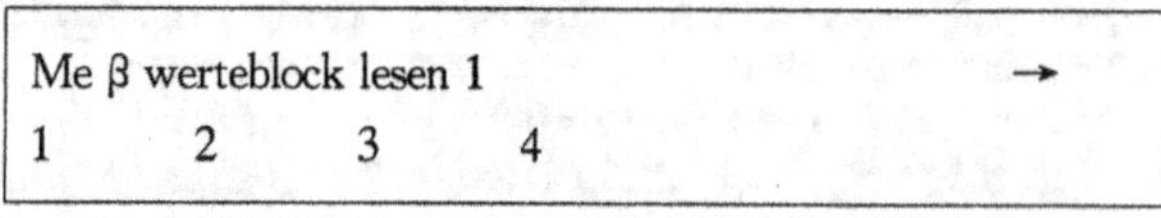
Me β werteblock lesen 1　　　　　　→
1　2　3　4

阅读测量数据块 2　　　　　　→
1　2　3　4

1~4 为显示区，如果第 4 显示区显示数字为若干个 1，并不表示检测条件没有满足，而是为含义尚未定义。

⑥ 将发动机转速提高到大约 2500r/min，运行 1min，然后让发动机进入怠速运转。

⑦ 读取显示区 3 上的氧传感器电压，其波动量必须大于 0.3V。按下“→”键，输入“结束程序”的功能码 06，并按下“Q”键确认。

⑧ 如果在显示区 3 上显示 0.00V，从氧传感器上拔下 4 针插头。如果在显示区 3 上显示拔下的插头有 0.4V 左右的电压，则应更换氧传感器（G39）；如果在显示区 3 上显示拔下的插头的电压为 0.00V，应进行电器检测，必要时更换 ECU。

⑨ 如果氧传感器电压（在转速升高后检测）的波动量小于0.3V，进行电器检测，必要时更换氧传感器（G39）。

（2）空气供给系统

1）怠速调节器的检测

① 接上故障诊断仪V.A.G1551，打开点火开关，并且输入“发动机电控系统”的地址码01，显示屏上显示：

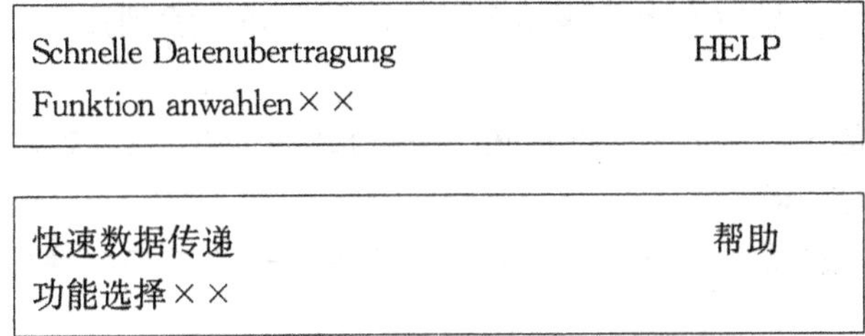

Schnelle Datenubertragung　　HELP
Funktion anwahlen××

快速数据传递　　帮助
功能选择××

② 按照显示屏上显示的内容操作故障诊断仪。

③ 输入“执行元件诊断”的功能指令03，并按下“Q”键确认，显示屏上显示：

Schnelle Datenubertragung　　Q
03-Stellglieddiagnose

快速数据传递　　帮助
03-执行元件诊断

④ 如果显示屏上出现了其他内容，参见故障诊断仪使用说明书。

⑤ 操纵怠速调节器（N71），按下“Q”键确认，显示屏显示：

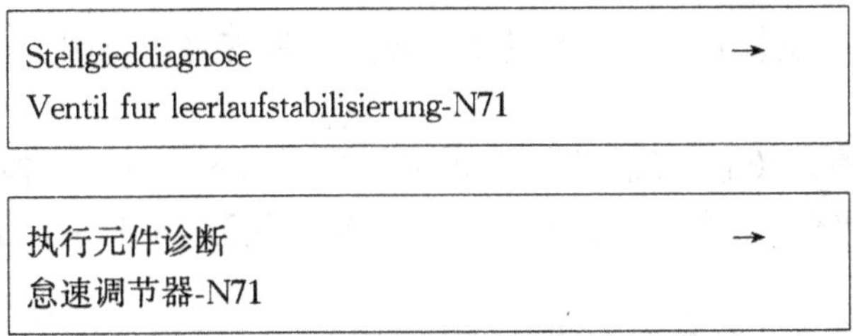

Stellgieddiagnose　　→
Ventil fur leerlaufstabilisierung-N71

执行元件诊断　　→
怠速调节器-N71

⑥ 怠速调节器必须动作，发出“嗒嗒”声响并持续到按下“→”键，切换到下一个执行元件。

⑦ 如果怠速调节器不动作，应关闭点火开关，从怠速调节器电磁阀上拔下2针插头。将故障诊断仪V.A.G1551的测量电缆连接在电磁阀和电缆束上，打开点火开关，重新进行怠速调节器执行元件诊断程序。将发光二极管检测灯V.A.G1527用辅助电缆V.A.G1594连接在测量电缆的插头1和3上。

如果发光二极管闪亮或发光，则应更换怠速调节器；如果发光二极管不闪亮或不发光，进行表4-16中的检测步骤16，必要时更换ECU。

2）活性炭罐电磁阀的检测

① 进行怠速调节器的检测步骤1）～6），这时显示屏上显示：

Stellgieddiagnose	→
Magnetventil fur Akuvkohlen-N80	

执行元件诊断	→
活性炭罐电磁阀-N80	

② 活性炭罐电磁阀必须动作，可用手感觉到电磁阀动作时的振动，并持续到按下“→”键。

如果电磁阀不动作，从电磁阀上拔下 2 针插头，将发光二极管检测灯 V.A.G1527 连接在拔出的插头上。此时发光二极管必须闪亮。

发光二极管闪亮或发光，应更换电磁阀；发光二极管不闪亮或不发光，进行电器检测，必要时更换 ECU。

③ 按下“→”键，显示屏上显示：

Schnelle Datenubertragung	HELP
Funktion anwahlen××	

快速数据传递	帮助
功能选择××	

④ 输入“结束输出”的功能码 06，再按下“Q”键确认。

⑤ 关闭点火开关。

3）附加空气阀的检测

① 发动机处于冷态。

② 使发动机怠速运转，用圆嘴钳缠绕软管，这时发动机转速应立即下降。否则，更换附加空气阀。

③ 预热发动机到正常温度，用圆嘴钳重新缠绕软管，这时发动机转速不应下降。否则，将发动机熄火，拆下附加空气阀接线插头，使发动机怠速运转，检查插头上（+和-）是否有电流。

如果插头上没有电流，对电流进行进一步检查；如果插头上有电流，应更换附加空气阀。

（3）燃油供给系统检测注意事项

1）连接部位及其周围，在拆卸前要彻底清洗。

2）卸下的零件要放在一个干净的垫板上并盖好，不得使用掉纤维的纺织物。

3）打开的部件如果不立即进行维修，应当仔细盖好或封闭。

4）只允许安装洁净的零件。配件应在安装时再从包装中取出，不得使用储藏中无包装的零件（例如放在工具箱等处）。

5）在打开的系统内，尽可能不要使用压缩空气。汽车尽可能不要移动。

6）在装满或部分装满汽油的油箱上拆卸与安装油位传感器或汽油泵时，开始操作前，汽油箱开口的附近要安装能够吸收挥发油气的装置，并且装上排气吸收装置的软管。要避免皮肤与燃油接触，必须戴上防油手套。

（4）电动汽油泵的检测和更换

1）汽油泵供电电压的检测

① 蓄电池电压应正常，汽油泵熔丝良好。

② 打开点火开关。

③ 在短时间内必须听到汽油泵起动约1s。

④ 如果汽油泵未起动，则应关闭点火开关，检查汽油泵熔丝是否正常。

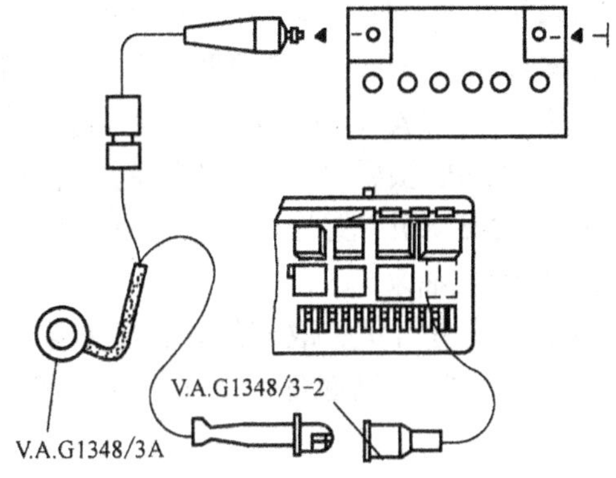

图 4-81　连接遥控器

如果熔丝不正常，应更换燃油泵熔丝；如果熔丝正常，从中央线路板上拔下汽油泵继电器（2 号继电器）。将遥控器 V.A.G1348/3A 和连接电缆 V.A.G1348/3-2 连接好（如图 4-81 所示）并按下遥控器按钮。

如果汽油泵运转，检查汽油泵继电器控制电路；如果汽油泵不运转，拔下行李箱内的汽油泵接线插头（如图 4-82 所示），用二极管检测灯 V.A.G1527 和辅助电缆 V.A.G1594 连接接线插头 1、3 号端子，按下遥控器按钮。

如果发光二极管亮，检查汽油泵到插头的连接，必要时更换汽油泵；如果发光二极管不亮，检查汽油泵继电器到汽油泵的导线，必要时更换导线。

2）汽油泵泵油量和回油压力的检测

① 蓄电池电压正常，拔下汽油泵继电器，连接好遥控器 V.A.G1348/3A 和连接电缆 V.A.G1348/3-2（如图 4-82 所示）。

② 从汽油分配管上卸下进、回油管，把压力表 V.A.G1318 连接在分配管进油管一端，如图 4-83 所示。

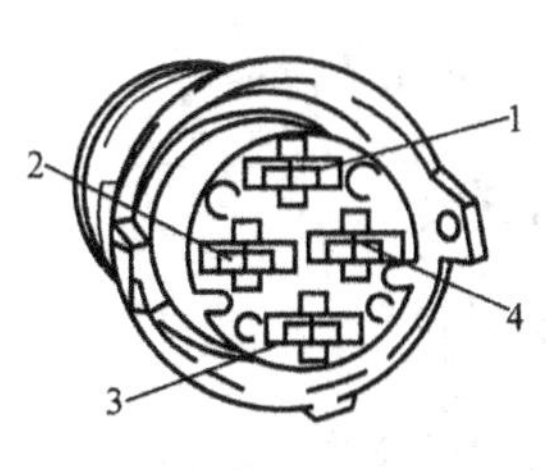

图 4-82　汽油泵接头
1～4—插头端子

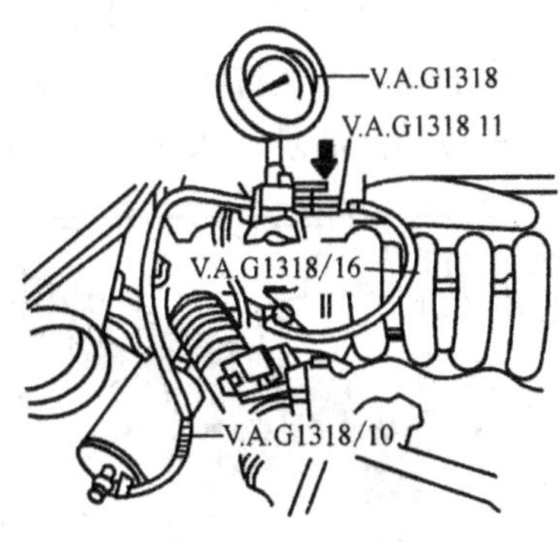

图 4-83　检测汽油泵泵油量

③ 把压力表输出端口用辅助油管伸至一量杯内。

④ 打开压力表截止阀（图 4-83 中箭头所指），排除管道中的空气。

⑤ 关上压力表截止阀，并倒空量杯，重新接好。

⑥ 将遥控器接通 30s。

⑦ 量杯中的燃油量与额定值比较。如图 4-84 所示，纵坐标为燃油输出量，其单位为 ml/30s；横坐标为发动机静止时，汽油泵的电压（汽油泵运转时，电压比蓄电池电压小 2V）。

如果实际流量低于额定值，检查系统压力是否正常。压力过高，更换油压调节器；压力过低，检查油管是否弯折或堵塞。若油管正常，检查汽油滤清器是否堵塞。

⑧ 拆下压力表 V.A.G1318，接好进油管，将压力表串接在回油管端。

⑨ 将回油管接回汽油箱，拆下遥控器 V.A.G1318/3A，装上汽油泵继电器。

⑩ 起动发动机并怠速运转，燃油压力表应小于 190kPa。

3）更换汽油泵

① 关闭点火开关，取下蓄电池搭铁线。

② 卸下后行李箱底部的盖子，从凸缘上拔下接头以及进、回油管和通气细管，如图 4-85所示。

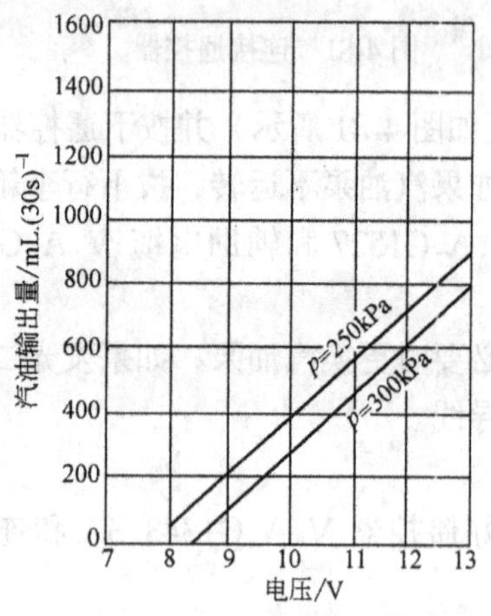

图 4-84　汽油泵泵油量与电压的关系

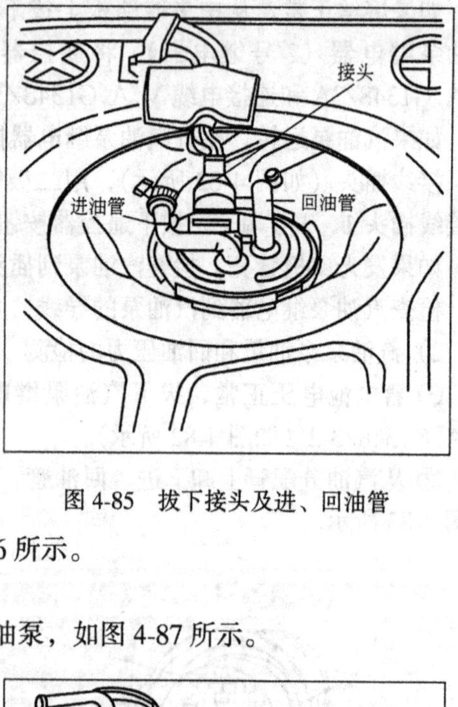

图 4-85　拔下接头及进、回油管

③ 用专用工具 3217 拧下锁紧螺母，如图 4-86 所示。

④ 从汽油箱开孔上拉出凸缘和密封圈。

⑤ 向左转动汽油泵，从卡口上松开并卸下汽油泵，如图 4-87 所示。

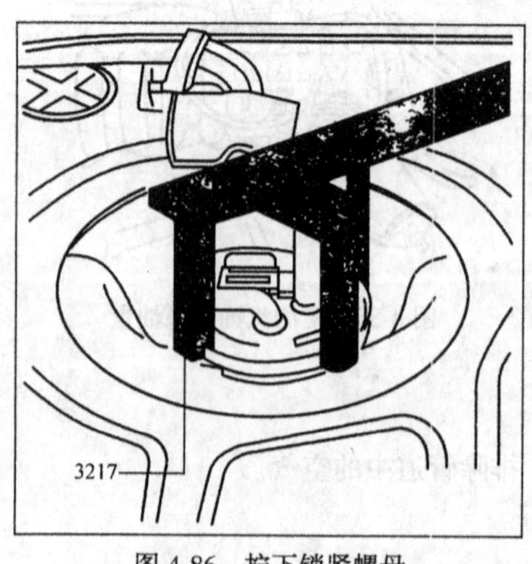

图 4-86　拧下锁紧螺母

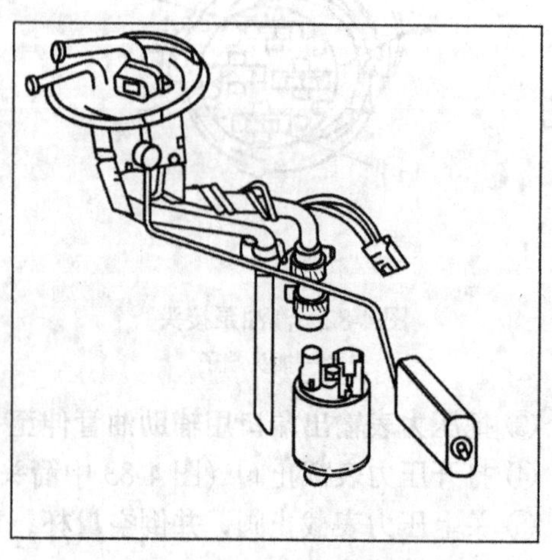

图 4-87　拆下汽油泵

⑥ 如果新汽油泵内含有汽油。安装前要排空。

⑦ 安装时注意，油位传感器不允许扭曲。

⑧ 用汽油润湿凸缘的密封圈，并注意凸缘的安装位置。

(5) 油压调节器的检测

1）准备工作

① 松开连接部件前，要清洗该部件及周围。

② 拆下的零件要放到干净的地方，并仔细盖好。

③ 严禁使用掉纤维的抹布，严禁烟火。

④ 汽车尽可能不移动。

⑤ 检查汽油泵的泵油量正常。

⑥ 为了避免松开连接部位时喷溅汽油，要在各个连接部位周围放上抹布。

⑦ 检查蓄电池电压。

2）检测步骤

① 拔下汽油泵继电器，连接好遥控器 V.A.G1348/3A 和连接电缆 V.A.G1348/3-2（如图 4-82 所示）。

② 把压力表 V.A.G1318 和适配器 V.A.G1318/11 连接在汽油分配管上，见图 4-84 所示。压力测量表的截止阀必须关闭（手柄垂直于流动方向）。

③ 打开压力表截止阀，按下遥控器按钮。

④ 观察压力表上的汽油压力，额定值应在 0.28～0.30MPa。

⑤ 卸下遥控器，装上汽油泵继电器，起动发动机并怠速运转。

⑥ 观察压力表，额定值应为 0.25MPa。

⑦ 瞬间加大节气门开度，观察压力表，应增大到约 0.29MPa。

⑧ 从油压调节器上拔下负压管，汽油压力必须提高到 0.30MPa。

⑨ 关闭点火开关，通过压力表上的压力降，检查密封性和压力保持的程度，在 10min 后必须至少有 0.2MPa 的压力。如果表压力低于 0.2MPa，检查管路是否有泄露现象、汽油泵单向阀是否工作正常、汽油分配管和喷油器接口 O 形密封圈的密封性是否良好、压力表的密封性是否良好，必要时更换故障部件。

⑩ 如果以上检查均正常，起动发动机并怠速运转。待压力建立后，关闭点火开关，用钳子夹住回油管，观察压力表上的压力降。如果 10min 后，压力表读数不低于 0.2MPa，则应更换油压调节器。

(6) 喷油器的检测

1）喷油器供电电压的检测

① 霍耳传感器应正常。

② 拔下汽油分配管上的喷油器接线插头。

③ 将发光二极管检测灯 V.A.G1527 连接到该插头内，如图 4-88 所示。

④ 起动发动机，发光二极管应该闪亮。

如果发光二极管不闪亮或不发光，将喷油器插头重新插上，进行电器检测 34～37。必要时更换 ECU。

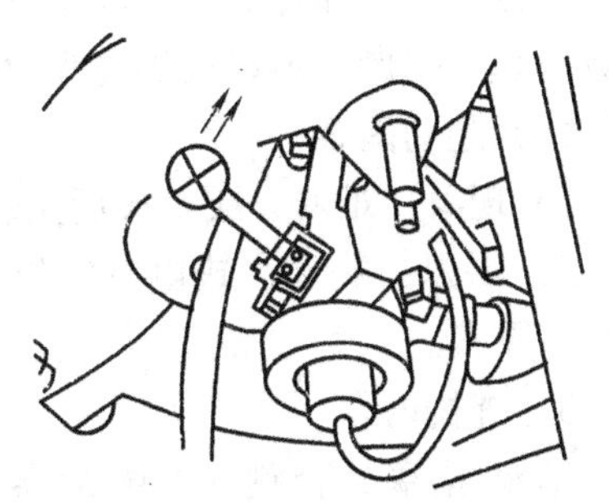

图 4-88 连接发光二极管检测灯

2）喷油器电阻的检测。拔下所有喷油器的 2 针插头，用万用表 V.A.G1526 测量每个喷油器的电阻（如图 4-89 所示），额定值为（15.9±0.35）Ω。如果不符合规定值，更换损坏的喷油器。

3）喷油器喷射状态和泄露的检测

① 拔下点火线圈插头。

② 将燃油分配管和喷油器一同拆下。

③ 用辅助软管延长进、回油管。

④ 将喷油器安装在测量仪 V.A.G1602 上，如图 4-90 所示。

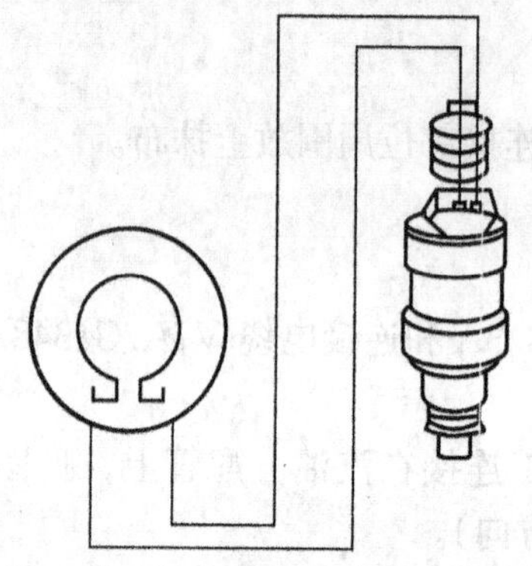

图 4-89　检测喷油器电阻

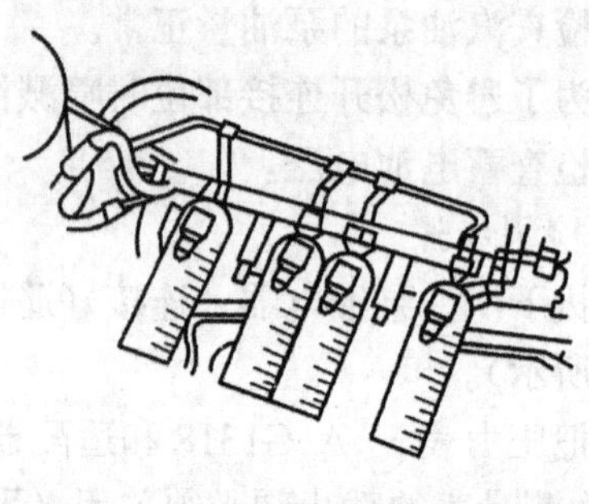

图 4-90　检查喷油器的喷射状态

⑤ 将喷油器所有插头插上。

⑥ 从冷却液温度传感器上拔下 2 针插头。

⑦ 起动发动机，喷油器必须均匀地脉冲喷油。

⑧ 关闭点火开关并检查喷油器的密封性，泄露量不得超过 2 滴/min。

3. 电子控制燃油喷射系统故障诊断

正确地判断故障，源于自诊系统的利用。但基础检测是前提，电器元件和传感器性能参数的好坏，是基础检测的深化，图 4-91 为检测时的主要依据：

电控喷射系统的常见多发故障为：起动困难、怠速游车、各工况游车、无力和加速不良、油耗高、排放不良、回火或放炮、爆燃、不熄火等九大故障。

（1）起动困难

1）现象：难着火或着火后又熄火。

2）原因：缺油、缺电、气缸密封性差三要素。

3）查找内容

① 火花塞是否跳火？喷油器是否喷油？有关接头是否松动？

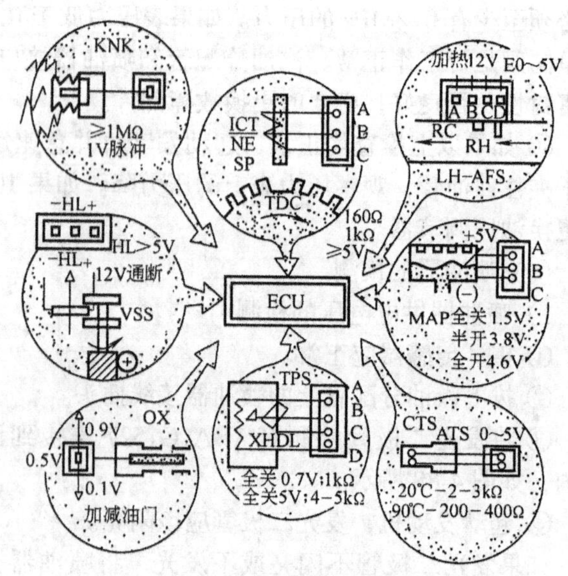

图 4-91　10 种传感器性能参数

② 点火正时对否？气缸压力、蓄电池电压是否正常？进气系统密封如何？它影响 MAP 和 AFS 的计量。

③ TPS、CTS 是否正常？冬季起动时喷油器的和冷却液温度传感器的好坏是关键因素。

④ 如不奏效，应扩大检测范围（如：防盗保护、排气管堵塞等）。

（2）怠速游车

1）现象：怠速忽高、忽低、过高、过低。

2）原因：点火性能和密封性能差；有关部件失调或损坏，造成 A/F 过大、过小、变化无常。

3）查找内容

① 点火和喷油系统的接头是否松动？

② 各缸工作情况是否良好？有无缺火、断火、交叉点火现象？

③ 进气管负压是否在 60kPa 以上？各缸压力是否在 1MPa 以上？（注意气门热态漏气和点火正时）。

④ 汽油泵、滤油器、喷油器是否工作正常？卡住回油管，油压应升高 100kPa；转速应上升 100r/min。

⑤ TPS 零位是否正确？其怠速触电 IDL 是否导通？

⑥ IAC 是否失灵？加上额外负荷，转速应快速恢复正常。

⑦ EGR 阀是否过早的投入工作？或常开漏气？PVC 阀是否常开？或不灵活？

⑧ D 型和 L 型进气系统是否漏气？MAP 的软管是否插错等。

（3）各工况游车

1）现象：在任一踏板位置时，喘振和失速。

2）原因：A/F 忽大、忽小、点火性能和密封性能差，有些原因同怠速游车。

3）查找原因

① 各缸各转速下点火、喷油是否正常？有无缺火、断火、断油现象？

② MAP 或 AFS 的输出电压是否正常？密封情况如何？

③ TPS 初始位置失准，IDL 失常？

④ 气门间隙是否正常？液力挺柱是否正常？热态大负荷时是否漏气？

⑤ 自动变速器是否正常？有无打滑和频繁换挡现象？

⑥ VSS 信号与实际车速是否一致？它是经济车速修正量的重要参数。

（4）无力和加速不良

1）现象：反应迟缓，加速踏板踩下一半，车速无明显的变化。

2）原因：A/F 过小、点火性能和密封性能差。

3）查找内容

① 首先区别发动机方面的原因？还是底盘方面的原因？制动器是否阻滞力大（拔劲）？离合器是否打滑？A/ T 是否正常？

② 再找点火，喷油和进气系统是否正常？主要是脏堵、松旷、漏气、缺火。

③ 袋式滤油器是否接反？喷油器是否脏堵？汽油泵是否老化？应检测分配管燃油压力是否正常。

④ 气缸压力、蓄电池电压、点火正时、三元催化转换器有无问题。

(5) 油耗高

1) 现象：油耗大。

2) 原因：A/F 过大，点火性能和密封性能差。

3) 查找内容

① 进气系统、喷射系统、点火系统是否正常？有时气缸密封性是关键。

② 冷起动是否正常？冷起动真空电磁阀 VSV 是否失控？CTS 是否失常？节温器是否常开。

③ 油压调节器是否发卡或漏油？MAP 真空管是否接错？喷油器是否失效？

④ 制动器是否阻滞？离合器是否打滑？A/T 是否打滑？

⑤ 操作不当、换挡不及时。自动变速器不是采用“抬加速踏板升挡、踩加速踏板降挡”操作法。

(6) 排放不好

1) 现象：CO、HC、NO_x 超标，冒黑烟、蓝烟。

2) 原因：A/F 过大、烧机油、净化装置失效。油耗高和排放不好并存。

3) 查找内容

① 进气系统密封性差（特别是 D 型），计量失常，喷油过多。

② 点火和喷油系统失常，窜机油严重。

③ CTS、MAP、AFS 失常，冷起动系统常喷。

④ 喷油器滴漏、雾化不良，CO 电位计失调。

⑤ 活性炭罐失效、油蒸气压力过高且量多。A/F 过大。

⑥ 曲轴箱通风 PCV 阀失控，泄漏的燃油蒸气失控，使曲轴箱窜气量过多的投入工作，(曲轴内压力应为负压为好)。

(7) 回火、放炮

1) 现象：进气管窜火、排气管放炮。

2) 原因：A/F 过大（排气管放炮）、过小（进气管回火）；点火有误，缺火、断火、错火、交叉进火；进排气门关闭不严。

3) 查找内容

① 点火系统（火花塞、分线、点火线圈、点火器、分电机）在各转速下工作是否正常？

② 进气门、排气门关闭是否严密？三元催化转换器和消声器是否脏堵？

③ 燃油系统是否脏堵？喷油压力是否正常？喷油器脉冲线是否接错？点火分线是否接错？

④ 配气正时是否正确？传动带或链条是否错牙？

(8) 爆燃

1) 现象：加速时有连续的金属敲击声。

2) 原因：点火过早、发动机过热、燃油品质差。

3) 查找内容

① 点火是否过早？KNK 是否失效？

② 燃烧室窜机油、积炭过多，传热差，造成过热。

③ 水泵失效、节温器打不开、电动风扇失控、硅油风扇打滑，冷却系统水垢严重，造

成过热。

④ 燃油品质和机油品质低劣。

⑤ 机温过高也可能是自动变速器打滑，油温和冷却液温度过高造成。

(9) 不熄火

1) 现象：关掉点火开关、不立即熄火，短时间非正常运转。

2) 原因：产生炽热点火，油、气、热三因素并存造成。

3) 查找内容

① 燃烧室窜机油、积炭多，产生炽热点（热源）。

② 喷油器滴漏（油源）。

③ 节气门关闭不严；熄火后步进电机 IAC 未回到初始关断位置（气源）。

④ 油压调节器膜片漏油（单点喷射）。

⑤ 火花塞冷热型有误，出现炽热点。

第五章　柴油机燃料供油系的构造与维修

第一节　概　　述

柴油机使用的燃料是柴油，它是在压缩行程接近终了时将柴油喷入气缸，与空气混合并在高温高压下自行发火燃烧。由于柴油机的发火方式是“压燃”，而不是像汽油机那样“点燃”，所以柴油机没有点火系统，因而也就没有点火系统带来的一系列故障，仅有油路系统的故障，而油路系统机件较精密，可靠耐用，故障少。因为柴油机在进气行程吸入的是空气，压缩比和过量空气系数都较大，所以燃油能充分燃烧，热效率高（30%～40%），燃油消耗低（比汽油机低30%左右），使用成本低，且CO和CH的生成量比汽油机少得多，排气污染较小。由于柴油机具有故障少、使用成本低和排气污染小的三大特点，所以不仅在重型汽车、牵引车、大客车上得到了广泛应用，而且在中、小型汽车上的应用也日益增多。

柴油机燃料供给系是柴油机的重要组成部分。是柴油机的心脏。因此掌握柴油机供给系的构造与工作原理以及使用维修方法，是确保柴油机使用性能的关键。

一、柴油机燃料供给系的作用与组成

1. 功用

柴油机燃料供给系的功用是向气缸供给清洁的空气和按柴油机各种工况的要求，定时、定量地向燃烧室以高压喷入燃油，使其与空气迅速而良好地混合和燃烧，最后使废气排入大气。

(1) 柴油箱、柴油滤清器、低压柴油管、柴油泵完成燃料的储存、滤清和输送。

(2) 喷油泵通过高压油管、喷油器向燃烧室定时、定量、定压喷油。

(3) 气缸内的燃烧室使高压油雾与空气混合并燃烧。燃烧后的高压气体推动活塞对外作功。

(4) 燃烧后的废气经排气门、排气管、排气消声器进入大气。

2. 组成

柴油机燃料供给系统由燃料供给、空气供给、混合气形成及废气排除四部分组成。

柴油供给系由柴油箱1、输油泵6、低压油管及滤清器3、喷油泵7、高压油管9、喷油器11及回油管8等组成，如图5-1所示。

二、柴油机燃烧过程

（一）柴油机的燃烧过程

如图5-2所表示柴油机气缸内气体压力变化。图中纵坐标表示气缸压力 p，横坐标表示曲轴转角 θ。

在压缩过程中，当曲轴转到上点前的 O 点时，喷油泵开始向喷油器供油。但只有曲轴转到稍后一点 A 时，喷油器中的油压才提高到喷油所需要的压力而开始喷油。O 点至上止点之间的曲轴转角称为供油提前角。一般为8°左右。

从A点开始，柴油机燃烧根据气缸中压力和温度的变化特点，可将混合气的形成与燃烧过程按曲轴转角分为几个时期。

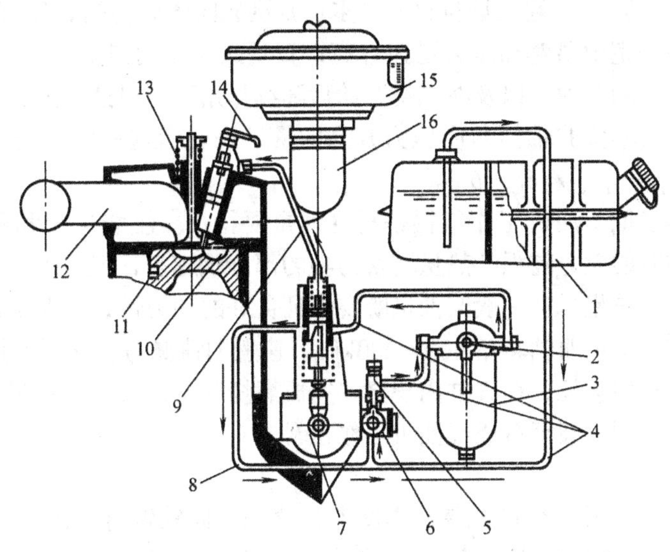

图 5-1　柴油机燃料供给系

1—柴油箱　2—限压阀　3—柴油滤清器　4—低压油路　5—手动输油　6—输油泵　7—喷油泵　8—回油管　9—高压油管　10—燃烧室　11—喷油器　12—排气管　13—排气门　14—溢油管　15—空气滤清器　16—进气管

1. 发火延迟时期

发火延迟时期也称着火落后时期，也可称备燃期或滞燃期，指的是喷油始点 A 与燃烧始点 B 之间的转角。在此期间喷入气缸的雾状柴油从气缸内的高温空气吸收热量，逐渐蒸发、扩散，与空气混合，并进行燃烧前的化学准备。这一阶段气缸内的压力变化曲线与纯压缩线重合。B 点之后才出现火源，气缸内的压力开始脱离压缩曲线，B 点之后缸内压力和温度急剧升高，说明 B 点之后缸内混合气才开始燃烧，因为燃油刚喷入气缸，虽然空气已被压缩一定程度，但刚喷入的燃油要经过喷散雾化、吸热蒸发、扩散混合等物理准备过程和一系列的分子裂化和低温氧化等燃烧前的化学准备过程。所以着火落后时期是为后续燃烧作准备的，但对下一阶段燃烧及整个燃烧过程将有很大的影响。因为这一阶段时间虽短（约 0.0007～0.03s），但喷射在缸内的燃油数量很多（约占循环供油量的 30%～40%）。由此可知燃油喷入气缸的时机不应正好在压缩行程终了上止点，而是应有一个适当的喷油提前角如图 5-2 所示。

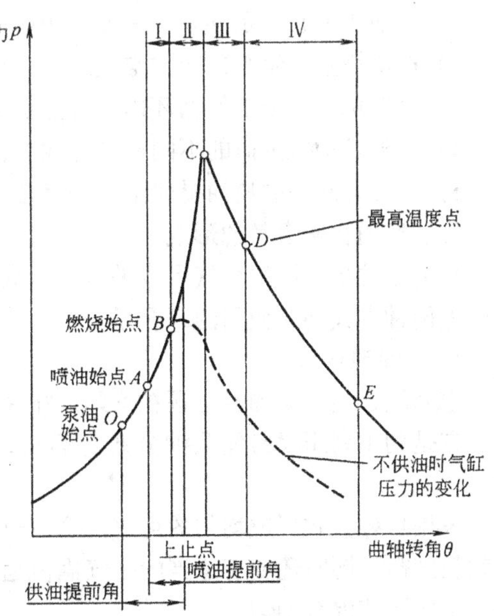

图 5-2　燃烧过程中气缸内压力变化图

2. 速燃时期

速燃时期是燃烧始点 B 和最高压力点

C之间的曲轴转角。从B点起火焰自火源（多点）迅速向各处传播，使燃烧速度迅速增加，急剧放热，导致燃烧室中温度和压力迅速升高，直到最高压力点C为止。在此期间早已喷入但尚未来得及蒸发的柴油，以及在燃烧开始后陆续作用下，迅速蒸发，混合和燃烧。一般用平均压力升高率（单位曲轴转角内压力升高的量）来表示这一阶段内压力升高的急剧程度，即$\Delta p/\Delta\theta=(p_c-p_A)/(\theta_C-\theta_B)$。

压力升高率是表征柴油机工作组粗暴程度的重要指标。燃烧速度和压力上升的速度越快，气体膨胀作功时的能力越强，热量转换为功的部分就越多，但压力升高过大会产生强烈的冲击振动噪声，工作粗暴。一般柴油机既要保证良好的动力性，又要工作平稳柔和，压力升高率一般限制在每单位曲轴转角400～600kPa。速燃期情况与发火延迟期的长短有关。一般情况下，发火延迟期愈长，在气缸内积聚并完成燃烧准备的柴油就愈多，以致在燃烧开始后气缸压力升高更急剧，甚至造成柴油机工作粗暴。

3．缓燃时期

缓燃时期是从最高压力点C到最高温度点D之间的曲轴转角。在此阶段开始燃烧很快，但由于氧气减少，废气增加，燃烧条件不利，故燃烧越来越慢，但燃气温度却因传热限制而能继续升高到1973～2273K（1700～2000℃）。缓燃期内，通常喷油已结束。

4．补燃时期

补燃时期也称后燃期，它是从达到最高温度D点起至燃烧结束。这个时期实际上有时一直延续到开始排气，所以终点E很难确定，此期间缸内压力和温度均降低。

柴油由于蒸发性和流动性比汽油差，而且混合气形成时间短促，使得柴油难以在燃烧前彻底雾化蒸发并与空气均匀混合。为改善混合气形成条件，不致于出现太长的发火延迟期，保证柴油机工作柔和，除选用十六烷值较高的柴油，采用较高的压缩比，以提高气缸内空气温度和改善柴油雾化品质，促进柴油蒸发外，为保证柴油机工作正常，满足使用要求，对柴油机的供给系还提出了如下特殊要求：

1）喷油压力必须足够高，一般在10MPa以上，以利柴油雾化。

2）在燃烧室内组织适当的空气运动，促进柴油与空气的均匀组合。

3）发动机在一个工作循环内，各缸均喷油一次，喷油顺序和发动机发火顺序一致。

4）能随发动机负荷的不同相应地改变供油量，而且各缸供油量要均匀。

5）各缸有同一的喷油提前角，并且在一定程度上进行统一调节。

三、柴油机混合气的形成

目前柴油机可燃混合气形成的方法，大致可分成空间混合气形成、表面蒸发混合气形成和以上两种方式同时使用的综合型。

1．空间混合

空间混合是使柴油雾化颗粒均匀分布在燃烧室空间，并与压缩的空气混合形成可燃混合气。它是利用高压喷射使柴油分布与雾化，以及组织燃烧室内压缩空气的涡流运动来完成的。

采用这种方式形成均匀的可燃混合气时，要求喷射的燃料在燃烧室空间均匀分布，雾化的颗粒细微，同时还要有适当的空气涡流运动相配合，以促进喷入燃烧室的燃料微粒汽化，并与空气迅速混合均匀。

随着喷射技术的不断发展，喷油压力不断提高，依靠喷雾来保证雾化和混合的燃烧系统已广泛使用，这种混合气形成方式已成为当代柴油机燃烧系统的主流。

2. 表面蒸发混合

表面蒸发混合是用喷油器与旋转的空气涡流运动相配合，将燃料以油膜状态分布在燃烧室壁面上，控制壁面温度使壁上油膜蒸发速度最快（温度低蒸发速度慢，温度过高燃料在壁面上形成沸腾的汽膜，反而使蒸发速度下降，一般在539～643K左右蒸发速度最快），油膜上面有高速旋动的空气涡流，使蒸发的燃料气体迅速与空气混合形成可燃混合气。

采用表面蒸发混合时，要求喷射的燃料具有较强的贯穿能力，呈油雾密集的油束状，与空气涡流运动恰当地配合，能在燃烧室壁上形成比较均匀的油膜，同时还要有高速的空气涡流运动和控制燃烧室的壁温，以保证迅速形成可燃混合气。

3. 综合混合

将上述两种混合方式混合使用，即将一部分燃料喷入燃烧室进行空间混合，另一部分燃料喷在燃烧室壁上形成油膜，以表面蒸发的形式形成可燃混合气。

随着对混合气形成过程研究的深入，人们认识到实际上无论空间式还是综合混合形式，都必然有一部分燃料要喷到壁面上，所以实际上混合气形成过程不可能有严格的区分界限。

四、柴油机的燃烧室与轻柴油

柴油机混合气的形成和燃烧都是在燃烧室中进行的。所以，燃烧室的结构形式直接影响混合气的品质和燃烧。对燃烧室的要求主要是配合喷油形成良好均匀的混合气，改善燃烧，燃烧室结构要紧凑，减少热损失、以提高热效率。

汽车柴油机目前采用的燃烧室的结构基本上有两大类：统一式燃烧室和分开式燃烧室（也称分隔式燃烧室）。

1. 统一式燃烧室

统一式燃烧室由活塞顶和气缸盖底面形成的空间所组成，因燃烧室是在一个空间内，所以称统一式燃烧室。采用这种燃烧室时，燃油自喷油器直接喷射到燃烧室中，借助喷出油束的形状和燃烧室形状的匹配，再加上室内强烈的进气涡流运动，迅速形成混合气。常见的有ω形和球形两种形式如图5-3所示。

ω形燃烧室的活塞凹顶剖面轮廓呈ω形，这种燃烧室要求喷油压力较高，一般为17～22MPa，并应采用小孔径的多孔喷油器。

ω形燃烧室的柴油机起动性能好，缺点是多孔喷油器的喷孔直径小，易堵塞、发动机工作比较粗暴。

球形燃烧室的活塞凹顶剖面轮廓呈球形。利用螺旋进气道产生强烈的空气涡流，采用单孔或双孔喷油器将燃油在高压下顺气流和接近于燃烧室的切线方向喷入燃烧室内。球形燃烧室的柴油机工作较柔和，其缺点是柴油机冷起动较困难，在较大的使用转速范围内工作性能不如ω形燃烧室，加速反映也较慢。

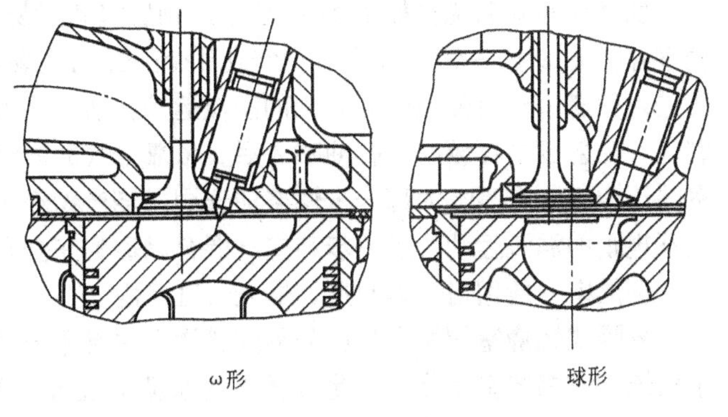

图5-3　统一式燃烧室

2. 分隔式燃烧室

分隔式燃烧室由两部分燃烧室空间所组成，一部分是活塞顶与缸盖底面组成的空间称主燃烧室，一部分在气缸盖内称副燃烧室，主、副燃烧室之间由一个或几个通道相连通。这类燃烧室有涡流室式燃烧室和预燃室式燃烧室。

涡流室式燃烧室如图 5-4a 所示。涡流室燃烧室中涡流室（副燃室）的容积约占烧室容积的 50%左右。连接涡流室与主燃烧室的一个或几个通道与涡流室相切，使空气在压缩行程中从气缸被挤入涡流室时产生强烈有规则的旋转运动 ——压缩涡流。在这种燃烧室中，柴油直接喷在涡流室空间，由于强烈的空气涡流作用，很快与空气混合，形成较浓的混合气并发火燃烧，使涡流室内的压力急剧升高，燃烧气体连同刚喷入的燃油和燃烧产物经通道进入主燃烧室，进一步与那里的空气混合、燃烧。

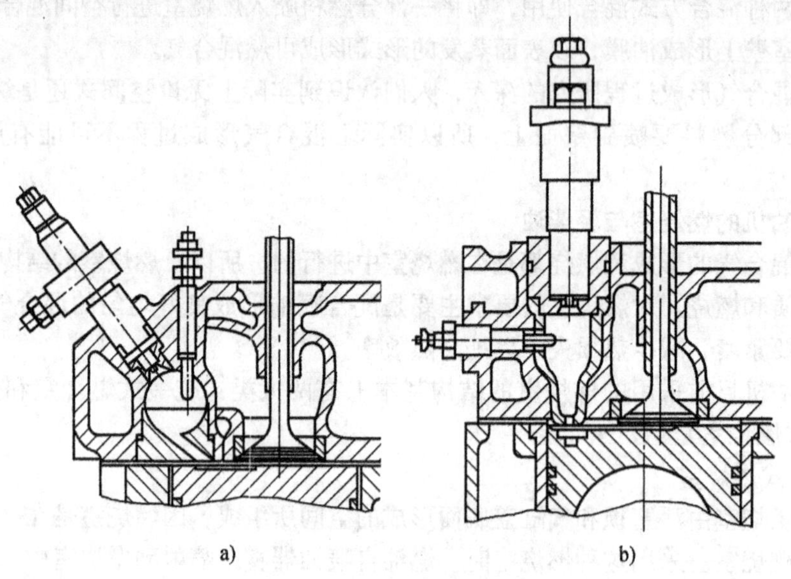

图 5-4　分隔式燃烧室

a）涡流室式　b）预燃室式

一般涡流室由两部分构成，其上半部直接铸在气缸盖内，下半部则用耐热钢单独制成带通道的镶块，镶嵌在缸盖内。

预燃烧室式燃烧室如图 5-4b 所示。预燃室式燃烧室的预燃室（副燃烧室）容积约为燃烧室容积的 25%～40%，并用一个或几个小孔与主燃烧室相通。在压缩行程中，空气经小孔进入预燃室产生强烈的无规则的紊流运动，活塞临近上止点时，单孔喷油器将燃油喷入预燃室，喷射压力可较低。燃油喷入后，依靠空气的紊流运动形成混合气并发火燃烧，使预燃室的压力急剧升高，大部分未燃柴油连同燃烧产物经小孔高速喷入燃烧室，在主燃烧室内产生不规则的涡流运动，进一步与空气混合以达到完全燃烧。

预热室一般用耐热钢制造，嵌入气缸盖内。

分隔式燃烧室的特点是：分隔式燃烧室主要靠强烈的空气运动形成混合气，对空气的利用比统一式燃烧室充分，因此过量空气系数 α 也小一些。随着转速的增加，有利于混合气的形成，可改善高速性能。分隔式燃烧室允许采用较大喷孔的轴针式喷油器及较低的喷油压力。由于先副燃烧室后主燃烧室两级燃烧，所以发动机工作柔和，曲轴连杆机构载荷也较小。但是分隔式燃烧室散热损失和节流损失较大，起动性和经济性较差，必须用更高的压缩比，而且要在副燃烧室中装起动电热塞。

预燃式和涡流式燃烧室多用于小型高速柴油机上，缸径一般在100mm以下。

3. 轻柴油的种类

轻柴油（可简称柴油）是汽车、拖拉机、柴油机的燃料。对其基本要求是：具有良好的流动性，能保证在各种使用条件下燃料能顺利地供给，容易喷散、蒸发，形成良好的混合气，使发动机容易起动。混合气能平稳地燃烧，保证柴油机工作柔和，喷油器不结焦，燃烧室内无积炭，对发动机零件无腐蚀作用，不含有机械杂质和水分，以及对环境污染少等。

轻柴油按质量分为优级品、一级品和合格品三个等级，每个等级的柴油按凝点分为10、0、－10、－20、－35和－50六种。

由于柴油的冷滤点与实际使用温度之间有良好的对应关系，故应按各号柴油冷滤点，对照当地当月风冷率为10%的最低气温选油。国产0号以下各号轻柴油的冷滤点比冷凝点高4～6℃，而轻柴油的牌号是按冷凝点划分，若根据凝点选油，凝点要比当月最低气温低4～6℃各号轻柴油适用气温范围如下：

10号轻柴油——适合于有预热设备的高速柴油机上使用。

0号轻柴油——适合于风险率为10%的最低气温在4℃以上地区使用。

－10号轻柴油——适合于风险率为10%的最低气温在－5℃以上的地区使用。

－20号轻柴油——适合于风险率为10%的最低气温在－5℃～14℃的地区使用。

－35号轻柴油——适合于风险率为10%的最低气温在－14℃～－29℃的地区使用。

－50号轻柴油——适合于风险率为10%的最低气温在－29℃～－44℃的地区使用。

第二节　喷　油　器

一、喷油器的构造

喷油器是柴油机完成燃料喷射的重要部件，基本功用是：将燃油雾化并喷射到燃烧室内，以便和空气混合形成可燃混合气。

喷油器应满足不同燃烧室对燃料喷雾特性的要求。喷油器应具有一定的喷射压力和射程；良好的雾化性和合适的喷雾锥角；在现定的停止喷油时刻应立即切断燃油的供给，不发生滴油现象。

常见的喷油器有孔式和轴针式两种形式。

1. 孔式喷油器

孔式喷油器主要用于具有直接喷射燃烧室的柴油机。喷孔的数目一般为1～8，喷孔直径为0.2～0.8mm。

如图5-5所示为长形孔式喷油器。它由喷油嘴、喷油器壳体和调压装置三部分组成。

(1) 喷油嘴——它是喷油器的主要部件，由针阀11和针阀体12组成。喷油嘴是用螺套14固装在壳体9上，并借助定位销10使喷孔在气缸中保持所定的方位。为了使气缸得到良好的密封，在针阀12上套有铜锥体13，它还可帮助喷油嘴散热。

(2) 壳体——它用来安装调压装置和进油管路，并利用其定位销正确地使螺栓和压板固

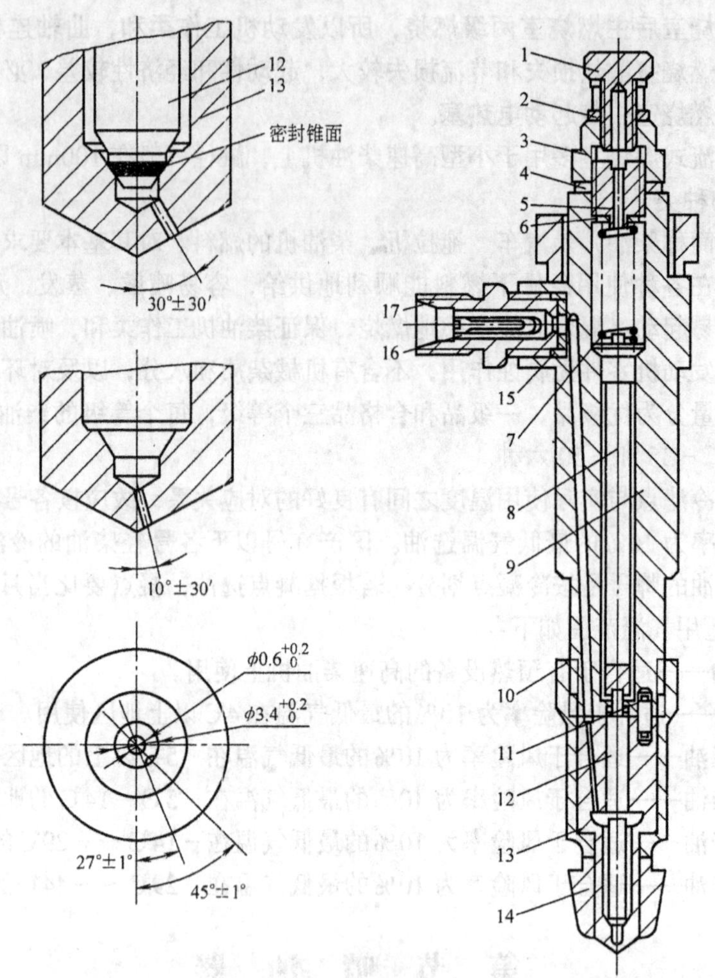

图 5-5　孔式喷油器

1—回油管螺栓　2—回油管衬垫　3—调压螺钉护帽　4—调压螺钉垫圈　5—调压螺钉　6—调压弹簧垫圈　7—调压弹簧　8—推杆　9—壳体　10—定位销　11—针阀　12—针阀体　13—密封铜锥体　14—紧固螺套　15—进油管接头　16—滤芯　17—进油管接头衬套

装在气缸盖的座孔内。为防止细小杂质堵塞喷孔，在高压油管接头中装有缝隙滤芯。

滤芯有进油端的两个油道、棱边及出油端的两个油道组成。油道不是直通的槽，棱边与内孔的配合间隙为0.02～0.4mm。高压柴油从进油道进来，必须经过棱边才能通向出油道。在通过棱边时，杂质颗粒便留在缝隙中。此外，滤芯具有磁性，可以吸住金属磨屑。

壳体下平面与针阀体上平面是精密加工贴合，它是限制针阀升程的限位面，同时防止高压油进入针阀上端空间，影响针阀运动。在喷油期间有极少量柴油从针阀与针阀体的间隙漏出。这部分柴油可以起润滑作用，但应排出阀体外，以免积少成多使针阀因背压增高而无法运动。回油管空心螺栓上所接的回油道，就是将这部分柴油引回柴油滤清器或油箱中。如漏泄的柴油量增多时，意味着喷油嘴配合间隙增大，应及时进行更换。

(3) 调压装制——它是控制和调节喷嘴开启压力的装置。由调压弹簧7、弹簧座、调压螺钉5、护帽3及推杆8等零件组成。

调压弹簧通过推杆压在针阀上，喷油压力可通过调压螺钉（母）改变调压弹簧的预紧力进行调整（有的采用调整垫片）。为了避免调压螺钉（母）松动，护帽将螺钉（母）紧固在一定位置上。

2. 轴针式喷油器

轴针式喷油器针阀的下端，制成圆柱形或倒锥形的轴针，插入喷孔中，形成一个圆环形喷孔。轴针与孔壁间隙为 0.02～0.06mm。喷雾形状分别为空心的柱形或扩散的锥形，以配合燃烧室的形状，得到较大的接触表面。可见，轴针式喷油器喷孔的通道面积与喷雾锥角决定于轴针的形状与升程的大小。这两种形状的轴针结构不仅喷雾锥角大小不同，其供油规律也有明显的不同如图 5-6 所示。

（1）圆柱形轴针——轴针较短，喷孔壁较薄，轴针在喷孔中（露出喷孔较少）。当升程较小时，轴针有一定的节流作用，喷出油量较少。当升程增大时，轴针离开喷孔，通过断面和喷油量显著增大。

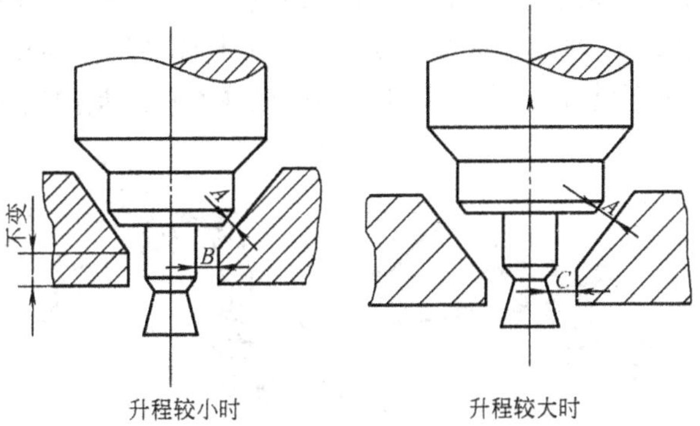

（2）倒锥形轴针——轴针较长，喷孔壁较厚，轴针在喷孔之外，喷油时轴针始终不脱离喷油，所以称节流轴针式喷油器如图 5-6 所示。

升程较小时　　升程较大时

图 5-6　轴针式喷油器的节流作用

它在喷油的初期，由于升程较小，通过断面 B 几乎没有变化，轴针的节流作用较大，喷油量较少。随着轴针进一步上移，间隙 C 开始控制喷孔的通过面积。当间隙 $A = C$ 时，喷孔的通过面积达到最大，喷油量迅速增多，此为主喷射阶段。当针阀再继续上升时，间隙 C 控制的通过面积变小，喷油量减少，直到停止喷油。

轴针式喷油器的喷孔较大（1～3mm），油束的贯穿能力较强，孔内有轴针上下运动，所以喷孔不易被积炭堵塞，工作可靠，此外，由于孔径较大，喷油压力较低，一般为 10～12MPa，适用于喷雾要求不高的涡流式燃烧室、预燃室燃烧室。轴针式喷油器的壳体结构和调压装置与孔式喷油器相同。

二、喷油器的拆装与调试

1. 喷油器的拆装

（1）喷油器的分解。喷油器分解时首先应注意工作场地及所用的设备、工具、油盆、清洗油渍等的清洁，同时，操作时应细心，以免碰坏零件的精密表面。

分解喷油器时，可将喷油器夹于台虎钳上，并且在台虎钳的钳口两边衬铜皮或铝片，以免损伤喷油器件，如图 5-7 所示。其操作步骤如下：

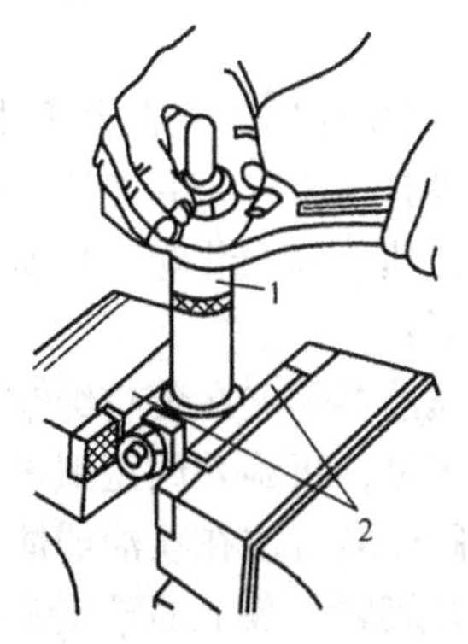

图 5-7　喷油器的拆卸

1—喷油器帽　2—铜或铝垫片

1）首先将喷油器放在油盆中把外表面刷洗干净，操作时注意保护针阀偶件头部，并应用软毛刷刷洗。特别要注意轴针式喷油器。这种喷油器的轴针是伸出在针阀体外面，注意不要碰坏。

2）将喷油器夹在有铜钳口的台虎钳上，旋下针阀偶件锁紧帽，拆下针阀偶件。应注意不碰伤喷油器体下端的研磨平面，所以在拆下针阀偶件后，应旋上针阀偶件锁紧帽，保护该平面。

3）分解针阀偶件。针阀如果被卡住在针阀体内时不可硬拔，应该浸在干净的煤油中，经过相当长时间再拔（有时需浸一天）。拔时将针阀上面的柄部用台虎钳轻轻夹住，用木块护住针阀体平面轻轻敲击。应注意不得用台虎钳夹住针阀体，以免针阀体变形。针阀与针阀体是精密偶件，拆下后仍应成对配合存放，不得搞错，并注意保护精密加工的表面。

分解后的针阀偶件应放在清洁的柴油中进行清洗，并清除积炭。用软毛刷或细铜丝刷清除针阀体和针阀外部积炭，如图 5-8a、图 5-8b；用直径比喷孔小的探针清理针阀体喷孔积炭如图 5-8c；喷孔背部的积炭清理如图 5-8d；用黄铜制的弯头刮刀（刀头形状与压力室形状相似），伸入压室内转动而刮除针阀体内压力室中的积炭，如图 5-8e；用铜针清理针阀体油路如图 5-8f；最后将针阀偶件放在专用工具内用柴油清洗如图 5-8g。

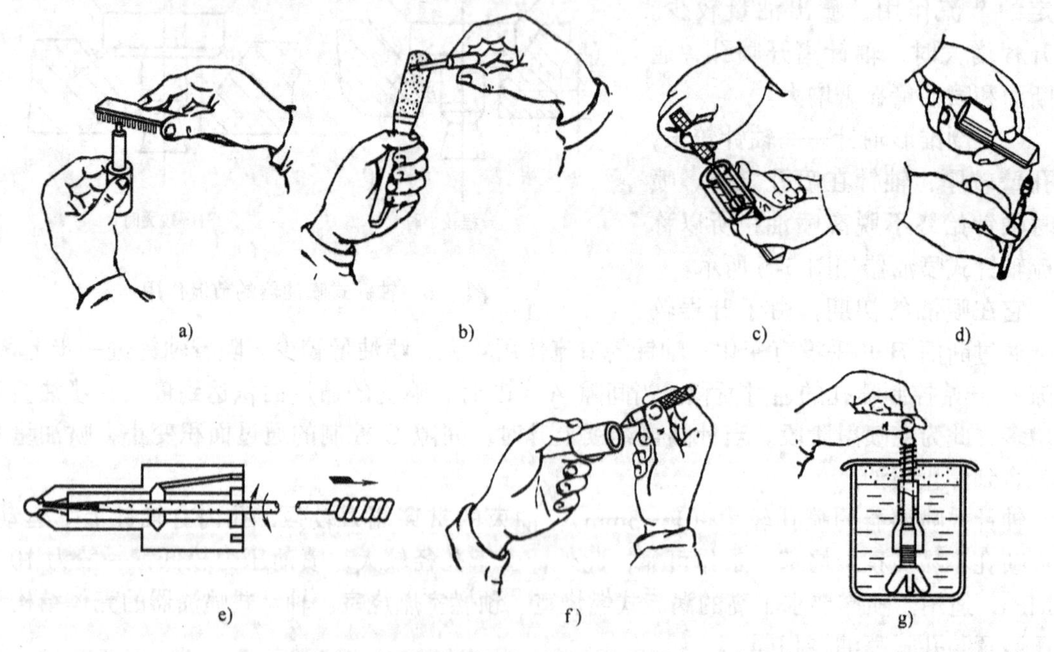

图 5-8　针阀偶件的清洗与积炭清除

4）将喷油器体夹在台虎钳上，拆下喷油器体上的调压螺针和螺母、调压弹簧和弹簧座以及杆等其他零件，并在清洁柴油中仔细清洗，除去污物。

(2) 喷油器的装配。将所有零、部件仔细清洗干净、检验合格后方可进行装配。其操作步骤如下：

将喷油器体夹在装有纯铜钳口的台虎钳上，装入顶杆、弹簧座、调压弹簧，放入调压弹簧支承螺母，再旋入调压螺母；倒转夹住喷油器体外壳，并洗净配合平面，将清洗干净的针阀与针阀体装合放在喷油器体的平面上，必须使针阀柄部准确地装入顶杆孔中，装上针阀偶件护帽并旋紧，装上油管接头和螺母等其他零件。

应当注意：对于一些起密封作用的纯铜垫圈，应予以更新。如果继续使用旧件时，应将纯铜垫圈退火软化并将两面磨平后再装入，否则密封作用不良，容易漏油。

2. 喷油器的调试

对于装配好的喷油器或使用一段时间后的喷油器应进行检查和调整，这项工作最好在油泵试验台或喷油试验器上进行，如图 5-9 所示。

在进行试验、调整之前，首先应进行试验器本身密封性的检查。检查的方法是堵死高压油管之出口（不装上喷油器），用手柄压油至压力表数值为 29.4MPa，观察各接头处不应有漏油现象，在 3min 内其压力下降不应超过 0.89MPa。试验器经检查合格后，将喷油器装在试验器上进行以下一些项目的试验与调整。

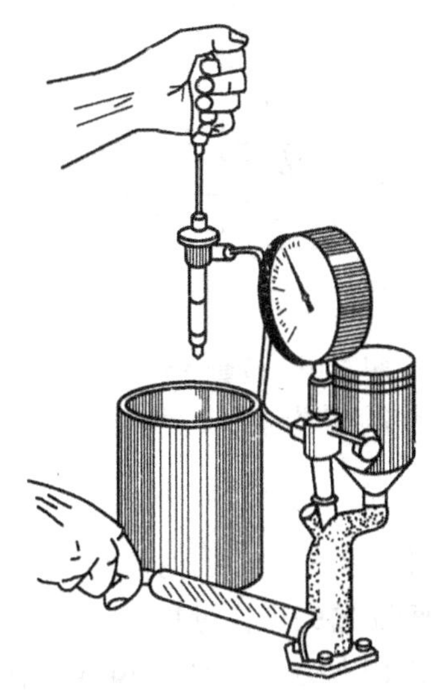

图 5-9　喷油器手泵试验台

(1) 针阀偶件密封性的检验。将喷油器的调压螺钉往下旋，使其在 19.6MPa 时尚不漏油。如果压力表指针由 19.6MPa 下降到 17.7MPa 的时间在 9～20s 的范围内，就表明针阀偶件密封性较好。如果磨损大、漏油多，则可能达不到这样高的压力数值，或者是下降很快。应注意这时的油管接头处不能有漏油现象。

(2) 喷油压力的检验与调整。用手柄压油，当开始喷油时压力表所指的数值即为喷油压力数值。如果喷油压力数值不符合规范要求，则需要进行调整。旋松锁紧螺母，如果旋入调压螺钉，增加调压弹簧的压力，则是提高喷油压力。如果旋出调压螺针，减少弹簧的压力，则是降低喷油压力。应按照各种柴油机规定的数值调整，并且各缸喷油嘴的喷油压力数值应尽量调整一致，一般相差不超过 245kPa。

(3) 喷雾质量的检验。在试验器上以每分钟 60～70 次的速度压动试验器手柄，使喷油器喷油，喷雾质量应符合如下要求：

1）喷出的柴油应成雾状，没有明显可见的油滴和油流以及浓淡不均的现象。

2）喷油开始和停止供油时，不应有滴油现象，喷油干脆并伴有清脆、连续的响声。

3）喷油器喷出的柴油雾化呈锥形，而不应偏斜，其锥角应符合原厂规定。喷雾锥角可用印痕法进行测量：在距喷孔 100～200mm 处放一张白纸（或涂有润滑脂的金属网），作一次喷射，使油雾喷射在纸上（或金属网上），量出喷孔到油迹的距离 h 和纸上油迹直径 D，如图 5-10 所示。

如果需要检验的喷油器的喷油压力低于标准喷油器时，必然是它喷油，而标准喷油器不喷油，如果需要检验的喷油器的压力高于标准喷油器时，必然是标准喷油器喷油而另一个不喷油，见图 5-11。所以，调整待检验的喷油器的调压螺钉，改变喷油压力，使两个喷油器同时喷油，则表示两者喷油压力相同，喷油器从而得到了正确的调整。同时，还可观察两个喷油器所喷出的油束形状、角度大小、喷注雾化情况、喷射距离等以作比较，判断需要检验的喷油器工作的情况。此法简单易行，便于判断。采用此方法使用的喷油器必须是同一形式才能用来比较。

必须注意，在检验喷油器时，手和眼睛应离喷油器的喷孔远一些，否则喷出的高压油束

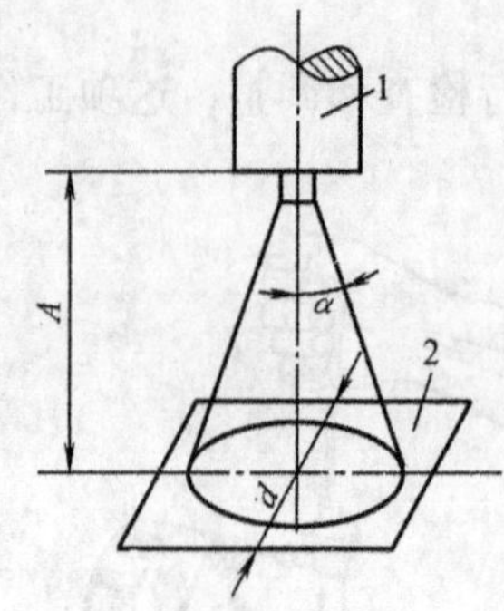

图 5-10　检查喷雾锥角
1—喷油器喷油头　2—纸或金属网

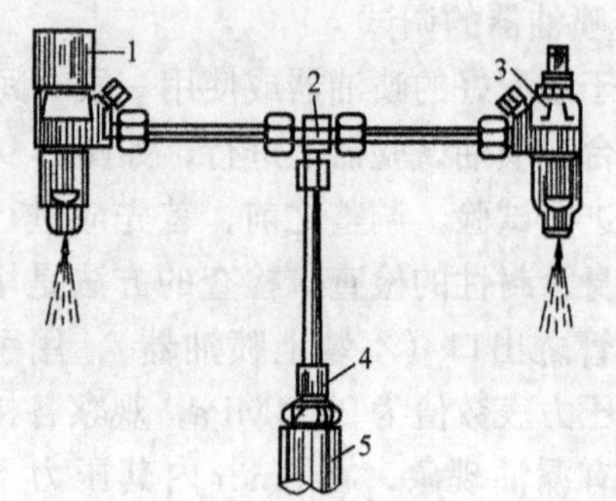

图 5-11　利用标准喷油器检查喷油器工作的装置
1—标准喷油器　2—三通管　3—被检查的喷油器
4—联管螺母　5—喷油泵

将损伤人体。另外，喷出的油雾极易着火，务必注意安全。

三、喷油器的工作过程

如图 5-12 所示，厚壁针阀体 2 中装有针阀 6，针阀的上端有短销与弹簧的推杆球面接触力，以免推杆被顶弯后产生侧向力而使针阀卡死。圆柱形的针阀杆较粗，起密封导向作用。下端有两个圆锥形面，大的锥形面位于针阀体的高压油室 5 中，小的锥形面坐落在阀座上，形成一个锥形密封面 4。针阀的上端用调压弹簧压紧，产生关闭压力 F_1。当针阀尺寸一定时，F_2 的大小决定于调压弹簧的预紧力。燃油从进油道 1 进入环形高压油室 5，油压作用在锥形承压面 3 上，形成一个向上的轴向推力 F_2，称为开启压力。当针阀尺寸一定时，F_2 的大小决定于产生的喷油压力的大小。喷油时，当油压提高到一定程度使 F_2 克服调压弹簧的预紧力 F_1 时，针阀就开始上移打开喷孔，高压燃油就喷出。当喷油泵停止供油时，高压油路中的油压迅速下降，使 F_2 迅速小于 F_1，针阀在调压弹簧的作用下，迅速回位，切断供油。

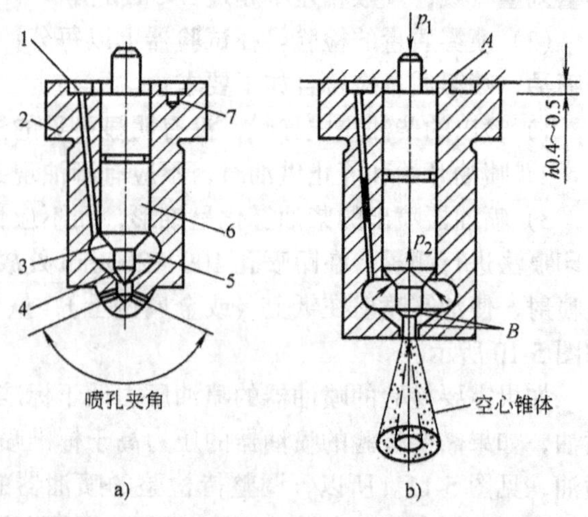

图 5-12　闭式喷油器的两种基本形式
a）孔式喷油器　b）轴针式喷油器
1—进油道　2—针阀体　3—承压锥面　4—锥形密封面
5—高压油室　6—针阀　7—定位孔
A—限位面　*B*—节流断面　*h*—针阀升程

由此可见，针阀的开启取决于喷油压力、调压弹簧的压力、针阀与针阀体之间的摩擦力及针阀的惯性力的大小。由于机械负荷和热负荷的影响，喷油嘴在使用过程中常造成雾化不良、滴油、积炭、堵塞、卡死等故障。

应该注意，在喷油过程中，针阀升程是一个重要参数。针阀的升程 h，受针阀上面壳体平面的限制，一般为 0.4～0.5mm。此时节流断面通过的燃油量为最大值。在使用过程中，由于磨损，升程将变大，它将延缓针阀的闭合时间。造成燃气回窜，同时加大了对针阀座的冲击载荷，加速磨损。在保修时必须重视对升程的检查。

孔式喷油嘴只有一个可变的节流断面，当针阀升起后，针阀与阀座处的通过断面很快增大，而轴针有两个可变的节流断面，当针阀升程较小时，由于轴针在喷孔中的节流作用较大，通过断面仍很小。升程增大时，轴针离开喷孔，通过断面才迅速增加。所以在轴针式的喷油特性是先少后多，对柴油机工作的柔和性有利。

四、喷油器的检修

1．检查喷油器工作情况

喷油器从气缸盖取下后，在整体未分解前，可将喷油器放在喷油器试验台上进行试验如图 5-9 所示。将油压增至 24.5MPa 后，每分钟油压下降速度不大于 1.96MPa，则密封性好。再将喷油压力调整到（12.25±0.5）MPa，然后以每分钟 80 次左右的速度进行雾化试验。如果出现以下现象时，说明喷油器工作情况不良：

（1）针阀的压力不到 11.8MPa 以下时已开启。

（2）针阀偶件头滴油及雾化不良，甚至形成明显的连续油滴流出。

（3）柴油喷射不能立即切断，出现多次喷射现象。

（4）多孔针阀偶件头的喷孔喷出的油束不均匀，长短不一。

（5）喷孔堵塞，喷不出油。

如果没有专门的喷油器试验仪，可在车上进行检查调整，将事先调好的标准喷油器与待检修的喷油器，用三通管把它和标准喷油器安装在一个”T”形高压油管上，并与喷油泵连在一起，如图 5-11 所示。排除油路中的空气，然后驱动喷油泵，使喷油器喷油，观察比较其雾化程度。如果喷油器喷油时发出一种清脆的响声，并且喷射角度的偏差不大于 3℃，雾化良好而不滴油，就认为该喷油器工作情况良好。否则就要进行检修。

2．检修喷油器

（1）经过清洗的零、部件，应进行仔细的检查，对于精密加工的表面，可利用放大镜加以检查，针对具体情况进行修理 。

（2）经过清洗后的针阀偶件可以进行简单的滑动性试验，以检查偶件是否能应用。检查的方法是将沾有清洁柴油的针阀放入针阀体内，然后将针阀倾斜 45°，将针阀拉出全长的 1/3，放手后针阀应靠其自身的重量，缓慢而又顺利的全部滑下，不能有任何阻障、卡住等现象。

对于喷油嘴偶件如发现有严重缺陷时应调换新的，因为一般情况下修复比较困难，对于缺陷不严重的可用研磨方法进行修复。一般针阀、针阀体和喷油器体之间遇有下列情况，则可以进行研磨修正：

1）针阀与针阀体配合不够光滑，滑动试验时不符合要求。这时，可将针阀抹上清洁的凡士林或柴油，将针阀柄部夹在有纯铜钳口的台虎钳上，套上针阀体，用手进行左右转动研磨。研磨时不要拍击，研磨时间不要太长，以免过度磨损。研磨几分钟后应将偶件清洗，并作滑动性试验，直至符合要求。

2）针阀与针阀体锥形密封面有轻微损伤（用放大镜观察针阀的锥形密封面可发现），可用手工研磨密封锥面，如图 5-13 所示。研磨时，在密封锥面上涂些氧化铬膏。注意不要涂到喷针和导向部分。否则会造成部分磨损过大，甚至报废。

3）调试油嘴时，如果雾化尚好，断油也干脆，但慢压油时有漏油现象，这就表明喷孔部分有磨损，需要进行缩孔。缩孔的目的是缩小因磨损而扩大了的喷孔，提高喷油质量及射程，减少废气侵入。缩孔后还要进行研磨，恢复缩孔后被损坏了的喷油部分的配合间隙，加强封闭严密性。缩孔的方法如图 5-14 所示，在针阀体中央放一个滚珠（喷孔为 ϕ1mm，放 ϕ3mm 的滚珠；喷孔为 ϕ1.50mm，用 ϕ4mm 的滚珠；喷孔为 ϕ2mm，用 ϕ6mm 的滚珠），用小锤轻轻地将滚珠敲击一下，进行缩孔。要特别注意，因为喷孔是可以多次缩孔修复的，所以第一、第二次敲击时，用力轻拧勿重。如缩孔后不能恢复指标，或用力较大损坏了喷孔部分的配合间隙和封闭部分的严密性，就必须再进行研磨。研磨的方法可参照图 5-13 所示的方法。

(3) 所有经检验不合格或不可修复的零件应更换。

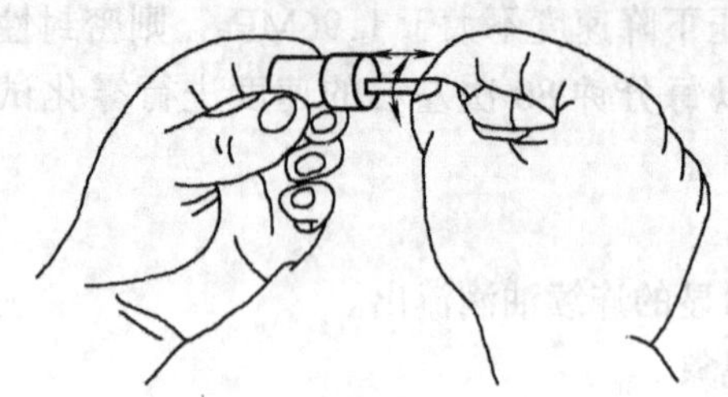

图 5-13　手工研磨密封锥面

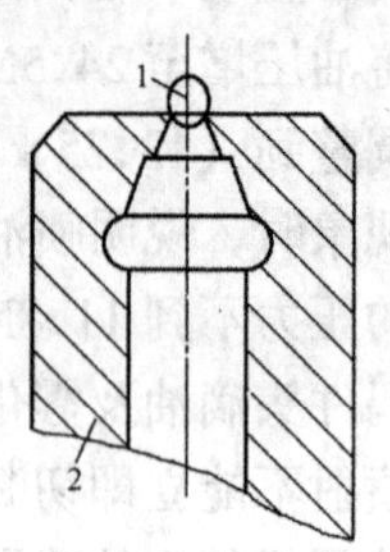

图 5-14　缩孔

1—滚珠　2—针阀体

五、喷油器的故障诊断与排除

常见的故障现象、产生原因及排除方法见表 5-1。

表 5-1　喷油器的故障与排除

故障现象	原　因	排除方法	柴油机可能发生的情况
喷油很少或喷不出油	1. 油路有空气 2. 喷油孔不畅通 3. 针阀卡滞 4. 针阀和针阀体间隙太松 5. 调压弹簧变形 6. 油路漏油严重 7. 喷油泵供油不正常 8. 滤清器堵塞	1. 放气 2. 清洁喷孔 3. 修理或更换 4. 更换 5. 更换弹簧 6. 拧紧油管接头或更换零件 7. 排除故障 8. 拆洗或更换滤芯	起动困难、动力不足
喷油压力太低	1. 调压螺钉松 2. 调压弹簧压力减退	1. 调整压力 2. 更换	起动困难、排气冒黑烟、动力不足、油耗增加
喷油压力太高	1. 调压弹簧压力太高 2. 针阀卡滞	1. 调整压力 2. 修理或更换	动力不足
针阀偶件漏油严重	1. 调压弹簧折断 2. 针阀偶件密封面损坏 3. 针阀卡滞	1. 更换 2. 更换 3. 修理或更换	排气冒黑烟、油耗增大
喷油雾化不良	喷孔周围积炭太多	修理	动力不足、油耗增加、排气冒黑烟
喷油角度扩大	喷孔口积炭	修理	油耗增加、工作不稳定、排气冒黑烟、发动机过热
喷油成线	1. 喷孔损坏 2. 针阀体锥面磨损 3. 针阀卡滞	1. 更换 2. 更换 3. 清理或更换	动力不足、排气冒黑烟、油耗增加

第三节　喷　油　泵

一、柱塞式喷油泵的构造

直列柱塞式喷油泵由泵体、分泵、传动机构及油量调节机构组成。

1. 泵体结构

泵体一般有两种结构，分为上、下体组合型和整体型。泵体中间设有低压油腔，与柱塞套上的进油孔相通。

2. 分泵主要零件

主要零件有柱塞偶件、柱塞弹簧、弹簧下座、出油阀偶件、出油阀弹簧、出油阀座等。图 5-15 所示为柱塞式喷油泵的分泵结构。其中柱塞偶件 12 由柱塞 A 和柱塞套 B 精密配合而成，其上方装有出油阀偶件 3（由出油阀 C 和出油阀座 D 组成）和出油阀弹簧 2，并用出油阀接头 1 将出油阀座和柱塞套压紧。

3. 传动机构

传动机构由凸轮轴 10 和滚轮传动部件 9（挺柱体部件）组成。凸轮轴上的每一个凸轮驱动一个滚轮部件，再由滚轮部件和柱塞弹簧推动柱塞在柱塞套内作往复直线运动，完成泵油任务。

4. 油量调节机构

油量调节机构一般有拨叉式和齿杆式两种，如图 5-16 所示。

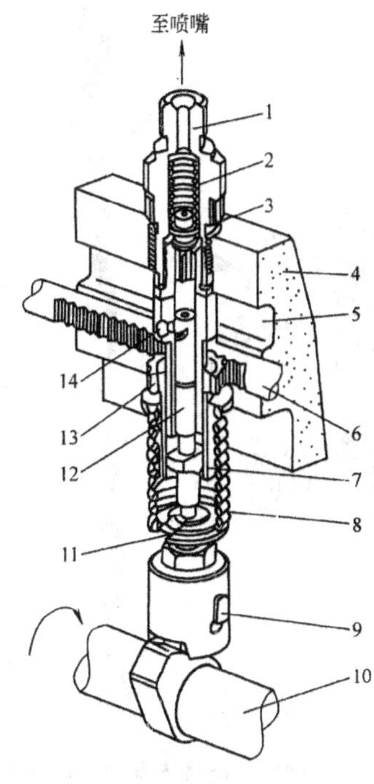

图 5-15　喷油泵结构图

1—出油阀接头　2—出油阀弹簧　3—出油阀偶件　4—喷油泵体　5—低压腔　6—齿杆　7—油量控制套筒　8—柱塞弹簧　9—挺柱体部件　10—凸轮轴　11—弹簧座　12—柱塞偶件　13—调节齿圈　14—进回油孔

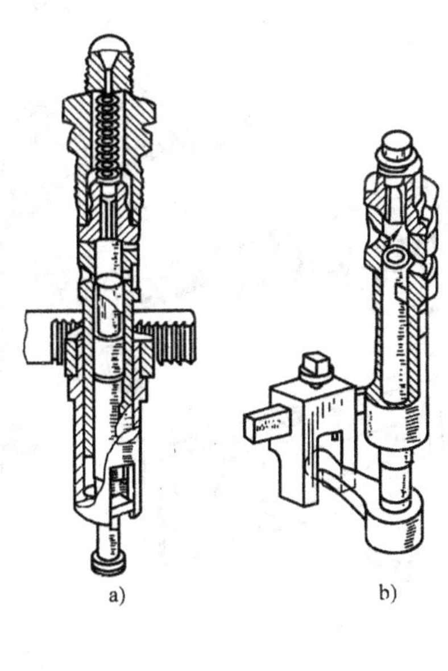

图 5-16　喷油泵油量调节机构

a）齿杆式机构　b）拨叉式机构

（1）齿杆式机构（图 5-16a）柱塞下部带有凸块，它嵌入油量控制衬套相应的槽里，在衬套上部紧固着一小齿圈与齿条相啮合，当移动齿条，则通过齿圈、衬套带动柱塞转动，借以调节供油量。

（2）拨叉式机构（图 5-16b）在柱塞下端装有调节臂，臂的球头插在调节叉的槽里，而调节叉又用螺钉固定在油门调节杆上。推动油门调节杆，通过调节叉和调节臂，就可使柱塞转动。

二、国产系列柱塞式喷油泵

国产系列柱塞式喷油泵分为Ⅰ、Ⅱ、Ⅲ和 A、B、P、Z 等系列。在每一个系列中都有若干种喷油泵，其结构形式、柱塞行程（凸轮升程）和分泵中心距都是相同的，但柱塞直径和分泵数不同，以满足各种柴油机的需要。

1. A 型喷油泵

如图 5-17 所示，A 型泵的结构和工作原理同Ⅱ号泵基本相同，其结构特点是：柱塞为双螺旋槽式，柴油机在中、低速运转时，能使供油提前随转速降低而减小。柱塞套筒的进回油孔共用。工作时，柱塞行程不变，如图 5-18 所示，但供油量在不同的柱塞转角下却不同。油量调节机构为齿条控制式。旋松调节齿圈上的锁紧螺钉，向左或向右调节油量控制套筒的齿圈啮合位置，可以改变柱塞供油有效行程，从而减少或增加供油量；供油开始时刻的调整，传动机构与Ⅱ号泵相同，泵体为整体式。

2. B 型喷油泵

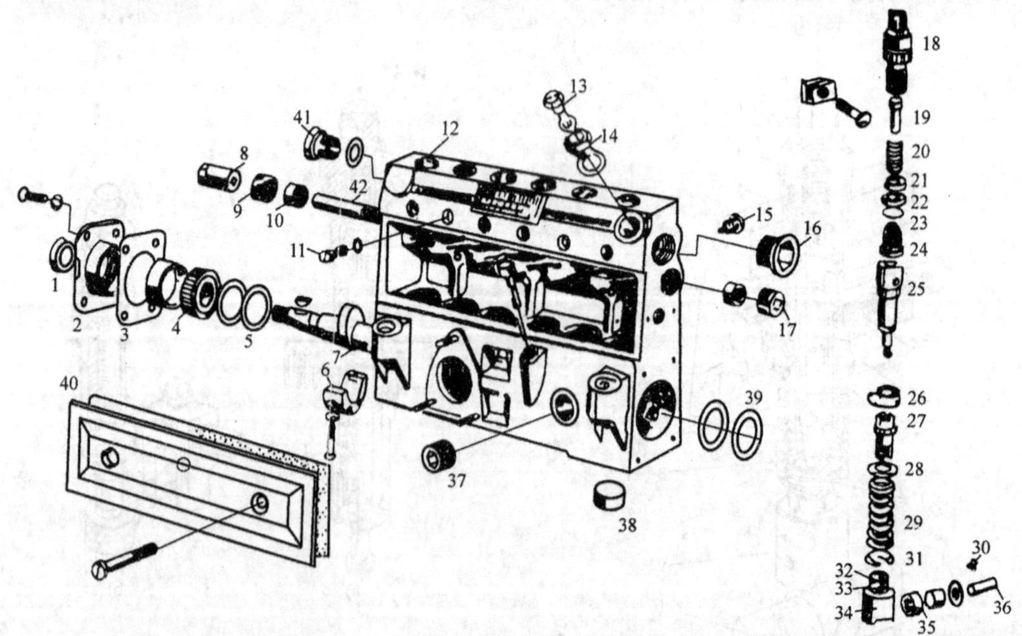

图 5-17　A 型喷油泵

1—油封　2—轴承盖　3—垫片　4—轴承　5、39—垫圈　6—支撑轴瓦　7—凸轮轴　8—齿杆螺套　9—齿杆外套　10—齿杆套　11—柱塞套定位螺钉　12—喷油泵体　13—放气螺钉　14—螺钉接头座　15—齿杆限位螺钉　16—螺塞　17—内六角螺套　18—出油阀固定螺套　19—出油阀　20—出油阀弹簧　21—出油阀垫圈　22—出油阀衬圈　23—橡胶垫圈　24—出油阀座　25—柱塞偶件　26—调节齿圈　27—油量控制　28—上弹簧座　29—柱塞弹簧　30—滑块　31—下弹簧座　32—调整螺钉　33—锁紧螺母　34—挺杆　35—滚轮　36—滚轮销　37—放油螺栓　38—底盖　40—检查边盖　41—油管接头座　42—调节拉杆

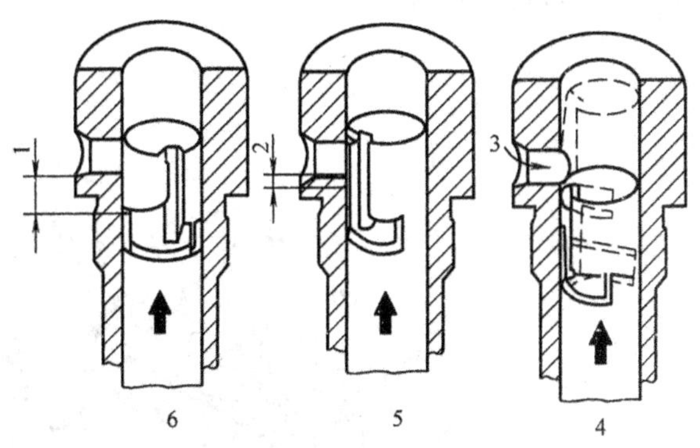

图 5-18　A 型喷油泵柱塞偶件

1—有效行程最大　2—有效行程最小　3—进油　4—停止供油位置　5—怠速供油位置　6—最大供油位置

如图 5-19 所示为 6135Q 型或同类型的柴油机上的 B 型喷油泵结构图。

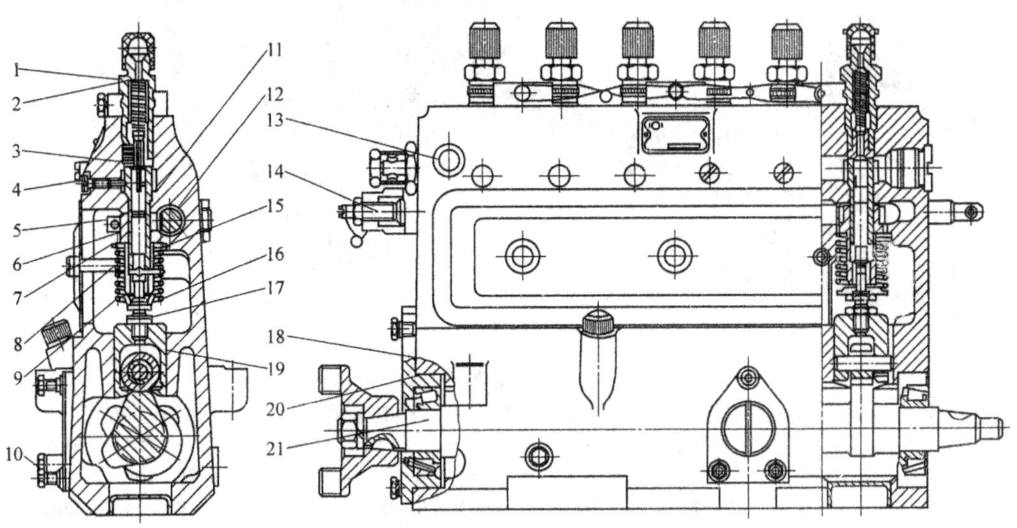

图 5-19　B 型喷油泵

1—出油阀规定座及高压油管接头　2—出油阀弹簧　3—出油阀　4—柱塞套定位螺钉　5—固定螺钉　6—调节齿圈　7—弹簧　8—柱塞弹簧　9—弹簧下座　10—油平面检视孔螺钉　11—泵体　12—齿管　13—放气螺钉　14—油量限制螺钉　15—柱塞　16—挺杆高度调整螺钉　17—锁紧螺母　18—垫片　19—滚轮　20—轴承盖　21—凸轮轴

B 型泵是 A、B 、Z 系列泵中的一种。其结构与工作原理和Ⅱ号泵基本相同，其主要特点是：采用供油齿杆式油量调节机构；滚轮传动部件的高度用螺钉调整，柱塞上部圆柱表面上开有螺旋斜槽和轴向直槽；泵体为整体式；工作可靠，要与Ⅱ号泵同时使用；结构复杂，拆修困难。

B 型泵油量调节拉杆的最大位移（即喷油泵的最大供油量）是由刚性齿杆限制器来调整的，它装在泵体前端的供油齿杆座孔内，调整螺套旋转入座孔内。供油齿杆一端插入调节螺套内，旋动调整螺钉就可以改变齿杆的最大位移，也就改变了最大供油量。

3. 国产Ⅱ号喷油泵

如图 5-20 所示，该泵为六缸柴油机用喷油泵。主要由六个柱塞偶件、六个出油传阀偶件、传动机构、油量调节机构及泵体组成。

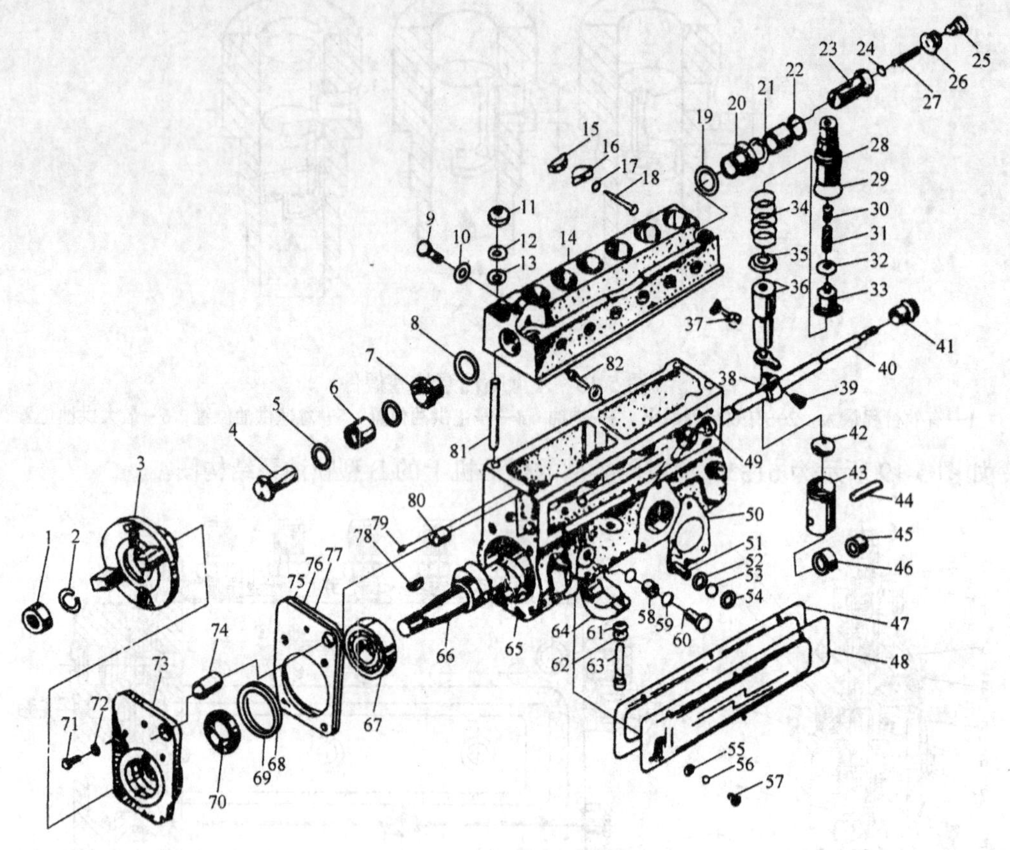

图 5-20　Ⅱ号喷油泵

1—固定螺母　2、12、17、53、56—弹簧垫圈　3—联轴器　4、23—接头螺栓　5、22、59、61、76、77—铜垫片　6、21、58—防尘圈　7、20—油管接头　8、13、19、26、29、50、52、55、62、72、75—垫片　9—放气螺钉　10、32—铜垫圈　11、41、54—螺母　14—上盖　15、16—前后夹板　18、63—螺栓　24—钢球　25、39、57、60—螺钉　27—弹簧　28—出油阀固定螺套　30—出油阀　31—出油阀弹簧　33—出油阀座　34、35、36—柱塞套组件　37—柱塞套定位螺钉　38—调节叉　40—供油拉杆　42—垫块　43—滚轮体　44—滚轮销　45—滚轮轴　46—滚轮轴套　47—垫片　48—检查盖　49—机油尺　51、81—双头螺栓　64、67—轴承　65—下体　66—凸轮轴　68、69—垫圈　70—油封　71—螺钉　73—轴承盖　74—拉杆罩　78—半圆键　79—圆柱键　80—拉杆衬套　82—定位螺钉

泵体由上体（灰口铸铁）和下体（铝合金）组成。上体内腔与柱塞外周相通构成低压泵体由上体（灰口铸铁）和下体（铝合金）组成。上体内腔与柱塞外腔相沟通构成低压燃油腔，工作压力约 117.6kPa。由于输油泵的供油量远大于喷油泵的需求量，因此在回油管接头内装有溢流阀，当低压油腔内油压超过标准值约 14.7kPa 时，溢流阀打开，燃油经回油管回到燃油箱。喷油泵的上体设有两个放气螺钉，用以排尽低压油腔的空气，保证柴油机的起动或运转。

各分泵的柱塞偶件和出油阀均装于上体径向孔中，柱塞的上端面与出油阀均装于上体纵向孔中，柱塞套的上端面与出油阀座的下端面经精磨紧密配合，保证高压密封。套筒上部连同油孔处于低压油腔内，中部凸肩压入上体相应凹槽，防止低压燃油从套筒外侧下流以保证密封。定位螺钉用来阻止套筒转动，套筒上相应的定位孔开成长形，防止轴向产生过定位。

柱塞下端装有柱塞弹簧和弹簧下座，靠柱塞弹簧的张力使柱塞时刻紧压在滚轮部件上，并按喷油泵凸轮的轮廓线有规律地上下运动。

出油阀固定座通过铜垫圈将出油阀压紧在柱塞套筒上端，确保高压密封。固定座外圈的橡胶圈作为低压油腔的密封件。固定座内装有减容器和出油阀弹簧，减容器可减少高压油腔的容积，提高减压环对供油或停油的作用效果，使供油迅速、停油干脆，同时还起限制出油阀最大升程的作用。相邻两分泵的固定座有固定夹板使其互锁，防止因柴油机振动使固定座松动而破坏密封。

泵体的下体装有传动机构。凸轮轴通过锥形滚柱轴承支承在下体两端相应的座孔中，凸轮轴通过连接在其一端的联轴节从动盘由柴油机传动系统驱动。滚轮架装在下体的导向孔中，以驱动柱塞的上下往复运动，为防止滚轮架在导向孔中转动，滚轮架轴向开有长槽，由定位螺钉定位。更换不同厚度的垫片可改变分泵的供油时刻。

用拨叉式油量调节机构控制柱塞循环油量的大小。供油拉杆支承在下体两端相应的孔中，其上装有与分泵数相同的调节叉，移动供油拉杆，调节叉便拨动调节臂，各分泵柱塞向加油或减油方向转过相同的角度，以改变相同的供油量，保证各缸供油量一致。若各缸分泵供油量不均匀，可拧松调整螺钉，移动调节叉与供油拉杆的相对位置，调整各缸油供油的均匀性。

下体有凸轮轴室并充满润滑油，用以润滑凸轮轴和滚轮部件等。在工作中，会有少量柴油从柱塞副中流下并稀释机油，故在下体还没有放油螺钉，使用时应定期更换喷油泵中的润滑油。

喷油泵结构沿纵向对称，以适用喷油泵在柴油机的左、右两侧布置需要。国产分体式喷油泵系列中的Ⅰ号泵和Ⅱ号泵结构与工作原理相同。只是结构参数有变化，以适用于不同缸径的柴油机。

4．P 型喷油泵

P 型泵油泵与一般柱塞泵相比，在安装尺寸不变的情况下，可获得较高的最大喷油压力，因而对柴油机不断强化和向高速发展有良好的适应性。

P 型泵的结构如图 5-21 所示，目前国内外许多重型货车柴油机已采用这种油泵，瑞典 D11 型、日产 DP6 型、RD8 和 RD 10 型，沃尔沃 TD120 型柴油机上均采用 P 型喷油泵。

P 型喷油泵的主要特点有：

（1）泵体采用全封闭式结构，刚度高，防止泵体在高峰压力作用下变形而加剧柱塞偶件的磨损。

（2）吊挂式柱塞套和出油阀偶件都装在凸缘套筒中，并利用出油阀固定座拧紧，使之成为一个独立的组件（称其为泵单体）。然后用螺钉将凸缘套筒固定在泵体的顶部端面上，形成一种吊挂式结构，使柱塞套的受力得到了改善。柱塞套仅仅在上部台阶处承受油阀固定座拧紧时的压力，柱塞的进、回油孔处受力很小，因此变形也很小，柱塞偶件间隙不发生变化。如图 5-22 所示，为防止柱塞在柱塞的上部位置卡死，在柱塞套上端的直径略微加大，柱塞套内圆柱面的下部开有一道环形集油槽，从柱塞偶件间隙泄漏的燃油被收集在槽内，经回油孔流回油泵低压油腔，防止燃油沿柱塞泄漏稀释凸轮轴室中的机油。在柱塞顶部开有启动槽使柴油机易于启动。柱塞套进、回油孔的外缘套有一个导滚环，可防止柱塞回油时高速油流对泵体的冲蚀。

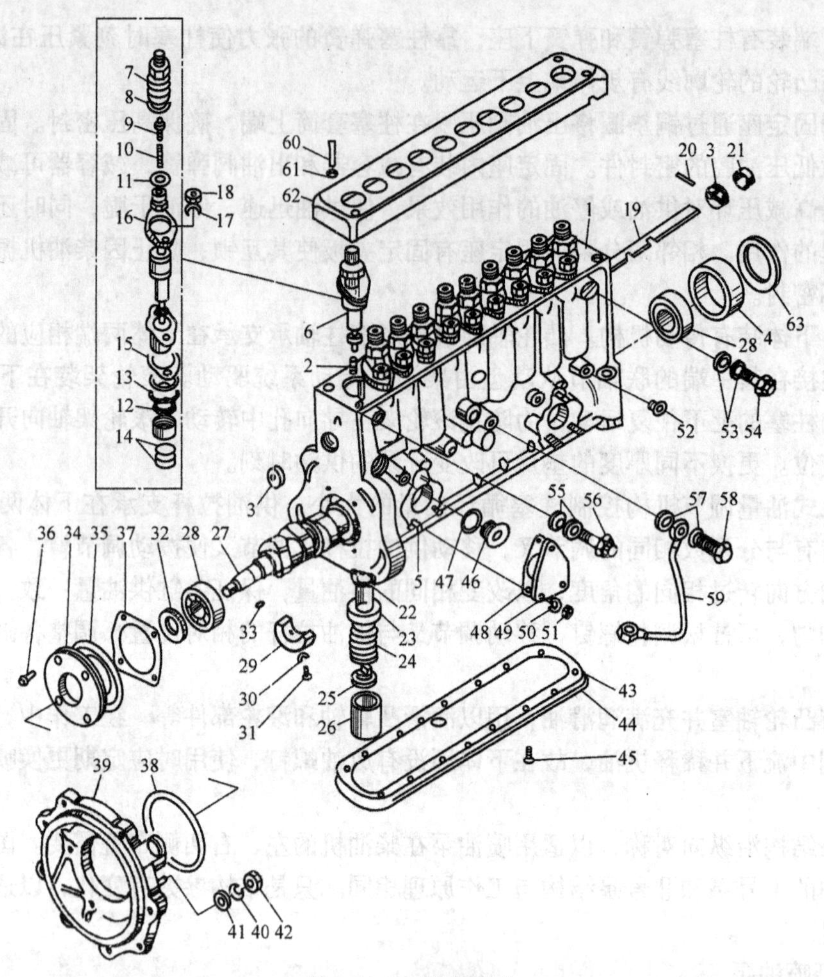

图 5-21　P 型喷油泵

1—泵体　2、5—螺栓　3、21—衬套　4—轴承环　6—柱塞总承　7—出油阀固定螺套　8、13、14、35、38—O 形环　9—出油阀　10—弹簧　11、43、47、48、53、57、63—密封垫　12、17、30、40、41、50、55—垫圈　15、37、61—垫片　16—压板　18、42、51—螺母　19—供油调节杆　20—销　22—控制套　23—上弹簧座　24—柱塞弹簧　25—弹簧下座　26—挺杆总承　27—凸轮轴　28—圆锥滚子轴承　29—凸轮轴支承轴承　31、56—螺栓　32—油封　33—键　34—轴承盖　36、45—螺钉　39—支承盖　44—底盖　46、52—螺塞　49—盖板　54、58—油管接头螺栓　59—油管　60—螺钉　62—上盖

（3）喷油泵的开始供油时刻及供油间隔角度，可以增减凸缘套筒下面的垫片来调整。

（4）钢球式油量调节机构，由于每个柱塞的控制套筒上都装有一个与调节拉杆上相应凹槽相啮合的小钢球，因此移动调节拉杆，钢球便带动各柱塞控制套筒，使柱塞转动而改变供油量。

（5）改变柱塞进油孔相对于柱塞斜槽的位置，可以改变柱塞供油有效行程。柱

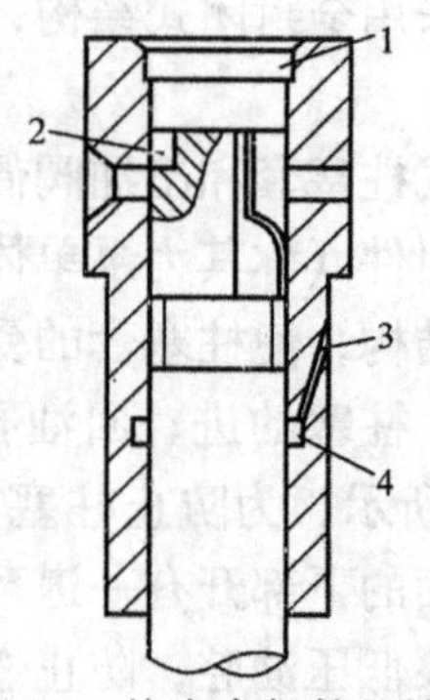

图 5-22　柱塞套偶件的结构

1—柱塞套上部　2—启动槽　3—回油孔　4—集油槽

塞套通过销钉与凸缘套筒连接，因此转动凸缘套筒可带动柱塞套一起转动，凸缘套筒上开有长圆形孔，允许转动10°角。

(6) 采用压力润滑。气缸体主油道的压力机油通过节流阀的进油孔，进入滚轮传动部件与泵体间的间隙，再流入泵体底盖和调速器壳体中。油量超过泵体上的回油孔的高度时，机油便经回油孔及相应管道流回柴油机油底壳中。在更换机油时节要同时更换柴油机和喷油泵内的机油。

由于采用整体式泵体，这种泵体结构复杂，维护不便。

三、喷油泵的分解

1. P型喷油泵的分解

P型喷油泵采用了不开口的全封闭结构。其柱塞、出油阀偶件和出油阀弹簧通过出油阀固定座和一个法兰盘的钢套装在一起，作为一个单独的整体（即泵单体）从泵体上方装入喷油泵并紧固于泵壳之上的。这种悬挂式的结构改善了柱塞套筒、出油阀偶件以及泵体的受力状态，特别适于高速大功率柴油机的需要。由于P型泵与传统结构不同，因此它的分解方法也就有所区别。其分解的步骤是：

(1) 将喷油泵固定在台虎钳上，放掉其中的润滑油，拆下输油泵、调速器盖、起动弹簧、飞块弹簧和锁紧螺母，用退壳器拆下飞块。

(2) 拆卸喷油泵靠供油自动调节器端的供油齿杆护套。

(3) 拆卸喷油泵前侧面（装输油泵侧）每缸对应的小螺塞，旋下供油自动调节器，逐缸将挺杆支持器插进螺塞孔以托住挺杆，使之不随凸轮轴旋转而升降。

(4) 用退壳器拆卸供油自动调节器。

(5) 稍微拧松各缸的出油阀固定座和固定凸缘钢套的锁紧螺母。但暂不取下（泵体上方的防尘盖应在固定喷油泵以前清洗喷油泵的时候现行拆卸）。

(6) 拆卸泵体底盖。

(7) 拆卸泵体底面中部紧固凸轮轴托瓦的螺栓（四缸机无此托瓦）。

(8) 拆卸凸轮轴靠供油自动调节器方向的轴承盖上的四颗紧固的螺钉，并用两把小螺钉旋具对均衡撬动，拆下轴承盖。

(9) 用手将凸轮轴及其托瓦一起从泵体取出。若取出过程中遇到阻碍，可前后稍加旋动就能顺利取出。

(10) 拆卸紧固调速器壳的螺栓，然后用木锤在四周均匀地敲振调速器壳，直至将其从泵体上取下。

(11) 顺着凸轮轴的方向，在泵体的前后侧装上P型泵拆卸挺杆专用工具，然后操纵加力杆，逐缸将挺杆往下压，抽出挺杆支持器并取出挺杆总成。

(12) 取下挺杆专用工具。用细钢丝逐缸勾住柱塞弹簧下座，将它与柱塞同时取出，并逐缸摆放好。

(13) 逐缸取出柱塞弹簧，并用尖嘴钳取出柱塞弹簧上座及控制衬套。

(14) 将泵体从台虎钳上取下，并正向平置于干净的工作台面上。

(15) 逐缸拧下凸缘钢套的锁紧螺母，然后用两把小螺钉旋具分两边均衡轻撬，取出装有出油阀偶件及柱塞套筒的凸缘钢套和垫片，并分缸序排放好。柱塞心要随柱塞回相应的柱塞套筒中，千万不能弄错。

(16) 拆卸油量调节拉杆。

至此，P 型喷油泵基本分解完毕。若有必要，凸轮轴轴承、供油自动调节器、调速器内部杆系、输油泵仍可进一步的分解。若需要更换柱塞、出油阀偶件，应在取下两只 O 形密封圈后，用专用的卡环钳取下固定柱塞套的卡环，再拧下出油阀固定座，取出柱塞偶件，这样就实现了柱塞、出油阀偶件的完全分解。

2. Ⅰ、Ⅱ、Ⅲ号系列喷油泵的分解

国产Ⅰ、Ⅱ、Ⅲ号系列喷油泵的结构特点是泵体分上下两部分组成。油量调节机构采用拨叉式，各缸供油时间间隙用垫片来调整，采用机械全程离心式调速器。这类喷油泵的拆装和维修比较方便，但因拉杆和调速器的钢球、推力盘容易损坏、各种调速弹簧变形较大，而影响调速性能。所以，在拆检喷油泵中应注意这些部位的检查。分解这类喷油泵的步骤是：

(1) 拆下通气器和放油螺塞，放掉润滑油，如图 5-23 所示。

(2) 用专用工具拆下供油自动调节器或联轴器，装上自制的专用联轴器。

(3) 固定好喷油泵，拆下输油泵、凸轮轴前端的联接器及侧盖等附件。

(4) 拆卸调速器后盖，记住推力盘传动板在供油调节拉杆上的紧固位置，拧下拉杆上锁紧螺母，取出推力盘、钢球、钢球座和熄火复位弹簧，然后拆卸传动盘锁紧螺母，并用退壳器拆下传动盘。

(5) 对各缸拨叉所处位置做好标记，然后拧松各拨叉的紧固螺钉，将拉杆从调速器侧取出。

(6) 对各缸柱塞套的定位螺栓和出油阀固定座，暂不卸下。

(7) 均衡地拆卸上泵体的紧固螺钉，再将泵体从台虎钳上卸下，并使窗口向上平置于工作台面上，如图 5-24 所示。然后将泵体连同柱塞、出油阀偶件和柱塞弹簧一起取出。

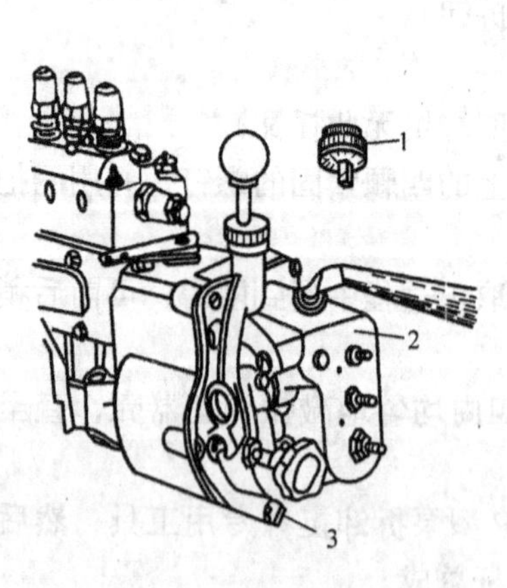

图 5-23 拧下通气器并放掉润滑油（Ⅱ号泵）

1—通气器 2—调速器 3—放油螺塞

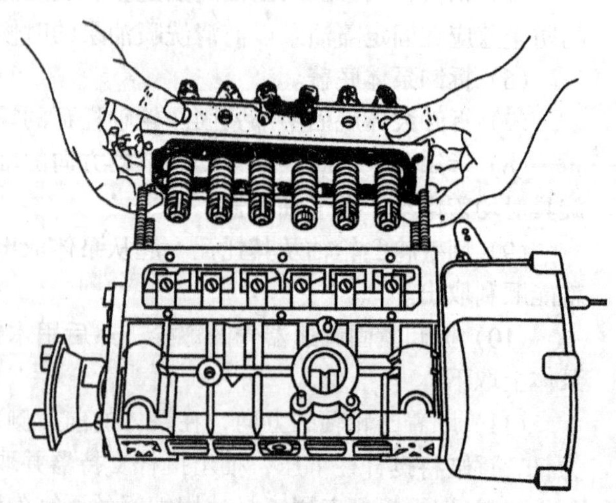

图 5-24 分解泵体（Ⅱ号泵）

(8) 拆卸凸轮轴，并用两把小螺钉旋具从两边均匀撬动，拆下轴承盖，将凸轮轴取出。

(9) 拆卸紧固调速的螺钉，然后用木锤在四周均匀地敲振调速器壳，直至将其从泵体上取下。

(10) 将上泵体的柱塞弹簧、弹簧上垫圈取下，再拧下出油阀固定座，取出出油阀和柱塞偶件。

至此，Ⅰ、Ⅱ、Ⅲ号系列喷油泵基本分解完毕。若有必要，凸轮轴轴承、输油泵仍可作进一步分解。

四、喷油泵的装配

1. P 型喷油泵的装配

由于 P 型喷油泵与传统结构的喷油泵有很大不同，因此其装配操作特点如下：

(1) 将装在凸缘钢套内的柱塞、出油阀的偶件作进一步拆卸。拆卸过程中要尽量保持易损的 O 形密封圈的完好，拆卸固定柱塞的卡环最好能使用专门的卡环钳。

(2) 对要换上的新柱塞、出油阀偶件，必须彻底清洗并按缸序排放好。

(3) 只把柱塞套装进凸缘钢套，并用销钉准确定位。

(4) 装上出油阀偶件、出油阀密封铜垫圈、出油阀弹簧，往出油阀固定座上的 O 型密封圈涂沫少许润滑脂，然后拧上出油阀固定座。

(5) 在柱塞套上依次装上垫片、导流环，再用卡环钳装上卡环，把上述已装的零件加以固定。导流环有上下之别，装配时注意不要弄错。

(6) 将较大的一只 O 形密封圈装在柱塞套上，那只较小的 O 形密封圈最好用自制的专用镶嵌工具把它装入泵壳内。若无此工具，也可将小 O 形密封圈装到柱塞套上，但不要损伤密封圈。

(7) 在凸缘钢套下面塞入调节垫片，对 O 形密封圈和柱圈套裙部稍许涂抹润滑脂，然后将柱塞总成从泵体上方装入泵壳。

(8) 在所有柱塞总成全部装入泵壳后，依次装上平垫圈、弹簧垫圈和拧上螺母，并用 38～40N·m 对凸缘钢套进行紧固。

(9) 用扭力扳手和专用套筒工具（通用的套筒不适用）拧紧出油阀固定座。

(10) 从泵体的调速器侧装入调节拉杆，插进销轴，并用带螺纹的轴套加以紧固。

(11) 依次装入柱塞弹簧上座和柱塞弹簧，再按缸序将柱塞分别旋进各自对应的柱塞套中。装柱塞时，一定要把柱塞肩部的定位标记对准泵壳前面（装输油泵的一侧），然后再装配柱塞簧下座。

(12) 逐缸装入挺杆，将 P 型泵拆装挺杆专用工具如图 5-25 所示的两个支持杆分装于泵的两端，通过套在专用工具滑杆上的加力杆压簧杆，把挺杆压下，同时左右稍微拉动调节拉杆，使柱塞心肩部顺利滑入控制挺杆支持器以阻止挺杆回弹。全部挺杆固定完毕后，可卸下拆装挺杆专用工具。

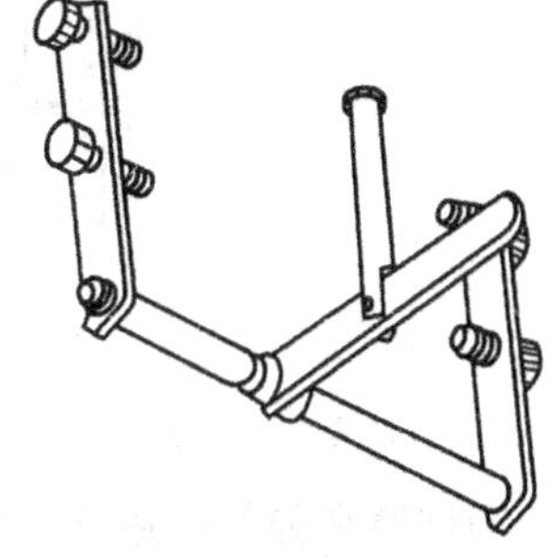

图 5-25 安装挺杆专用工具

(13) 用弹簧秤勾拉调节拉杆。对于载重 8t 以上的柴油机车配装的 P 型喷油泵，调节拉杆的滑动阻力应不大于 1.5N，否则应找出原因并予以处理。

(14) 继续依次装配凸轮轴中央托瓦、凸轮轴、轴承盖、油封、底板盖、注意凸轮轴轴向间隙应控制在 0.02～0.06mm 之间。

2. Ⅰ、Ⅱ、Ⅲ号系列喷油泵的安装

该系列喷油泵的泵体为分开式结构。它的凸轮轴、挺杆、油量调节拉杆和拨叉装在下泵体，而柱塞、出油阀偶件装在上泵体，装配操作要点是：

(1) 先装好凸轮轴、挺杆（包括挺杆上面的厚圆垫块），然后将油量调节拉杆从调速器侧插入泵体。在插入过程中，分别将各个拨叉套入拉杆中，并按喷油泵分解时做的位置标记各个拨叉坚固在相应的缸位上。

(2) 将上泵体清洗干净，并拆下各缸柱塞套的定位螺钉。将需装配的柱塞偶件分缸序排列好，逐个取出柱塞套装入上泵体。装入时，可从定位孔观察柱塞定位槽是否与定位孔对齐。当切实对齐后，将定位螺钉旋入（注意不要忘记垫圈）并拧紧。再用手左右旋动柱塞套下端，柱塞套应稍有松动余地，否则需拆卸定位螺钉重新调整柱塞套装配方向。依次装入出油阀偶件、出油阀垫圈、出油阀弹簧，并拧上出油阀固定座。全部出油阀固定座均拧上后，把上泵体夹在台虎钳上，用扭矩扳手逐个紧固出油阀固定座，紧固扭矩应控制在 36～42 N·m。把上泵体从台虎钳上取下，依次将密封垫圈、柱塞弹簧（柱塞弹簧下座且不可装反）、柱塞弹簧下座、柱塞装上。用手左右旋转、来回拉动柱塞，应无阻滞感，否则此缸的柱塞偶件需重新装配。把下泵体窗口朝上平放在工作台上，同时把上泵体的所有柱塞凸肩全部竖直朝上摆正（上泵体柱塞定位螺钉朝向下泵体窗口），然后将上泵体逐渐平稳地与下泵体接合，接合过程中，可用手适当拨动调节拉杆，使所有柱塞的凸肩全部准确地滑入对应的拨叉之中。依次装上平垫圈、弹簧垫圈，并拧上紧固上下泵体的螺母。在紧固螺母时，应对角并分三次拧紧，以免上泵体安装不正，受力不匀而变形。

五、柱塞式喷油泵的工作过程

柱塞式喷油是通过与柴油机联动的凸轮轴旋转推动和柱塞弹簧的回弹而形成柱塞在柱塞套中的连续往复运动的。

如图 5-26 所示，泵体燃油进油和回油口之间有一个充满燃油的储油室，从输油泵通过柴油滤清器送来的低压燃油，通过泵体进油口进入这个储油室，并与各柱塞套的进排油孔相通。

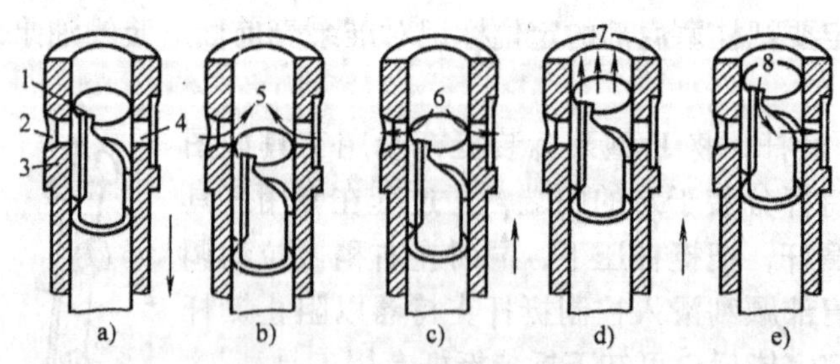

图 5-26　喷油泵工作原理

1—柱塞　2—定位孔　3—柱塞套　4—油孔　5—进油　6—微量回油　7—压油　8—回油（停止供油）

当柱塞在弹簧作用下使柱塞的进油孔同泵腔相通时，燃油经油孔进油，直至柱塞运动达到下止点后才结束吸入燃油，如图 5-26a 所示。然后随着凸轮轴的转动，柱塞弹簧重新被压缩，柱塞再度上升。当柱塞上部的圆柱面将油孔封闭时，燃油开始被压缩，如图 5-26b 所示，直至其压力足以克服出油阀弹簧的弹力及高压油管内的残余压力时，出油阀开始上升，使燃油从喷油泵送往喷油器。

当柱塞继续上升，使燃油压力高于喷油嘴开启压力时，喷油嘴针阀被抬起，喷油器开始向气缸内喷入燃油。随着柱塞的继续上升，喷油过程持续进行，直至柱塞上的斜槽与柱塞套上的进排油孔开始接通的瞬间，泵油过程停止如图 5-26c 所示，高压油经进排油孔流向低压储油室，柱塞上部的油压迅速下降，出油阀在出油阀弹簧的作用下立即下落，迅速切断对喷油器的燃油供应，喷油嘴的喷射也随即停止。这时，即使柱塞继续上升也不再起泵油作用，直至超过上止点后，柱塞弹簧才使柱塞下移，进入下一轮吸、泵油的循环。

柱塞行程（即柱塞上、下止点间的距离）已由凸轮轴的凸轮形状决定了，是不可变更的，在整个行程中，只在排油口被遮盖到进排油口与柱塞斜槽相连通的这段行程才真正起泵油作用，称为有效行程如图 5-26d。显然，喷油泵每一循环泵出的油量与柱塞有效行程的大小成正比。因此，欲使喷油泵能随柴油机工况的不同或驾驶员的需要而改变供油量，必须改变柱塞的有效行程。

有效行程的增减是靠改变柱塞斜槽与柱塞套进排油孔的相对角位置来实现的，只要通过喷油泵的油量调节机构将柱塞转动一个角度就能达到这一目的。当转动到某个极端位置停止供油时，如图 5-26e 所示，有效行程可以等于零，也就是不论柱塞如何上下运动，进排油孔都无法完全封闭，也就是说，此时喷油泵处于不泵油状态。

六、喷油泵的检修

喷油泵是柴油机最精密的部件，柱塞与柱塞套、出油阀及阀座、凸轮、挺柱等机件的磨损，使供油量、供油均匀度和供油时间都会发生变化。这些变化将使发动机的功率下降，燃料消耗量增大，工作可靠性降低。因此，喷油泵拆卸后零件的检验和修理，装复后的试验与调整是柴油机大修中不可缺少的重要内容。

1．柱塞与柱塞套的检修

（1）检查柱塞与柱塞套的滑动性能。如图 5-27a 所示，将柱塞与柱塞套保持与水平线成 60°左右的角度位置，在几个方向拉出柱塞，它能自动慢慢地滑下即为合格。

（2）检查柱塞与柱塞套的密封性能。如图 5-27b 所示，一手握住柱塞套，用两个手指堵住柱塞套顶上和侧面的进油孔，另一手拉出柱塞，应感觉到有显著的吸力，放松柱塞时，它能立即缩回原位即为合适。

（3）检查柱塞控制套缺口 h 与柱塞下凸块宽度 H 的配合间隙，若超过 0.08mm 时，必须进行修整或更换，如图 5-28 所示。

（4）检查柱塞套与泵体接触面有无变形、擦伤和凸凹不平，必要时可用手加工修整。

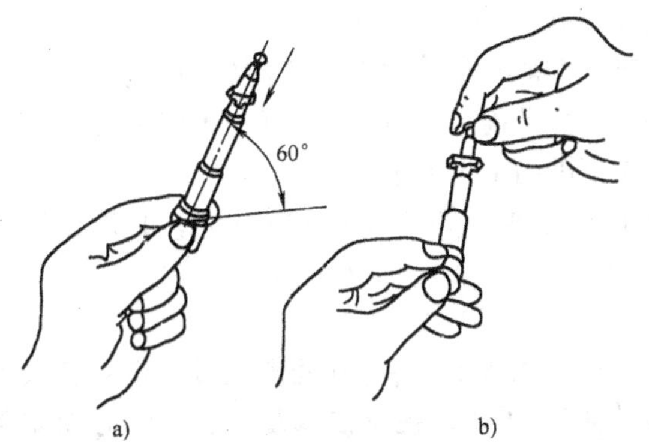

图 5-27 柱塞与柱塞套的检查
a）检查滑动性能 b）检查密封性能

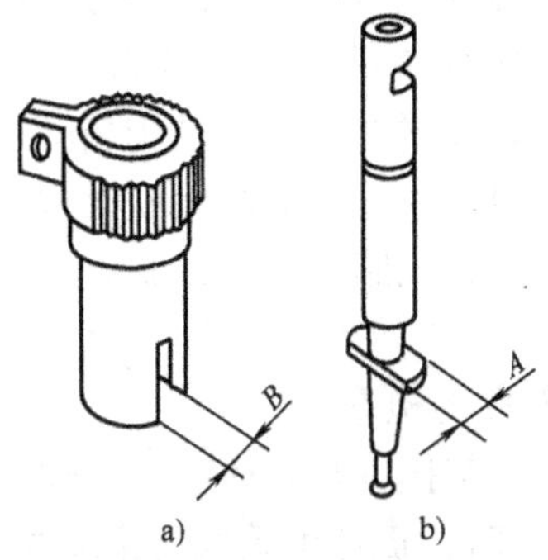

图 5-28 缺口的配合间隙

(5) 检查柱塞与柱塞套摩擦面的磨损或刮伤情况。不符合要求，应予成套更换。

(6) 柱塞的端面、斜槽、柱塞套的油孔边缘等应是尖锐的，若有凸起、凹陷、倒棱、剥落及毛刺，应予更换。

2. 出油阀及阀座的检修

(1) 出油阀及阀座的检查方法，如图 5-29 所示。以手指堵住出油阀下面的孔，用另一手指将出油阀轻轻地从上向下压。当手指离开出油阀上端时，它能自行弹回，即为良好。

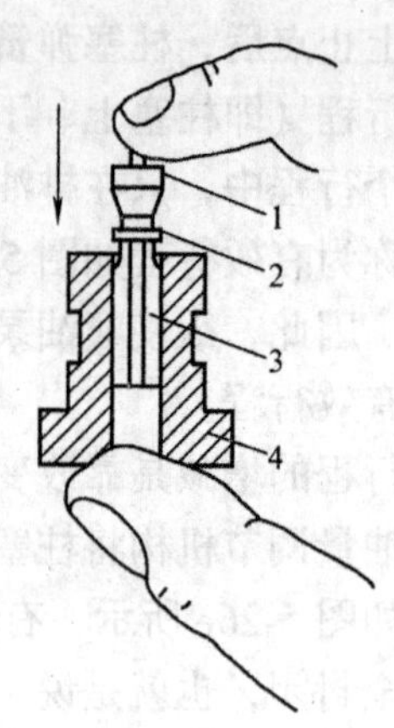

图 5-29 出油阀及阀座的检查
1—出油阀 2—减压阀
3—纵切槽 4—阀座

(2) 若出油阀及阀座磨损过甚或有伤痕，应予成套更换。

(3) 出油阀圆柱导向面及减压凸缘的圆度允差为 0.002mm，圆柱度允差为 0.003mm（圆锥体的大端在密封锥面一端），密封锥面的圆度允差为 0.001mm，密封锥面对圆柱导向面的端面圆跳动量为 0.004mm。出油阀座与出油阀减压凸缘配合的内圆柱工作表面圆度、圆柱度允差为 0.002mm，配合间隙一般仅有 0.0060～0.009mm；密封锥面对内圆柱工作表面的端面圆跳动量为 0.008mm，密封端面对内圆柱工作表面的端面圆跳动量为 0.04mm（在直径 16mm 圆周上），支承面对密封端面的平行度允差为 0.03mm。

(4) 出油阀弹簧如有扭曲和弹性减弱现象，应换用新件。其弹性应符合原标准规定。

(5) 精密配套零件磨损的痕迹可用研磨的方法予以消除。柱形工作表面磨损后，若配合间隙在 0.008～0.010mm 范围内时，允许用镀铬法修复。

(6) 弹簧镀层脱落和表面磨蚀、裂纹等，应予更换。

(7) 弹簧上、下座应平整，柱塞下端凸缘的顶面与弹簧下端的下表面之间应有一定的间隙，若无间隙，应更换。

3. 调节齿条与扇形齿轮的检修

(1) 检查油量调节齿条与扇形齿轮的配合间隙，及其与衬套工作面的磨损，若逾限（超过 0.30mm），应更换。

(2) 检查油量调节齿条的弯曲度，如超过 0.05mm，应冷压校正。

(3) 检查油量调节齿条轴颈与装在泵体中衬套的配合间隙，其数值应为 0.032～0.100mm，超过规定时应换用新套。新套外圆与泵体孔配合过盈为 0.030～0.075mm。镶在泵体两端衬套的内孔的同轴度误差，在泵体全长范围内不得大于 0.02mm。

(4) 检查控制柱塞套缺口与柱塞下凸块的配合间隙。如超过 0.12mm 时，必须进行修理。

4. 挺柱的检修

(1) 检查挺柱与泵体座孔的配合（间隙为 0.02～0.062mm），其间隙超过规定（极限为 0.25mm）时，挺柱可采取镀铬磨光法修理。泵体座孔可采取镗削法修复。加工时必须使用专用夹具，以防止座孔中心线前、后、左、右偏移，其表面粗糙度 R_a 值小于 1.6μm。座孔镗削尺寸需根据磨光后的挺柱尺寸配镗，使其配合间隙恢复到规定的标准。

(2) 检查挺柱与滚轮的磨损和损伤以及它们之间的间隙，如图 5-30 所示。使调整螺钉上下移动，测量其外径，观察百分表读数，如间隙总量超过 0.30mm 时，应换新件。

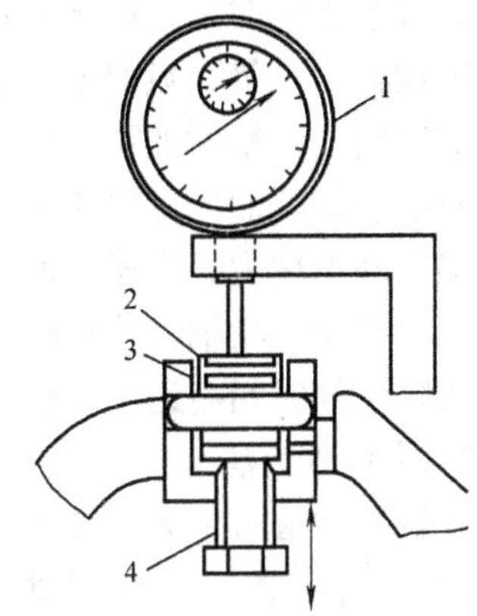

图 5-30　减查挺柱与滚轮间隙
1—百分表　2—滚轮
3—滚轮衬套　4—调整螺钉

(3) 检查挺柱销与内衬套之间和内衬套与滚轮之间的配合间隙，应为 0.011～0.100mm。若超过 0.15mm，允许选配内衬套恢复至标准。

(4) 挺柱销与挺柱体孔的间隙不应超过 0.05mm，超过则应换用新挺柱销。

(5) 检查挺柱调节螺栓顶部的磨损，若超过 0.20mm 时，应更换。

5. 凸轮轴及轴承的检修

(1) 检查凸轮轴弯曲度，如超过 0.05mm 时，应冷压校正。

(2) 检查凸轮轴安装油封处的轴颈，如磨损成沟槽，且深度超过 0.10mm 时，须焊补修复。

(3) 滚球轴承外径与轴承盖和调速器轴承座孔的配合过盈为 −0.021～−0.050mm。如松动，可采取轴承外圈镀铬磨配的方法修复。

(4) 检查各凸轮面以及锥形部分有无剥落、磨损和凹痕，必要时更换凸轮轴。

七、喷油泵总成的调试

1. 溢流法

试验时将油量控制杆推至最大供油位置。溢流法是利用喷油泵试验台内部专设的高压输油泵供给高压燃油，通过油路转换阀送入喷油泵油腔中，当柱塞处于下止点，桩塞套上的进油孔被打开，高压燃油便克服出油阀弹簧的压力把出油阀打开，燃油从标准喷油器的放气回油管中流出，再缓慢地转动喷油泵凸轮轴。第 1 分泵柱塞（靠近联轴器一端的柱塞）从最低位置上升到恰好使回油管停止出油时，将试验台上的指针移至对正刻度盘的 0°（或整十位数刻度），这样反复作几次试验核对，最后确定指针对刻度盘的位置，此时即为第 1 缸活塞开始供油时刻。

第 1 分泵柱开始供油时，要求联轴器上的刻线记号与喷油泵壳体前盖上的记号相对正，如图 5-31 所示。

如超过壳体上的刻线，说明供油过迟，应将挺柱上的正时螺钉旋出；如尚未达到刻线，说明供油过早，应将挺杆上的正时螺钉旋入。调好第 1 分泵后，然后依照喷油泵的供油顺序，以第 1 分泵为准，调整其他各分泵的供油间隔时间，如 4 缸发动机的供油顺序是 1-3-4-2，在调整第 3 分泵供油时刻时，应从第 1 分泵开始供油时刻，在刻度盘上的标记开始旋转 90°正好是 3 分泵开始供油时刻。各分泵供油时间相差不得超过

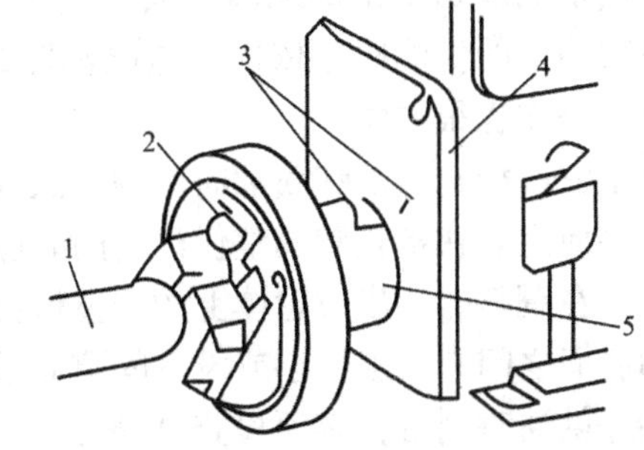

图 5-31　喷油正时效准记号和联轴器刻度线
1—驱动轴　2—联轴器刻度线　3—定时刻度线
4—喷油泵轴承盖　5—联轴器

+0.5°凸轮转角的范围。

在试验供油时间，如果溢油呈现断续的油滴而不连续时，表示高压油压力不足。可关闭其他喷油器回油管，只留要测试缸的喷油器回油管，这样，压力就会提高，即可进行试验。

应该指出：新喷油泵或更换了新的柱塞偶件的喷油泵，用溢油校验法检查供油开始时间是比较准确的。而当试验使用一定时期以后的喷油泵，往往出现一些误差，这是由于柱塞偶件磨损，间隙增大、高压油通过间隙而渗漏出来，回油管断油不干脆，观测不易准确。另外由于用手拨动凸轮轴，柱塞往上运动比实际工作慢得多，漏油也多，所以校验的供油开始时间比实际供油时间略迟了一些。

2. 接触压力法

接触压力法就是凭手转凸轮轴的感觉，在压力突然提高时即为相应分泵的供油时刻。

检查时首先放尽喷油泵油腔高压油管和喷油器内的空气，再把操纵杆转到最大供油位置，转动喷油泵的凸轮轴使各分泵的喷油器喷油 1～2 次，然后慢慢转动凸轮轴，使第一分泵的柱塞上升，当刚刚感觉有压力时，立即停止，此时便是该分泵供油开始时刻。这种方法较为简单，但要求有熟练的操作技术具有较丰富的实践经验，否则不易达到精度的要求。

这个方法可靠性差，视操作者的经验误差较大一般不用。但在发动机飞轮上有刻度时，就车检验比较方便。

3. 喷射法

喷射法就是检查喷油器开始喷油的时刻，它较接近于柴油机的实际工作情况。对于磨损柱塞的喷油泵也能较准确地检查出喷油时刻。近代生产的许多喷油泵试验台都带有专门检查喷油泵喷油起始角的闪光装置，在喷油泵旋转的动态下，根据闪光灯闪光时的刻即可知道相应缸喷油的时刻。闪光装置是利用试验台上的标准喷油器喷油开始时，针阀上升的动作来断电，使闪光灯闪光。在刻度盘处有与凸轮轴同步转动的指针，闪光时即可看到指针所对应的刻度，它能分别检查各分泵的喷油时刻及间隔角。但是目前柴油机的技术说明书中提供的多为供油起始角。

如用喷射法检查第 1 分泵的喷油起始角时，必须根据正确的供油起始角在试验台上重新标定喷油起始角的数值，即在试验台上首先把第 1 分泵的供油时刻调整准确（对准正时记号），此时便可根据试验台上刻度盘上的读数确定该泵的供油起始角。然后开动试验台测定该分泵的喷油起始角，根据二者的角度差就可知道在该试验台上喷油较供油落后的角度，从而可根据供油起始角正确地确定喷油起始角。检查各缸的喷油间隔角时，是以第 1 缸为基准，按喷油泵的供油次序依次检查喷油时的角度即可。用这种方法检查喷油提前角较为准确，而且操作也很方便。

以上三种检查供油和喷油时间的方法都是可行的，在调试中具体采用那种方法，要根据实际条件而定。在检查和调整供油时间时应注意下列事项：

（1）在调整时旋出滚轮体上的调整螺钉，不可旋出过大，否则，柱塞到达上止点其顶面与出油底面之间的间隙变小或没有间隙而顶死，造成零件损坏的事故（泵头螺钉松动）。因此在调好供油时刻后，必须检查柱塞达上止点时的间隙，其值不得小于 0.2mm，B 型泵为 0.4～1mm。检查时转动凸轮轴，使柱塞顶起到最高位置，用螺钉旋具撬起柱塞弹簧座，升起到顶，将塞尺插入柱塞底面和正时调整螺钉之间，检查间隙。一般凭经验可在撬动柱塞时觉察出间隙的大小。

(2) 对于采用上斜槽式柱塞的喷油泵，应检查调整供油结束时刻。对于供油始点和终点都随供油量不同而改变的柱塞，其供油时间的检查方法必须根据说明书的规定进行。

目前有些喷油泵的供油时刻在使用中勿需检查和调整，它们依靠制造和装配时的精度，使滚轮体总成的工作高度在一定的公差范围内，从而保证各缸供油时刻的准确。例如：国产系列泵就是用正时垫块的滚轮体总成结构。只有当垫块和有关零件磨损过大，供油提前角超过允许误差时，再翻转或者更换垫块。

八、喷油泵的安装

在维修中将喷油泵检修后经过调试重新安装时，必须检查和校准喷油提前角。

为了便于调整喷油提前角，一般在柴油发动机和喷油泵上都有正时标记共三处：一是喷油泵与发动机传动齿轮的啮合记号；二是喷油泵的第 1 分泵开始供油标记；三是发动机的飞轮壳与飞轮上的喷油提前角标记。

喷油正时的校正办法

调试好的喷油泵往发动机上安装时，为了使发动机的喷油泵提前角符合规定，应按下列方法进行安装。顺时针方向摇转曲轴，使第 1 缸活塞处于压缩行程上止点前规定的发动机喷油开始的位置，即飞轮上或带轮上的喷油正时记号应对应。转动喷油泵凸轮轴，使凸轮轴接盘上的记号与泵体上的记号对正，此时第 1 分泵供油开始。向前推喷油泵，使从动凸缘盘的凸块插入联轴器并与之接合，在固定主动凸缘和中间凸缘盘的两个螺钉时，使二凸缘盘的“0”记号对正（或校正后重新作出划线记号），即可保证发动机的供油提前角符合要求。发动机试车后如果发现喷油提前角不对，待发动机停机后可用松开的两个螺钉按需要进行调整。调整合适后也可另作记号，以便下次安装。

九、喷油泵调速器总成的故障诊断与排除

这里主要讲述由喷油泵调速器总成工作不良而引起的一般故障，以便在维修喷油泵调速器总成时，用做参考。但在实际工作中，应注意具体问题具体分析，并且不要把其他引起柴油机工作不正常的故障，统统归咎于喷油泵调速器总成的毛病，那样会由于进行不必要的拆卸，影响喷油泵正常性能的发挥。

喷油泵调速器总成的一般故障与排除见表 5-2。

表 5-2　喷油泵调速器总成的一般故障与排除

现　　象	原　　因	排除方法
不喷油	1. 油箱中无油 2. 燃油输油泵发生故障 3. 燃油滤清器或油管阻塞 4. 燃油系统中进入空气 5. 柱塞偶件磨损或咬死 6. 出油阀不能紧闭或断裂	1. 加入燃油于油箱内 2. 检修 3. 清洗 4. 排除空气 5. 更换 6. 拆开清洗并研磨修正或调换封油垫圈
喷油不够均匀	1. 燃油系统中进入空气 2. 出油阀弹簧断裂 3. 出油阀偶件磨损 4. 柱塞弹簧断裂 5. 杂质使柱塞阻滞 6. 进油压力太小 7. 调节叉调整不当 8. 调节臂松动	1. 排除空气 2. 更换 3. 研磨修正或更换 4. 更换 5. 清洗 6. 检查燃油输油泵及滤清器 7. 重新调整 8. 更换柱塞偶件

（续）

现　象	原　因	排除方法
油量不足	1. 出油阀漏油 2. 接头漏油 3. 柱塞偶件磨损 4. 装配调整不当 5. 调节臂松动 6. 调速手柄未拉到位置 7. 各连接部分磨损松动 8. 输油泵供油不足：当活塞、推杆用久磨损、止回阀用久，其接合平面歪斜不平整	1. 研磨修正或更换 2. 检修 3. 更换 4. 重新装配调整 5. 更换柱塞偶件 6. 将调速手柄拉到位置 7. 检修或更换 8. 更换零件（更换止回阀时必须先将接合平面研磨）
油量过多	1. 装配调整不当 2. 调节臂松动	1. 重新装配调整 2. 更换柱塞偶件
怠速不能达到	1. 低速限位螺钉调整不当 2. 调速手柄回不到底 3. 拉杆有轻微轧住	1. 重新调整 2. 检修使手柄回到最低怠速位置 3. 检修
游车	1. 调速弹簧永久变形 2. 凸轮轴间隙过大 3. 运动零件活动阻力大 4. 各缸供油均匀性误差过大 5. 接合器接合不良 6. 驱动盘固紧时，凸轮轴伸出端径向圆跳动量过大 7. 驱动盘、推力盘用久磨损	1. 更换 2. 重新调整间隙 3. 改善滑动性 4. 重新调整 5. 检修调整 6. 调换弹性垫圈和螺母 7. 更换新的驱动盘和推力盘
飞车	1. 驱动盘与凸轮轴松动 2. 推力盘与凸轮轴伸出端阻滞 3. 拉杆卡死柱塞咬死 4. 拉杆螺母松落 5. 推力盘咬死 6. 调速器内润滑油过多 7. 高速限止螺钉调整不当 8. 调节臂脱落	1. 按要求转矩拧紧螺母 2. 检修 3. 检修 4. 重新调整并锁紧 5. 更换或修复 6. 放掉润滑油至规定油面 7. 重新调整 8. 更换柱塞偶件
泵内、调速器壳内机油稀释	1. 输油泵推杆套筒与输油泵体之间漏油 2. 输油泵推杆与推杆套筒之间磨损漏油严重	1. 修复或更换 2. 修复或更换

第四节　调　速　器

一、调速器的构造

汽车用柴油发动机的调速器按其功能可分为：两速调速器（只控制发动机的怠速和最高转速）、全速调速器（可控制发动机在怠速至最高转速之间的任一给定转速下稳定运转）和综合调速器（兼具两速和全速调速器的功能）。调速器按其转速传感方式可分为：气动式调速器（利用膜片感知进气管负压的变化，自动调节供油量实现调速）、机械离心式调速器（利用喷油泵凸轮轴的旋转，使飞块产生离心力，实现调速作用）和复合式调速器（同时采用气动作用和离心作用进行调速）。

1. 两速调速器

两速调速器只能自动限制柴油机最高转速和稳定其怠速。在最高和最低转速之间的所有中间转速则由驾驶员用油门控制。两速调速器适用于一般公路运输用的汽车柴油机。

如图 5-32 所示为离心式两速调速器，其基本构造是：油泵凸轮轴带动飞块座 11 转动，飞块 9 铰接在飞块座上。滑动轴 10 可在飞块座孔中轴向移动。调速杠杆 8 的中部与滑动轴 10 铰接，下端与摇臂铰接，上端与供油拉杆 1 铰接。在滑动轴的右端装有顶块 2 和滑套 3，它们分别被低、高速弹簧顶住。高、低速弹簧的预紧力可调，顶块 2 的球头与滑套 3 间留的间隙。

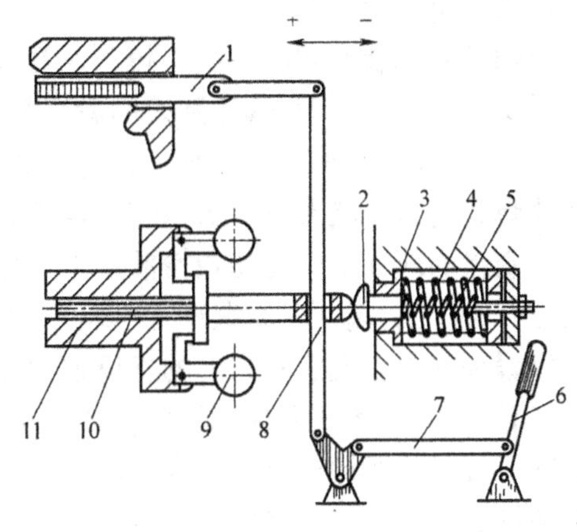

图 5-32 离心式两速调速器示意图
1—供油拉杆 2—顶块 3—滑套 4—高速弹簧 5—低速弹簧 6—操纵臂 7—拉杆 8—调速杠杆 9—飞块 10—滑动轴 11—飞块座

2. 全速调速器

国产Ⅰ、Ⅱ、Ⅲ号系列喷油泵的调速器均为球盘式离心调速器，其结构相同。现以Ⅱ号喷油泵调速器为例来说明其构造情况。

如图 5-33 所示是与Ⅱ号喷油泵配合使用的球盘式离心全速调速器。它安装在Ⅱ号喷油泵的后端。喷油泵凸轮轴 22 的后部固定有驱动锥盘 21，其末端套着推力锥盘 26。飞球保持架 18 为一圆盘，从中心孔向外开有均布的六条径向直切口。由六个块状的飞球座 16 和 12 个飞球所组成的飞球组件分别嵌装在这六个直切口中，可以沿直切口作径向滑动。驱动

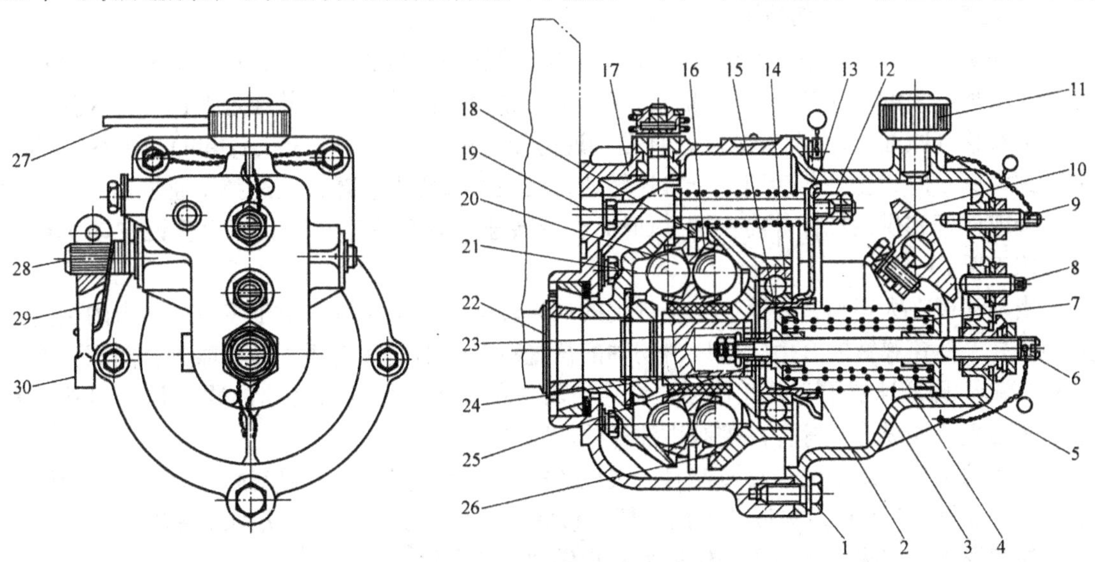

图 5-33 Ⅱ号喷油泵全速调速器
1—放油螺钉 2—起动弹簧 3—高速调速弹簧 4—低速调速弹簧 5—调速器后壳 6—调节螺柱 7—弹簧后座 8—低速限止螺钉 9—高速限止螺钉 10—调速叉 11—加油口螺塞 12—拉杆螺母 13—拉板 14—起动弹簧前座 15—调速弹簧前座 16—飞球座 17—调速器前壳 18—飞球保持架 19—油量调节拉杆 20—飞球 21—驱动锥盘 22—喷油泵凸轮油 23—垫圈 24—校正弹簧 25—校正弹簧座 26—推力锥盘 27—停机手柄 28—操纵轴 29—扭力弹簧 30—操纵摇臂

锥盘的内锥面上有六个均布的锥形凹坑。六个飞球组件的左端嵌入此凹坑中，右端则顶靠在推力锥盘的内锥面上。

调节螺柱 6 上装有四个弹簧：校正弹簧 24、起动弹簧 2、低速弹簧 4 和高速弹簧 3（统称调速弹簧）。起动弹簧和低速弹簧的后端都支承在可沿轴向滑动的弹簧座 7 上。起动弹簧的前座 14 支承在径向推力球轴承上，高、低速弹簧的前座 15 支承于起动弹簧前座的内圆面上。高速弹簧呈自由状态，端头留有一定间隙。校正弹簧座 25 可轴向移动。

推力锥盘的球轴承和起动弹簧前座 14 之间夹持着拉板 13，其上部的孔套装在喷油泵油量调节拉杆 19 的后端，并用螺母 12 限位。拉板向左移动时，通过弹簧使油量调节拉杆 19 左移，以缓和冲击。支于后壳上的操纵轴 28 的中部固装着调速叉 10，其外端借花键与操纵摇臂 30 相连。调速叉的下端顶靠着弹簧后座 7 的后端面。驾驶员通过加速踏板和杆系扳动操纵摇臂，可以改变调速弹簧 3 和 4 的压缩量（预紧力）。

发动机工作时，飞球组件产生离心力，使其沿飞球保持架 18 上的径向直切口向外滑动，由此产生的轴向分力推动锥盘 26 向右移动，从而带动拉板 13 使油量调节拉杆 19 右移，以减少供油量。转速下降后，飞球组件的离心力减小，在调速弹簧及自重的作用下，沿保持架上的径向直切口向内滑动，从而推力锥盘组件带动油量调节拉杆左移，使供油量增加，转速上升。

停机手柄 27 装于前壳 17 的顶部。壳体顶部和底部设有加油口和放油孔，分别用螺塞 11 和螺钉 1 堵住。螺塞 11 上钻有通气孔，以免壳内润滑油受热时所产生的蒸汽压力过高而造成漏油。通气孔道内有泡沫塑料滤心，防止灰尘等脏物进入调速器。

二、调速器的工作过程

1. 两速式调速的工作情况

发动机起动后，油泵凸轮轴带动飞块座和飞块转动。当曲轴转速超过发动机的怠速转速时，飞块离心力的轴向分力大于低速弹簧 5 的预紧力，滑动轴右移并通过调速杠杆 8 使供油拉杆 1 右移（减油），发动机减速，直至转速降至怠速转速（400～500r/min），顶块 2 的球头碰到滑套 3 时为止。若转速低于怠速转速，则飞块离心力下降，低速弹簧通过顶块将滑动轴、调速杠杆和供油拉杆等向左推（加油），使转速上升至怠速范围，从而保证发动机稳定的怠速工况。

当发动机在大于怠速转速、小于规定的最高转速之间工作时，由于飞块离心力的轴向分力小于高、低速弹簧的合力，所以滑动轴的位置将保持不变（使顶块 2 和球头右侧压在滑套 3 的左端），即调速器不起调速作用。在这段转速范围内，发动机转速的凋节是由驾驶员通过加速踏板、操纵臂 6 等杆件控制供油量的增减来实现的。

当发动机超过规定的最高转速时，飞块的离心力大于高、低速弹簧的合力而使滑动轴推动顶块 2、滑套 3 右移，并带动供油拉杆右移减油，从而限制了发动机的最高转速。

如使发动机熄火，将停车手柄扳到停止供油位置即可。

2. 全速式调速器的工作情况

如图 5-34 所示，调速叉 3 处于图中所示某一固定位置，此时若柴油机发出的有效转矩正好与外界阻力矩平衡，因而转速稳定，飞球组件离心力所造成的轴向推力 F_A 和调速弹簧作用力 F_B 相平衡。拉板 2 和油量调节拉杆 1 处于一定的位置，并与调节螺柱 6 的凸肩之间保持一定的间隙 Δ_1。若此时外界阻力矩突然减小，而驾驶员未改变调速叉的位置，则发动机转速将会升高，于是 F_A 大于 F_B，使油量调节拉杆自动右移，供油量减小，发动机的有效转矩也随之减小，直至与外界阻力矩相等时为止，转速便不再升高，F_A 与 F_B 取得新的平衡。此时柴油机以比外界阻力矩变化前略高的转速稳定运转，间隙 Δ_1 也稍有增大，相反，当外界阻力矩突然增加，发动机转速降低时，F_A 小于 F_B，使拉板自动左移，增加供油量，发动机有效转矩变大，直至其有效转矩与外界阻力矩相等，转速不再降低，F_A 与 F_B 重新取得平衡为止。此时柴油机以较前略低的转速稳定运转，间隙 Δ_1 也稍有减小。

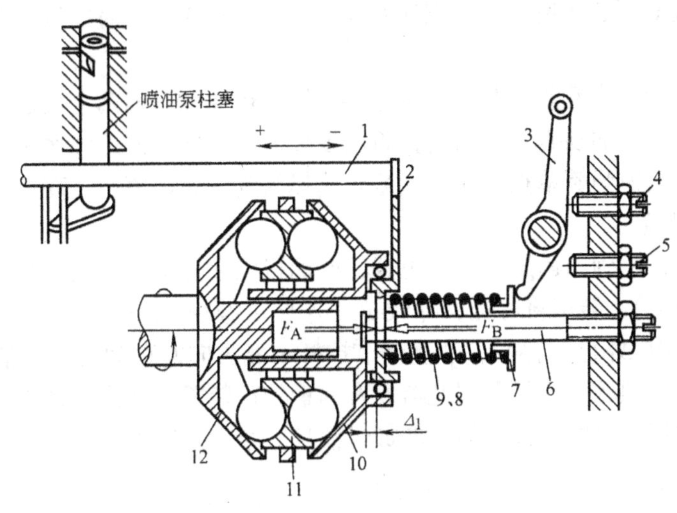

图 5-34　全速调速器的调速原理示意图

1—油量调节拉杆　2—拉板　3—调速叉　4—高速限止螺钉　5—低速限止螺钉　6—调节螺柱　7—弹簧后座　8—低速调速弹簧　9—高速调速弹簧　10—推力锥盘　11—飞球座　12—驱动锥盘

应当指出，上述调节器的这种调速能力是有一定限度的。当外界阻力矩增大，使发动机转速降低到相应于 $\Delta_1=0$ 时，油量调节拉杆便到达最大供油位置。这时所获得的发动机稳定转速称为“全负荷转速”。假若外界阻力矩继续增大，发动机转速将继续下降，但由于调节螺柱 6 左端凸肩的阻挡，调速弹簧不能再将推力锥盘和拉板组件向左推动，因此油量调节拉杆保持原位不动，即调速器不再起作用。

当调速叉 3 位置不变，而外界阻力矩降低到零时（突然踩下离合器踏板），由于调速器的作用，供油量将减到最小，柴油机对外不作功。这时柴油机在空负荷下以最高转速运转，这一转速称为“空转转速”。

从全负荷转速至空转转速这一转速范围，称为调速器的“调速范围”。

调速弹簧的预紧力不同（即调速叉的位置不同），全负荷转速和空转转速的数值也不同。因为当外界阻力矩保持不变时，发动机以一稳定转速运转，并保持一个相应的调速范围，此时如增大调速弹簧的预紧力，使 F_B 大于 F_A，则油量调节拉杆左移，供油量增加，发动机转速升高，F_A 增大，直至 F_A 与 F_B 取得新的平衡为止。于是发动机转速便稳定在一个数值较高的调速范围内。反之，如减小调速弹簧的预紧力，则发动机转速将稳定在数值较低的调速范围内。

当调速叉 3 转到靠上高速限止螺钉 4 时，调速弹簧的预紧力达到最大。此时的全负荷转速最大，称为“额定转速”，在此转速下的发动机有效转矩和有效功率分别称为“额定转矩”和“额定功率”，其供油量称为“额定供油量”。

当调速叉 3 转到靠住低速限止螺钉 5 时，调速弹簧预紧力最小，此时得到的发动机的空转转速最低，称为“怠速转速”。

高速和低速限止螺钉 4 和 5 用来调整额定转速和怠速转速。调节螺柱 6 用于调整额定供油量，旋入则额定供油量增加，反之则减少。但调节螺柱位置的变化会影响调速弹簧的最大预紧力的数值，从而使额定转速发生变化。因此，每当拧动调节螺柱 6 调整额定供油量后，必须再次检查和调整额定转速。调节螺柱和高速限止螺钉在出厂时已调好并加铅封，不能任意变动。

为改善调速器的工作性能，Ⅱ号泵调速器采用了低速和高速两个调速弹簧。低速弹簧刚度较小，装配时有一定的预紧力；高速弹簧刚度较大，长度比低速弹簧短，装配时呈自由状态。在低转速时，低速弹簧单独工作，随着转速提高到一定数值后，高速弹簧才加入工作。

3. 油量校正装置

当油量调节拉杆已到达额定供油量位置，柴油机已在全负荷下工作时，如果暂时遇到更大的阻力矩（超负荷），转速将降低，导致 F_A 小于 F_B 如图 5-35 所示。但因拉板 9 与调节螺柱的凸肩间的间隙 Δ_1 已不存在，油量调节拉杆不能再向左移动增加供油量，往往出现熄火现象。为解决这一问题，Ⅱ号泵调速器设有油量校正装置，其作用是在发动机短期超负荷时，使油量调节拉杆能再向左移，额外增加供油量，增大发动机转矩。

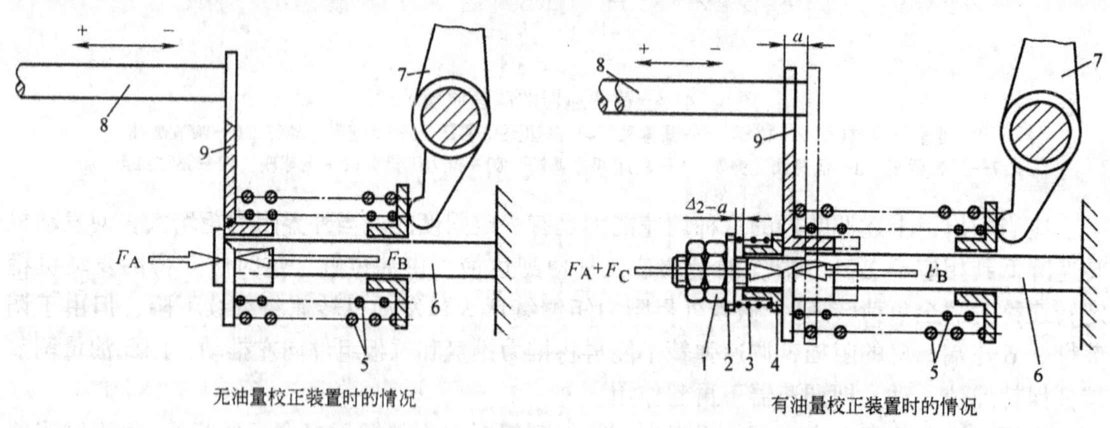

图 5-35　油量效正装置工作原理示意图

1—校正油量调整螺母　2—垫圈　3—校正弹簧　4—校正弹簧座　5—调速弹簧
6—额定供油量调节螺柱　7—调速叉　8—油量调节拉杆　9—拉板

如图 5-35 所示，调节螺柱 6 前端有由校正弹簧 3 及弹簧座 4 组成的校正装置。当拉杆 8 和拉板 9 处于双点划线所表示的全负荷供油位置时，垫圈 2 与弹簧座之间存在着轴向间隙 Δ_2。当柴油机突然超负荷时，转速随之下降，调速弹簧的剩余作用力 F_B-F_A 便压缩校正弹簧，使拉杆 8 向左移动一个距离 a（校正行程），此时校正弹簧的压力 F_C 与力 F_A 之和等于 F_B。这样就在全负荷供油量基础上额外再加供一部分燃油（称为校正油量），以适应超负荷的需要。柴油机超负荷愈大，其转速愈低，校正弹簧的压缩量愈大，校正油量愈多。当校正行程 $a=\Delta_2$ 时，校正油量达最大值，此时弹簧座 4 的前端面与垫圈 2 接触。最大校正行

程 Δ_2 及校正弹簧的预紧力可用调节螺母 1 调节。显然，校正油量是有限的，如柴油机超负荷过大，发动机仍将熄火。另外，校正范围不是发动机的正常工作范围，不允许发动机长时间在校正范围内工作。

4. 起动加浓装置

柴油机冷起动时，气缸内温度低，燃油蒸发条件差。为便于起动，调速器装有起动加浓装置，其工作原理如图 5-36 所示。起动前，驾驶员将加速踏板踩到底，使调速叉 5 顺时针转到与高速限制螺钉 4 相接触的极限位置。此时，调速弹簧 3 的压缩力 F_B 达到最大值。在 F_B 的作用下，压缩校正弹簧 1，直到校正弹簧座 11 与垫圈 10 相碰时为止（最大校正油量供油位置）。在调速叉向左压缩调速弹簧 3 的同时，也压缩了起动弹簧 2。起动弹簧的压力 F_D 作用在与拉板 7 固定连接的起动弹簧前座 6 上，它将起动弹簧前座、锥盘、拉板组件及油量调节拉杆 8 推到最左端的位置（锥盘推动飞球组件沿径向内移到极限位置），使调速弹簧前座 9 的前端面与起动弹簧前座的后端面之间拉开一个间隙 Δ_3（称为起动加浓间隙）。因此，其供油量比超负荷时的供油量还要大。

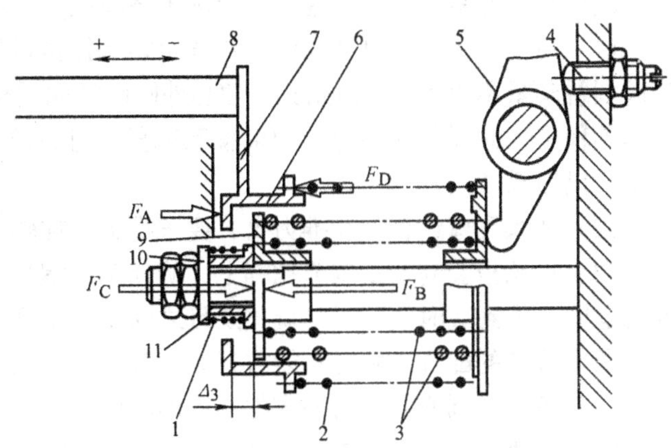

图 5-36　起动加浓装置工作原理示意图
1—校正弹簧　2—起动弹簧　3—调速弹簧　4—高速限止螺钉　5—调速叉　6—起动弹簧前座　7—拉板　8—油量调节拉杆　9—调速弹簧前座　10—垫圈　11—校正弹簧座

起动后，柴油机转速达到一定值时，飞球组件离心力所造成的轴向推力 F_A 才能与 F_D 相平衡。当转速进而增高到使 F_A 大于 F_D 时，起动弹簧前座右移，直到 Δ_3 为零，起动加浓作用停止。起动完毕后，应将调速叉逆时针转动一个角度，减小调速弹簧压缩量，使柴油机进入怠速或有负荷工况。

5. 停机

当需要停机时，转动停机手柄 27（图 5-33），通过停机挡块带动油量调节拉杆向右移动到极限位置，使油泵柱塞停止供油。

三、Ⅱ号喷油泵调速器的分解（参看图 5-33）

（1）拆下调速器盖固定螺栓，取下调速器后盖 5，将盖与壳之间的垫片保存好。

（2）拆下调节拉杆 19 后端拉板 13 的固定和调节螺母，将拧松的圈数记录，以便于装配正确。取下推力盘 26 和飞球组合件。

（3）松开调节栏杆限位螺钉，取出油量调节栏杆 19。

（4）在凸轮轴的一端暂时装上一个联轴器，将其卡住，不使凸轮轴转动。用特制的长套筒扳手，拧下驱动锥盘 21 的固定螺母，取出碟形垫圈和锥盘。

（5）如果凸轮轴及轴承无故障，一般不必拆下，如果有问题则应拆下后轴承卡环，冲出凸轮轴，取下轴承。

（6）分解调速盖。

(7) 拧下调节螺栓 6，取出调速弹簧和弹簧座。

拆下调速叉 10 的紧固螺钉取出调速叉 11，拆下调速叉轴的卡环，取出调速叉轴。

四、国产系列Ⅱ号喷油泵调速器的装配

国产系列Ⅱ号喷油泵调速器的装配可参看图 5-32。

(1) 用专用工具装复花盘组件：固定螺母拧紧以后，用百分表测量花盘传动轴套外圆的径向圆跳动量不得大于 0.03mm。轴套外圆的径向圆跳动量如果超过标准，将会引起调速器工作不稳定，必须引起注意，如果发现轴套外圆的径向圆跳动量超过标准，应查明原因，拆下清洁以后重装。

(2) 装入飞球组合件和推力盘，要求推力盘在轴套上进行滑动时，都没有卡滞现象。

(3) 将拉板套到油量调节拉杆上，旋动调节螺母，使油量调节拉杆处在正确的位置。将推力盘向前推到底时，拉板与调整螺母之间不得出现间隙，同时还要保证柱塞的调节臂与拉杆上的调节叉的配合，两者不能脱开。调整合适后，用固定螺母锁紧。

(4) 按分解调速器盖内的零件相反的顺序安装调速器盖内的零件。

装复调速器后盖，检查操纵轴，凸轮轴转动时有无卡滞现象和异常响声。

五、调速器的检修

(1) 应该对调速器飞块的铰接处仔细地进行检查，例如调速器飞块轴及轴套、滚轮轴及轴孔等的磨损，磨损严重则应予更换。若滚轮的工作表面磨损过大，也应更换。

(2) 所有杆件的铰接处都应检查其磨损情况，例如磨损、飞边以及凹坑斑点等。在大修时，所有有磨损的零件都应更换或检修。若杆件有变形，应予以校正，甚至更换。

(3) 应仔细地检查其端面和轴孔的磨损情形。如果磨损严重到影响调速器工作的灵敏性和调整性，应予更换。

(4) 在调速器大修时，作为常规，通常是要更换调速器弹簧的，并且在装复前应在弹簧试验器上进行测试合格。调速器弹簧对保证调速器正常工作是非常重要的。

(5) 在调速器大修时，所有的轴承与衬套都应更换。

在所有的零部件都已进行修理或更换之后，就应根据制造厂的使用保养说明书重新装配和调整好调速器。运转柴油机，检查空车高转速和怠速慢速是否正确。

六、调速器的调试

1. 两速式机械调速器的调试

两速式机械调速器主要对怠速和超速进行控制，因此它的调试重点也就应该放在高速控制、怠速控制的作用起点及作用终止点上，其调试步骤如下。

(1) 在调试调速器前，应确定供油齿杆零点位置，完成供油正时精调和各种供油量的粗调。

(2) 高速控制的调整。将节流阀操纵臂固定在全负荷位置，使泵转速逐渐上升，当达到比额定转速大 10r/min 时，供油齿杆应开始向减油方向移动，若不符合要求，应当调整最高转速调节螺钉。继续提高转速，当达到比额定转速大 100～120r/min 时，供油齿杆应能向减油方向移动至零点位置而使供油完全停止。如不能停油，说明调速弹簧已变软。若继续增速至比额定转速大 150r/min，若仍不能停油就应更换调速弹簧。

(3) 怠速控制的调速。把节流阀操纵臂置怠速位置，使喷油泵在低于怠速的转速下动转。然后，逐渐加速，并观察供油齿杆的位置变化，当向减油方向移动时，这时的转速就是调速器低速控制起作用的转速。此转速应不高于柴油机怠速所规定的转速。继续加速，供油齿杆还会向减少供油方向移动。当这种移动停止时，即为调速器低速作用终止的转速，此时供油应当停止，此时超出的转速值不大于200r/min为正常。若不符，可调整怠速弹簧总成的旋进位置（在调节怠速弹簧时，与供油齿杆相对的稳速弹簧应完全放松，使之不起作用）。如经反复调整后仍不能达到要求，可适当调整齿杆行程调整螺栓（但调整过此螺栓后，全负荷供油量会发生变化，需作适当处理）。

（4）稳速弹簧的调整。稳速弹簧能在柴油机急剧减速时，迅速地把供油齿杆推回到怠速位置。当调速器怠速控制调整好后，在怠速下，旋进稳速弹簧螺钉，使供油齿杆位置增加0.5mm，然后加以紧固即可。

（5）止动螺栓的调整。调整好稳速弹簧后，记下怠速时供油齿杆的位置，然后停机。将油门操纵臂向停油方向扳动，当供油齿杆退至比怠速时的位置短1mm时，不再继续扳动操纵臂，并旋进止动螺栓，在同油门操纵臂接触处，将止动螺栓予以紧固，这是为了防止油门操纵臂往停油方向扳动时对调速器内部连杆系统产生过分的冲击。

（6）校正装置的调试。若有特殊的需要（为提高柴油机中、低速转矩），可以在调速器内加装校正弹簧总成，这需在高、低速控制已调好后才进行的项目。调试时，将油门操纵臂扳向最大供油位置，使喷油泵转速控制在额定转速的60%～70%处，旋入校正弹簧总成，使供油齿杆略向加油方向移动即可。旋进程度以需要增加多少供油量而定，而校正装置起作用的范围，可通过调整校正弹簧的预压量来改变。

2．全速式机械调速器的调试

国产Ⅰ、Ⅱ、Ⅲ号系列泵属全速式机械调速器，其调试步骤如下。

（1）在调试前，应松开怠速副弹簧、校正弹簧和转矩弹簧，使这弹簧不起作用。再确定供油齿杆零点位置，完成供油正时的精调和额定转速供油量的粗调。然后松开止动螺栓，将其节流阀操纵臂往停油方向扳到底，旋进止动螺栓，使供油齿杆比原位置推进0.5～1.0mm，最后将止动螺栓紧固。

（2）高速控制的调整。将节流阀操纵臂固定在全负荷位置，使喷油泵转速逐渐上升，当达到比额定转速大10r/min左右时，供油齿杆应开始向减油方向移动。若不符合上述情况，应调整最大转速止动螺栓（高速止动螺栓与怠速止动螺栓分别处于操纵臂两边，并与怠速止动螺栓位置相对），但此螺栓的调整会影响额定转速供油量，因此调整后需要对供油量进行复查。

（3）速度变化率的调整。RSV型调速器的变化率的调整，可以通过调速弹簧的调整螺钉来实现，此螺钉装在调速器内部，通过它可以调整弹簧的紧张度，拧紧螺钉（弹簧张力大），速度变化率会减小；反之，速度变化率会增大（速度变化率一般要求小于10%，通常控制在4%～5%）。此螺钉的调整对控制高速的转速会有影响，因此在调整后，要复查高速开始的控制点，如有误差，应予以修正。

（4）校正装置的调整。校正装置安装在调速拉力杆的下部（但并非要安装此装置，要根据需要安装），它的调试方法与两速式机械调速器类似。

（5）怠速的调整。在停机的同时，扳动节流阀操纵臂，使供油齿杆位于10～11mm的位置。开机后，通过调整调速器背面中部的怠速副弹簧，可使低速控制起作用的转速和终止作用的转速符合预定怠速控制转速范围的要求。

第五节　输油泵和柴油滤清器

一、输油泵的构造

活塞式输油泵的构造如图 5-37 所示。活塞 19 向凸轮轴方向移动时的油流路线以实线箭头表示；活塞反向移动时的油流路线以虚线箭头表示，见图 5-38。有少量柴油自泵腔Ⅱ渗

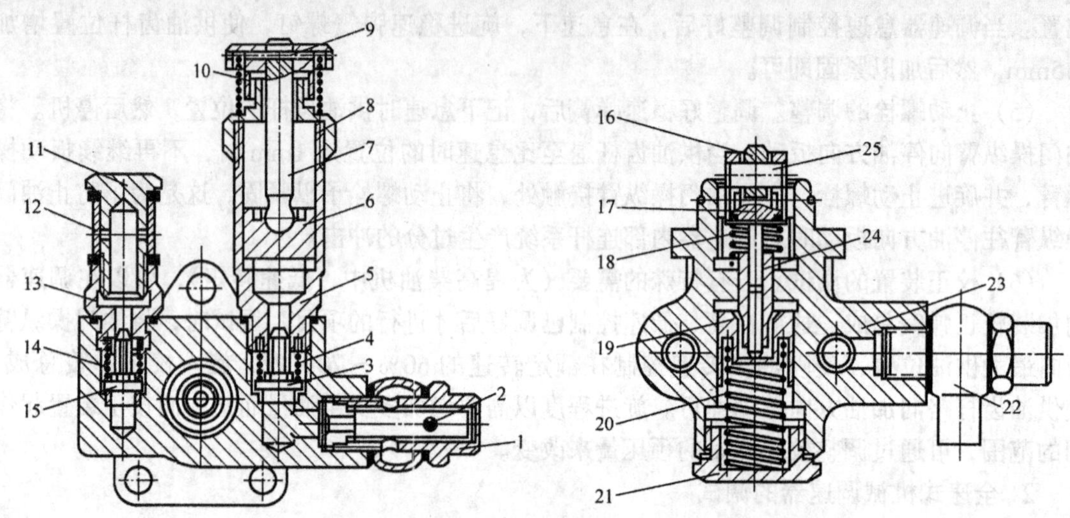

图 5-37　活塞式输油泵

1—进油管接头螺套　2—滤网　3、15—单向阀　4、14—单向阀弹簧　5—手泵体　6—手泵活塞　7—手泵杆　8—手泵接头　9—手泵销　10—手泵拉钮　11—出油管接头螺套　12—保护套　13—油管接头　16—滚轮　17—滚轮架　18—滚轮弹簧　19—活塞　20—活塞弹簧　21—螺塞　22—进油管接头　23—输油泵体　24—顶杆　25—滚轮销

入顶杆及其导管之间的间隙供润滑用，然后经回油道流回进油口。柴油机长时间停机后欲再起动时，应先将柴油滤清器和喷油泵的放气螺钉拧开，再将手泵拉钮 10 旋开，往复抽按手泵活塞 6，活塞上行时，将柴油经单向阀 3 吸入手泵泵腔；活塞下行时，单向阀关闭，柴油自手泵泵腔经输油泵腔Ⅰ和单向阀 15 流入并充满柴油滤清器和喷油泵低压腔，将其中的空气驱除干净。然后拧紧放气螺钉，旋紧手泵拉钮，再行起动发动机。

手泵的活塞与泵体、输油泵的活塞与泵体、以及顶杆与导管等偶件都经过选配和研磨，达到较高精度的配合，不可互换。

二、输油泵的拆装

1. 输油泵的分解

输油泵的分解如图 5-39 所示，分解注意事项如下：

（1）拆下单向阀及其弹簧时，要注意装配位置，以便利于以后的装合。

（2）在拆除输油泵滚轮架之前，应先

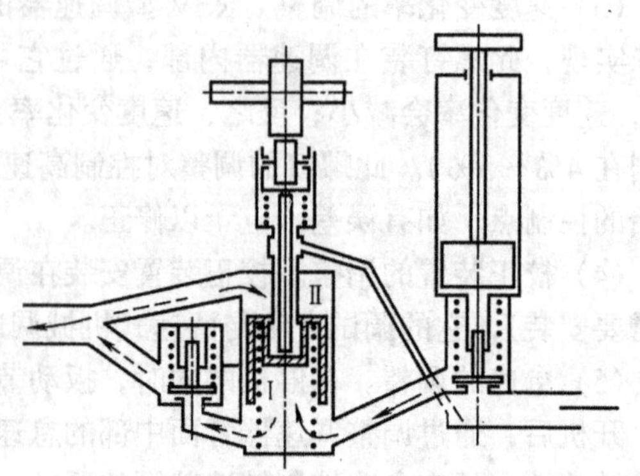

图 5-38　活塞式输油泵油路示意图

取下滚轮架卡簧。

(3) 活塞、顶杆与手油泵活塞，都是选配的，拆装时不能与其他泵调错。

(4) 不得损坏各部位的螺纹。

2. 输油泵的装配

(1) 在装配之前，推杆、挺杆、活塞等零件应清洗吹干，并细心地在各零件的滑动表面涂抹一层机油。

(2) 边装配，边检查零件运动是否灵活，若发现问题，应及时调整。

(3) 在安装顶杆时，应使其大倒角端朝向活塞，如图 5-40 所示。

(4) 在安装活塞时，其凹面朝向滚轮架如图 5-40 所示。

(5) 安装活塞室螺塞，如图 5-41 所示。安装时，应用 78.4～88.2N·m 转矩拧紧，并应注意使用的密封垫圈应完好无损，不可偏斜；或者在螺纹部分涂抹密封胶。

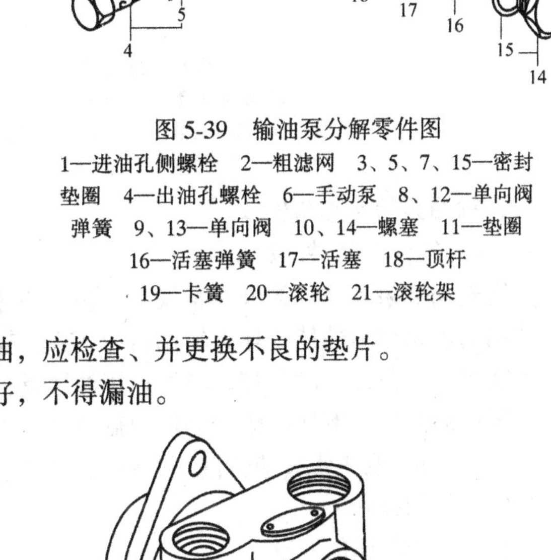

图 5-39 输油泵分解零件图

1—进油孔侧螺栓 2—粗滤网 3、5、7、15—密封垫圈 4—出油孔螺栓 6—手动泵 8、12—单向阀弹簧 9、13—单向阀 10、14—螺塞 11—垫圈 16—活塞弹簧 17—活塞 18—顶杆 19—卡簧 20—滚轮 21—滚轮架

(6) 输油泵上有粗滤器的，安装滤杯时应用手旋紧，切勿用钳子硬扭。如果漏油，应检查、并更换不良的垫片。

(7) 装配后，手油泵要灵活，泵油良好，不得漏油。

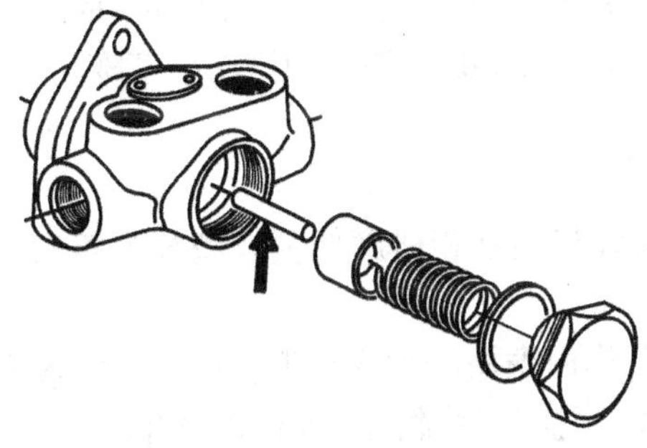

图 5-40 安装顶杆和活塞

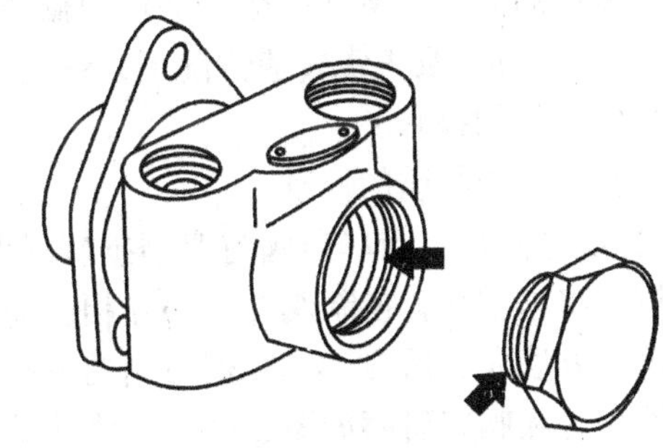

图 5-41 安装活塞室螺塞

三、输油泵的工作过程

活塞式输油泵的工作过程，如图 5-42 所示。喷油泵凸轮轴转动时，轴上的偏心轮 1 推动活塞 10 作往复运动。当偏心轮的凸起部分转到下方，活塞被弹簧 7 推动下移时如图 5-42a 其上方泵腔容积增大，产生负压，使单向阀 8 打开，柴油从进口 9 被吸进来。与此同时，活塞下的泵腔容积减小，油压增高，单向阀 6 关闭，下泵腔中的柴油从通道 4 经出油口 5 被压出，流往柴油滤清器。当活塞被偏心轮和推杆推动上移时如图 5-42b 所示 ，上泵腔的进油压力升高，单向阀 8 关闭，单向阀 6 开启。同时下泵腔中产生了负压，于是柴油自上泵腔通过单向阀 6 经通道 4 流入下泵腔。

当输油泵的供油量大于喷油泵的需要量，或柴油滤清器阻力过大时，油路和下泵腔油压升高。若此油压与弹簧压力平衡，则活塞停在某一位置，如图 5-42c 所示，不能回到下止点，即活塞的有效行程减小，从而减少了输油量，并限制油压的进一步提高。这样，就实现了输油量和供油压力的自动调节。

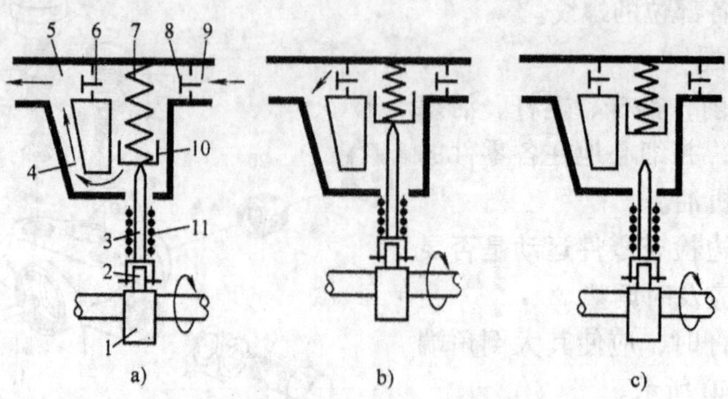

图 5-42　活塞式输油泵工作原理示意图

a）活塞下移　b）活塞上移　c）活塞停在某一位置时

1—偏心轮　2—滚轮　3—顶杆　4—通道　5—出油口　6、8—单向阀　7—弹簧　9—出油口　10—活塞　11—弹簧

四、输油泵的检修与试验

1．塞式输油泵零件的检修

活塞式输油泵零件的磨损经常发生在顶杆与导管、单向阀与座、活塞与泵套等部位。磨损后使用输油泵密封性能变坏，输油压力下降，输油量减少。严重磨损的将使发动机只能空转，不能经受负荷，起动困难，溢油孔漏油严重，大量柴油渗入喷油泵凸轮轴室内，加速油泵传动零件的磨损。例如一般柴油机的输油泵，当活塞与泵套磨损间隙达 0.20mm 时，在正常压力（49kPa）及正常转速情况下，输油量将减少 0.30L/min，使发动机功率下降。

主要零件的检修

（1）单向阀与座的修理

1）研磨修复：当单向阀与座磨损轻微时，可使阀与座互相研磨修复。磨损严重时，可用面铣刀将座铣平，换新阀并与座互相研磨配合。

这种方法尤其适合于修复塑料制的单向阀，其工作面磨损严重或有歪斜现象，以致泵不上来油，可和阀座研磨如图 5-43 所示恢复其密封性。当换新件时，也应研磨结合面。

2）在设备方便的情况下可采用镶套修复：如阀座修理后下陷，使阀座凸出高度小于 0.03mm 时，会使 T 形阀弹簧的弹力减弱，影响输油泵的正常工作，此时应采用镶套法修复。采用镶套法修复时，用面铣刀先铣削单向阀座孔，背吃刀量一般为 1～2mm。压入钢套时，最好在配合表面涂以环氧树脂胶粘剂紧固。压套后仍用面铣刀将座铣平，最后用研磨棒涂以研磨膏，对阀座进行研磨。研磨后的阀座表面粗糙度为 R_a 小于 0.8μm。

（2）顶杆与导管的修理。顶杆与导管配合间隙超过 0.010mm 时，允许采用加大顶杆直径与导管研磨选配的方法修复，使配合间隙恢复到 0.002～0.010mm，以防止漏油。

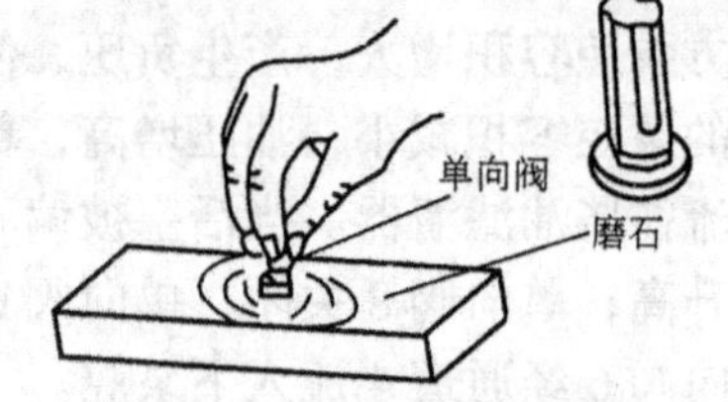

图 5-43　研磨塑料单向阀

(3) 活塞与泵套的修理。活塞与泵套的配合间隙超过0.05mm时，允许采用加大活塞直径与泵套研磨选配的方法修复，使配合间隙恢复到0.002～0.015mm，以防止漏油和供油量的不足，其方法是先将泵套磨痕消除，然后用F600以下研磨膏进行研磨，再根据研磨后的泵套内径，配制相应尺寸的活塞。

若活塞磨损过甚，应予以更换，如因油污而卡滞，可用汽油清洗后装复使用。

(4) 检查输油泵活塞弹簧、滚轮弹簧以及进、单向阀弹簧的弹性，其数值应符合原厂规定，否则，应更换新件。如因油污而卡滞，可用汽油清洗后装复使用。

(5) 检查活塞滚轮架和滚轮，当活塞滚轮架和滚轮及滚轮销有不正常磨损时，应及时修复或更换。对修复的滚轮销和滚轮装合在一起，检查它们的配合游隙，当用手已感到有明显的松旷时，应更换，不能继续使用。滚轮及滚轮销的标准间隙为0.02～0.08mm，极限值为0.15mm。

(6) 手油泵活塞的橡胶密封圈磨损过甚或损坏，会引起漏气、漏油或停止供油。用手油泵泵油时，感到松旷，没有抽力，应更换新橡胶密封圈。如果密封圈仅磨损，没有损坏，在材料缺乏的条件下，可根据活塞上的槽沟宽度，用约0.10mm厚的铜片，剪成一圈，围在活塞槽沟内，再套上旧橡胶密封圈，装复使用。活塞磨损过甚，应予以更换。

输油泵上有粗滤器的，应用汽油清洗，去除污垢、杂质，恢复过滤性能。如漏油，应检查，并更换不良的垫片或破损的滤清器。

2. 输油泵的试验

修复后的输油泵必须进行检查试验，以判断其修复质量。检查可在专用设备或喷油泵试验台上进行，也可以直接在柴油机上进行。试验步骤如下：

(1) 运转磨合试验。修后的输油泵，应进行磨合试验10min左右，检查其溢油孔滴油现象，每分钟应不超过3滴。磨合过程中，输油泵应无过热现象。

(2) 密封性能试验。先将手动泵的手柄拧紧，堵塞好出油口、进油口，把泵体放入煤油容器中，如图5-44所示。从进油口输入196kPa的压缩空气，如果在泵体和滚轮架之间的漏气量不超过30cm/min时，为良好，否则，应修理恢复其性能。

(3) 手动泵吸油性能试验。在手动泵的吸油性能试验之前，先将一根内径为ϕ8mm×2000mm的输油管接在输油泵的出油口，如图5-45所示。然后在油管的出油口端部放置一个500mL的量杯，以每分钟60～100次的手动速度泵动操纵手柄，应在30次内吸上燃油，并从输油管出口处出油。若在60次以上才开始出油，应予以修理。

(4) 输油性能试验。把输油泵安装在喷油泵试验台上，当输油泵的吸油负压不低于0.012MPa或输油泵置于油箱油面1m高处，如图5-45所示。进出油管内径为8mm，进油管长度为2m，并在输油泵出油管路上装上压力调节阀，将其压力调整到0.15MPa时，在规定转速下，输油泵供油量应不低于规定数值。

(5) 输油压力性能试验。管路的连接与图5-45相同，不同的只是在出油口端安装一个压力表，然后在油泵转速$n=700$r/min和$n=1200$r/min时，输油泵输出油路完全关闭，最大油压不低于0.35MPa。在油泵转速

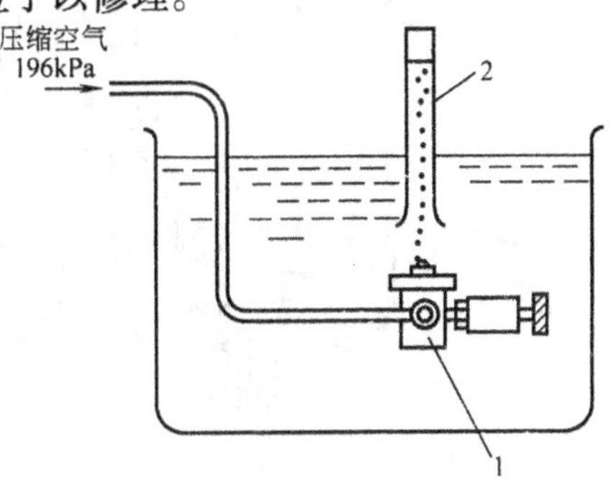

图5-44 柱塞式输油泵气密实验

1—输油泵 2—测油筒

$n=600$r/min 时，输油泵输出油路不关闭，最大输油压力应为 0.25MPa。若低于 0.15MPa，应查找原因。

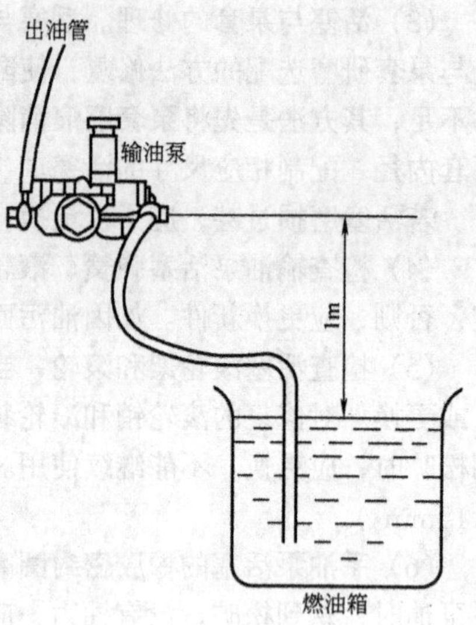

图 5-45　手动泵性能实验

五、柴油滤清器

柴油的滤清器一般都是过滤式的。滤芯的材料有绸布、毛毡、金属丝和纸质等。由于纸滤芯是用树脂浸制而成，具有滤清效果好，成本低等特点，因而得到广泛的应用。

柴油精滤器多串联在输油泵和喷油泵之间，安装位置多在喷油泵附近，而且偏高，有利于存油、预热和防止结蜡。柴油粗滤器安装在柴油箱与输油泵之间，其过滤原理如下：

(1) 一个或两个串联、尺寸较大，以获得较大的滤清面积和滤清能力。

(2) 滤清器盖上装有放气螺钉，拧开螺钉，抽动手动输油泵，可以排除滤清器和低压油路内的空气。

(3) 有的滤清器盖上装有限压阀，当低压油路的油压达到 150kPa 时即开启，使燃油流回柴油箱，以保持滤芯的滤清能力和喷油泵的正常工作。

(4) 不少滤清器外壳的底部没有放污螺塞，以便定期放出积存在外壳底部的水分和杂质。如图 5-46 所示为 6120 型柴油机上的两级柴油滤清器。它是由两个结构基本相同的滤清器串联而成的。从输油泵来的柴油经第一级纸质滤芯过滤后，再经过第二级航空毛毡及绸布的过滤和吸附，两个滤清器盖分别成一体，在第一级滤清器盖上装有限压阀 12，在第二级

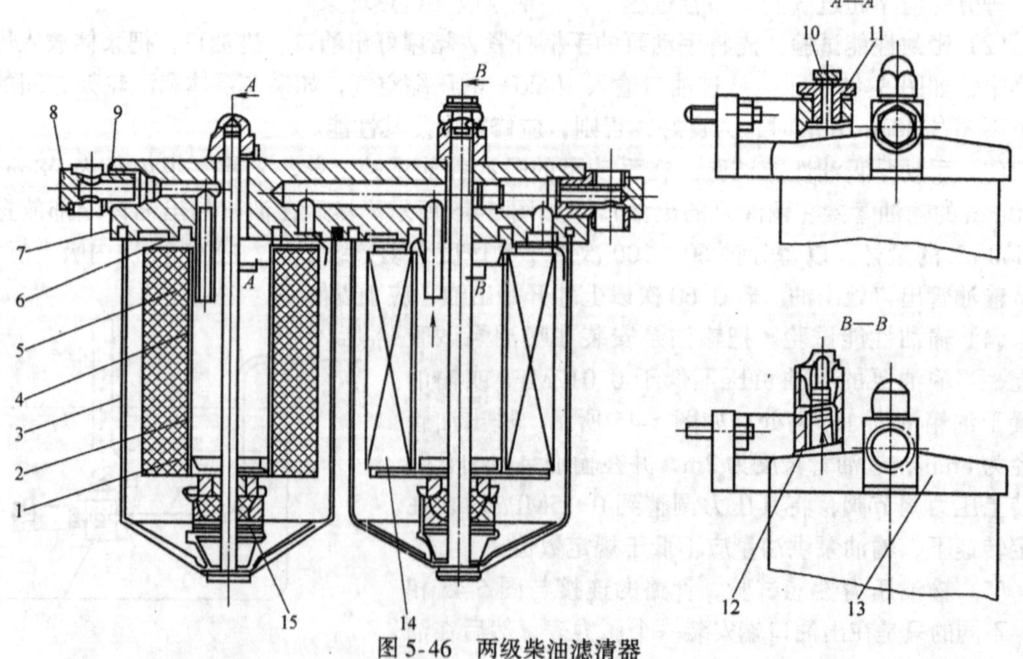

图 5-46　两级柴油滤清器

1—绸滤布　2—禁固螺杆　3—外壳　4—滤筒　5—毛毡　6—密封圈　7—橡胶密封圈　8—油管接头　9—油管接头套　10—放气螺钉　11—放气气螺塞　12—限压阀　13—盖　14—纸滤芯　15—滤芯衬垫

滤清器盖上，装有放气螺钉 10。

柴油滤清器的性能对精密偶件的磨损影响很大，使用中应定期对柴油滤清器进行维护。一般滤芯发红为正常使用的结果，如滤芯发黑，则油箱太脏或柴油低压油管内壁橡胶末污染柴油造成的。

第六节　喷油泵的驱动与供油正时

一、喷油泵的驱动

喷油泵是由柴油机的曲轴前端的正时齿轮 1，通过一组齿轮来驱动的，如图 5-47 所示。喷油泵驱动齿轮 2 和中间齿轮上都刻有正时啮合记号，必须按规定位置装好才能保证喷油泵供油正时。

喷油泵通常是靠底部定位装在托板 7 上，用联轴器 4 把驱动齿轮 2 和喷油泵的凸轮轴连接起来。有的柴油机在其间又串联了空气压缩机 3 和供油提前角自动调节器 5。

有的喷油泵直接利用其前端壳体凸沿上的弧形槽固定在驱动齿轮后面的箱体上，省略了联轴器等部件，并利用其壳体相对于凸轮轴的转动来调节供油提前角的大小（如 6102Q 等）。

正确的喷油正时，是喷油泵调试完毕后在柴油机上进行的，图中各处的正时标记都必须处于相应的位置，才能保证喷油系统有正确的喷油时刻。

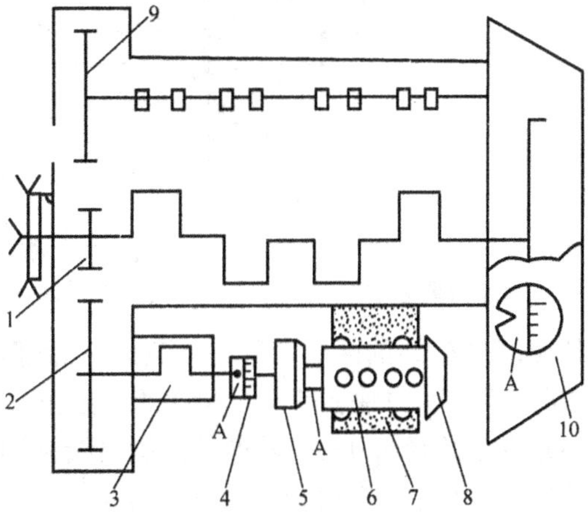

图 5-47　喷油泵的驱动与供油正时
1—曲轴正时齿轮　2—喷油泵驱动齿轮　3—空气压缩机曲轴　4—联轴器　5—供油提前角自动调节器　6—喷油泵　7—托板　8—调速器　9—配气机构驱动齿轮　10—飞轮上的喷有正时标记
A—各处正时标记

二、联轴器

1. 联轴器的作用

（1）弥补喷油泵安装时造成的喷油泵凸轮轴和驱动轴的同轴度误差。

（2）用小量的角位移调节供油提前角，以获得最佳的喷油提前角。

2. 联轴器的构造

联轴器多采用胶木盘交叉连接式，其构造如图 5-48 所示。

（1）从动凸缘盘 1——它和凸轮轴用键和螺母固接，前端面有两个凸块 a 和胶木盘 7 上的方孔连接，它与泵端盖处都刻有第一分泵开始供油的标记。有的喷油泵考虑到旋转方向的不同，为通用的需要，还刻有 O、R、L 等标记。其中 O 表示第一分泵在上止点；R 表示凸轮轴顺时针旋转时的第一分泵开始供油的位置；L 表示凸轮轴逆时针旋转时第一分泵开始供油的位置。

（2）中间凸缘盘 3——其前端面制有连接螺孔，后端面上有两个凸块 b，它与凸块 a 交叉的插入胶木盘的方孔中，形成了联轴器。由于方孔的长度大于凸块的长度，所以胶木盘可以对驱动轴与凸轮轴间的同轴度误差起补偿作用。在其外圆的一定位置，刻有表示凸轮轴角

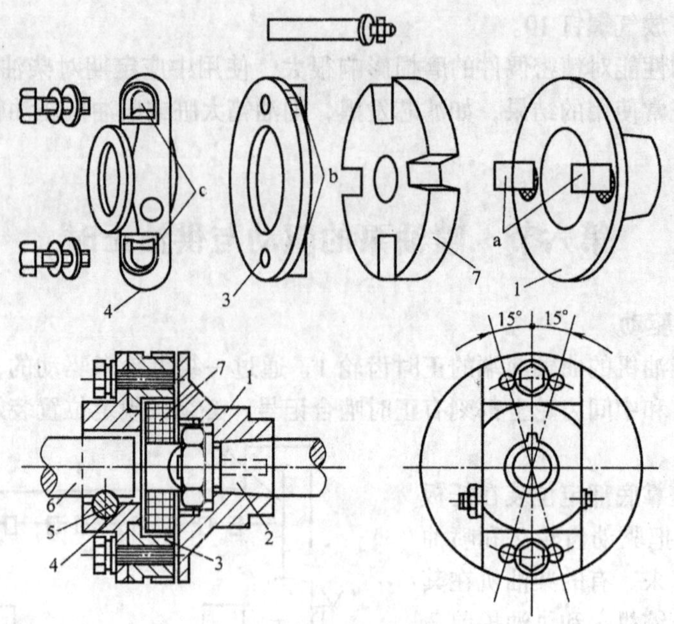

图 5-48　喷油泵联轴器

1—从动凸缘盘　2—凸轮轴　3—中间凸缘盘　4—主动凸缘盘　5—销钉　6—驱动轴　7—夹布胶木盘

度的刻线，在O线的两侧各有五道刻线，相邻刻线间的角度差为3°。其可调节的角度范围共为30°，反映到曲轴上其调节角度的范围正反各为30°。

(3) 主动凸缘盘4——其前端用销钉及键和正时齿轮的驱动轴固接，并用两个连接螺钉穿过弧形孔c与中间凸缘盘3相接。当两个连接螺钉放松时，中间凸缘盘3可以通过胶木盘7和从动凸缘盘1带动凸轮轴一起在弧形孔c内转动一个角度。由此可见，在柴油机曲轴不动的情况下，通过联轴器可以转动喷油泵凸轮轴，使凸轮轴和曲轴的位置发生变化，从而改变了柴油机的供油提前角。由于这种传统的刚性联轴器工作中有响声，且易损坏，目前已逐渐被挠性片式联轴器所替代。

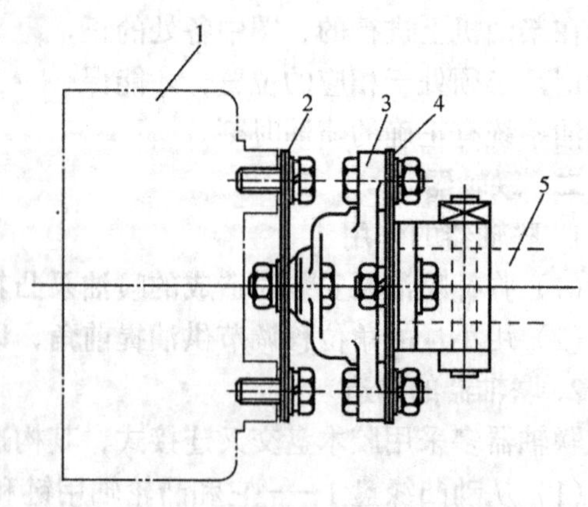

图 5-49　挠性片式联轴器

1—供油提前角自动调节器　2、4—弹簧钢片

3—连接叉　5—喷油泵凸轮轴

如图 5-49 所示为挠性片式联轴器。其挠性作用是通过两组圆形弹性钢片来实现的，靠其挠性可使驱动轴与凸轮轴在少量同轴度误差的情况下无声地传动。

两组圆形弹性钢片有所不同，前组钢片的内孔与主动联接叉3紧固连接。外孔是两个弧形孔，用两个连接螺钉和驱动件1连接，以便调节供油提前角的大小。后组钢片对称的冲制四个圆孔，通过螺钉交叉的与主、被动叉连接。

三、喷油泵的正时与连接

所谓喷油泵的正时，就是保证喷油泵对柴油机有正确的供油时刻。喷油泵往柴油机上安装时，为了使柴油机的供油提前角保持一定，应按下列方法连接联轴器：

（1）转动曲轴，使第 1 缸活塞处于压缩行程上止点前规定的位置（飞轮上或带轮上的供油开始的记号对正）。

（2）将驱动轴上的主动凸缘盘和中间凸缘盘上的标记归“0”对正，并紧固两个连接螺钉。

（3）转动校验好的喷油泵凸轮轴，使凸轮轴上的从动凸缘盘上的记号与泵体上的记号对正时，为第 1 缸分泵开始供油。此时，使从动凸缘盘的凸块插入胶木盘中，即可保证柴油机的供油提前角符合要求。

（4）起动柴油机试车。根据运转和排烟情况，若发现供油提前角有误差，可松开主动凸缘盘上的连接螺钉，利用联轴器进行微量的调整。顺向转动凸轮轴供油提前角增大，反向转动供油提前角减小。在使用过程中为了消除驱动件的磨损所造成的供油提前角的变化，可通过联轴器的微调使供油提前角恢复正常。

四、供油提前角自动调节器

如图 5-50 所示为 D_2 型机械离心式供油提前角自动调节器。它与装在 6120Q-Ⅰ型柴油机上的Ⅱ号泵配合使用，位于联轴器和喷油泵之间。6120Q-Ⅰ型柴油机的初始供油提前角为 $24°\pm1°$（曲轴转角）。在此基础上，供油提前角自动调节器再随曲轴转速变化而自动进行补偿调节。调节的范围为 0°～5°30′，相当于曲轴转角 0～11°。

1．D_2 型供油提前角自动调节器构造

（1）主动部分：主动盘的腹板上压有两个销轴 21，销轴上各套装有飞块 6 和弹簧座片 7，飞块的另一端压有销钉 22，在销钉上松套着滚轮内座圈 11 和滚轮 12。为了润滑，主动盘上制有螺孔，以便加注或放出润滑油，其上旋有放油螺钉 5。调节器盖 18 的内孔压有油封 17，外缘与主动盘 1 配合，其间有密封圈 15，以防润滑油外漏。盖是利用两个螺钉 20 固定在销轴 21 上，形成一个密封体，内腔充满润滑油以供润滑。

（2）从动部分：从动盘 14（筒状盘）和与之相连接的从动盘臂 23 松套在主动盘的内孔中，其外圆面与主动盘的内圆面滑动配合，以保证主动盘与从动盘的同轴度要求。从动盘臂的毂用半圆键与喷油泵凸轮轴相连接，臂的一侧做成平面和固定在销轴上的弹簧座片 7 之间装有弹簧 9，臂的另一侧做成弧形面，滚轮紧压弧形面上。

（3）离心件：飞块 6 安装在主动部分，通过滚轮和从动部分靠接，利用弹簧的预紧力迫使飞块收拢处于原始位置，因此不起调节作用。以保证静止时或怠速时初始的供油提前角不变。

也应该说明：有的调节器的飞块装在被动盘上，也能利用离心力起调节作用（D_2 型等调节器）。

2．工作情况

（1）主动盘和飞块受联轴器的驱动而旋转，两个飞块在离心力的作用下绕销轴转动，其活动端向外甩开，通过滚轮、从动盘臂迫使凸轮轴沿箭头方向转动一个角度 $\Delta\theta$，直到弹簧的张力与飞块的离心力平衡为止，这时主动盘便与从动盘同步旋转。此时，供油提前角等于初始角加上 $\Delta\theta$，如图 5-51 所示。

（2）当发动机转速再升高时，飞块活动端便进一步向外甩出，从动盘相对于主动盘又沿旋转方向前进一个角度，直到弹簧压缩力平衡新的离心力为止。这样，供油提前角便相应地得到增大。即随转速的升高，提前角不断增大，两力不断平衡，直到最大转速。

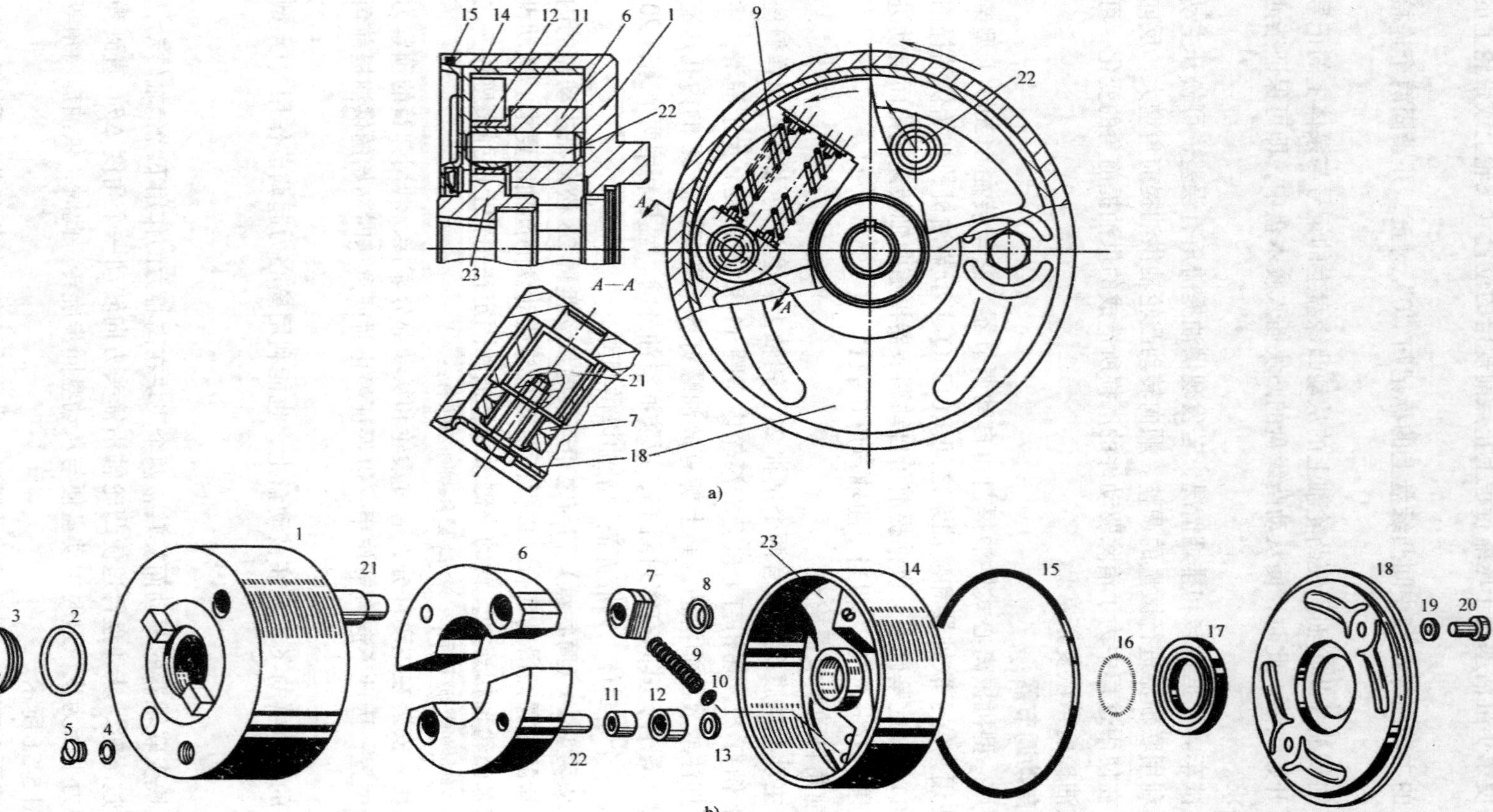

图 5-50　D_2 型供油提前角自动调节器

a）装配图　b）零件外形图

1—主动盘　2、4、13、19—垫圈　3—螺塞　5—放油螺钉　6—飞块　7—弹簧座片　8—碟形垫圈　9—弹簧　10—调整垫片　11—滚轮内座圈　12—滚轮　14—筒状盘（从动盘）　15—密封圈　16—油封弹簧　17—油封　18—调节器盖　20—螺钉　21—主动盘销轴　22—飞块销钉　23—从动盘臂

（3）当发动机转速降低时，飞块活动端收拢，从动盘便在弹簧张力作用下相对于主动盘后退一个角度，供油提前角便相应减小。

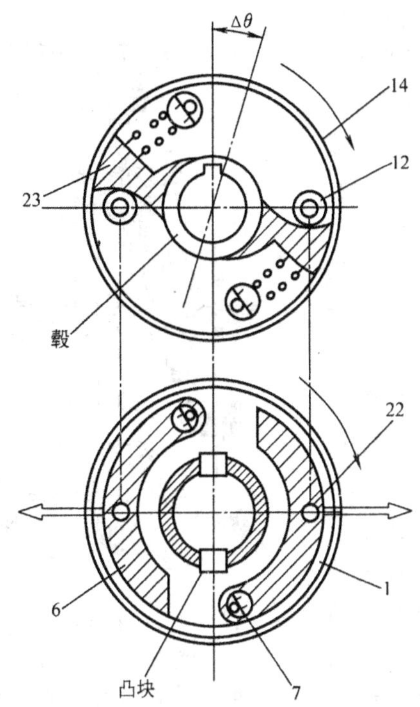

图 5-51　D_2 型供油提前角自动调节器工作原理图

1—主动盘　6—飞块　7—弹簧座片　12—滚轮　14—筒状盘　22—飞块销钉　23—从动盘臂

第七节　PT供油系统、VE 泵简介

PT 燃油泵和喷油器系美国康明斯发动机公司专利特有的燃油供给系，它具有高达 100MPa 以上的喷油压力，极其良好的喷雾质量，不仅能使发动机获得优异的性能，而且可使发动机的燃油消耗低于 204g/kW·h；它还能根据发动机各工况的要求而改变发动机的额定功率。

PT 供油系同前面介绍直列柱塞泵供油系统相比较，无论在结构上，还是在工作原理上都截然不同。PT 为 Pressure-Time 的英文缩写，即以压力—时间的变化来调节供油量，以满足发动机各工况的要求。其主要特点是：

（1）PT 供油系的油量调节是在燃油泵中进行，而产生高压和定时喷射则是在喷油器中完成。因此，PT 燃油泵是一个低压输油泵，取消了高压油管，从而可以大大提高喷油压力（可达 103.6MPa）。

（2）由于油量的调节是在燃油泵中进行，取消了节流阀至各喷油器之间的连接传动机构，使得结构布置较紧凑，各缸供油量的均匀性比较稳定，易于调整。

（3）在整个系统中，只有一对精密偶件。

（4）操纵简便，油泵磨损可由旁通油量调节，自动补偿，减少维修次数。

（5）系统中的输油量仅有 20% 左右供燃烧，其余油量供喷油器冷却用，保证喷油器在高温条件下，正常而良好地工作。

（6）PT 燃油系具有结构简单、使用可靠、适用范围广、维修方便、体积小、重量轻等特点。

一、PT 供油系的基本组成

如图 5-52 所示，PT 供油系由燃油箱 1、燃油滤清器 2、齿轮泵 3、稳压器 4、滤清器 5、调速器 6、节流阀 7、断流阀 8、供油管 9、喷油器 10、回油管 12 和冒烟限制器等所组成。其中齿轮泵、稳压器、滤清器、PT（G 型）两速式调速器、旋转式节流阀、断流阀，以及加装的 VS 型全程式调速器等组成一体，（增压发动机还装有冒烟限制器），这个组合体称为压力—时间燃油泵，简称 PT 泵。

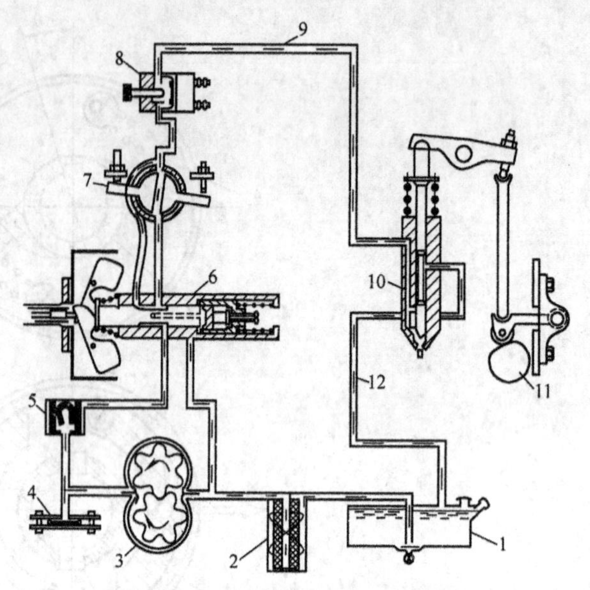

图 5-52　PT 供油系示意图

1—燃油箱　2、5—滤清器　3—齿轮泵　4—稳压器　6—调速器　7—节流阀（油门）　8—断油阀（停车阀）　9—供油管　10—喷油器　11—凸轮轴　12—回油管

二、PT 型供油系的基本原理

如图 5-52 所示，燃油从油箱 1，流经燃油滤清器 2 被齿轮泵 3 吸入后，再以约为 980kPa 左右的压力排出，然后经过 PT 泵内部的稳压器 4、调速器 6、节流阀 7（油门）、断流阀 8（停车阀）后，离开 PT 泵组合体，大部分经供油管 9 分别进入各缸的燃油歧管中，气缸盖上有燃油通道，使燃油从燃油歧管进入喷油器 10。

喷油器是由凸轮驱动机构所控制，按发火顺序定时地把燃油喷入气缸里。喷油器中其余的燃油通过气缸盖上与进油通道相平行的另一条回流通道经燃油回油歧管，返回 PT 泵的进油一侧。

PT 供油系调节供油量依据的基本原理是：液体通过某一通道的流量是与液体的压力、允许通过的时间和通道的阻力（通道的断面尺寸）成比例的。即在通过时间和阻力不变情况下，流量与压力成正比；在压力与阻力不变时，流量与允许通过的时间也成正比；若压力与时间不变，则流量与阻力成反比。

作为单一喷油器来说，其入口处的量孔断面尺寸是经选定而不变的。那么，油量仅与压力和喷油时间成正比例，所以可称 PT 供油系。另外，喷油凸轮形状也是不变的，以角度计量无论转速如何变化，所经历的角度是不变的，但以时间计量则燃油进入时间是变化的，随转速升高而变短，使喷油量减少。在此情况下，如果还要保持供油量不变，则必须由 PT 燃油泵来提高喷油器的进油压力，以补偿由时间缩短对供油量的影响。所以 PT 燃油泵的输油压力是同时随发动机负荷和转速而变化的。这就是利用压力、时间来控制循环供油量的基本道理，上述基本原理构成了整个 PT 供油系。

三、VE 分配泵的简介

VE 分配泵因其零件少、体积小、质量轻和良好的高速、供油均匀性、维护保养方便等优点，在轿车和轻型车车用小缸径柴油机上得到了广泛应用。如南京依维柯轻型车用 SOFIM8140.27S 柴油机装用的 BOSCHVE4/11F1900R294 喷油泵。

VE 分配泵的供油系统组成，如图 5-53 所示。一级膜片式输油泵把燃油从油箱中吸出，经过油水分离器（图中未画）和柴油滤清器除去燃油中的水分和杂质，进入二级滑片式输油泵，通过输油泵加压后输入泵室内，再由柱塞把输油泵输入的低压油变成高压油并经高压油管压入喷油器喷入燃烧室。整个过程与直列式喷油泵相比稍有不同，由于 VE 分配泵的结构特点和特殊需要，主要不同点有：

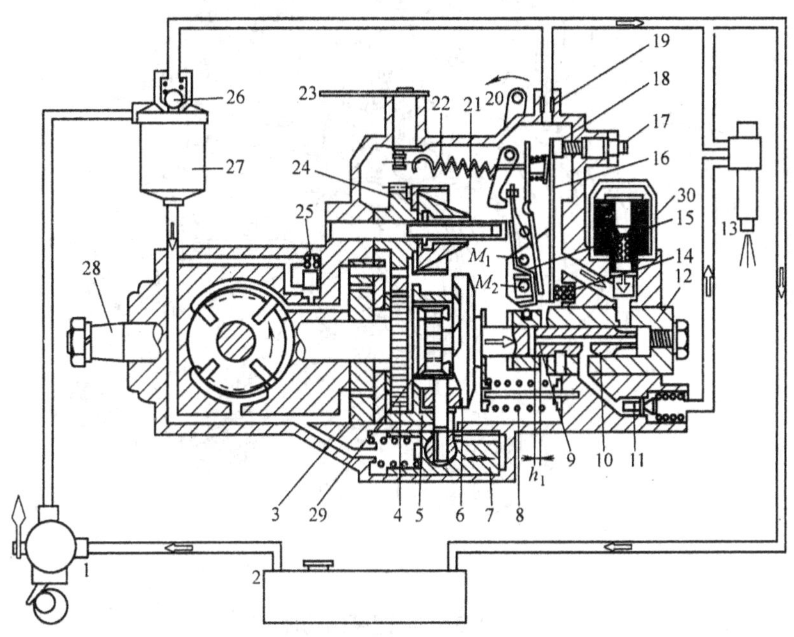

图 5-53　VE 型分配泵的结构和工作原理示意图

1—膜片式输油泵　2—燃油箱　3—叶片式输油泵　4—调速器驱动齿轮　5—滚轮机构　6—凸轮盘　7—供油提前角自动调节油缸　8—分配转子回位机构　9—油量调节滑套　10—分配转子　11—出油阀总成　12—分配套筒　13—喷油器　14—张力杠杆限位销钉　15—起动杠杆　16—张力杠杆　17—最大供油量调节螺钉　18—预调杠杆　19—溢流喉管　20—停车操纵杆　21—滑动套筒　22—调速弹簧　23—操纵杆　24—离心飞块总成　25—调压阀　26—溢流阀　27—燃油精滤器　28—分配泵驱动轴　29—联轴器　30—电磁断油阀

M_1—预调杠杆轴　M_2—起动杠杆轴　h_1—最大有效行程

1. 输油泵

在 VE 分配泵中通常采用两级输油泵，第一级输油泵采用膜片式，其作用是使燃油能克服油水分离器、滤清器及管路的阻力，油从油箱中被吸出，输入第二级输油泵。一级输油泵一般装在缸体上，由配合凸轮轴上的偏心轮驱动工作。第二级输油泵是一种单作用叶片泵，装在分配泵内部，直接由油泵传动轴驱动工作；它的作用是使燃油产生足够的压力，向分配柱塞内充油，满足液压提前器的压力变化要求，并输送足够的油量保证油泵供油和散热所需；其出口压力与泵的转速成正比上升，并由调压阀控制。

2. 油水分离器

由于 VE 分配泵内各运动件是由柴油润滑，通常油内含有少量的水分，这些水分不多，但危害很大，容易使零件锈蚀，影响油泵工作可靠性和使用寿命。因此，必须把油中的水分除去，油水分离器的主要作用是把燃油内的水分除去。为提高喷油系统的工作可靠性和使用寿命，近几年来，油水分离器在直列泵的供油系统中也有采用。

VE 分配泵的结构如图 5-54 所示，由低压系统、高压系统、调速系统、自动定时装置、停油装置及各种附加装置组成。

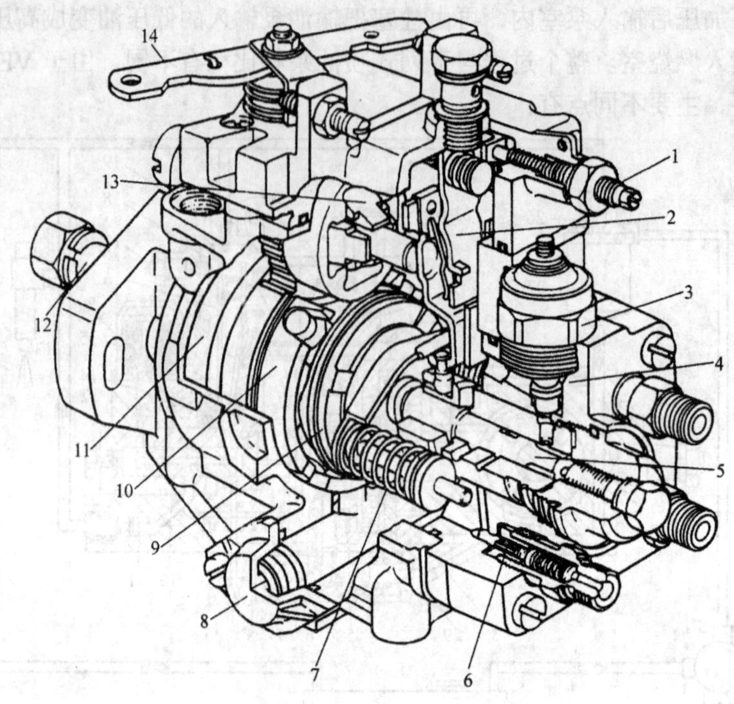

图 5-54　分配泵结构图

1—全负荷油量调节螺钉　2—调速杠杆部位　3—电磁阀　4—泵头　5—柱塞　6—出油阀　7—柱塞弹簧　8—定时装置　9—端面凸轮　10—滚轮座　11—输油泵　12—传动轴　13—飞锤　14—操纵手柄

第八节　废气涡轮增压器

提高柴油机功率的方法很多，但最有效的方法是增加充气量和循环供油量。采用柴油机排气的能量驱动涡轮机，并带动压气机以提高进气压力，这种方法称为废气涡轮增压。实践证明，柴油机采用废气涡轮增压技术，不仅能提高功率 30%～100%，甚至更多，并能减小柴油机质量功率比，缩小外形尺寸，节省金属材料，降低燃油消耗率，而且由于涡轮增压柴油机燃烧比较完全，可使排气污染降低，废气中的 CO 和碳氢含量明显减少，NO_x 也较少。此外，由于燃气压力升高率降低，柴油机工作较柔和，噪声也有所降低。

增压技术在提高柴油机的动力性、经济性以及防止大气污染和降低噪声等方面都有显著的效果。因此目前已成为柴油机的重要发展趋势，而得到广泛的应用。图 5-55 所示为 6125 柴油机涡轮增压系统。

一、增压原理及增压方式

柴油机增压的原理是利用压气装置，将进入气缸的空气预先进行压缩，以提高进气密度，增加充气量。这样，气缸内可以喷入更多的燃油，使柴油机输出更大的功率。

根据对空气进行预压缩所需能量来源的不同，柴油机增压的方式有机械增压、废气涡轮增压、复合增压、气波增压等。

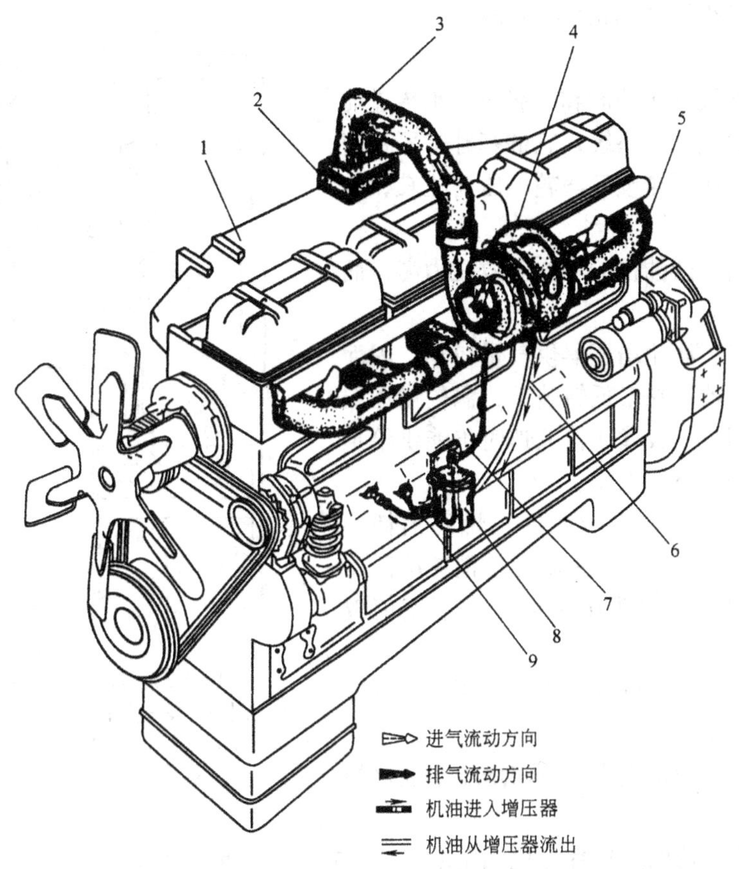

图 5-55　6125 型柴油机涡轮增压系统

1—进气管　2—进气空气预热器　3—进气管导管　4—涡轮增压器　5—排气管
6—增压器回油管　7—增压器进油管　8—增压器机油滤清器　9—机油管

1. 机械增压

机械增压系统如图 5-56 所示。系统中的离心式或罗茨式增压器（压气机）由柴油机曲轴通过齿轮或传动带直接驱动，空气经压气机进行预压缩后，进入气缸。

机械增压结构简单，工作可靠，但带动增压器必须消耗柴油机功率。因此，这种增压方式只用于低增压度的小功率柴油机上。

2. 废气涡轮增压

废气涡轮增压系统如图 5-57 所示，压气机由柴油机排气驱动的涡轮来带动。因此，废气涡轮增压器与柴油机无任何机械联系。它利用柴油机排气的能量来驱动涡轮增压器，而不消耗柴油机的功率。废气涡轮增压器具有结构简单、尺寸小、质量轻等优点。因此在中高速柴油机上得到广泛的应用。

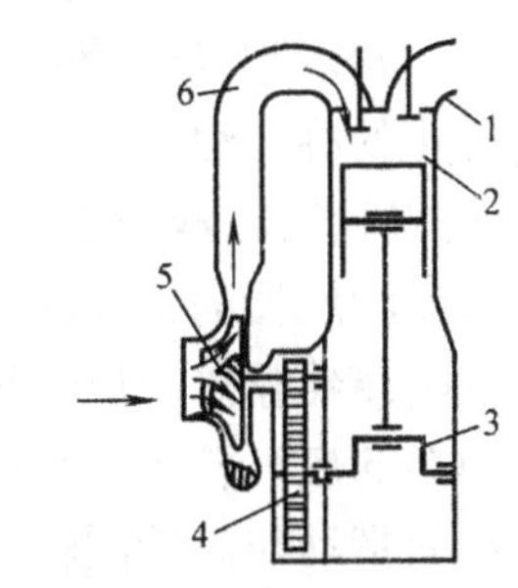

图 5-56　机械增压系统

1—排气管　2—柴油机气缸　3—曲轴
4—齿轮　5—压气机　6—进气管

3. 复合增压

在柴油机上同时采用废气涡轮增压和机械增压技术，组成复合增压系统。复合增压早期用于二冲程柴油机上，目前已被废气涡轮增压器取代。

4．气波增压

它是利用气波（压缩波和膨胀波）来传递能量的一种新型能量交换系统，它的基础是不稳定流理论。气波增压器与废气涡轮增压器比较，有如下特点：

（1）气波增压柴油机的平均有效压力高，而且低速时转矩较大。

（2）低速时，涡轮增压器供气量较小，因而须安装冒烟限制器。在最低转速下，涡轮增压器不再起增压作用。气波增压器低速时仍能供给足够的空气量，油量不需限制。

（3）高速时，涡轮增压柴油机燃油消耗率低，而低速时，气波增压柴油机燃油消耗率低。

（4）低速时，气波增压柴油机的烟度值较低。

（5）在整个转速范围内，气波增压柴油机的排气温度较低。

（6）在整个转速范围内，气波增压柴油机的增压度大得多。

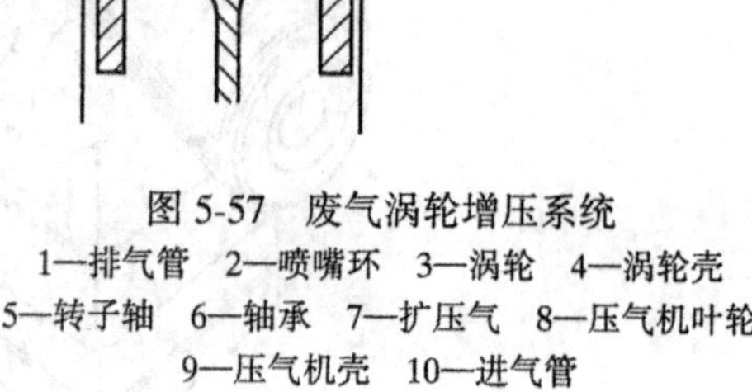

图 5-57　废气涡轮增压系统

1—排气管　2—喷嘴环　3—涡轮　4—涡轮壳　5—转子轴　6—轴承　7—扩压气　8—压气机叶轮　9—压气机壳　10—进气管

（7）气波增压器的加速性能比涡轮增压器优越。气波增压的缺点是：噪声大，不能适应较小的增压度，质量大，对背压很敏感，滤清器、消声器和管道尺寸都较大。

气波增压兼有机械增压器和废气涡轮增压器两者的优点。因此，近年来在柴油机上的应用得到人们的重视。随着材料、制造、结构和性能不断提高，其应用将日益广泛。

二、废气涡轮增压器

废气涡轮增压器由废气涡轮和离心式压气机两部分组成。根据进入涡轮的气流方向，可分为径流式和轴流式两种基本形式。按压缩比的大小，可分为低增压（压比小于 1.4）、中增压（压比在 1.4～2.0）以及高增压（压比在 2.0 以上）。按时间进入涡轮前的废气参数状态或废气能量利用形式的不同，又可分为脉冲式（或变压式）和恒压式（或定压式）。涡轮前废气压力、密度和温度随时间周期变化的称为脉冲式，涡轮前废气压力、密度和温度不随时间周期变化的称为恒压式。

1．废气涡轮增压器的工作原理

废气涡轮增压器的工作原理如图 5-58 所示。涡轮进气口与柴油机排气管相连接，涡轮出口与排气消声器相接。压气机进口接空气滤清器，出口与柴油机进气管连接。废气涡轮相当于一个小型的燃气轮机，它可以把具有一定压力的高温废气的能量转化为机械能使涡轮高速旋转，从而带动与涡轮同轴安装的压气机叶轮一起旋转。压气机将吸入的空气进行预压缩后，经柴油机的进气管和进气门，进入气缸。空气压力和密度的提高，使进入气缸的充气量得到增加，这样可以与更多的柴油混合燃烧，使柴油机发出更大的功率。

2．废气涡轮增压器的构造

J11系列增压器的结构，如图5-58所示。它由径流式涡轮、离心式压气机以及带有支承装置、密封装置、润滑和冷却装置的中间壳等组成。涡轮部分包括径流式涡轮转子轴5、无叶蜗壳3等。压气机部分主要有压气机壳1、压气机叶轮4等。这两个部分分别装在中间壳2两端。压气机叶轮用自锁螺母6固定在转子轴上，转子轴由设在中间壳两端的浮动轴承16支承。两叶轮产生的轴向推力由设在中间壳压气机端的推力轴承承受。压气机壳涡轮分别与柴油机进排气管连接。中间壳内设有润滑和冷却浮动轴承及推力轴承的油路。润滑油来自柴油机的润滑系统，机油经过增压器专用滤清器后，进入中间壳体上的进油孔。通过增压器轴承，经中间壳回油腔，流回油底壳。

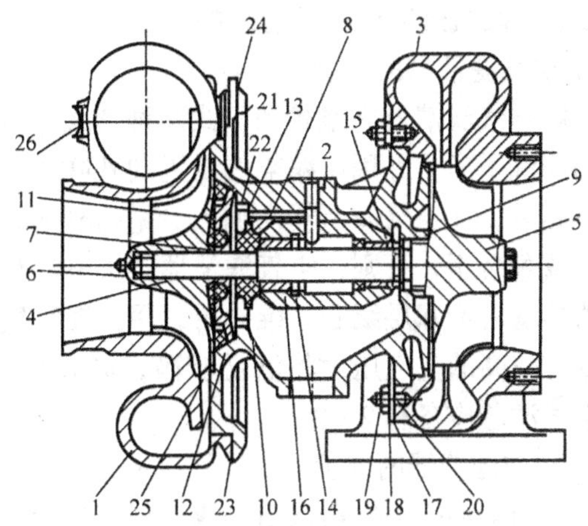

图5-58　增压器的结构

1—压气机壳　2—中间壳　3—涡轮壳　4—压气机叶轮　5—涡轮转子轴　6—自锁螺母　7—油封　8—推力片　9—弹力密封环　10—隔圈　11—气封板　12—挡油板　13—推力轴承　14—弹簧卡环　15—推力环　16—浮动轴承　17—涡轮端压板　18—止动垫片　19—螺母　20—双头螺栓　21—止动垫片　22—螺栓　23—V形夹箍总成　24—O形橡胶密封圈　25—孔用弹性挡圈　26—铭牌

在涡轮和压气机叶轮内侧没有弹力密封环，起封油和封气作用。对于小型涡轮增压器一般不设冷却液套。大型涡轮增压器中间壳内没有冷却液套，采用液冷。

第九节　柴油机燃料供给系的使用、维护与常见故障的诊断与排除

一、柴油机燃料供给系的使用

柴油机供油系使用过程中，应注意以下几个方面：

(1) 燃油必须保持清洁，才能保证燃油畅通，不间断地供给发动机，并延长供油系精密偶件使用寿命，也就是在使用前柴油要经过严格的净化（储存沉淀与过滤）。

1) 柴油的沉淀。柴油倒入油池或油罐后，至加注到汽车燃油箱以前，必须经过长时期的静置。一般静置要求约为100～120h，以使其中的固体杂质和水分下沉，与柴油分离，储油罐底部设有螺塞，应定期清除罐底部的杂质和水分，并清洗油罐内壁。

2) 柴油的过滤。柴油注入油池后，还必须经过滤清才能使用，一般采用的加压过滤法，效率高，过滤质量好。用油泵将柴油压入过滤器内，经过滤芯，流入油桶或油罐，以备使用。发动机维护时，粗细滤清器必须按时洗刷更新。

(2) 发动机工作中，供油系内不应进入空气，各管路更不应有漏油现象。

(3) 喷油泵和调速器在出厂前，均经过调试、调整，并加以铅封。在使用中不能轻易拆卸或自己随意调整（特殊情况下有经验的技工可做一般性能调整）。

(4) 在发动机工作中，应按维护规定及时清洗空气滤清器。

二、柴油机燃料供给系的维护

1. 空气滤清器的维护

一般空气滤清器有湿式和干式两种形式。对于湿式空气滤清器，维护滤芯时，用汽油或者柴油清洗干净，并用压缩空气由里向外吹干，不可用棍棒敲振，以免铁丝网变形而失效。装入滤芯后，在空气滤清器内加入少量的机油，安装时，应注意空气滤清器上的密封胶圈不要漏装或着装歪，否则，空气滤清器会失去滤清效果，使活塞环及缸套磨损加快。干式空气滤清器的滤芯为双层纸心。维护时，用压缩空气由里向外吹，注意，压缩空气的压力不能太高，以防较高的空气压力将滤芯吹破，同时滤芯上不能有油污。对于柴油机工作环境较差的，空气滤芯应备有 2～3 个。

2. 柴油滤清器的维护

一般为柴油机工作累积 50h 或汽车行驶 1500～2500km 时可以进行一次维护。滤芯可以用干净的柴油或煤油清洗。如滤芯堵塞严重或滤芯破裂应更换。安装时，应注意滤芯密封垫的位置不得偏斜。否则，柴油滤清器会漏柴油。安装有方向要求的滤清器时要注意柴油管的连接方向（输油泵进油口处有滤网的，这时也应清洗）。

3. 柴油机燃料供给系的综合维护

（1）检查紧固螺钉。每天例行检查柴油机燃料供给系的紧固部位如下：

1）喷油泵的紧固螺钉有无松动。

2）喷油器的紧固螺钉或螺母有无松动。

3）联轴器的连接螺钉有无松动。

4）各缸高压油管的连接螺母有无松动，喷油泵壳体上的外部螺钉，螺母有无松动，如高速限位螺钉，低速限位螺钉等。

（2）检查密封状况

1）一般燃料供给系各个接头处有油迹时表明该处密封不良。铜垫密封效果不良时，可将铜垫烧红后自然冷却，这样铜垫的密封效果可以提高。

2）如果柴油机燃料供给系总是进气，则输油泵出油管接头至油箱进油管之间某处密封不良，但油管接头处并没有柴油渗出。

3）柴油机运转时检查喷油器安装孔的密封状况，如果某个安装孔有气体冲出，则该处喷油器密封垫损坏。

（3）检查润滑状况。每天应检查喷油泵、调速器、供油提前装置中的润滑油质量和数量，有异常现象时，应查明原因。

（4）定期调试。使用时，按制造厂家的要求定期调试喷油器、喷油泵及调速器。调试时，不可随意延长调试周期和调试标准。调试方法见喷油泵、调速器、喷油器的调试内容。

三、柴油机燃料供给系常见故障诊断与排除

柴油机的故障是由多方面因素促成的，但其燃料供给系统引起的故障较多。其他系统的故障许多与汽油机类似，因此本章将主要讨论柴油机燃料供给系统的常见故障、原因、诊断、调试与检修。

1. 柴油机不能起动

发动机不能起动是一种常见故障，多属供油不良所引起的，其中外观症状主要有：起动时排气管不排烟；起动时排气管排出大量的白烟；起动时排气管排出灰白烟；起动时排气管

排大量黑烟。

(1) 起动时排气管不排烟的故障诊断

柴油机供油系分为低压油路（包括油箱、输油泵、柴油滤清器以及连接它们的油管）、高压油路（包括喷油泵、高压油管及喷油器）。诊断时，应确定故障出自低压还是高压油路。

将喷油泵放气螺钉松开，用手油泵泵油，观察放气螺钉处是否流油，若不流油或有气泡出，表明低压油路有故障，如果流油正常，则故障出在高压油路。

低压油路故障的诊断：

现象 1：松开喷油泵放气螺钉，用手油泵泵油，放气螺钉处无油流出。

原因：

1）油箱内无油或存油不足。

2）油箱开关未打开或油箱盖安全孔堵塞。

3）油箱内上油管堵塞或从上部折断。

4）油箱至输油泵间油管堵塞。

5）柴油滤清器滤芯堵塞。

6）输油泵油阀粘滞，密封不严，弹簧折断。

7）输油泵活塞损坏或胶圈失效，弹簧折断。

8）输油泵滤网堵塞。

9）低压油管接头处有漏气现象。

诊断：

首先检查油箱中存油是否足够，开关是否打开，油箱盖空气孔是否堵塞。若良好，可用油泵作泵油试验。若拉出手泵拉钮时，明显感到有吸力，松手后又自行回位，说明油箱至油泵的油路堵塞；若拉出手泵拉钮时感觉不到有吸力，但压下去时比较费力，说明输油泵至喷油泵的油路堵塞，可检查细滤器是否堵塞。在寒冷地区严寒季节，柴油牌号选用不当或油中有水，容易造成结蜡或结冰而堵塞油管。如果上下拉动手泵拉钮时，均无正常的泵油阻力，说明手泵失效，应检查输油泵出油阀是否阻滞或不密封，弹簧是否折断或活塞损坏。

现象 2：放气螺钉处流出泡沫状柴油，而且长时间手动泵油也不能排除。

原因：

1）油箱内上油管破裂或松动。

2）油箱至输油泵间油管有破裂处或管接头松动。

诊断：

此种现象表明供油泵中渗进空气，发生了气阻，应检查油管有无破损。如无破损应分段排气检查即松动输油泵的出油接头。用手油泵泵油，观察出油情况，若排出的仍有气泡，说明输油泵至油管或油箱内上油管一接头松动。若排出的是柴油（无气泡）则前段油管无故障。应再旋松柴油滤清器出油接头，再行排气试验，检查该油管接头是否漏气。低压油路检查完毕，再用排气试验方法按次序检查喷油泵及高压油管。

高压油路故障诊断：

现象 1：松开喷油泵放气螺钉，手动泵油，放气螺钉处出油正常，但各缸喷油器无油喷出。

原因：

1）喷油泵的故障

① 柱塞与套筒间隙过大或二者粘滞，泵油压力低。

② 挺杆与套筒间隙过大。

③ 出油阀粘滞或其弹簧折断。

④ 出油阀密封不良。

⑤ 油量调节叉或扇形齿轮固定螺栓松动或脱落，使柱塞滞留在不供油位置上。

⑥ 供油齿条卡滞，使柱塞不能转动或转动量过小，此时，柱塞偶件处于不供油位置。

⑦ 溢油阀密封不良或弹簧折断，造成喷油泵腔内油压过低。

⑧ 联轴器主动盘或被动盘连接键损坏。

⑨ 加速踏板拉杆处于不供油位置上。

2）喷油器的故障

① 针阀有积炭或烧结而不能开启。

② 针阀喷油孔堵塞。

③ 压力弹簧调整过硬。

④ 高压油管破裂或其接头松动。

3）高压油管中存空气。

诊断：

接通起动机，查看喷油泵输入轴是否转动，联轴器是否连接可靠，若喷油泵输入轴不能转动或转动太慢，应检查联轴器有无断裂，半圆键是否完好；检查高压油管有无漏油，漏油会减少喷入气缸中的油量。排出漏油故障后，应当旋松各缸高压油管接头进行排气；若上述均正常，可在发动机转动时，用手触试各缸高压油管。若感到喷油有“脉动”说明故障不在喷油泵而在喷油器，若无“脉动”或“脉动”甚弱，说明故障在喷油泵。

① 喷油泵故障的检查：拆开喷油泵侧盖，按下列顺序检查

a. 接通起动机，观察喷油泵凸轮轴是否转动，如不转动则说明轴已断裂或连接键损坏。

b. 检查供油调节拉杆是否总处于不供油位置。

c. 检查供油调节叉或扇形小齿轮的固定螺钉是否松动，调节臂有无从中脱出，调节齿条是否粘在使其行程能否达到标准值，柱塞和柱塞套筒是否粘住。

d. 拆下高压油管，手动泵油，观察出油阀是否密封。若出油阀溢油，说明出油阀密封不良或弹簧折断。如果出油阀不溢油，则检查高压油管中有无空气。

e. 用螺钉旋具撬动柱塞弹簧座进行泵油试验。若出油阀有气泡，说明高压油路中有空气。

f. 检查溢油阀密封的情况。

② 喷油器故障的检查：将喷油器从气缸上拆下接上高压油路管，然后用螺钉旋具撬动柱塞弹簧座，观察其出油情况，如雾化良好，又不滴油，说明无故障；若雾化不良，应解体检查喷油器针阀是否卡滞、弹簧弹力喷孔是否堵塞等。

(2) 起动时排气管排出大量白烟

现象：接通起动机后发动机不易起动，或能起动，但排气管排出像水蒸气般的白色烟雾，而慢慢熄火。

原因：

1）燃油中有水。

2）气缸垫冲坏或气缸盖螺栓松动使水进入燃烧室，气缸体或气缸盖冷却液套有破裂处。

3）发动机的冷却液温度过低。

诊断：

柴油发动机若在低温（特别是冬季）起动时排气管排出白烟，但在温度升高后排烟正常说明是正常现象。如果排出白烟用手接近排气管消声器出口处，发现手上留有水珠，说明有水进入燃烧。首先检查柴油中是否有水，将油箱及柴油滤清器具放污螺塞打开，放出水和沉淀后。如柴油中无水，再检查气缸体、气缸盖有无破裂漏水，气缸盖螺栓有无松动，气缸垫有无冲坏漏水。这一故障症状是冷却液温度升高，散热器上部有气泡冒出，下曲轴箱机油面升高。

(3) 起动时排气管排出灰白烟

现象：接通起动机后发动机不易起动，起动时排出灰白色烟雾。

原因：

1）低温起动预热装置失效，发动机温度过低。

2）喷油正时不准。一般是喷油过迟，因为喷入的燃油在温度和压力低的燃烧室中未能燃烧被排出。有时，也可能喷油过早。因为此时混合气形成的条件差，加之气缸内温度较低，柴油不能很好地形成混合气，燃烧不完全就排出去，所以呈灰白色烟雾。

3）供气或供油不足。尤其是在发动机起动时，由于气缸中温度低，燃油蒸发条件差。要求起动供油量比额定值增加 50%，若供油不足便降低了燃油着火的可能，使发动机不能起动，或起动后不久又熄火。这时，很难燃烧的柴油便与空气混合成灰白色烟雾排出。当充气不足时，混合气过浓，这样，由于缺氧使相当数量的柴油未能燃烧便排放出去，故也呈灰白色烟雾。

4）供油量过多，气缸温度低。

5）喷油雾化不良，气缸温度低。

6）喷油器针阀在开启的位置卡住。

7）气缸压缩不良，其温度和压力达不到使燃油自燃的程度。

诊断：

检查低温起动预热装置是否完好，如果完好仍不能起动，应检查和调整喷油正时，供油量是否过少。再检查喷油雾化情况，喷油器针阀有无滞住，气缸压力是否过低。

(4) 起动时排气管排出大量黑烟

现象：发动机不易发动，排气管排出大量黑烟。

原因：

1）喷油泵驱动联轴器上的固定螺栓松动，喷油正时过晚或喷油正时过早。

2）喷油泵有以下故障

① 喷油泵柱塞磨损过多。

② 喷油泵挺柱或凸轮磨损过多。

③ 具有柱塞挺杆调整螺钉的喷油泵，调整螺钉松动。

3）喷油器有以下故障

① 喷油器针阀粘滞不能关闭。

② 针阀与阀座接触不良或泄漏。

③ 喷油压力弹簧调整螺栓松动使喷油压力低。

4）调速器调整不当，在喷油泵柱塞副磨损下，有意将供油量调大。

5）气缸压力过低。

6）空气滤清器及进气通道堵塞。

诊断：

1）首先检查进排气通道是否畅通。例如：滤清器有无堵塞、进气胶管是否凹瘪或其内臂脱层堵塞，带有排气制动阀的汽车，排气制动阀是否全部打开。

2）若发动机有敲击声并冒黑烟，说明喷油过早，应重新调整喷油正时。通常这种喷油泵联轴器螺栓松动，轴键损坏或从动盘错位所致。

3）喷油器喷油雾化情况，若不正常，应拆检喷油器。检查针阀是否卡滞，针阀与座是否密封，弹簧是否过软或断裂，喷油器座孔密封垫是否有积炭等。

4）若供油系均正常，发动机仍冒黑烟而且不易起动，应检查发动机气缸压力是否过低。

2. 柴油机动力不足

常见的发机动机动力不足表现为：发动机运转均匀，无高速，排烟过少；发动机运转不均匀，排气管大量排白烟；发动机运转不均匀，排气管排黑烟并有敲击声；发动机有规律的忽快忽慢等。

(1) 发动机运转均匀，无高速，排烟过少

现象：发动机动力不足，但运转均匀排烟甚少，急加速时，转速提不高，排气管有少量黑烟。

原因：

1）加速踏板拉杆行程不能保证供给量达到最大供油量。

2）调速器调速弹簧过软、折断或由于调整不当使喷油泵不能保证最大供油量。

3）喷油泵油量调节拉杆（或齿条）达不到最大供油位置。

4）喷油泵扇形小齿轮固定螺钉松动。

5）喷油泵出油阀密封不良。

6）喷油泵柱塞磨损过多、粘滞或弹簧折断。

7）喷油泵挺杆粘滞、滚子或凸轮磨损过多。

8）喷油器泄漏，喷油量减少。

9）输油泵、油管堵塞等因素使其供油不足。

10）柴油滤清器堵塞。

11）空气滤清器、排气管消声器堵塞。

12）柴油粘度过大。

13）油路中有空气。

诊断：

此种故障现象可以断定，是因达不到最大供油量而使发动机转速提不高。

1）先将油中的空气排除。

2）查加速踏板拉杆的行程。将踏板踏到底，然后用手扳动喷油泵油量调节臂。若还能向加油方向推动，说明加速踏板拉杆不能使喷油泵达到最大供油量，应予以调整。

3）检查供油量

① 首先检查调整调速器高速限制螺钉和最大供油量限制螺钉。拧进高速限制螺钉则高速调整供油量增加；反之则减少。当将调整螺钉向增加的方向旋进时，发动机感到有力，说明此处即为症结所在。应调整供油量，直到急加速时排气管冒黑烟为宜。

② 若不属上述情况，即应检查喷油泵，调整调速器等高压油路部分。拆下喷油泵边盖查看油量调整节齿杆能否达到最高速位置，喷油泵挺杆或柱塞是否粘滞，柱塞、挺杆滚轮、凸轮是否磨损过多，柱塞弹簧有无折断，出油阀是否密封等。若均正常，应检查喷油器有无泄漏，调整调压弹簧弹力是否符合规定标准。

③ 故障不在高压油路，即应检查低压油路。主要项目是油箱通气孔及管道有无堵塞；输油泵滤网有无堵塞；柴油滤清器有无堵塞；输油泵油阀有无渗漏或粘住；整个油道有无泄漏等。

④ 在寒冷季节，还应检查所用油标号是否合乎要求。

(2) 发动机运转不均，排气管排白烟

现象：发动机动力不足，运转不均匀排出大量白烟，可能有三种情况：

1）排出灰白色烟。

2）排出水气白烟。

3）发动机刚发动时排出白烟，温度升高后变成黑烟。

原因：

1）喷油时间过迟。

2）气缸垫水道孔冲穿与气缸相通。

3）气缸破裂漏水。

4）气缸压力过低。

5）柴油内有水。

诊断：

1）发动机动力不足时，排气管排灰白色烟雾，一般是喷油时间过迟。此种情况不仅是高速运转不匀，转速不灵敏，而且温度过高。如果是新装配的发动机，是因装配调整不当，如果突然有上述现象，多是喷油泵驱动轴联轴器固定螺栓松动或发动机装配不当。

2）若排气管排水蒸气烟雾时，将手靠近消声器口处，当白烟掠过手面留有水珠，则应先检查柴油；若柴油内无水，说明气缸中进水，采用单缸断油试验，检查喷油器喷嘴上有无水迹。若有水则查明进水原因，是气缸破裂还是气缸垫冲坏。

3）发动机刚起动时冒白烟，温度升高后冒黑烟，说明气缸压力不足。因为：

① 发动机温度过低，虽尚能维持起动，但许多柴油挥发成蒸气，未能燃烧便排出，所以排白烟。

② 发动机温度升高后，虽然压燃条件充分了，但燃油仍不能完全燃烧，所以呈黑烟排出。应检查气缸压力低的原因。

(3) 油机运转不均匀，排气管排黑烟

现象：发动机动力不足，运转不均匀并排出黑烟，加速时出现敲击声。

原因：

1）喷油泵的故障

① 出油阀磨损或弹簧折断。

② 个别柱塞粘住或弹簧折断。

③ 个别柱塞扇形小齿轮固定螺钉松动。

④ 少数凸轮或挺杆滚子磨损过多。

⑤ 挺杆调整螺钉调整不当或松动。

2）喷油器的故障

① 喷油器针阀粘住不能关闭。

② 喷油器针阀不密封。

③ 喷油器压力调整弹簧断裂或弹力过低。

④ 喷油器密封垫积炭。

3）气缸压力过低

① 在发动机运转时，可逐缸断油试验：当某缸断油时，若发动机转数显著降低，黑烟减少，敲击声变弱或消失，说明该缸供油量过多。若发动机转数无变化或变化很小，说明该缸供油量少。若发动机转速变化小而黑烟消失，说明该缸喷雾质量差。找出有故障的单缸后，再进一步查明故障原因，如该缸喷油泵柱塞副情况，扇形齿轮固定螺钉有无松动，柱塞弹簧有无断裂等。若均正常，可拆检喷油器。必要时，可换装新喷油器进行对比，若用新喷油器时故障消失，说明原喷油器有故障。

② 上述方法仍不能排出故障，对于喷油泵柱塞挺杆具有调整螺钉的，应检查各缸正时是否一致，必要时进行调整。调整到黑烟和敲击声均减轻为止。

③ 若以上各项均无问题，应对有故障的气缸测试压缩压力，以判断是否因气缸、活塞、活塞环等磨损漏气或气门密封不良，而造成上述故障。

（4）游车现象：发动机动力不足，运转中出现有规律的忽快忽慢，转速提不高。

常见原因：

1）调速器本身的原因

① 调速器外壳的孔及喷油泵盖板孔磨损松旷。

② 飞块销孔，座架磨损松旷。

③ 飞块过重或收张距离不一致。

④ 调速器内润滑油太脏或太少。

⑤ 调速弹簧变形或断裂。

2）喷油泵的原因

① 供油量调节齿杆卡滞。

② 柱塞套安装不良，使调节齿杆（或拨叉）不能游动自动。

③ 柱塞调节臂或扇形小齿轮变形或松动，使齿杆不能游动。

④ 喷油泵凸轮轴轴向间隙过大。

⑤ 供油量调节齿杆与扇形齿轮齿隙过大（或柱塞调节臂与油量调节拨叉配合间隙过大）。

⑥ 供油量调节齿杆（或拨叉）的拉杆销子松旷。

⑦ 个别气缸喷油器针阀烧结。

诊断：

1）拆喷油泵侧盖，检查供油齿杆的松紧度。可用手轻轻捏住齿杆，若不能前后推动，可能是杆与孔配合过紧。齿杆变形、拉伤、锈蚀或被异物挤住，要求齿杆在倾斜45°角时能自行滑动。如果齿杆只能在很小范围内被推动，应找出阻滞点。方法是将齿杆与调速器拉杆拆开，若这时齿杆滑动自动，说明阻力在调速器内部，可能是缺少润滑油或润滑油不清洁，调速器各连接点过紧，如离心飞块收张不灵活，滑套阻力太大等。如果齿杆与调速器拉杆在拆开后仍只能在小范围内推动，说明阻力在调速器以外，可能是某缸喷油器烧住；某缸喷油泵柱塞套在泵体内安装不垂直，使调节齿条（或拨叉）拉动不灵活；柱塞的调节臂（或扇形齿轮）弯曲变形或松动使齿杆不能灵活拉动；柱塞的稳固螺钉拧力过大，造成柱塞与泵体不垂直，柱塞在往复运动时不灵活。

2）调节齿杆拉动自如，游车多系调速器各部连接点松旷，如飞块销孔和座架磨损过大；供油齿杆齿隙过大；齿条（或拨叉）拉杆销子松动；凸轴轴向间隙过大；调速器外壳孔及油盖板孔磨损松旷等。

3）若非上述原因，应检查：

① 调速器弹簧是否变形。

② 调速器飞锤是否偏重，其收张距离是否一致。

4）气动调速器产生游车的主要原因是密封性受到破坏，要首先检查真空管及两端接头是否漏气，调速器左腔是否密封良好，膜片有无破裂，右腔是否与大气相通。

5）对于带有可变调速率装置的RSV型全速调速器，由于装配或调整不当，不仅会使调速率发生改变，而且还可能使调速器工作变得不稳定，这样便导致发动机产生严重的“游车”而不能工作，在实际中，这种现象是不少的。

6）特殊情况的分析

① 故障现象及原因排查，如图5-47所示。安装上柴6135 K9a柴油机的车辆在行驶中，呈现出一闯一闯的现象。驾驶员脚踏加速踏板时，明显感到加速踏板振动。经检查柴油机有故障。诊断时发现，该柴油机在怠速时运转正常，稍加速使发动机转速升至某一中高速时，高压油泵操纵臂上突然出现明显的振动力。打开高压油泵供油拉杆侧盖，当柴油机达到某个转速时，供油拉杆会明显出现高频左右抖动现象。拆检高压油泵及调速器，未发现异常情况；重新校验高压油泵和喷油器后试机，故障现象仍然存在。拆下气泵检查，发现气泵齿轮前端的固定螺母松动。紧固后试机故障消失。

② 故障分析：引起该机出现上述现象的原因，是柴油机的供油提前角和供油量在某个转速下发生变化。两者之间相互作用的结果，引起发动机在该转速下发生高频波动。因为气泵齿轮是斜齿轮。在齿轮转动的过程中，受到一个轴向力的作用。这个轴向力随柴油机转速的升高而增大。当柴油机转速升高到一定时，气泵齿轮受到大于气泵齿轮与紧固螺母之间弹簧片弹力的轴向力。气泵齿轮向前移动，同时在斜齿轮前移时相对另一齿轮转动一个角度，从而通过气泵曲轴、联轴器使高压油泵的凸轮轴向增大供油提前角的方向转过一个角度，使柴油机的供油提前角增大，发动机转速上升。这时高压油泵后端的调速器在转速上升的趋势下起作用。调速器上的推力板带动供油拉杆向减小供油方向移动，使供油量减小，发动机转速下降。发动机转速下降又带来了气泵齿轮所受的轴向力减小，齿轮在弹簧垫片弹力的作用下后移，供油提前角进一步缩小，发动机转速进一步下降。当转速下降后，调速器由于高压油泵凸轮轴转速下降，调速飞块离心力减小，推力板在操纵臂弹簧预紧力的作用下，使供油拉杆向增加供油的方向移动。供油量的增加使发动机的转速重新升高。当转速升高到某一转

速时，气泵齿轮重新前移、加大供油提前角。这样在某一中高转速下，气泵齿轮的前后窜动和调速器相互作用的结果，使柴油机出现高频“游车”现象。

通过以上分析可以看出，由于发动机是一个整体系统，其故障的形成有时是多方面的。上述气泵齿轮固定松动而引起游车现象，如不进行综合分析一般是想不到的。因此在实际工作过程中一定要做到利用自己所掌握的知识进行综合分析判断。

3．柴油机工作粗暴

柴油机的供油时间（或喷油时间）应随转速的增加而提前。有些设有供油提前角自动调节装置的发动机，为了在额定转速下得到最佳提前角，在低速时就显得供油时间过早，因而发出均匀的敲击声，这是正常现象。如果适合低速的供油时间，但额定转速就会显得供油时间过迟，造成动力不足。

现象：

（1）发动机有节奏的（清脆的）金属敲击声，急加速响声更大，排气管排黑烟。

（2）缸内发出低沉不清晰敲击声。

（3）敲击声没有节奏并排黑烟。

原因：

（1）喷油时间过早。

（2）喷油雾化不良。

（3）进气不足。

（4）各缸喷油不匀。

（5）喷油器滴油。

（6）发动机温度过低。

（7）选用的柴油牌号不当。

诊断：

（1）如果声响均匀，说明各缸工作情况差不多。其原因与喷油正时、进气情况、柴油性能等方面有关。可先检查喷油正时是否正确，如喷油过早，响声尖锐，清脆、有节奏排气管冒黑烟。若调整喷油正时的效果不明显，便应检查空气滤清器是否堵塞，进气胶管是否凹瘪，其内壁有无脱层堵塞。若柴油机充气不足，则将导致燃烧不完全，延长着火落后期，从而产生严重的着火敲击声。若进气通道畅通，仍有响声，使应考虑柴油牌号选择的是否适当。

（2）如果响声不均匀，说明各缸工作情况不一致。可用单缸断油法找出工作不良的气缸。若怀疑某缸喷油器不良，可用一标准喷油器或与其他缸调用喷油器，如果这时声响消失（或转移其他缸）则表明故障就在喷油器。若怀疑某缸供油量过大，可用减油法试验，减油之后响声和排烟应消失。若减油后故障减弱，只有断油才完全消失，则说明故障原因在喷油时间过早。鉴别供油量的大小，还可在发动机工作时，用于触试各缸排气管的温度，温度高的气缸供油量大，反之，供油量小。

4．柴油机超速（飞车）

这是柴油发动机的一种特殊现象，柴油机的转速失去控制，疾转不止的现象称为超速。这种现象是很危险的，应及时采取措施。

现象：发动机转速升高或突然升高，以致超过允许的最高转速并伴随有巨大的响声且无法控制。

原因：

引起超速的主要原因有两个方面：一是喷油泵调速器本身的故障，使其丧失了正常的调速特性，这种情况的特征是喷油泵调速器部分有卡滞、松旷等不正常现象；另一方面由于外因而改变了柴油机的调速特性，其特征是喷油泵调速器本身没有故障，而柴油机在运转过程中有额外的柴油或机油进入燃烧室掺入燃烧。

（1）油泵、调速器的故障

1）加速踏板拉杆或供油调节齿杆卡滞。

2）油量调节齿杆和调速器拉杆脱节。

3）喷油泵柱塞弹簧折断或柱塞卡在高速位置。

4）柱塞的油量调整齿圈固定螺钉松动使柱塞失去控制。

5）调速器的高速调节螺钉或最大油量调整螺钉调整不当。

6）调速器内润滑油过多，粘度太大或太脏（因对飞块阻力大，使飞块难以甩开）。

7）调速器杠杆，销子脱落。

8）调速器飞块销轴断裂，飞块甩脱。

9）全速调速器由于飞球座歪斜或推力盘传动盘斜面滑槽磨损，使飞球滑动阻力增大，无法甩开。

10）飞球（或飞块）的重量不等。

11）飞块压力轴承损坏。

12）调速器弹簧折断或弹力下降。

13）Ⅱ号泵的凸轮轴轴向间隙过大。

14）Ⅱ号泵传动盘安装松旷，转动时偏摇，当飞球座沿支架滑动时，阻力增加。

15）Ⅱ号泵的调速器推力盘与传动轴套配合表面不光滑，推力盘在轴上不能灵活地旋转移动。

上述原因使柴油机的转速升高，柱塞式喷油泵的“速度特性”又使供油量随转速的升高而增加。转速和供油量互相促进的这种恶性循环导致了飞车事故的发生。

（2）燃烧室进入额外燃料，其来源有：

1）气缸严重窜油使润滑油进入燃烧室燃烧。

2）惯性油浴式空气滤清器存油过多被吸入燃烧室。

3）带增压器的柴油机，由于增压器油封损坏，机油进入燃烧室燃烧。

4）低温起动装置的电磁阀漏油，使多余的柴油进入燃烧室燃烧。

5）空气滤清器纸质滤芯在不正当清洗后，残留的汽油过多，装配使用时，浓度较高的汽油、蒸气燃烧室燃烧。

诊断：

（1）紧急措施

高速（飞车）时应采取紧急措施，切记不要惊慌失措，否则发动机转速升高到一定程度，会造成事故。制止超速紧急措施有：

1）迅速将加速踏板回到停车位置。

2）供油拉杆或齿杆外露的喷油泵，可迅速将杆拉回到停油位置。

3）有减压装置的迅速将减压手柄拉到减压位置。

4）及时挂入高速挡，踏下制动踏板（踩到底）缓抬离合器，使发动机熄火。

5）迅速松开各缸高压油管的停止供油。

6）进气管道带阀的可将阀门关闭，如果没有阀门的可拆下空气滤清器，堵住进气道。

（2）制止住超速（飞车）后确诊其原因：

1）出现超速现象时，若迅速拉起加速踏板（或加速踏板拉不回位），发动机达到最高转速时不再继续升高，则多为加速踏板拉杆或拉臂等处卡住。

2）若迅速收回加速踏板，转速即随之降低或熄火，则为调速器本身有故障，该发动机停熄后应拆下调速器上盖详细检查。首先检查润滑油是否过多，再检查高低速弹簧是否折断，飞块销是否脱去，压力轴承是否损坏，必要时可将调速器卸下送修检站。

3）若抬起加速踏板发动机转速继续升高，可能是泵杆被卡住；熄火后拆下调速器上盖，如能用手扳动泵杆，说明泵杆与调速器连接的某一部位卡住；若扳不动泵杆，说明喷油泵柱塞卡住。应拆卸检查，清除异物，若是柱塞的调整齿扇或调节臂松动，应将其记号对正拧紧。

4）若供油系良好，应检查气缸有无额外进入的燃油或机油，例如：空气滤清器或增压机的机油能否漏入气缸：气缸的密封性如何，是否窜机油；有低温起动预热电磁阀（如依发W50L型汽车发动机）是否关闭可靠等。

发动机熄火后，必须找出造成事故的原因所在，并做彻底排除后，方允许再次起动发动。否则发动机起动后，又将出现超速（“飞车”）现象。

第六章　润滑系的构造与维修

发动机工作过程中，零件与零件表面的直接摩擦，除了将增大发动机功率消耗，降低机械效率外，更主要的是使零件表面迅速磨损，缩短了零件的使用寿命。为了保证发动机工作正常，必须在零件表面覆盖一层薄而均匀的机油油膜，将两零件表面隔开，减少摩擦力。

1．润滑机理

发动机中相对运动零件接触面在宏观上看很光滑，但在微观状态下其实是凹凸不平的。当接触面直接接触并有相对运动时相互积压、摩擦，表面上的金属细屑就会脱落，如图6-1所示，形成磨粒，加剧机件磨损并损失功率，而且使零件表面迅速磨损而失去正常工作的能力。如果长时间摩擦，产生的热量还会使金属熔化而焊住，造成运动副的咬死，如抱瓦、拉缸等。在零件表面覆盖机油油膜后，油膜填充在表面的沟槽中，并将两零件表面隔开，使它们脱离了直接接触，从而减小了摩擦力。

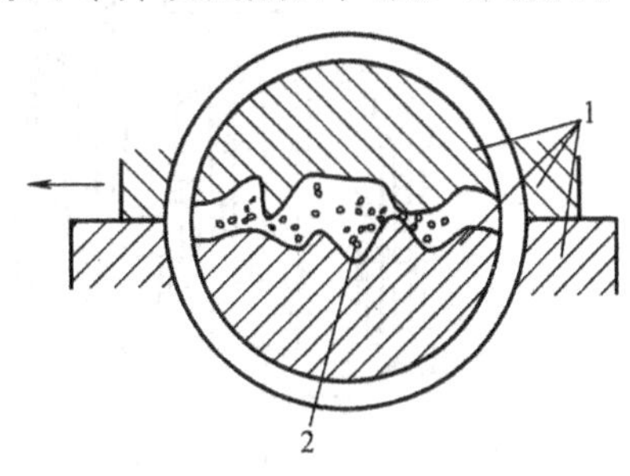

图6-1　运动零件工作表面放大图
1—零件　2—金属屑

2．润滑系的作用

（1）润滑：使运动的零件表面之间形成油膜接触，以减少磨损和功率损失。

（2）冷却：通过润滑油的循环，带走摩擦产生的热量，保持零件适当的工作温度。

（3）清洗：利用循环润滑油冲洗零件表面，带走摩擦剥落的金属细屑。

（4）密封：依靠油膜填充表面间间隙与空隙，提高零件的密封效果。

（5）缓冲：利用油膜的弹性减缓零件间的冲击振动，降低工作噪声。

（6）防锈：利用油膜将工作表面与腐蚀性气体隔开，防止锈蚀。

3．发动机的润滑方式

发动机各运动零件的工作条件不同，所承受的载荷及相对运动速度就不相同，因此所要求的润滑方式也不相同。汽车发动机多采用压力润滑与飞溅润滑相结合的综合润滑方式。

（1）压力润滑。以一定的压力连续不断地将润滑油输送到各摩擦表面形成油膜的方式称为压力润滑。主要用于承受载荷和相对运动速度较高的运动副表面，如主轴承、连杆轴承、凸轮轴承、气门摇臂等处。

（2）飞溅润滑。利用发动机工作时运动零件飞溅起来的油滴或油雾润滑运动副表面的方式。飞溅润滑主要用于外露表面、载荷较轻的运动副表面，如气缸壁、活塞销、凸轮、挺杆、偏心轮、连杆小头等。

（3）注油润滑。在发动机辅件中，有些零件采用定期加注润滑脂的方法进行润滑，如水泵轴、起动机轴承等。

（4）自润滑。某些零件采用了含有耐磨材料（如尼龙、二硫化钼等）的轴承来替代注油润滑的轴承，因这种轴承无须加注润滑脂，故称为自润滑轴承。

4．润滑系的组成

发动机润滑系的组成如图 6-2 所示。

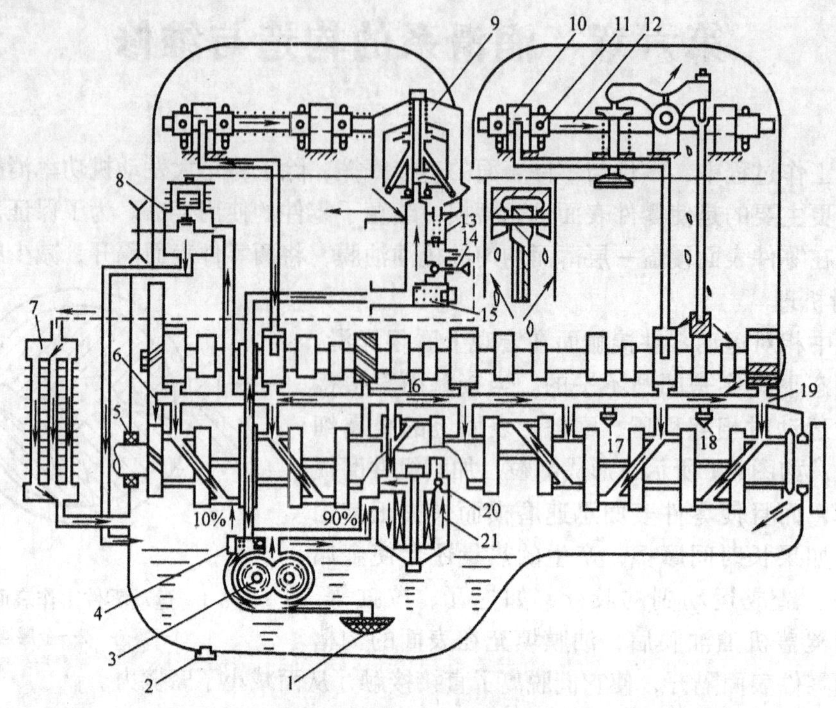

图 6-2 汽车发动机润滑系组成示意图

1—集滤器 2—磁性放油螺塞 3—机油泵 4—限压阀 5—曲轴前油封 6—喷嘴 7—机油散热器 8—空气压缩机 9—细滤器 10—摇臂轴支座 11—摇臂 12—摇臂轴 13—机油散热器安全阀 14—机油散热器开关 15—进油限压阀 16—机油泵和分电器轴 17—机油压力过低传感器 18—油压传感器 19—主油道 20—旁通阀 21—粗滤器

为保证发动机得到正常的润滑，该系统应包括：

（1）机油储存装置，即油底壳。对于干式曲轴箱发动机则设有专用机油箱。

（2）建立油压装置，即机油泵。

（3）机油引导、输送、分配装置是由部分油管和发动机上加工出的油道组成。

（4）机油滤清装置是由机油集滤器、粗滤器和细滤器组成。

（5）安全和限压装置是由限压阀、旁通阀等组成。

（6）机油冷却装置。一般发动机靠汽车行驶中迎面气流吹拂油底壳来冷却，保持机油温度正常，热负荷较高的发动机则专门设有机油散热器，加强机油的冷却。

（7）指示和报警装置是由机油压力表、机油压力低压报警指示灯、机油温度表、机油标尺等组成。

第一节 润滑系油路

发动机多采用综合式润滑方式，其油路布置方案以及机油循环路线大致相同，只是由于润滑系的工作条件和具体结构不同而稍有区别。图 6-3 所示的框图说明了机油的循环路线。

图 6-4 为东风 EQ6100－1 型汽车发动机润滑系油路，其中曲轴主轴颈、连杆轴颈、凸轮轴轴颈、凸轮轴止推凸缘、正时齿轮副、分电器传动轴、摇臂轴等采用压力润滑；活塞、

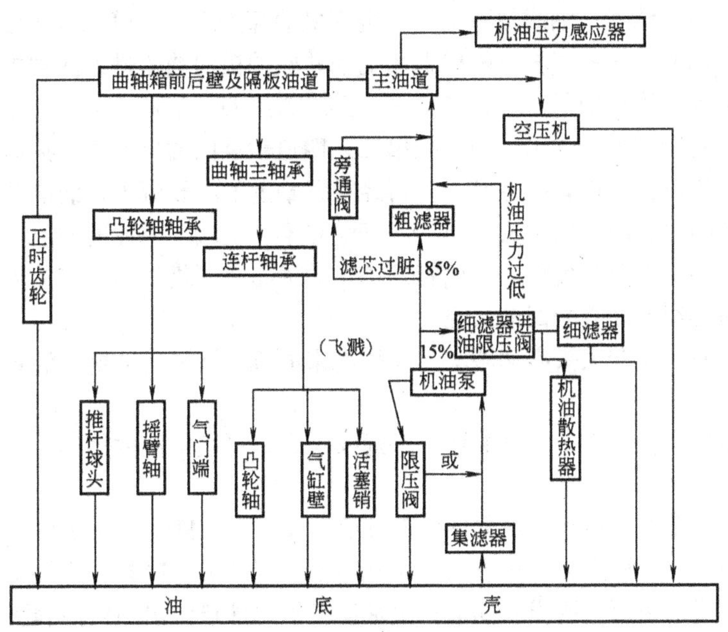

图 6-3 汽车发动机润滑系油路示意图

活塞环、活塞销、气缸壁、气门、凸轮等采用飞溅润滑。

发动机工作时，机油泵经机油集滤器从油底壳内吸取机油，可滤掉较大颗粒的机械杂质。机油泵输出的油路分两路，其中大部分经机油粗滤器滤清后送入主油道，另一部分（约10%～15%）经进油限压阀进入机油细滤器，滤去较细的机械杂质和胶质后流回油底壳。机油细滤器与主油道采用并联方式，这样虽然每次流经细滤器的油量较少，但机油不断循环，仍可取得较好的滤清效果，同时大大降低了主油道的机油压力损失。实践证明，汽车每行使 50km 左右全部机油就能通过细滤器一次。

在机油泵上装有限压阀，当机油压力超过规定压力时，限压阀打开，多余机油经限压阀流回机油泵进油口。

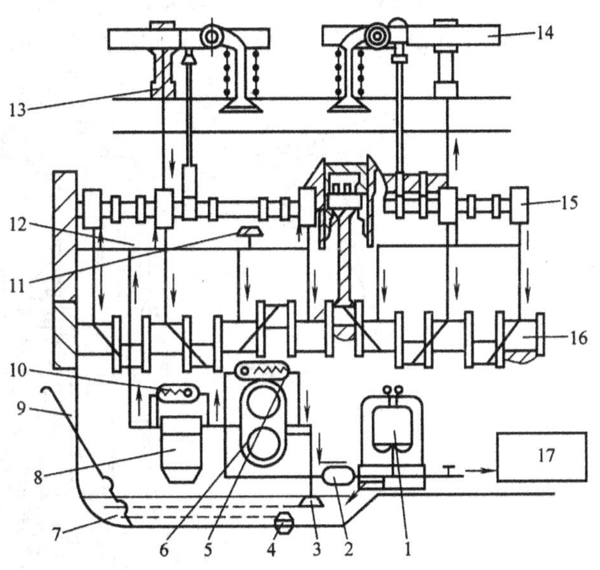

图 6-4 东风 EQ6100－1 型汽车发动机润滑系油路
1—油细滤器 2—进油限压阀 3—集滤器 4—放油螺塞 5—限压阀 6—机油泵 7—油底壳 8—机油粗滤器油压传感器 9—机油标尺 10—旁通阀 11—油压传感器 12—主油道 13—配气机构油道 14—摇臂轴 15—凸轮轴 16—曲轴 17—机油散热器

在机油粗滤器进、出油口之间并联有旁通阀，当粗滤器滤芯堵塞时，旁通阀打开，机油不经粗滤器而直接进入主油道，保证发动机的润滑。

机油细滤器进油口处设有进油限压阀，当机油压力低于 147kPa 时，进油限压阀不能打开，机油不能进入细滤器，细滤器不工作，全部机油都进入主油道，以保证润滑的机油量。

进入主油道的机油，经气缸体隔壁上的七条并联的横向油道进入曲轴主轴承，再经曲轴上的斜向油道流入各连杆轴承。气缸体第一、第二、第四、第六、第七隔壁上横向油道中的部分机油流向凸轮轴的五道轴承。凸轮轴第二、四道轴承内的机油通过缸体和缸盖上油道流向摇臂轴支座，进而流入摇臂的空腔内，再经摇臂轴上的小孔流出，润滑摇臂；部分机油经摇臂上部的小孔喷出，润滑摇臂头部、气门杆端和推杆上端，主油道前端一小孔内装有一细铜管，喷出的机油润滑正时齿轮。一软管连接主油道与空压机，部分机油流入空压机润滑其曲柄连杆机构后再经回油管流回油底壳。

发动机运转时，连杆大头高速转动，飞溅起来的机油润滑气缸壁、活塞、活塞销、凸轮等机件。

在机油细滤器上设置了一个开关和一旁通安全阀，可接机油散热器。冷却后的机油流回油底壳。

上海桑塔纳轿车发动机润滑系如图 6-5 所示。该发动机只设集滤器和一个全流式纸质滤芯滤清器，凹顶活塞背面由连杆小头顶部小孔喷出的机油进行冷却。配气驱动机构的中间轴轴颈分别由发动机前边第一道横向油道和机油滤清器出油道流出的机油润滑。由于凸轮轴顶置，在气缸盖上另开一条纵向油道，机油从气缸体主油道经垂直油道进入气缸盖主油道后，一部分通过八条并联的油道流向液力挺杆，另一部分通过五条并联横向斜油道流至凸轮轴轴颈，并在缸盖和缸体右侧开有回油道，使机油流回油底壳。油路中设有两个机油压力传感

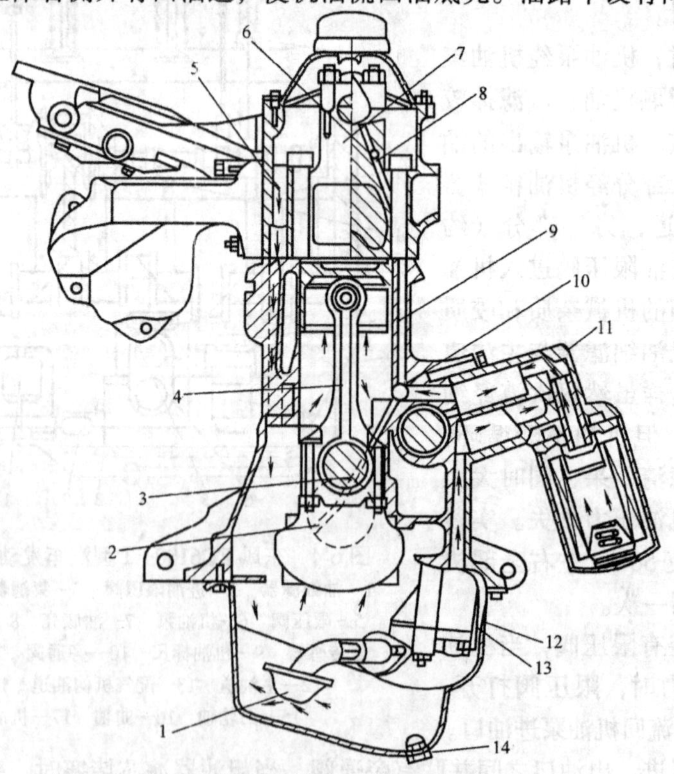

图 6-5　上海桑塔纳轿车发动机润滑系示意图

1—机油集滤器　2—曲轴斜油道　3—油道　4—连杆油道　5—回油道　6—气缸盖油道　7—量孔　8—气缸盖主油道　9—气缸体油道　10—气缸体主油道　11—机油滤清器　12—油底壳　13—机油泵　14—放油螺塞

器，当机油压力低于规定值时，警告灯闪亮。

第二节　润滑系主要部件

汽车发动机润滑系主要部件包括机油泵、机油滤清器、机油散热器、机油标尺等。其功能是完成润滑系油压的建立、滤清、散热等任务。

一、机油泵

机油泵的作用是将一定压力和一定数量的润滑油输送到各个摩擦表面。汽车发动机上常用的机油泵有齿轮式和转子式两种，齿轮泵有外啮式和内啮式两种形式。

(一) 齿轮式机油泵

1. 齿轮式机油泵的构造

齿轮式机油泵的工作原理图如图 6-6 所示。在机油泵壳体内装有一个主动齿轮和一个从动齿轮，主动齿轮由伸到壳体外的主动轴驱动。齿轮的齿顶与壳体内壁之间的间隙很小，主、从动齿轮啮合后，将壳体内腔分成进、出油腔，壳体上的进、出油口分别与进、出油腔相通。

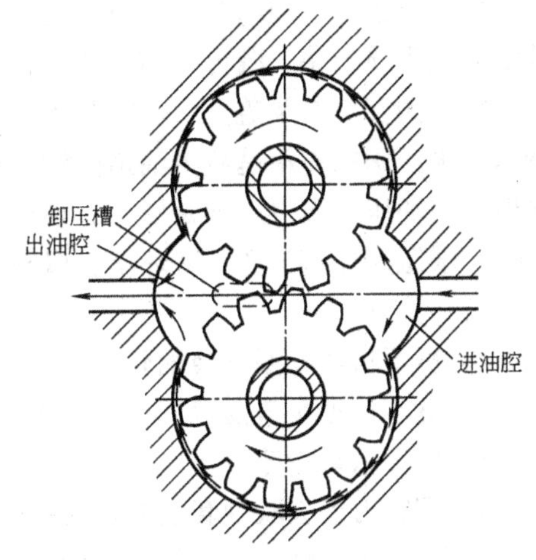

图 6-6　齿轮式机油泵的工作原理

2. 工作原理

发动机工作时，齿轮按图中箭头方向旋转，进油腔的容积由于齿轮向脱离啮合的方向运动而增大，腔内产生一定的负压，润滑油便从进油口吸入并注满进油腔，齿轮旋转时，把齿间所存在的润滑油带到出油腔。在出油腔容积减小，油压升高，润滑油便经出油口被不断地压出。

机油泵在高速旋转过程中，有一小部分机油被密封在啮合齿的齿隙中，产生很高的压力并作用在主、从动轴上，增大了发动机的功率消耗，加剧了齿轮轴与齿轮的磨损。为此，在泵盖上对应啮合间隙处铣出一条卸压槽与出油腔相通，以降低油压。

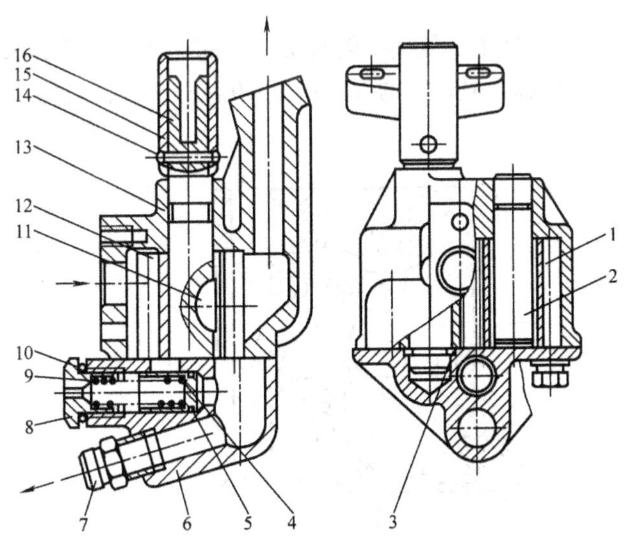

图 6-7　东风 EQ6100-1 发动机齿轮式机油泵

1—从动齿轮　2—从动轴　3—挡圈　4—限压阀　5—径向环槽　6—泵盖　7—油管接头　8—螺塞　9—限压阀弹簧　10—调整垫片　11—半圆键　12—主动齿轮　13—泵壳　14—半圆头铆钉　15—联轴套　16—主动轴

3. 东风 EQ6100－1 发动机齿轮式机油泵（图 6-7）

(1) 构造：该泵用两个螺钉安装在曲轴箱内第三道主轴承一侧。

主要由泵壳、泵盖、主动轴、从动轴、主动齿轮、从动齿轮、限压阀等零件组成。主动轴安装在泵壳的轴孔内，泵壳的出油腔处有一油孔通泵壳轴孔，以润滑主动轴。主动轴下端用半圆键及卡圈装配主动齿轮，轴的上端切槽与分电器、机油泵驱动轴的下端的切扁处啮合。从动齿轮轴压装在泵壳内，从动齿轮松套在从动轴上。在从动齿轮的齿根有一油孔以润滑从动齿轮轴。

机油泵齿轮齿顶与泵壳内壁之间的间隙很小，保证进、出油腔间的密封，泵盖与泵壳间的纸质或钢质衬垫，既可以防止漏油，又可用来调整齿轮端面与泵盖间的间隙。

限压阀安装在泵盖上，一端与出油腔相通，另一端与进油腔相通，工作示意图如图 6-8 所示。限压阀的作用是将主油道的油压控制在 380～420kPa 范围内，当油压超过 380kPa 时，则出油腔油压克服限压弹簧压力，顶开柱塞，部分润滑油经阀门流回进油腔，以达到卸压的目的。限压阀柱塞头部开有环槽，以储存润滑油，保证柱塞运动灵活。

(2) 分解

1) 拆下机油集滤器及油管。

2) 拆下机油泵盖固定螺栓，取下机油泵盖及调整垫圈。

3) 取出从动齿轮。

4) 用锉刀锉去联轴套上的铆钉头，将铆钉冲出，取下联轴套。

5) 轻敲主动轴外端，从泵腔侧取出主动齿轮及轴并分解：拆卡环，取下主动齿轮和半圆键。

6) 拧下泵盖上的限压阀螺塞，取出弹簧及柱塞。

7) 清洗各零件，并吹通各油道油孔。

(3) 装配：将检修好的机油泵各零件清洗干净，按拆卸反顺序进行装配，并应注意以下事项：

1) 检查主、从动齿轮与泵盖之间的端面间隙，如图 6-9 所示。所测值加上垫片厚度即为端面间隙，其值应为 0.06～0.10mm，否则可通过增减垫片厚度进行调整。

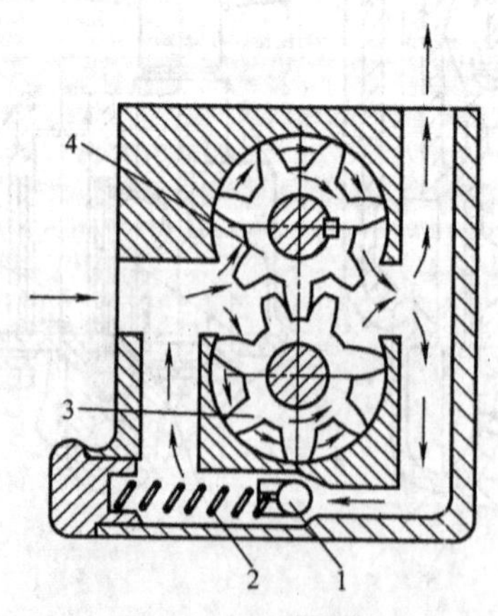

图 6-8　限压阀工作示意图

1—柱塞　2—限压阀弹簧　3—从动齿轮　4—主动齿轮

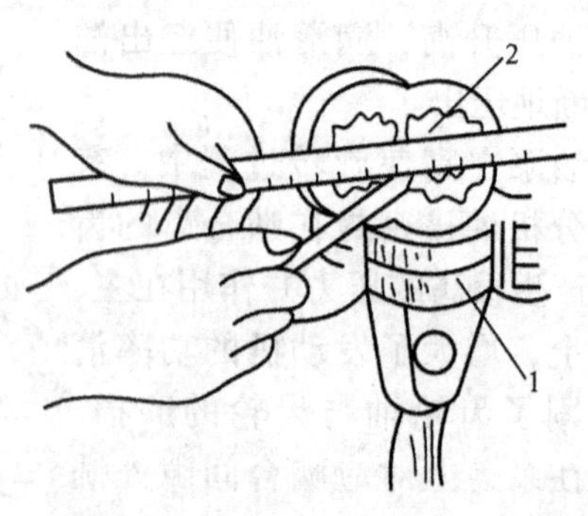

图 6-9　检查主、从动齿轮与泵盖之间的端面间隙

1—机油泵壳体　2—塞尺

2) 检查主动轴轴向间隙，将主动轴齿轮靠紧齿轮室底部，用合适的塞尺在联轴器垫片处测量，其轴向间隙为 0.03～0.08mm。装配时应使此间隙略小于齿轮端面与泵盖间的间

隙，以免刮伤泵盖。

3）检查齿轮齿顶与泵壳内壁之间的间隙，如图 6-10 所示。将塞尺插入齿顶与壳体之间，间隙应为 0.082～0.185mm。

4）检查主、从动齿轮啮合间隙，如图 6-10 所示。用塞尺在齿轮圆周上每隔 120°测量一次，啮合间隙为 0.05～ 0.25mm，且各测量点间隙值相差不大于 0.10mm，如间隙过大，则应成对更换齿轮。

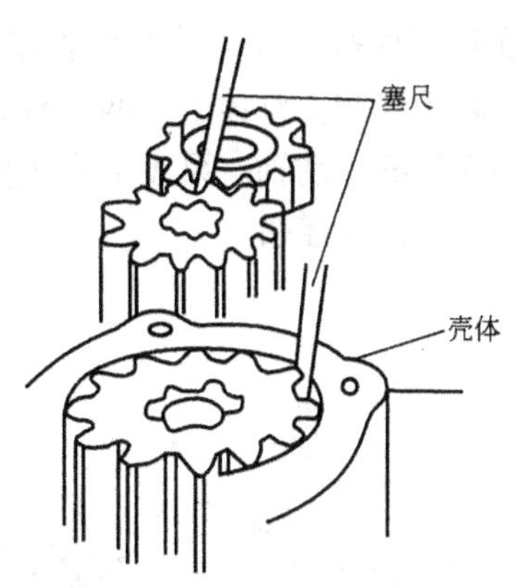

图 6-10　检查主、从动齿轮啮合间隙与齿顶间隙

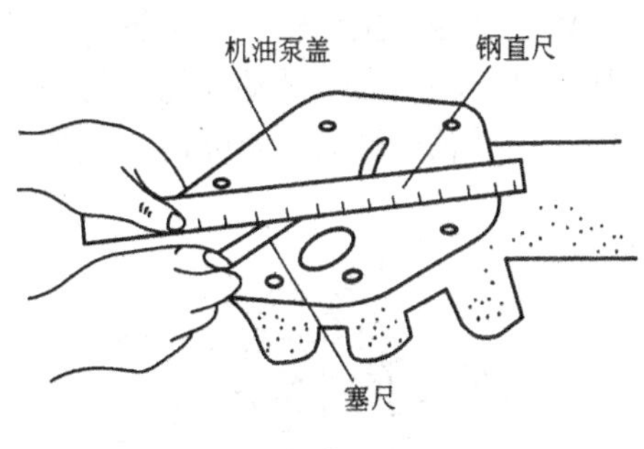

图 6-11　测量泵盖平面度误差

（4）检修

1）泵体与泵盖的检修。直观检验泵体及泵盖，若发现裂纹应进行焊修或换用新件；用钢直尺和塞尺检查泵体及泵盖的接合面的平面度误差，如图 6-11 所示。若超过 0.10mm，应进行研磨或磨削修复；检查机油泵主动轴与孔的配合间隙，一般为 0.03～0.08mm，最大不超过 0.15mm，否则应对轴进行镶套修复；泵盖上装有限压阀时，检查弹簧弹力及限压阀密封是否良好，否则应换用新件。

2）机油泵轴的检修。用百分表检查机油泵轴的弯曲变形，其直线度误差在全长上如超过 0.03mm。应进行校正，从动轴如有单面磨损时，可将磨损面调转 180°，再压入孔内继续使用。

3）主、从动齿轮的检修。机油泵主、从动齿轮若有磨损、工作面剥落、磨成台阶状或磨损量超过 0.25mm，均应换用新件；如工作面有轻微点蚀或毛刺，用磨石磨光后可继续使用。

（5）机油泵的试验

1）经验试验法：用手转动主动轴，应灵活无卡滞；将机油泵泵腔注满机油，堵住出油口，转动主动轴，应有明显的压力感，并有机油被压出，说明机油泵工作良好。

2）试验台试验法：东风 EQ6100-1 发动机齿轮式机油泵试验范围为：当机油泵转速为 700r/min 时，量孔前压力为 400～500kPa，若不符合要求，应通过增减限压阀螺塞下的调整垫片来重新调整限压阀，减薄垫片厚度，机油泵泵油压力升高，反之降低。也可在弹簧座处增减垫片进行调整。调整无效时，应检修限压阀或重新检查齿轮与泵盖等有关间隙。

机油泵装车后，发动机温度正常时机油压力应符合表 6-1 的值。

表 6-1 常见车型机油泵泵油压力

车 型	车速/(km/h)	压力/kPa	发动机怠速时压力/kPa
CA1092	30～40	196～390	≥98
EQ1092	30～40	294～343	≥98
BJ2020	45	196～390	≥49
上海桑塔纳	45	≥200	

4．解放 CA6102 发动机齿轮式机油泵

(1) 构造：该泵的构造如图 6-12 所示。机油泵固定在曲轴箱内第一道主轴承盖下方，它由泵体、泵盖、主动轴、从动轴、主动齿轮及从动齿轮等组成。泵体上有两个轴孔，一个压入从动轴，轴上套装从动齿轮，另一个插入装有主动齿轮的主动轴。泵盖上有进出油口和限压阀。主动轴前端通过半圆键、锁片、螺母与机油泵驱动齿轮连接。

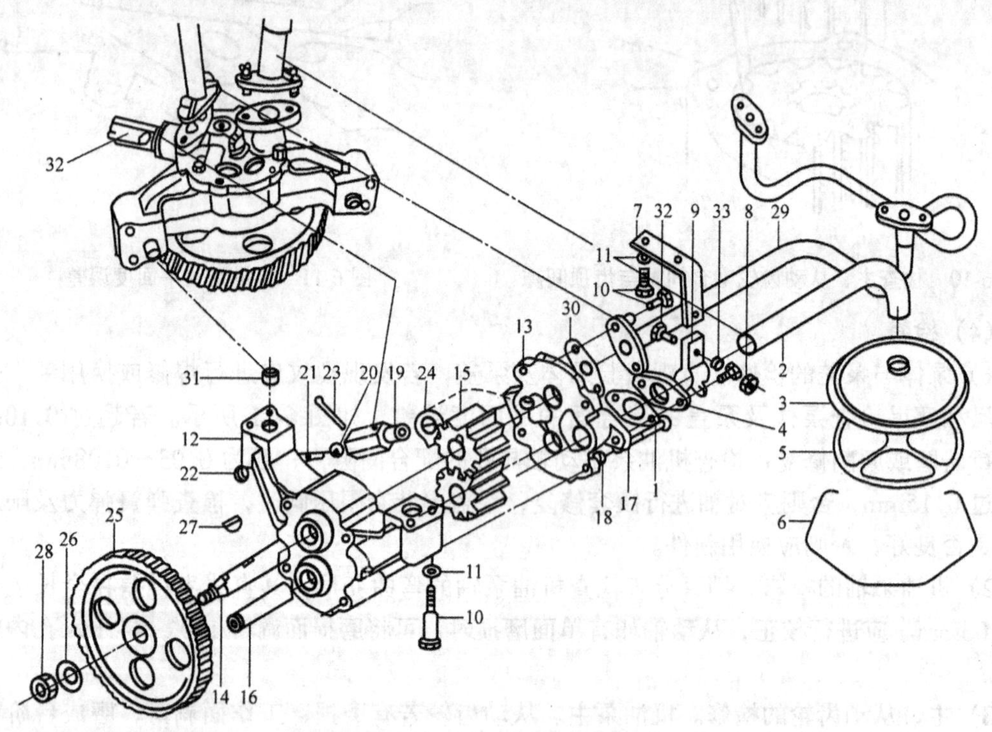

图 6-12 解放 CA6102 发动机齿轮式机油泵结构

1—吸油管法兰垫片 2—吸油管 3—外壳 4—吸油管法兰 5—滤网总成 6—卡簧 7—连接板 8、28—螺母 9—夹子 10、11、18、33—弹簧垫圈 12—泵体 13—泵盖 14—主动轴 15—泵油齿轮副 16—从动轴 17、19—限压阀体 20—球阀 21—限压阀弹簧 22—弹簧座 23—开口销 24—锁片 25—传动齿轮 26—垫片 27—半圆键 29—出油管总成 30—出油管法兰垫片 31—定位环 32—限压阀

(2) 拆装

1) 在台虎钳上夹紧机油泵主动轴尾端的切扁处，用錾子将锁片撬平，旋开锁紧螺母，压下驱动齿轮，取出半圆键。

2) 依次拆下四个泵盖紧固螺栓，取下泵盖（注意泵盖与泵体之间的定位销），即可取出主、从动齿轮与轴（注意从动齿轮与从动轴为过盈配合，无松动现象不需将轴与齿轮拆开）。

3）用錾子将限压阀锁片撬平，拆下限压阀体，取出阀体上的开口销，取出弹簧座、弹簧、球阀。

4）拆下吸油管固定螺栓，取下吸油管及集滤器，解体完成。

5）装配前应清洗和检修各零件，吹通各油道，按拆卸时的反顺序进行装配。

5. 内啮齿轮式机油泵

在一些发动机上（如长安 SC1010 微型车使用的 DA462Q 型发动机）采用了如图 6-13所示的内啮齿轮式机油泵。其泵腔内装有一对内啮齿轮，内齿圈可在泵体内滑转，小齿轮的中心线与内齿圈不同轴，啮合后留有一月牙形空腔，并在空腔内装入一月牙板。齿轮及齿圈的齿顶与月牙板的内、外表面间间隙很小，其工作原理与外啮式相似。

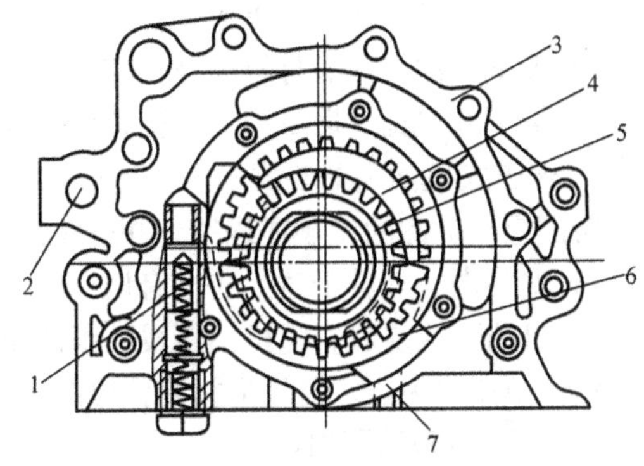

图 6-13　内啮齿轮式机油泵结构

1—限压阀　2—出油口　3—泵壳　4—月牙板　5—小齿轮　6—内齿圈　7—进油口

（二）转子式机油泵

转子式机油泵是利用内外转子压送润滑油，又叫次摆线齿轮泵，其工作原理如图 6-14 所示。

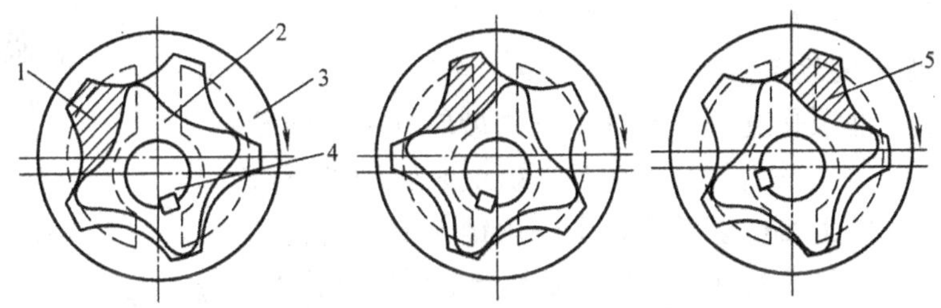

图 6-14　转子式机油泵工作原理

1—进油腔　2—内转子　3—外转子　4—主动轴　5—发油腔

1. 结构与工作过程

主动的内转子和从动的外转子都装在机油泵壳体内，内转子有 4 个凸齿，外转子有 5 个凹齿。内转子固定在主动轴上，外转子在泵壳内自由滑转，两者之间有一定的偏心距。当机油泵工作时，内转子带动外转子向同一方向转动（图中箭头所示）。两转子的偏心距和齿形轮廓保证了内外转子无论转到任何角度，各齿之间总是线接触，这样，内外转子轮齿间便形成了 4 个工作腔。由于内转子转速大于外转子转速（传动比为 5∶4），当某一工作腔从进油道转过时，转子脱开啮合，容积逐渐扩大，产生负压，润滑油便从进油道被吸入。转子继续旋转，润滑油被带到出油道一侧，这时转子进入啮合，进油腔容积逐渐减小，油压升高，机油从齿间挤出，经出油道压出。

转子式机油泵结构紧凑，吸油负压高，泵油量大，油压稳定。机油泵如需安装在发动机外或吸油位置较高时，用转子式机油泵尤为合适。

为使机油泵的供油量在任何工作条件下都能大于润滑所需循环油量，以保证润滑可靠，一般机油泵的实际供油量比润滑系的循环油量大 2～3 倍。多余的机油通过限压阀直接流回油底壳。

2. 转子式机油泵的分解

1）拆下泵盖螺栓，取下泵盖。

2）取下机油泵内、外转子及内转子轴。

3）拆下开口销，取下限压阀弹簧座、弹簧及限压阀。

3. 转子式机油泵的装配

装配应按拆卸的反顺序进行，并应注意：

1）安装内、外转子时，应把有记号的一面朝向机油泵壳体。

2）机油泵装复后，将机油泵浸入到洁净的机油中，按顺时针方向转动泵轴，直至机油从出油口中流出为止，再用拇指堵住出油口，继续转动泵轴，若转动阻力较大为正常。

4. 转子式机油泵的检修

1）用塞尺测量外转子与泵体之间间隙，标准值为 0.10～0.16mm，超过 0.20mm 应更换新件。

2）用塞尺测量内、外转子齿顶间隙，标准值为 0.04～0.12mm，如超过 0.18mm，应更换新件。

3）用钢直尺和塞尺测量内转子轴向间隙，标准值为 0.03～0.09mm，使用极限为 0.15mm。

4）检查限压阀是否有刮伤、磨损、松旷现象，弹簧弹力是否下降。如有以上问题，应更换用新件。

（三）机油泵的驱动装置

多数发动机机油泵是通过凸轮轴上的斜齿轮（顶置凸轮轴发动机通过中间轴上的齿轮）来驱动，机油泵驱动轴下端切扁处插入机油泵轴上端的切槽内，上端用销与分电器转动轴固定。发动机工作时凸轮轴驱动机油泵和分电器同时转动。东风 EQ6100-1 型汽车发动机机油泵与分电器的传动方式如图 6-15 所示。

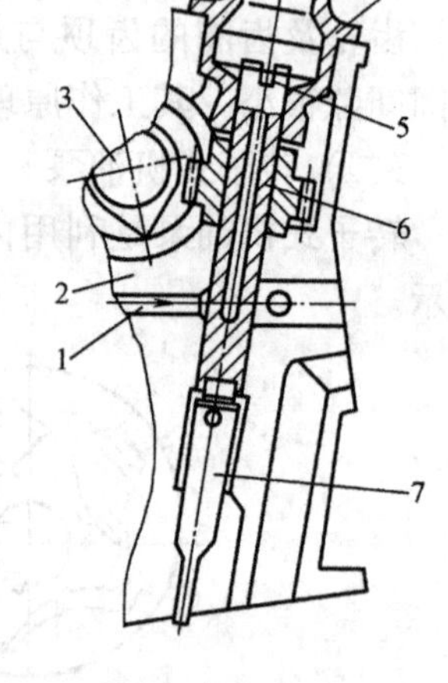

图 6-15　东风 EQ6100-1 型汽车发动机机油泵与分电器的传动装置

1—润滑油道　2—气缸体　3—凸轮轴　4—分电器轴座　5—联轴套　6—分电器传动轴　7—机油泵驱动轴

二、机油滤清器

机油滤清器的作用是滤除润滑油中的金属屑及胶质等成分，保持润滑油的清洁，延长润滑油的使用寿命，以保证发动机的正常工作。

根据其作用不同，可分为集滤器、粗滤器和细滤器。按其原理不同可分为过滤式和离心式两种。过滤式按滤芯结构不同分为金属网式、片状缝隙式、带状缝隙式、纸质滤芯式、锯末滤芯式和复合式等。

（一）机油集滤器

集滤器一般为金属网式结构，安装在机油泵进油口上，用来滤去机油中较大的杂质。常用的有浮动式和固定式两种。

浮动式集滤器构造如图 6-16 所示。它由浮子、滤网、罩、固定管及焊接在浮子上的吸油管组成。空心的浮子浮在机油油面上，固定管通向机油泵，吸油管活套在固定管中，使浮子能自由地随油面升降。浮子下面装有有弹性的金属丝滤网，网中央有环口，滤网畅通时依靠滤网本身的弹性使环口压紧在罩上而被堵死。罩边缘有缺口，与浮子装合后形成狭缝。机油泵工作时，润滑油从狭缝被吸入，经滤网油管进入机油泵（图 6-16a）。当滤网被堵塞时，滤网上方负压增大，将滤网吸起而离开罩，此时润滑油不再经过滤网而直接从环口进入吸油管内（图 6-16b）以保证润滑油的供给不至于中断。浮动式集滤器因始终浮在机油油面上部，吸入上层较清洁的机油，但油面上的泡沫容易被吸入而影响机油泵供油。

固定式集滤器由外壳、钢丝滤网和卡簧组成。外壳用油管与机油泵盖上的进油口相通。安装时应使卡簧牢固地卡在外壳上，以免因振动而脱落。该集滤器淹没在机油里，其结构简单，吸入的润滑油清洁度稍差于浮动式集滤器，但可防止入泡沫，应用较广。

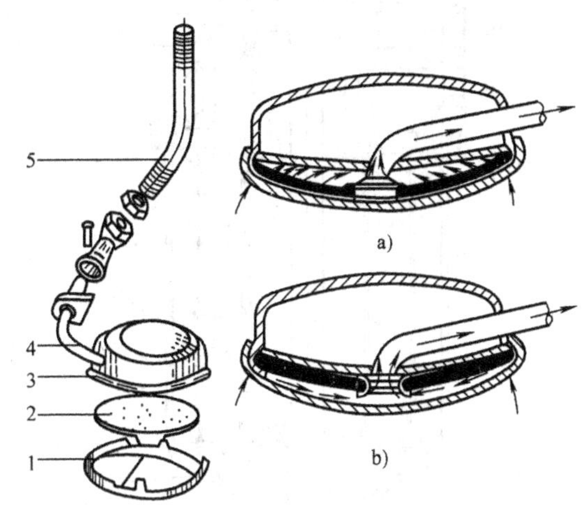

图 6-16　浮动式集滤器结构

a）滤网无阻塞　b）滤网被堵塞

1—罩　2—滤网　3—浮子

4—吸油管　5—固定管

（二）机油粗滤器

1．作用

机油粗滤器的作用是滤去机油中较大（直径为 0.05～0.10mm）的杂质。它对机油流动的阻力较小，一般串联在机油泵与主油道之间，属全流式滤清器。

2．构造

东风 EQ6100-1 型汽车发动机采用了整体旋装式粗滤器（如图 6-17 所示），由上盖、外壳、滤芯、拉杆总成及旁通阀组成。其滤芯为微孔滤纸折叠而成，内层心筒由具有许多圆孔的薄铁皮制成，通过塑料上下盖板将滤芯与内层筒结合在一起。滤芯为一次性使用件，装配后其两端由环形密封圈密封。机油由盖上的下孔（直油孔）流入滤芯外腔，通过滤芯滤清后，经盖上的上孔（出油孔）流入主油道。当滤芯因堵塞而使进、出油口压力差达到 147～176kPa 时，旁通阀开启，润滑油不经滤芯而直接进入主油道。

图 6-18 所示为解放 CA6102 汽车发动机所采用的卡箍式粗滤器，特点是拆装方便，外壳受力均匀，不承受拧紧螺钉产生的应力作用。采用酚醛树脂为粘合剂的锯末滤芯质量小，不易漏油。外壳上装有滤芯更换指示器，同时起旁通阀作用。当滤芯内外压力差大于 147kPa 时，旁通阀打开，指示灯闪亮。

3．粗滤器的拆装（以东风 EQ1092 汽车发动机装用的粗滤器为例）

1）拆除螺母，分离上盖、外壳及拉杆总成。

2）取出外壳密封圈、滤芯密封圈、滤芯、拉杆密封圈、压紧弹簧垫圈及滤芯压紧弹簧。

3）分解旁通阀时，拆下阀座、密封垫圈、弹簧及钢球。

4）清洗各零件，疏通油道。

装配时按拆解的反顺序进行，并应注意以下几点：

1）装配旁通阀前应检查弹簧张力和钢球运动灵活性。

2）各密封圈应完好无损，无老化。

3）固定螺母应用 30～40N·m 的力矩拧紧。

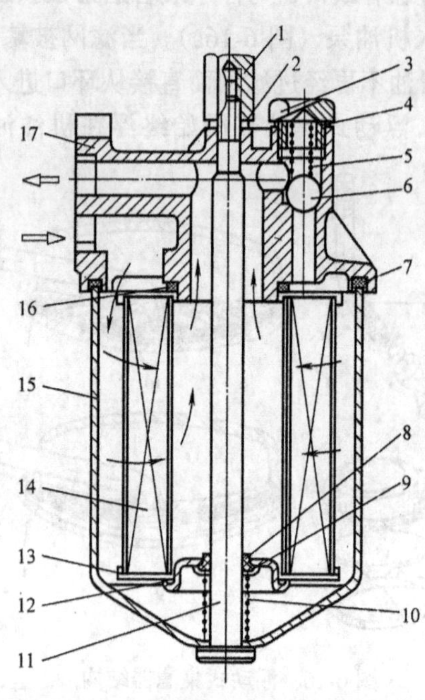

图 6-17 东风 EQ6100-1 型汽车发动机机油粗滤器

1—螺母 2、4—密封垫圈 3—阀座 5—旁通阀弹簧 6—球阀 7—外壳密封圈 8—拉杆密封圈 9—压紧弹簧垫圈 10—滤芯压紧弹簧 11—拉杆 12、16—滤芯密封圈 13—托板 14—纸质滤芯 15—外壳 17—上盖

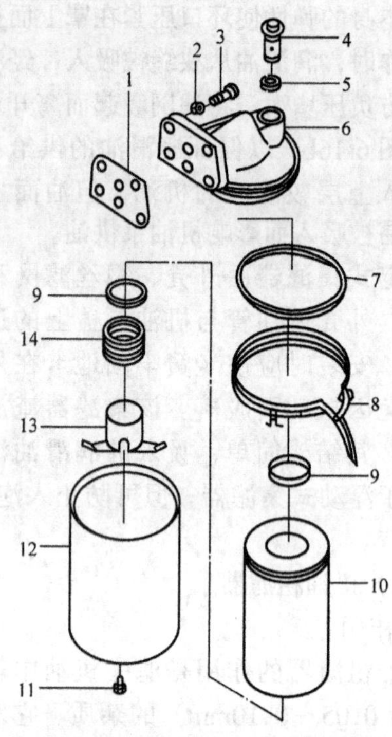

图 6-18 解放 CA6102 汽车发动机机油粗滤器

1—垫片 2—弹簧垫圈 3—螺钉 4—旁通阀 5—垫圈 6—外壳座 7—外壳密封圈 8—卡箍总成 9—滤芯密封圈 10—滤芯总成 11—放油螺塞 12—外壳 13—滤芯底座 14—滤芯压紧弹簧

4．检修

东风 EQ1092 型汽车发动机采用的整体旋装式粗滤器一般为一次性使用件，应整体更换，不需修理。每行驶 8000km 更换一次滤芯。

解放 CA6102Q 汽车发动机所采用的卡箍式粗滤器，其指示灯亮时即应更换滤芯。注意，发动机冷起动时，指示灯短时间闪亮是正常的。若更换了滤芯后指示灯一直闪亮，则应检查指示器。

（三）机油细滤器

1．作用

机油细滤器用以滤除机油中直径在 0.01～0.03mm 的细小杂质。由于细滤器的流动阻力较大，因而多采用分流式，即与主油道并联，只有 10％～15％的机油通过。

2．类型

机油细滤器有过滤式和离心式两种。由于过滤式细滤器存在着滤清能力和通过能力的矛盾，目前应用渐少。离心式细滤器是靠转子旋转产生的惯性力将润滑油中的杂质分离出去，具有结构简单，使用寿命长，维护方便等优点，目前应用较广泛。

3．构造与工作过程

东风 EQ6100-1 型汽车发动机装用的转子式机油细滤器，结构如图 6-19 所示。它由底座、转子总成、外罩等部分组成，底座上设有低压限压阀。带中心孔的转子轴装在底座上，并用锁片锁紧。转子总成通过上下两个转子衬套套在转子轴上，可以自由转动，由扁形螺母作轴向定位，下端装有两个对称布置、喷射方向相反的喷嘴，导流罩套装在转子体上，由紧固螺母固定，形成一个空腔，通过导流罩、转子体及转子轴上对应的径向油孔与转子轴中心孔相通。整个转子用外罩罩住，并通过盖形螺母和垫片将其固定在底座上。

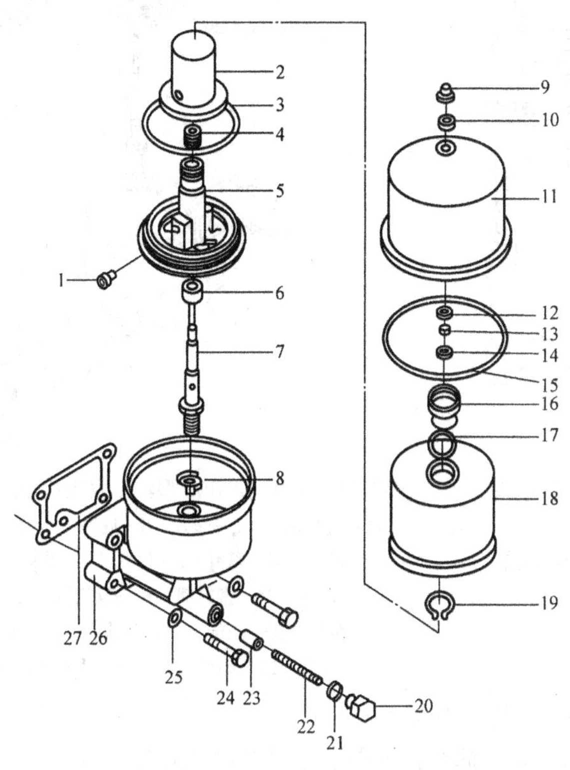

图 6-19　东风 EQ6100-1 型汽车发动机转子式机油细滤器

1—喷嘴　2—导流罩　3、15、17—密封圈　4—上轴承盖　5—转子体　6—下轴承　7—转子轴　8—锁片　9—盖形螺母　10、21、25、27—垫圈　11—外罩　12—六角扁螺母　13—弹簧垫圈　14—止推垫　16—紧固螺母　18—转子罩　19—弹簧挡圈　20—螺塞　22—弹簧　23—柱塞　24—螺栓　26—底座

工作过程：如图 6-20 所示，机油流至进油口处，当机油压力低于 147kPa 时，进油限压阀打不开，进油道关闭，此时机油不能进入细滤器而全部经粗滤器进入主油道，以保证发动机润滑需要。机油压力达到 147～196kPa 时，限压阀打开，机油进入细滤器，由转子轴中心孔向上经转子轴、转子体、导流罩上对应的油孔流入转子罩内腔，充满以后经导流罩导流从两个喷嘴喷出。高压机油喷出时产生的反推力驱动转子总成连同腔内机油作高速旋转（当机油压力达到 294kPa 时转子转速可达 5500r/min），形成强大的离心力，使机油中的机械杂质和胶质不断分离沉淀在转子罩内壁上，而转子内腔中心洁净的机油不断从喷嘴喷出，经出油口流回油底壳。喷嘴又是机油限量孔，它限制了通过机油细滤器的机油量。

解放 CA6102 汽车发动机装用的 FL100 离心式机油细滤器。结构如图 6-21 所示。主要由底座、转子总成、转子轴及外罩等部分组成。其工作过程与东风 EQ1092 型汽车发动机装用的转子式机油细滤器相同。

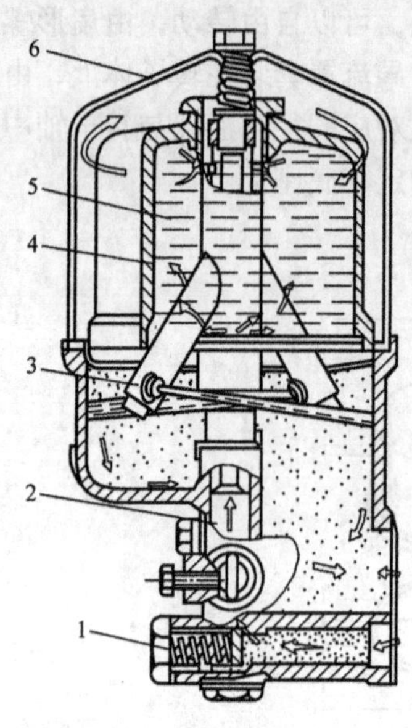

图 6-20　转子式机油细滤器工作示意图

1—进油限压阀　2—中心油道　3—喷嘴　4—转子总成　5—内腔　6—外壳

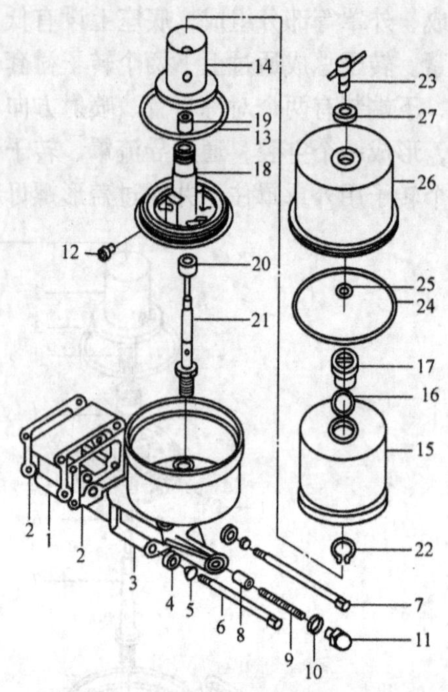

图 6-21　解放 CA6102 型汽车发动机 FL100 离心式机油细滤器

1—过渡法兰　2—垫片　3—底座　4、10、27—垫圈　5—弹簧垫圈　6、7—螺钉　8—柱塞　9—弹簧　11—螺塞　12—喷嘴　13、16、24—密封圈　14—导流罩　15—转子罩　17—紧固螺母　18—转子　19—上轴承　20—下轴承　21—转子轴　22、25—弹性垫圈　23—手拧螺母总成　26—外罩

4．FL100 型机油细滤器的分解

1）拧下盖形螺母，取下滤清器外罩、压紧弹簧和止推垫片。

2）将转子喷嘴转到挡油缺口时取下转子总成，注意下面的推力轴承垫圈不可丢失。

3）分解转子总成拆下转子上的紧固螺母，取下转子罩，倒出机油（拆解前应在转子与转子罩之间做好装配记号）。

4）拆下转子轴及轴承，解体底座上的低压限压阀。

5）清洗转子罩，用竹片或木板刮去转子罩内壁的油污，清洗干净后晾干，用压缩空气吹通喷嘴和油道。

注意：机油细滤器各运动表面加工精度较高，拆装时不要直接碰撞、敲击，以免机件损伤或变形而使转子转速降低，失去滤清能力。

5．装配

对各零件进行清洁和检修后，按分解时的反顺序装配，并应注意以下几点：

1）装转子总成时，应对准转子罩与底座之间的装配记号，以免破坏转子动平衡；转子在转子轴上应有上下 0.4～0.8mm 的窜动量，并应转动灵活。

2）各密封垫圈装配要可靠，如发生漏油，会影响转子转速。

3）转子上部锁紧螺母拧紧力矩不可大于 49N·m。

4）转子总成上端与压紧弹簧之间的止推片装配时光滑面朝向转子，不可漏装或反装。

6．机油细滤器零件的检修

在使用中，当发动机熄火后由于惯性作用而使转子能继续旋转 2～3min，手摸外罩有振动感，且伴有轻微的“嗡嗡”声，表明工作正常，否则应予检修。

1）东风 EQ1092 型汽车机发动机机油细滤器喷孔直径磨损超过 ϕ2.2mm，FL100 型喷孔超过 2.00mm，应更换喷嘴。

2）用百分表检查转子轴与转子体的配合间隙，若超过 0.15mm，可用镀铬法修复或换用新件。

3）检查机油细滤器进油限压阀，当磨损不严重时，可用细研磨砂研磨阀座，研磨后换用新钢球；严重时可在铣床先铣座口，再研磨阀座，并换用加大的钢球。

4）检查弹簧弹力，若弹力下降，应更换。

5）各密封圈损坏、老化或变形，应更换。

7．细滤器的试验

检修装配好的细滤器应在专门试验台上进行试验。部分国产车型转子式细滤器的试验技术数据如表 6-2 所示。

表 6-2　国产车型转子式细滤器的试验技术数据

车　型	转子速度/(r/min)	油压/kPa	进油阀开启油压/kPa	驱动流量/（L/min）
EQ1090E	≥5500	294	98～176	≤10
CA1092	≥5500	294	147～196	

8．桑塔纳 LX 型轿车机油滤清器

该车采用的是全流式机油滤清器，无细滤器，并且为一次性使用件，车辆每行驶 7500km 后需更换滤清器。

三、机油散热器

一些热负荷较大的发动机上装有机油散热器，对机油进行强制冷却，使机油保持在最佳工作温度（70～90℃）。

机油散热器一般有两种形式，即风冷式和液冷式。风冷式机油散热器一般安装在发动机冷却液散热器的前面，利用冷却风扇的风力使机油冷却。EQ1092 型汽车发动机机油散热器结构如图 6-22 所示。

液冷式机油散热器又称为机油冷却器，一般串联在机油粗滤器前，并浸没在发动机冷却液中，利用冷却液的温度来控制机油温度，多用于柴油机。

四、机油标尺

机油标尺是一根扁平杆，如图 6-23 所示。插在缸体检查孔内，用来检查油底壳中机油的存量，其下端有 2/4、4/4 两道刻线。正常的机油油面应位于两刻线之间，低于 2/4 刻线时，应及时补充润滑油，高于 4/4 刻线时，易造成发动机漏油，运转阻力增加，应及时放出多余的机油。

检查时汽车水平停放，在起动前或熄火一段时间后在进行检查。先拉出标尺，擦净尺上机油后，重新插入检查孔内，再拉出检查油面高度。

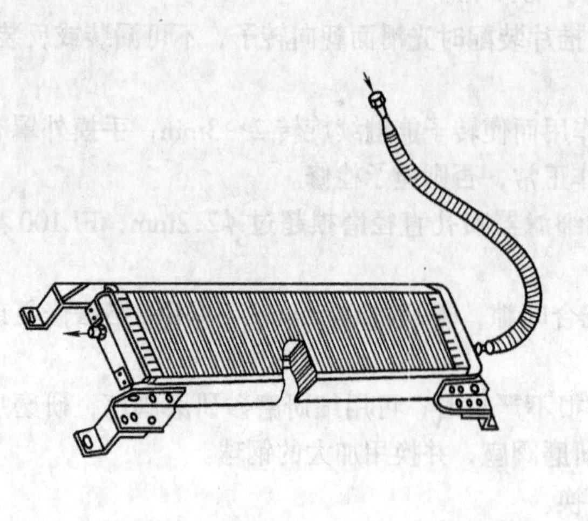

图 6-22　东风 EQ6100-1 型汽车发动机机油散热器

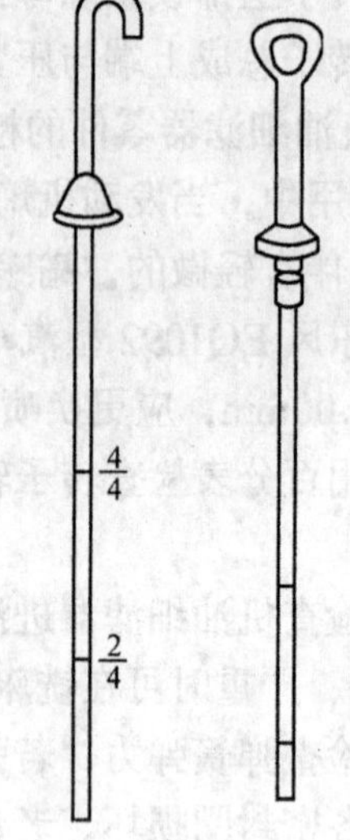

图 6-23　机油标尺

第三节　综合故障诊断与排除

发动机在高温、高速、高压等条件下工作，机油的压力、品质和数量都会发生变化。为确保发动机工作正常，延长使用寿命，须及时判断故障并排除。

常见的故障有：机油变质、机油异常损耗、机油压力过高、机油压力过低等。发动机润滑系易发生故障的部位如图 6-24 所示。

一、机油变质

1. 故障现象

(1) 机油取样检查颜色变黑，用手捻搓，失去黏性感并有杂质感。

(2) 含水分的机油呈悬浊状并有泡沫。

2. 故障原因

(1) 机油使用时间过长，高温和氧化作用使机油形成氧化聚合物而逐渐老化变质。

(2) 气缸漏气，曲轴箱通风不良，泄漏的废气中的燃油凝结沉淀，促使机油变质。

(3) 发动机缸体裂纹，冷却液漏入油底壳。

(4) 润滑系统供油过少，使少量机油承受过大载荷而变质。

3. 故障诊断与检查

(1) 首先检测机油的品质。对于已用机油的品质，主要检测分析机油的污染性质和程度。下面介绍使用最为广泛的油滴斑点试验法，用来判别机油的品质或油质污染程度。

用机油尺取一滴发动机内的机油滴在滤纸上，油内的污染物便随机油向滤纸四周扩散。2～3h 后，滤纸上便形成颜色深浅不同的晕环，如图 6-25 所示，一般有 3 个或 3 个以上的晕环。中心有黑色圆核，外围有一条色度很深的圆带，这就是中心沉淀区。油内粗颗粒的杂质都集中在该区，因此该区的色度即表示机油的污染程度，如发动机异常磨损，这里便可发现金属屑粒。中心沉淀区以外是油内细小、分散的悬浮物向外扩散的痕迹，越向外颜色越浅。向外扩散的宽度代表着残余清净分散剂性能的好坏。如果扩散的环带很宽，甚至中心沉淀区

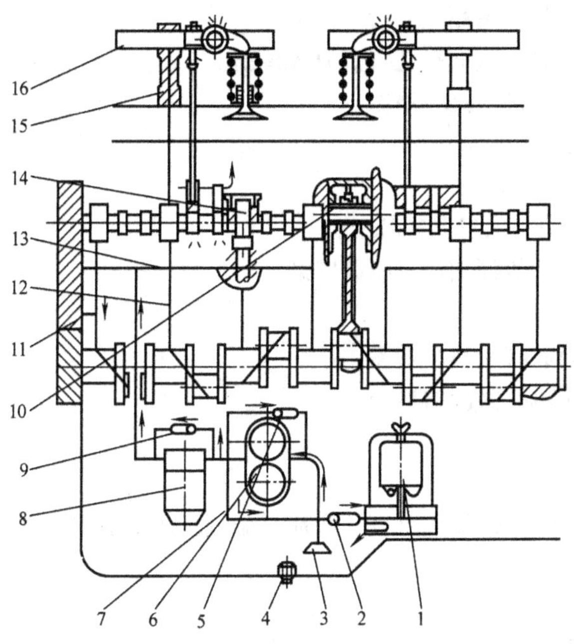

图 6-24　发动机润滑系易发生故障的部位

1—细滤器壳与盖衬垫未压紧或损坏，中心孔两端不密封，转子卡滞，喷油嘴堵塞　2—细滤器进油限压阀调整不当或失灵　3—集滤器破损或堵塞　4—油底壳放油螺塞处渗漏　5—限压阀调整不当，弹簧过软或折断　6—机油泵齿轮啮合间隙过大或齿轮与泵盖间隙过大　7—油管接头松动或破裂　8—粗滤器过脏，其壳与盖未压紧或损坏，滤芯未压紧或密封圈损坏　9—粗滤器旁通阀密封不良或弹簧过软、折断、调整不当　10—连杆小端油道堵塞　11—正时齿轮喷油嘴堵塞　12、13—主油道堵塞　14—机油泵传动机件工作不正常　15—上油道堵塞或缸盖与缸体油道孔未对准　16—摇臂轴松旷，润滑油压力过低

和扩散区无明显界限，说明机油的清净性越好，油内的清净分散剂性能越佳。反之，若滤纸中只有中心沉淀区而无扩散区，则表面机油的清净分散剂消耗殆尽。把样油加热到 200°C 并保持 5min，再滴一个油斑与未加热的油斑比较，更能说明清净分散剂性能。不含添加剂的机油即使污染很轻也没有扩散区。

如果油内有 2% 以上的水分，油滴扩散受到阻碍，从中可以看出油中水分的含量。

外层是机油及油内可溶性氧化物扩散环，颜色从淡黄到深褐，表示机油的氧化程度。

油滴斑点实验法还可借助滤纸的透光度以评价机油分散性的质量。滤纸油斑检验光度机的原理如图 6-26 所示。

该仪器通过检测油斑的透光度以评价机油分散性的品质。油内的杂质浓度与不透光度成

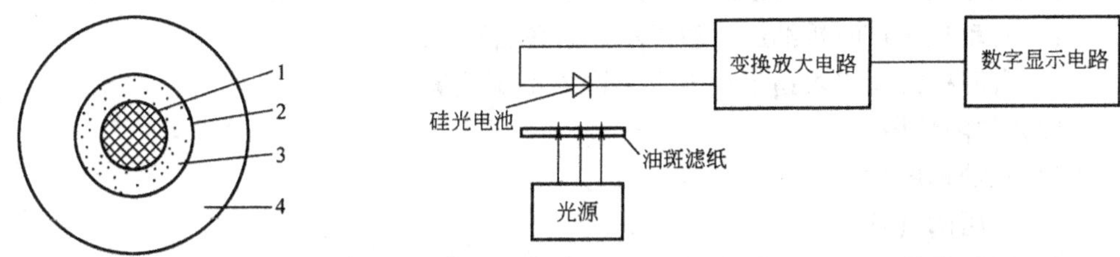

图 6-25　滤纸油斑示意图

1—中心沉淀区　2—圆带　3—扩散区　4—油环

图 6-26　滤纸油斑检验光度机的原理

正比。杂质浓度越高，透光度越差。

(2) 如若机油中有水，进而检查气缸有无渗漏。

(3) 检查粗滤器和机油道是否堵塞。

二、机油耗损异常

1. 故障现象

机油损耗率超过 0.1～0.5L/(100km)

(1) 排气管冒蓝烟，机油加注口间歇冒烟。

(2) 积炭增多。

(3) 制动系储气筒放气时油沫增多。

(4) 发动机或空压机有漏油的痕迹。

2. 故障原因

(1) 气缸间隙增大。

(2) 活塞环弹力降低、抱死或对口、磨损过量（端隙、背隙、边隙过大），扭曲环方向或位置装错。

(3) 气门导管磨损过量。

(4) 曲轴箱通风不良。

(5) 空压机气缸间隙过大，前、后曲轴盖漏油。

(6) 发动机曲轴后端、齿轮室盖、油底壳、气门室盖等处漏油。

3. 诊断与排除

(1) 检查发动机与空压机有无漏油的痕迹。

(2) 使发动机高速运转，查看排气管，若冒蓝烟，则说明气缸间隙过大，应对活塞连杆组进行检修。若同时加机油口处间歇性冒烟，则说明气门导管磨损过度。

三、机油压力异常

机油压力一般可直接通过机油压力表或油压信号指示灯的显示而得，并能满足使用中的检测要求。当打开点火开关时，机油压力表指针指示“0”，如装有油压指示灯则灯亮。发动机起动后，指示灯在数秒内熄灭，机油压力表则指示为某一较高的数值并随发动机温度升高逐渐指示正常。一般汽油机机油压力应为180～392kPa，柴油机机油压力应为204～588kPa。

机油压力不正常有两种情况，一种是机油压力过高，另一种是机油压力过低。

1. 机油压力过高

(1) 故障现象

1）接通点火开关，机油压力表即指示196kPa，起动后增至490kPa以上。

2）发动机工作时机油压力表指示数据突然升高。

3）有时机油压力表指示数据增高后又突然下降。

(2) 故障原因

1）机油粘度过大。

2）限压阀调整不当。

3）新装配发动机的曲轴主轴承、连杆轴承或凸轮轴轴承间隙过小。

4）主油道及分油道积垢太多而堵塞。

5）机油粗滤器滤芯堵塞，且旁通阀开启困难或调整不当。

6）机油压力表失准或传感器失效。

7）机油压力增高，压破油路某处后造成大量漏油，又使压力骤然下降。

（3）诊断与排除：发动机机油压力过高，应立即熄火停车检查。

1）未起动前首先检查机油压力表指针能否回零，若不能回零，则故障在机油压力表。

2）通过机油标尺检查机油油面是否过高，机油黏度是否过大。

3）用新机油压力表和传感器对比检查压力表和传感器是否失效。

4）拆检限压阀，检查弹簧弹力是否调整不当、球阀或柱塞发卡，检查机油粗滤器滤芯是否畅通，旁通阀弹簧是否过硬。

5）检查缸体主油道是否堵塞。

6）最后检查曲轴轴承、连杆轴承和凸轮轴承间隙是否过小。

2．机油压力过低

机油压力过低，会使发动机润滑效果变差，机件磨损加剧，甚至会出现拉缸、抱轴等严重故障。如发现机油压力过低，应立即停车熄火，进行检查。

（1）故障现象

1）发动机起动后机油压力很快降低至“0”附近，或怠速运转后油压警告灯仍然闪亮。

2）发动机运转过程中，机油压力一直过低。

3）油底壳内机油油面异常升高，黏度变小，带有浓烈的汽油味或有水泡沫。

（2）故障原因

1）油底壳内机油量不足。

2）机油黏度过低。

3）汽油或冷却液漏入油底壳。

4）机油泵工作不正常。

5）机油集滤器、粗滤器堵塞。

6）限压阀弹簧弹力调整过低或弹簧折断。

7）粗滤器旁通阀密封不严、弹力过小、弹簧折断。

8）油管接头松动、油管破裂或油道严重漏油。

9）发动机曲轴轴承或连杆轴承间隙、凸轮轴轴承间隙过大或松旷。

10）机油压力表或传感器失效。

（3）故障诊断与排除

1）拔出机油尺检查机油量是否过少，机油黏度是否过小。若混有汽油或水分，则应进一步检查泄漏原因。

2）拆下空压机进油管或压力表传感器，短时间起动发动机，察看喷油是否有力。若喷油无力，应检查机油粗滤器滤芯、旁通阀、限压阀、机油进油管、集滤器、机油泵等工作是否正常。

3）用新机油压力表和传感器对比检查压力表和传感器是否失效。

4）必要时检查曲轴轴承、连杆轴承、凸轮轴轴承的间隙是否正常。

5）在行驶中若发现机油压力过低，可直接拆下空压机进油管或压力表传感器，察看喷油是否有力，若有力则可继续行驶，等收车后再检查修复；若无力，应立即检查排除，以免酿成机械事故。

第七章 发动机冷却系的构造与维修

第一节 概 述

一、冷却系的作用

冷却系的作用是使发动机得到适度冷却，保证发动机在最适宜的温度下工作。发动机在工作时，由于燃料的燃烧，气缸内的温度可以达到2200～2800K（1927～2527℃）。燃烧产生的热能大约只有1/3转变成为有用功，其余的热量一部分随废气排出，另一部分由发动机的零件吸收。直接与高温气体接触的零件（如气缸体、气缸盖、活塞、气门、活塞环等）如果不及时加以冷却，将因为过热难以保持正常的工作。这些零件将可能因为受热膨胀变形而破坏正常的配合间隙，使零件卡死；或因为润滑油在高温下变质甚至造成积炭，使润滑不良、磨损加剧；各零件也可能因为高温而导致机械强度降低甚至损坏。因此，为保证发动机的正常工作，必须对在高温条件下工作的零件加以冷却。

发动机的冷却必须适度，冷却不足或者冷却过度，都会对发动机造成不良影响。

发动机冷却不足，会造成发动机过热，气缸充气量减少，燃烧不正常，发动机功率将下降，且发动机零件也会因为润滑不良而磨损加速。

发动机冷却过度，会造成发动机温度低于正常工作温度范围，一方面由于热量损失过多，使转变成有用功的热量减少，另一方面由于混合气与冷气缸壁接触，使其中已经气化的燃油又凝结并流回到曲轴箱内，不仅增加了燃油消耗，而且使机油变稀而影响润滑，结果也将导致发动机功率下降，磨损加剧。

二、冷却系的分类

按照冷却介质不同，汽车发动机的冷却系统可以分为风冷系和液冷系两种。

风冷系是以空气为冷却介质，利用高速流动的空气直接吹过气缸盖和气缸体表面，把热量散发到大气中去。

液冷系是以冷却液为介质，高温零件的热量首先传给冷却液，靠冷却液的流动把热量带走，再散发到大气中，使发动机的温度降低，散热后的冷却液再重新流回到受热零件处。在液冷系中，若用水泵强制地使冷却液在冷却系内循环流动，则称这种冷却系为强制循环式液冷系；若不设水泵，仅利用冷却液的自然对流实现冷却液循环的液冷系，称为自然循环式液冷系。若液冷系的冷却介质经常与大气相通，称为开式液冷系；若液冷系中的冷却介质受到自动阀门的控制，仅在必要时与大气相通，发动机热状态正常时，阀门关闭，将冷却系与大气隔开，称为闭式液冷系。目前汽车发动机广泛使用强制循环闭式液冷系。

采用水作为冷却介质的液冷系，其气缸盖内的冷却液温度一般为80～90℃，因现在大多数发动机采用以防冻液作为冷却液的闭式强制循环式液冷系，防冻液的沸点一般高于100℃，为提高发动机的热效率和散热能力，这些发动机的冷却系正常工作温度范围为85～110℃。

采用空气作为冷却介质风冷系，铝气缸壁的允许温度为 150～180℃，铝气缸盖的允许温度为 160～200℃。

三、液冷系

1. 液冷系的组成

液冷系具有冷却可靠、布置紧凑、噪声小、使用方便等优点，在汽车上应用广泛。液冷系主要由散热器、风扇、水泵、水管、水套、节温器和冷却液温度监测、控制装置等组成。其一般组成及液路如图 7-1 所示。

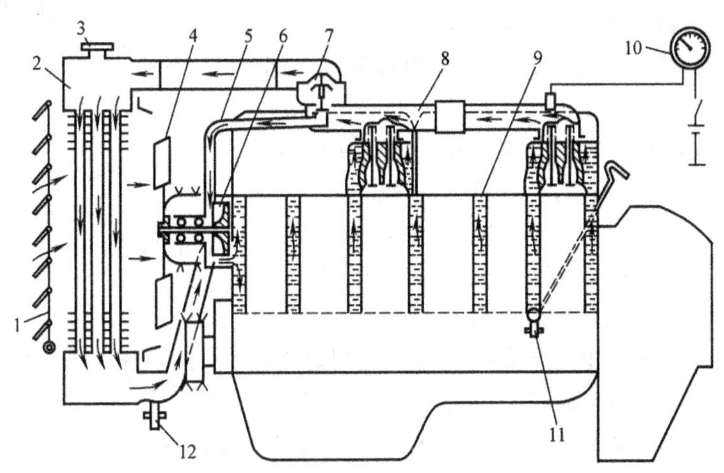

图 7-1　强制循环式液冷系示意图

1—百叶窗　2—散热器　3—散热器盖　4—风扇　5—小循环水管　6—水泵　7—节温器
8—出水管　9—水套　10—冷却液温度表和传感器　11—水套放水开关　12—散热器放水开关

2. 液冷系的工作过程

液冷系通常都由水泵强制使冷却液（或水）在冷却系中进行循环。液冷发动机的气缸盖和气缸体中都铸造出储液的、连通的夹层空间 9，称为水套。其作用是使冷却液（或水）接近受热的高温零件，并可在其中循环流动。水泵 6 将冷却液由机外吸入并加压，使之经分水管流入发动机水套 9。这样，冷却液从气缸壁吸收热量，温度升高；流到气缸盖水套，再次受热升温后，沿水管进入散热器 2 内。经风扇 4 的强力抽吸，空气流由前向后高速通过散热器。最终使受热后的冷却液在流经散热器的过程中，其热量不断地通过散热器散发到大气中去，同时使冷却液本身得到冷却。冷却后的冷却液流到散热器底部后，又在水泵的加压下，经水管再压入水套 9，如此不断地循环，从而使得发动机在高温条件下工作的零件不断地得到冷却，保证发动机的正常工作。

为了使多缸发动机各气缸冷却强度均匀，冷却系中设置分水管。分水管是插入气缸体水套的一根铜制扁管，沿纵向开了若干个出水孔。离水泵越远处，出水孔孔径越大。这就使水流速度较低的发动机后部的气缸，具有足够的冷却液流量和足够的冷却强度。

为了保证发动机在不同的负荷和转速条件下，经常在最适宜的温度范围内工作，冷却系中设有调节温度的装置，如百叶窗 1 和节温器 7 等。

3. 液冷系主要零部件

（1）散热器：散热器一般多用导热性好的材料制成，如黄铜、铝或铝锰合金制造。为了节省铜，近年来铝制散热器越来越多地被采用，其结构如图 7-2 所示。

散热器主要由上储液室、下储液室和散热器心（包括冷却液管和散热带）组成。上储液室和下储液室由散热器心连接在一起，并装在框架内，框架固定在车架上，框架上常设有护风圈，其目的是对风向起到导流作用。下储液室的出液管与水泵的进液口连接，上储液室的进液管接缸盖的出液口。散热器上有加液口，用加液口盖封闭。在下储液室中一般还装有放液阀。散热器心结构形式多为管片式和管带式。如图 7-3 所示。

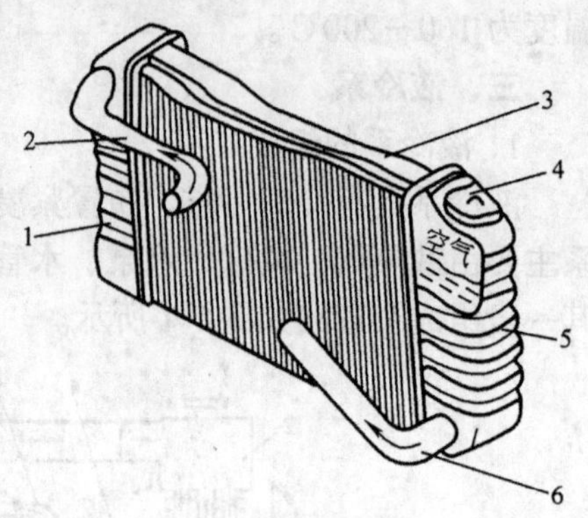

图 7-2 散热器

1—上储液室 2—进液管 3—散热器心 4—散热器盖 5—下储液室 6—出液管

1）管片式散热器（如图 7-3a）由许多冷却管和散热片组成。冷却管是焊接在上、下储液室之间的直管，是冷却液的通道。当空气吹过冷却管的外表面时，从而使管内流动的冷却液得到冷却。冷却管大多是采用扁圆形断面，采用扁圆管的优点是：

① 与圆管相比，在容积相同的情况下，扁圆管具有较大的散热面积，可以使散热量增加。

② 当管内的液体冻结膨胀时，扁圆管可以借助其横断面变形而免于破裂。为了进一步提高散热效果，在冷却管外面横向套装了许多金属薄片（散热片）来增加散热面积，同时增加了整个散热器的刚度和强度。

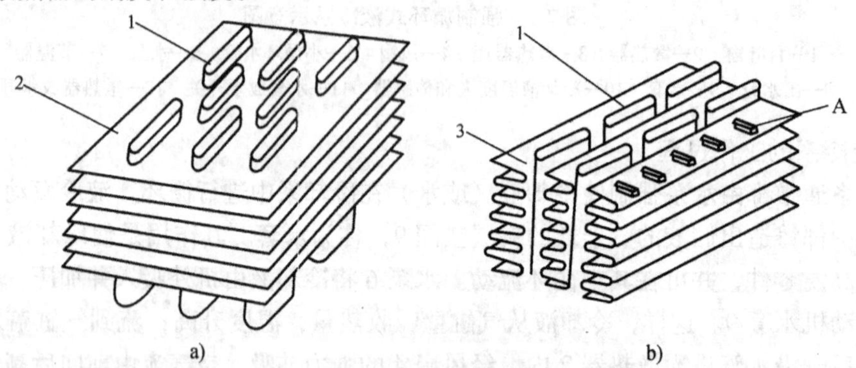

图 7-3 散热器芯结构

a）管片式散热器芯 b）管带式散热器芯

1—冷却管 2—散热片 3—散热带 A—缝孔

2）管带式散热器（如图 7-3b）的散热带与冷却管相间排列。散热带呈波纹状，为了提高散热能力，在散热带上一般开有如百叶窗的缝孔，用来破坏空气在散热器表面上的附面层，从而提高散热能力。

管带式散热心与管片式相比，具有散热能力较强、制造工艺简单、质量小、成本低等优点，但结构刚度较差，一般在使用条件较好的轿车上使用，随着我国道路条件的改善，这种散热器心在中型货车上已开始采用。

闭式液冷系的散热器盖具有自动阀门，发动机温度正常时，阀门关闭，将冷却系与大气隔开，防止蒸气逸出，使冷却系内的压力稍高于大气压力，从而可以增高冷却液的沸点，防止冷却系发生“开锅”现象。当冷却系中蒸气过多，将使冷却系压力增加过大，可能导致散热器破裂。因此在加液口处设置排出蒸气的通道。因而在冷却系内压力过高或过低时，自动阀门则开启以使冷却系与大气相通。这个阀门称为空气—蒸气阀的散热器盖，其构造如图 7-4 所示。

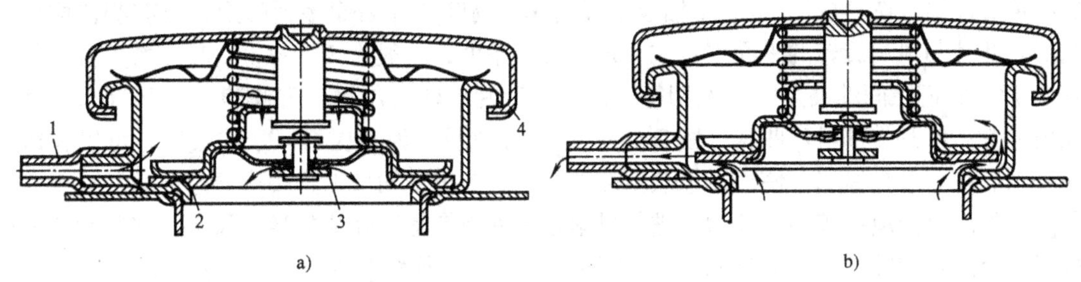

图 7-4 具有空气—蒸气阀的散热器盖结构示意图

a）空气阀开启 b）蒸气阀开启

1—蒸气排出管 2—蒸气阀 3—空气阀 4—散热器盖

装有蒸汽阀和空气阀的散热器盖，紧盖在加液口上。在一般情况下，两阀均在弹簧力的作用下处于关闭状态。当冷却液温度升高，冷却液及蒸气膨胀，散热器中的压力升高到一定数值时（一般为 0.026～0.037MPa，此压力下，冷却液的沸点可达 108℃），蒸气阀 2 开启，使蒸气顺管 1 排出，如图 7-4b 所示。当冷却液的温度下降，冷却液收缩，散热器中产生的负压达到一定数值时（一般为 0.01～0.02MPa），空气阀 3 开启，空气又从管 1 进入冷却系。如图 7-4a 所示，防止水管及储液室被大气压瘪。轿车散热器盖的蒸气阀开启压力可达 0.1MPa，而冷却液的沸点可以升高至 120℃。这种散热器因为其工作温度与环境空气温差大，所以散热能力较强。在发动机热状态下开启散热器盖时，应缓慢旋开，使散热器内压力逐渐降低，以免被喷出的热液烫伤。

现代发动机的冷却系大多都采用了自动补偿封闭式散热器，其特点是在散热器的右侧增设了储液罐（副水箱），它是用橡胶软管与散热器加液口座的出气口相连，如图 7-5 所示。储液罐的作用是减少冷却系中冷却液的溢失，当冷却液受热膨胀后，散热器内多余的冷却液流入储液罐；而当温度降低后，散热器内产生一定的负压，储液罐中的冷却液又被吸回散热器内，因此冷却液损失减少。储液罐上印有两条液面高度标记线：“DI”（低）标记与“GAO”（高）标记、或者“FULL”（充满）标记与“ADD”（添加）标记。当冷却液温度在 50℃以下时，储液罐内液面应不低于“DI”（ADD）线，若低于此线应补充冷却液；补充冷却液时可以从储液罐口加入，桶内液面高度应不超过“GAO”（FULL）线。

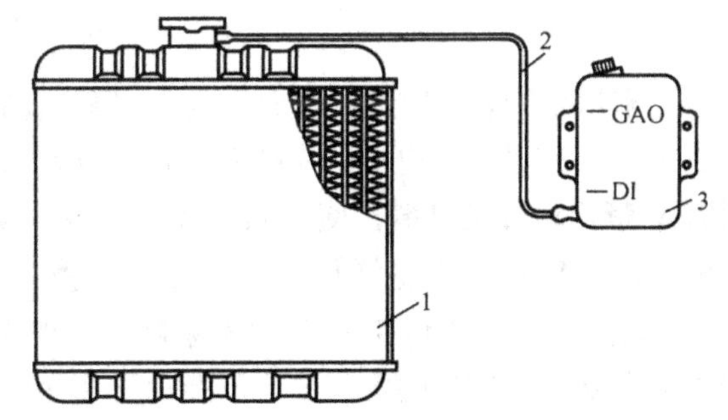

图 7-5 储液罐装置示意图

1—散热器 2—橡胶软管 3—储液罐

（2）风扇：风扇的作用是提高流经散热器的空气流量，以增强散热器的散热能力。当风扇旋转时，对空气产生吸力，使之沿轴向流动。空气流由前向后通过散热器芯，使流经散热器芯的冷却液加速冷却，从而加强了冷却系对发动机的冷却作用。风扇的外径略小于散热器的高度与宽度。风扇的布置应尽可能对准散热器的中心，以充分利用散热器芯的有效散热面积。

影响风扇风量的因素主要有风扇直径、风扇转速、叶片形状、叶片安装角及叶片数目等。目前风扇的形式很多，但汽车用的液冷发动机上大多数采用螺旋桨式风扇，其叶片多用薄钢板冲压制成（图 7-6b）。为简化工艺，降低成本，近年来，开始在轿车上使用整体压铸成的尼龙风扇（图 7-6c），也有用铝合金板制作。扇叶的横断面多为弧形，也有些铸成翼形断面。叶片与风扇旋转的平面安装成一定的倾斜角度，一般为 30°～45°。叶片的数目一般为 4～6 片，它们之间的夹角一般不相等，以减少叶片旋转时的振动和噪声。有些汽车发动机风扇的冲压叶片端部呈弯曲状（图 7-6a），以增加风量。为了提高风扇的效率，可以在风扇的外围装设一个护风罩，使通过散热器芯的气流分布得更均匀，且集中穿过风扇，减少空气回流现象。目前应用较多、较为先进的风扇是一种带有辅助叶片的导流风扇，在其叶片表面铸有凸起的辅助叶片（图 7-6d），因此增加了空气的径向流量防止了叶片表面的气流发生附面层分离和涡流现象，从而改善了冷却性能，并降低了噪声。

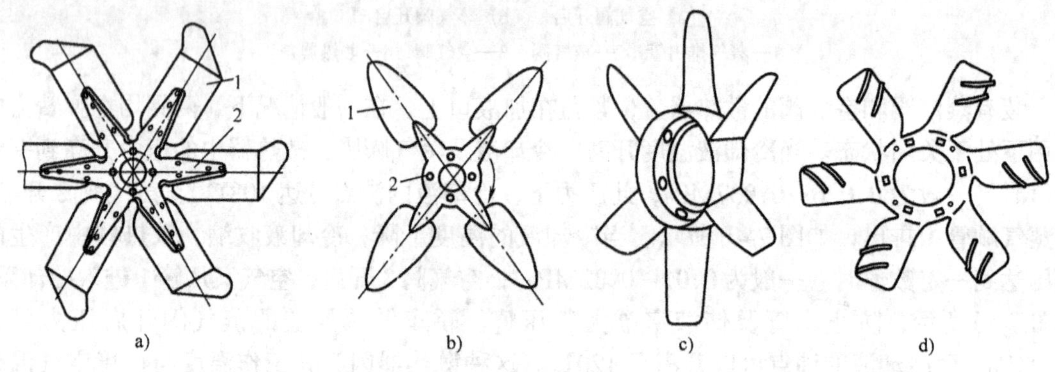

图 7-6　风扇的型式

a）前弯的风扇　b）钢板冲压的风扇　c）尼龙压铸整体风扇　d）带有凸起的辅助叶片的导流风扇

1—叶片　2—连接板

一般风扇安装在散热器后面，且与水泵同轴。风扇常和发电机、水泵等一起由曲轴 V 带轮通过 V 带驱动。发电机的支架常作成可移动式的，以便调节 V 带的张紧度。V 带过松，将引起 V 带相对带轮打滑，使风扇的风量减少，发动机过热；V 带过紧将增加发电机轴承的磨损。因此要求 V 带必须保持一定的松紧度，一般是用大拇指以 30～50N 的力，按下 V 带时产生 10～15mm 的挠度为宜，如图 7-7 所示。

目前一些轿车发动机的风扇不与水泵同轴，而是由电动机驱动，并且受冷却液温度控制的热敏开关的控制。热敏开关一般位于发动机缸体的出液管口，根据发动机温度，自动控制风扇是否旋转及风扇的转速，来改变流经散热器的空气流量。

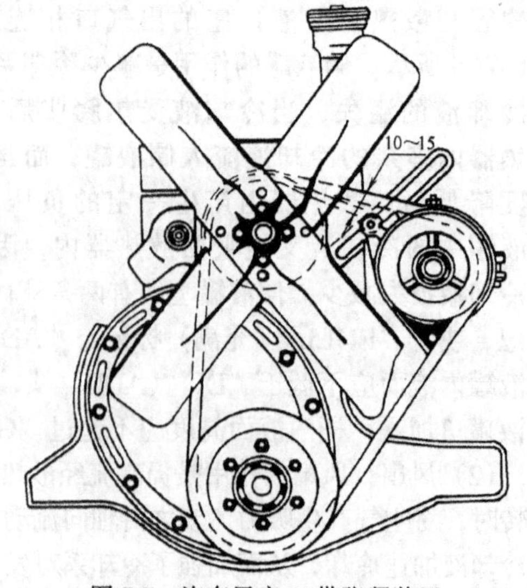

图 7-7　汽车风扇 V 带张紧装置

（3）水泵：水泵的作用是强制冷却液在冷却系中进行循环。因为离心式水泵结构简单，尺寸小而排量大，并且当水泵由于故障而停止工作时，并不妨碍冷却液在冷却系内的自然循环，所以被广泛采用。其工作原理如图 7-8 所示，它主要由固定的铸铁（或铸铝）外壳和装在轴上的旋转叶轮组成。叶轮一般是径向的或向后弯曲的，其数目一般为 6～8 个。当叶轮旋转时，水泵中的冷却液被叶轮带动一起旋转，并在本身与离心力作用下，向叶轮的边缘甩出，然后经外壳上与叶轮成切线方向的出冷却液管被压送到发动机的水套内。与此同时，叶轮中心处压力降低，散热器的冷却液便经进冷却液管被吸进叶轮中心处。

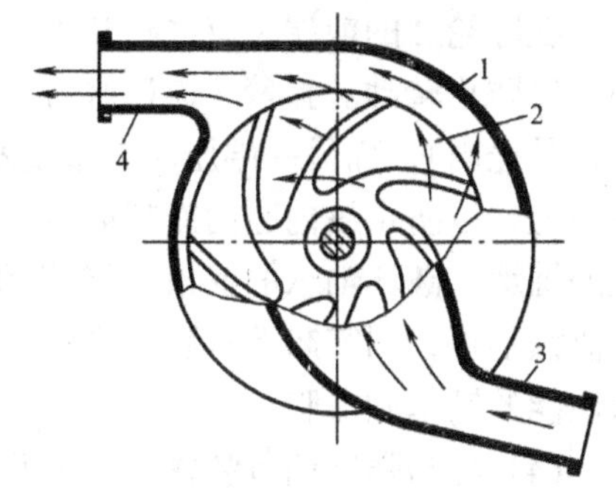

图 7-8　离心式水泵示意图

1—水泵壳体　2—叶轮

3—进液管　4—出液管

图 7-9 为东风 EQ1090E 型汽车的 EQ6100-1 型发动机所用离心式水泵的结构图。水泵轴 12 用两个球轴承 11 支承在水泵外壳 1 上。水泵轴的一端铣成两平面与水泵叶轮 2 的孔相配合，并用螺钉 5 紧固，以防叶轮轴向窜动；水泵轴的另一端用半圆键 13 与凸圆盘 14 连接，并用槽形螺母锁紧。凸缘盘用来安装风扇 V 带轮。水泵的外壳用螺栓固定在发动机缸体的前端面上。当叶轮转动时，冷却液由散热器经进液口 A 进入

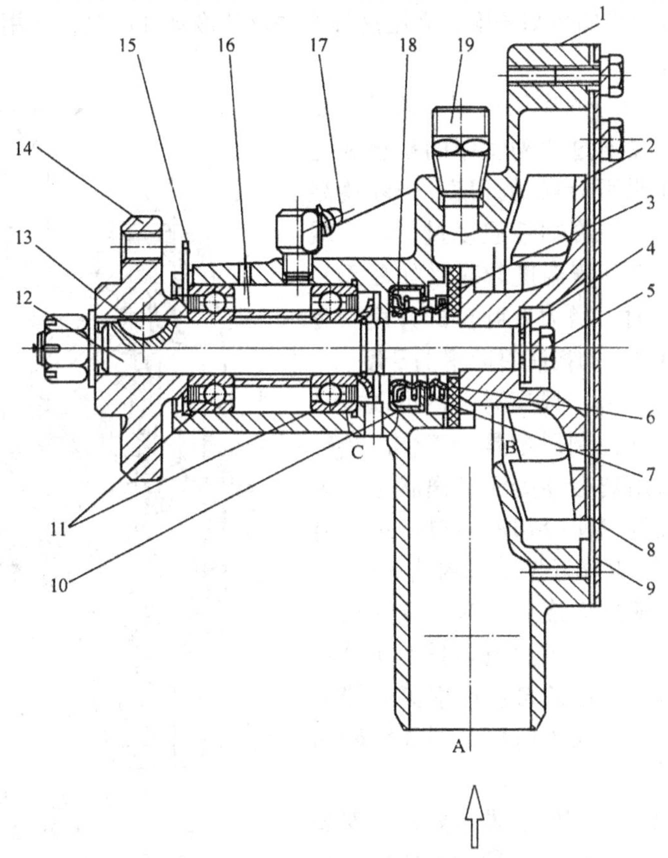

图 7-9　EQ6100-1 型发动机离心式水泵

1—水泵外壳　2—叶轮　3—夹布胶木密封垫圈　4—密封垫圈　5—螺钉　6—水封皮碗　7—弹簧

8—垫圈　9—泵盖板　10—水封座圈　11—球轴承　12—水泵轴　13—半圆键　14—凸缘盘

15—轴承卡环　16—隔离套筒　17—油嘴　18—水封环　19—管接头

水泵内腔 B，然后经出液腔进入发动机缸体水套中。

在叶轮 2 的前端装有水封装置，带有两凸缘的夹布胶木密封垫圈 3 卡于水泵外壳的两槽内，以防止转动。弹簧 7 通过水封环 18 将水封皮碗 6 的一端压在水封座圈 10 上（水封座圈压入外壳内），而另一端压向夹布胶木密封垫圈上；夹布胶木密封垫圈又压在水泵叶轮毂的端面上，以防水泵内腔的冷却液沿水泵轴向渗漏。当有少量的液滴由水封处渗出时，为避免浸泡轴承，破坏轴承的润滑，渗漏的液滴可从泄液孔 C 泄出。但是，如果停车时仍从孔 C 中泄漏不止，则需卸下水泵，检修水封。在使用中应定期从润滑脂嘴 17 向轴承注入具有耐水性能的钙基润滑脂。

（4）冷却强度调节装置：汽车发动机冷却系一般是根据发动机在某一正常工况下，能得到可靠的冷却而设计的。但使用条件（如转速、负荷和环境气温等）变化时，就必须能改变冷却强度，以保证发动机经常在最有利的温度状况下工作。否则在夏季高温地区，发动机在低速大负荷工况下，将因冷却强度不足而出现过热现象；而在冬季寒冷地区，发动机以高速小负荷工作时，将因冷却强度过强而出现过冷现象。冷却强度的调节方法有：

1）改变通过散热器的空气流量。当空气通过散热器时，可以把散热器内冷却液中所含的热量带走，空气流速越高，流量越大，带走的热量就越多，所以可以调节通过散热器的空气流量，以改变冷却系的冷却强度。采用这种方法调节冷却强度时，常用的装置是百叶窗和各种自动风扇离合器。

① 百叶窗：百叶窗的作用是调节通过散热器的进风量，驾驶员通过驾驶室内的拉杆和与之相连的拉索来操纵百叶窗的开度。当环境温度较低（如冬天）或在冷却液温度过低时，减小百叶窗的开度；当环境温度较高（如夏天），或冷却液温度过高时，增大百叶窗的开度。有些发动机则用调温器自动控制百叶窗的开度。

② 自动风扇离合器：风扇离合器可以根据冷却液的温度来自动控制风扇是否工作。当冷却液温度低时，风扇离合器处于分离状态，风扇不转动，这样既可以使冷却液的温度迅速升高到正常温度，又可以降低发动机的功率损失，减小噪声；当冷却液的温度升高时，风扇离合器接合，风扇转动，可以增加散热量，使冷却液的温度保持正常。常用的自动风扇离合器有硅油风扇离合器、机械式风扇离合器和电磁风扇离合器。

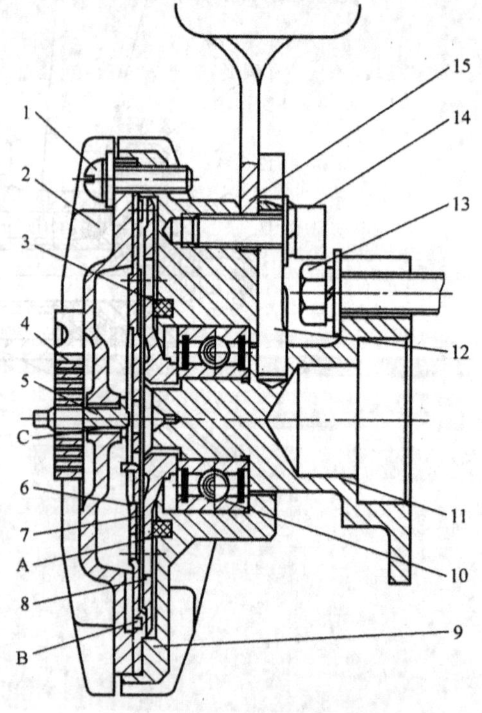

图 7-10　硅油风扇离合器
1—螺钉　2—前盖　3—密封毛毡圈
4—双金属感温器　5—阀片轴　6—阀片
7—主动板　8—从动板　9—壳体
10—轴承　11—主动轴　12—锁止板
13—螺栓　14—内六角螺钉　15—风扇
A—进油孔　B—回油孔　C—漏油孔

③ 硅油风扇离合器：硅油风扇离合器安装在风扇与水泵之间，如图 7-10 所示为中国一汽生产的解放 CA1091 型载货汽车的 CA6102 型发动机采用的硅油风扇离合器，主动轴 11 与水泵轴之间通过螺栓连成一体，主动板 7 连接在主

动轴 11 的前端，从动板 8 与前盖 2、壳体 9 连成一体，靠轴承 10 支承在主动轴上。风扇 15 固定在壳体上。从动板 8 与前盖之间形成储油室，其内部充满黏度很大的硅油。主动板 7 与壳体之间形成工作室。从动板上有进油孔 A，在常温下及发动机在小负荷下工作时，冷却液和通过散热器的气流温度不高，进油孔 A 被阀片 6 盖住，硅油不能从储油室进入工作室，这时离合器处于分离状态。主动板 7、主动轴 11 与水泵轴一起转动，使风扇随壳体在主动轴上空转打滑，这时，风扇的转动主要来自轴承与密封毛毡的微小摩擦力，因此转速很低，流过散热器的空气量相对较小，冷却系的冷却强度相对较低。

当发动机负荷增加、流经散热器的冷却液温度升高时，通过散热器的空气温度升高。在风扇离合器前端的气流温度达到 60～65℃时，双金属感温器 4 受热变形，迫使阀片轴 5 相对于从动板 8 转动，从而带动阀片 6 转动一定角度。当吹向感温器 4 的气流温度超过 65℃时，阀片 6 转到打开进油孔 A 的位置，于是硅油进入工作室。由于主动板 7 与从动板 8 之间工作面处的缝隙中进入了粘度很大的硅油，主动板 7 利用硅油的粘度即可带动从动板和风扇转动，这时风扇离合器处于结合状态，风扇转速迅速升高。因为主动板驱动壳体和风扇转动是以油为介质，并非刚性传动，所以风扇转速总是低于主动轴的转速，并伴随功率损失。为不使工作室的硅油温度过高，硅油可以在其离心力的作用下，经回油孔 B 从工作室中返回到储油室中。因为主动板的转速高、离心力大，从动板的转速低、离心力小，两离心力之差可以驱动硅油从工作室流向储油室，而储油室又经进油孔 A 及时向工作室补充油液，从而使硅油在工作室与储油室之间循环流动，这样就可以防止工作室中的硅油温度过高。流过散热器的空气温度越高，双金属感温器 4 的变形越大，进油孔 A 的开度越大，进入工作室中的硅油量就越多，风扇的转速也就越高。

若发动机的负荷降低，流经散热器的空气温度下降，吹向感温器的温度低于 35℃时，双金属感温器 4 恢复原状，阀片 6 关闭进油孔 A，在离心力的作用下，工作室的硅油经回油孔 B 返回储油室，离合器又回到分离状态，风扇转速又变得很低。为加速回油，在回油孔的边缘逆着旋转方向加工出一个刮油突起。

为防止温度过低时双金属感温器使阀片反向转动而打开进油孔，在从动板上加工出一个凸台作为阀片的反向定位。从动板中心还开有一个直径大于阀片轴孔的漏油孔 C，以防止停机后，风扇离合器处于静态时从阀片轴泄漏硅油。

当硅油风扇离合器失灵时，可旋松圆柱头内六角螺钉 14，使锁止板端部的指销插入主动轴的孔中，再拧紧圆柱头内六角螺钉 14，使风扇的壳体、风扇与主动轴连成一个整体。

硅油风扇离合器的优点：功率损失小，燃油消耗率低，噪声小，可延长发动机的使用寿命。

④ 机械式风扇离合器：以形状记忆合金作为温控和驱动元件的机械式自动风扇离合器，如图 7-11 所示。它的基本结构是典型的机械式锥形摩擦离合器。主动件 5 与主动轴 1 之间通过花键相连。从动件 3 安装在滚动轴承 2 的外圈上，滚动轴承的内圈安装在主动轴上，风扇安装在从动件上（图中未画出）。

螺旋弹簧 7 是用形状记忆合金材料制造的，安装在主动件上。形状记忆合金具有形状记忆效应和超弹性特性，它在临界温度点具有大幅度改变形状的特点，是温控元件的理想材料。该结构中的螺旋弹簧 7 兼有温控和压紧两个作用。

机械式风扇离合器的工作过程：当汽车发动机在小负荷工作时，散热器后面的气流温度

在 (50±3)℃以下时，形状记忆合金螺旋弹簧保持原来形状，使风扇离合器处于分离状态。当发动机的负荷逐渐增加，流经风扇离合器的气流温度上升到 (50±3)℃以上时，形状记忆合金螺旋弹簧开始伸长，使风扇离合器逐渐接合，风扇转速也随之增加。当环境温度上升到60℃时，螺旋弹簧快速伸长完毕，离合器完全接合，风扇的转速与主动轴的转速相等。当散热器后面的空气温度下降到54℃时，离合器开始分离，风扇转速逐渐降低，散热器后面的空气温度下降到40℃时，离合器完全分离，风扇只在轴承摩擦力矩驱动下低速运转。

记忆合金控制的机械风扇离合器的优点：温控灵敏度高，可保持发动机温度在合适范围，使燃油节省2%～4%，同时结构简单，工作可靠，易于维修。

⑤ 电磁风扇离合器：电磁风扇离合器的结构如图7-12所示。

电磁风扇离合器用螺母8固定在水泵轴9上。离合器由主动和从动两部分组成。主动部分包括：具有V带槽的电磁壳体3、线圈2、集电环1和摩擦片4。从动部分包括：用球轴承装在电磁壳体上的风扇毂7、可随导销6做轴向运动的衔铁环12等。线圈2用环氧树脂固定在电磁壳体内。引线壳体15装在防护罩上，其中心孔内的电刷16靠弹簧14压与集电环上。从冷却液温度感应开关引来的导线接于接线柱13上。

电磁风扇离合器的工作过程：当冷却液温度低于92℃时，冷却液温度感应开关的电路不通，线圈2不通电，离合器处于分离状态；当冷却液温度超过92℃时，冷却液温度感应开关的电路自动接通，线圈2通电，电磁壳体吸引衔铁环将摩擦片压紧，离合器处于接合状态。

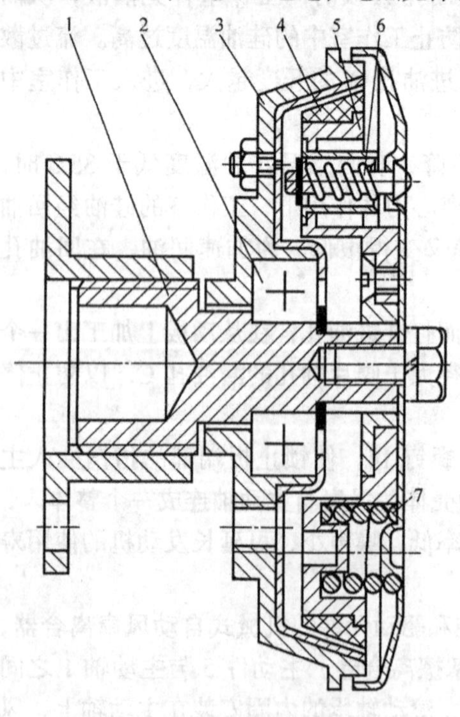

图7-11 机械式风扇离合器结构示意图

1—主动轴 2—滚动轴承 3—从动件 4—摩擦片 5—主动件 6—复位弹簧 7—形状记忆合金螺旋弹簧

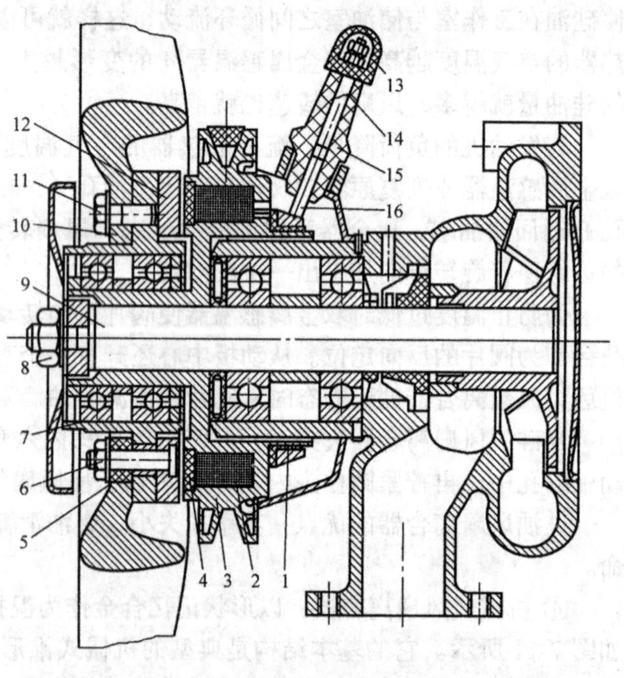

图7-12 电磁风扇离合器结构示意图

1—集电环 2—线圈 3—电磁壳体 4—摩擦片 5—弹簧 6—导销 7—风扇毂 8—螺母 9—水泵轴 10—风扇 11—螺钉 12—衔铁环 13—接线柱 14—弹簧 15—引线壳体 16—电刷

2）改变通过散热器的冷却液的流量。一般是由节温器来控制通过散热器冷却液的流量。节温器装在冷却液循环的通路中，一般装在气缸盖出液口处。如图 7-13 所示。

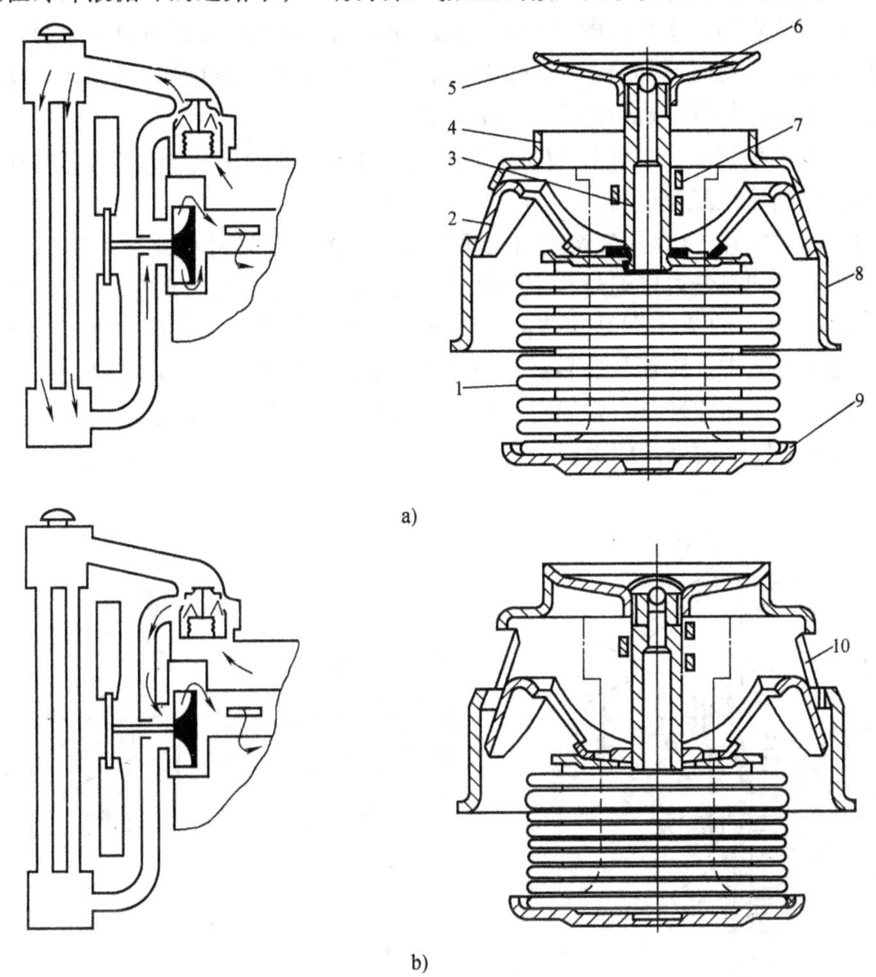

图 7-13　折叠式双阀节温器

a）大循环（节温器上阀门开启，侧阀门关闭） b）小循环（节温器上阀门关闭，侧阀门开启）

1—折叠式圆筒　2—侧阀门　3—杆　4—阀座　5—导向支架　6—通气阀

7、9—支架　8—外壳　10—旁通孔

① 折叠式节温器：折叠式节温器的结构如图 7-13 所示。具有弹性的折叠示的密封圆桶 1 用黄铜制成，内装有易于挥发的乙醚。筒内的蒸气压力随着周围温度的变化而变化，故圆筒的高度也随温度变化。圆筒的下端焊在支架 7 上，支架 7 固定地安装在节温器的外壳上，因此圆筒的下端位置是固定不变的。圆筒的上端焊有侧阀门 2 和杆 3，杆 3 上又焊有上阀门。这样，当折叠式圆筒高度改变时，侧阀门及上阀门将随圆筒的上端一起上下移动。节温器外壳上的旁通孔 8 正对着气缸盖出水管的旁通管。旁通管与水泵进液口连接。

当发动机在正常的热状态情况下（温度高于 80℃），冷却液应全部流经散热器，经常形成大循环。此时节温器的上阀门完全开启，而侧阀门将旁通孔 8 完全关闭，如图 7-13a 所示。

当冷却液温度低于70℃时，折叠式圆筒内的蒸气压力很低，使圆筒收缩到最小高度（图7-13b）。上阀门压在阀座4上，即上阀门关闭，同时侧阀门打开。此时切断了由发动机水套通向散热器的水路，水套内的冷却液只能由旁通孔8流出经旁通管进入水泵，又被水泵压入发动机水套内，此时冷却液不流经散热器，只在水套与水泵间进行小循环，从而防止发动机过冷，并使冷却的发动机迅速而均匀地升高温度。

当冷却液温度在70～80℃范围内时，上阀门与侧阀门便处于与温度相适应的中间位置。此时只有部分冷却液流经散热器。

上阀门上的通气孔10是用来将阀门上面的出液管内腔与发动机水套相连通，使在加注冷却液时，水套内的空气可以通过孔10排出，以保证冷却液能充满水套。

② 蜡式节温器：图7-14是蜡式节温器，推杆3的一端固定在支架1的中心处，另一端插入胶管5的中心孔中。胶管与节温器外壳7之间形成的腔内装有精致石蜡4。

蜡式节温器的工作原理是：常温时，石蜡呈固态，弹簧将主阀门2推向上方，使之压在阀座上，主阀门关闭；而副阀门随着主阀门上移，离开阀座，小循环通路打开，如图7-15a所示。

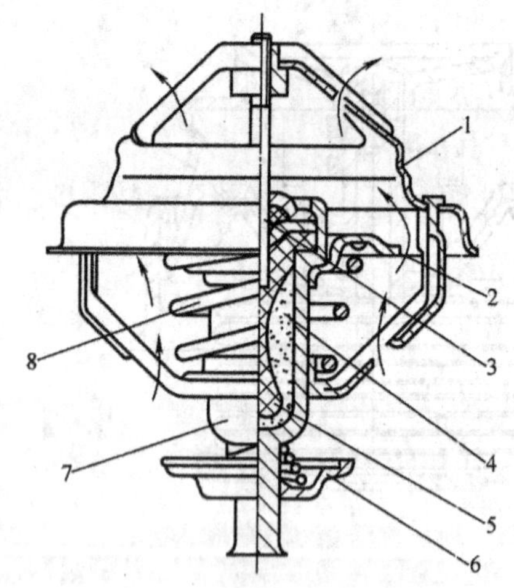

图7-14　蜡式节温器结构示意图

1—支架　2—主阀门　3—推杆
4—石蜡　5—胶管　6—副阀门
7—节温器外壳　8—弹簧

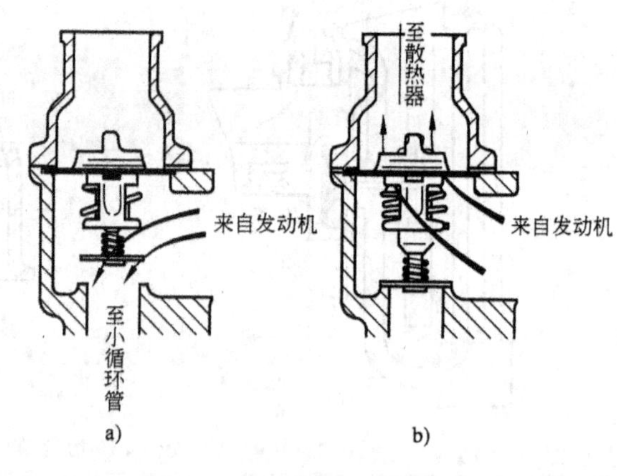

图7-15　蜡式节温器工作原理图

a）小循环　b）大循环

当冷却液的温度升高时，节温器外壳中的石蜡逐渐变成液态，其体积膨胀，迫使胶管收缩，而对推杆锥状端头产生上举力。因推杆固定在支架上不能移动，只能使外壳压缩弹簧向下移动并带动阀门下行。当发动机冷却液温度为76℃时，推杆对节温器外壳的反推力可以克服弹簧8的预压力，阀门开始打开。冷却液温度超过86℃时，主阀门全开，而副阀门正好完全关闭小循环的通路，这时来自气缸盖出液口的冷却液从出水管全部进入散热器冷却，即进行大循环，如图7-15b所示。

折叠式节温器阀门的开启是靠筒中容易挥发液体形成的蒸气压力的作用，故对冷却系中的工作压力较敏感，而蜡式节温器则对冷却系的工作压力不敏感，而且与折叠式节温器比较还有工作可靠、结构简单、坚固耐用、制造方便、容易大量生产、成本低等优点，故折叠式节温器目前有逐渐被蜡式节温器取代的趋势。

四、风冷系

风冷系是利用高速空气流直接吹过气缸盖和气缸体的外表面，把气缸内部传出的热量散到大气中去，以保证发动机在最有利的温度范围内工作。

图 7-16 是一台四缸发动机风冷系示意图。为保证有足够的散热面积，气缸体和气缸盖的表面均布满了散热片 3。散热片的形状如图 7-16 右下方所示，它与气缸体或气缸盖铸成一体。为便于铸造，风冷发动机的气缸和气缸盖都是单个铸出，然后装到整体式的曲轴箱上。

发动机最热的部分是气缸盖，为了加强冷却，现代风冷发动机气缸盖都用导热性好的铝合金铸造，而且气缸盖和气缸体上部的散热片也比气缸体下部的长一些。但是，某些多缸发动机中，为了缩短发动机的总长度，将气缸上下部分的散热片都做成一样长，但需要加大流经气缸上部的空气流量来加强冷却。

为了更有效地利用空气流加强冷却，一般都装有导流罩 2，并设有分流板 5，以保证各缸冷却均匀。考虑到各气缸背风面冷却的需要，在有些发动机上还装有气缸导流罩 4。对于 V 形风冷发动机，有的仍采用一个风扇，装在发动机前方中间位置，靠导流罩将气流分别引向左右两列气缸表面；也有采用两个风扇，分别装在左右两列气缸的前端。

由于风冷发动机的空气通道阻力较液冷系大，因此风冷系的风扇要求有较高的压力。目前风冷发动机上广泛采用的轴流式风扇，其旋转叶轮的前面常装有固定不动的导向叶轮 3，以减小风扇直径并提高其鼓风压力。叶轮一般用铝合金铸成，其叶片有翼形断面。旋转叶轮的叶片外端与风扇外壳之间的间隙很小，通常不超过 1mm，故具有较高的效率。

风冷系与液冷系比较，其结构简单，使用与维修方便；由于发动机与空气之间温差较大，故风冷系的散热能力对气温的变化不敏感。但风冷系还存在冷却强度不够可靠、消耗功率大和噪声大等缺点，目前在汽车上的应用不如液冷系普遍。

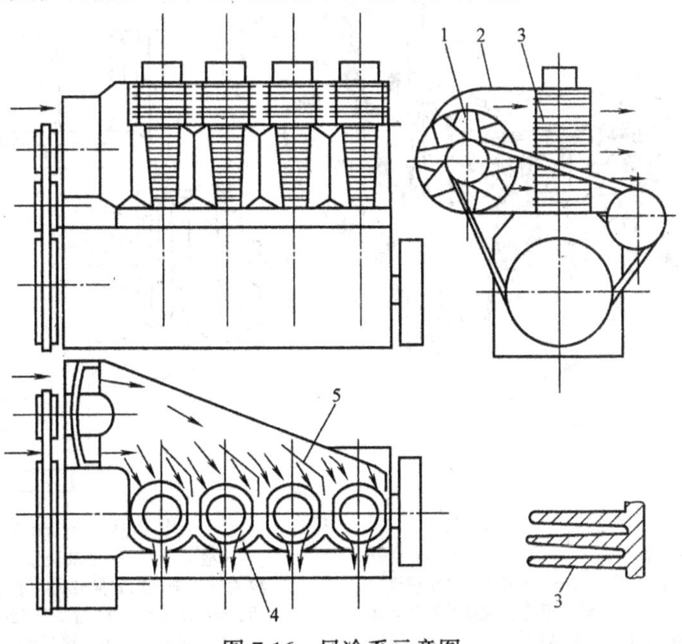

图 7-16　风冷系示意图

1—风扇　2—导流罩　3—散热片　4—气缸导流罩　5—分流板

第二节　典型发动机冷却系的结构与维修

一、典型发动机冷却系的结构与维修

(一) AFE 型发动机冷却系的组成与主要零部件结构

1. 组成

AFE 型发动机的冷却系属于强制循环封闭式冷却系，其组成如图 7-17 和图 7-18 所示，冷却液的循环过程如图 7-19 所示。

冷却强度可通过节温器和温控风扇调节。节温器调节冷却液的冷却能力，温控风扇调节流经散热器的冷却空气量。

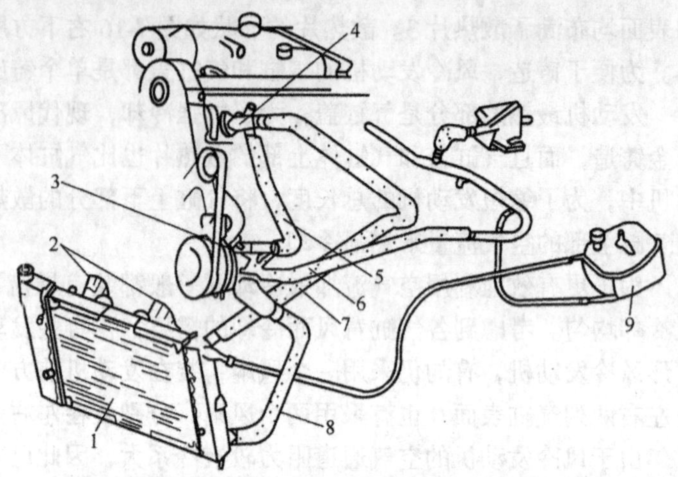

图 7-17　桑塔纳轿车用 AFE 发动机冷却系统示意图

1—散热器　2—风扇　3—水泵　4—缸体进水口（进入气缸体、气缸盖水套）　5—旁通水管　6—暖气回液进水泵液管　7—缸体冷却液出口与散热器进口接管　8—散热器出液管　9—膨胀小水箱

冷却液轴向进入水泵后，经叶轮径向直接流进发动机缸体水套，然后流入气缸盖水套。此后，冷却液分两路循环。一路大循环：冷却液流经散热器冷却后，进入装在缸体水泵进口处的节温器流向水泵进口；另一路小循环：冷却液直接进入

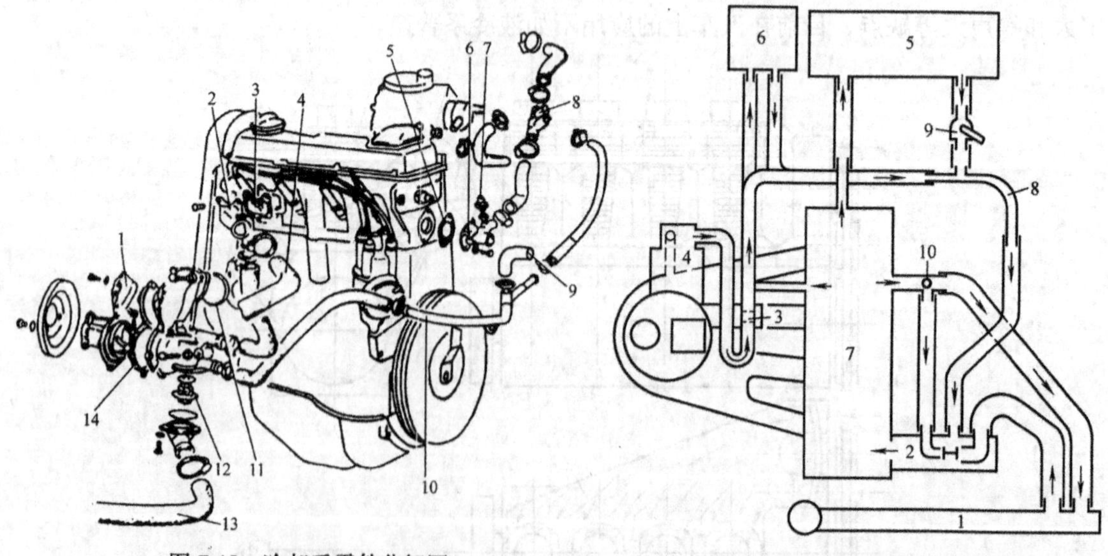

图 7-18　冷却系零件分解图

1—水泵　2—缸盖接管　3—密封垫　4—橡胶管　5—密封垫　6—接管　7—冷却液温度传感器　8—热敏开关　9—通向暖风热交换器的冷却液管　10—冷却液管　11—O 形密封圈　12—节温器　13—下橡胶弯管　14—密封垫圈

图 7-19　冷却液的循环过程

1—散热器　2—冷却液泵和节温器　3—膨胀材料元件　4—ATF 散热器（仅用于自动变速器型车）　5、6—暖风热交换器　7—缸体（气缸体/气缸盖）　8—冷却液管路　9—暖气阀门　10—三通热敏开关

节温器后的水泵进口，不经散热器冷却。当冷却液温度低于 85℃时，进行小循环；当冷却液温度高于 85℃时，部分冷却液进行大循环；当冷却液温度达到 105℃时，全部冷却液参加大循环。

2．AFE 发动机冷却系主要部件的结构与工作过程

（1）水泵：桑塔纳轿车的各种发动机和其他轿车发动机一样，采用离心式水泵，来实现封闭式强制循环冷却系冷却液的循环流动。

AFE 型发动机水泵叶轮为铸铁铸造的半开式径向叶轮，水泵轴承为双联连轴轴承，既向心球轴承的外圈为整体式、无内圈，钢球的内圈滚道直接设在水泵轴上。水泵是整体式独立部件。水泵由 V 带传动，因此带轮为钢板冲压件，通过压配在水泵轴前端的法兰（凸缘）连接，如图 7-20 所示。

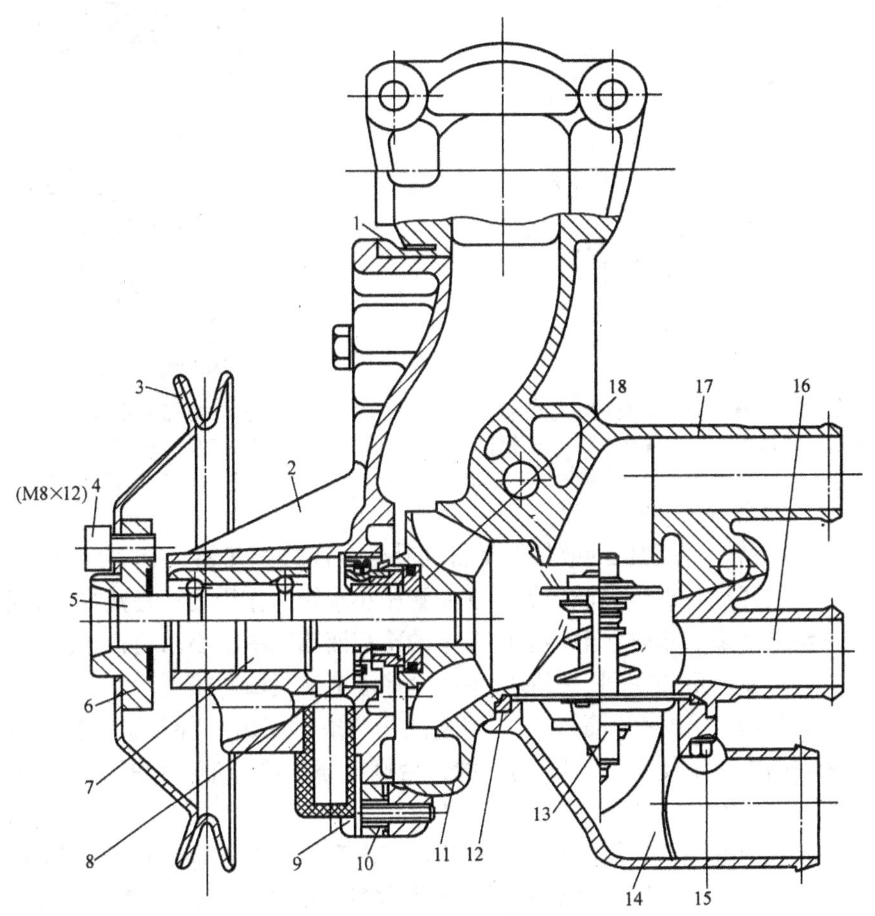

图 7-20　AFE 型发动机水泵纵剖面图

1—密封垫　2—水泵前壳体　3—水泵带轮　4—水泵带轮紧固螺栓　5—水泵轴　6—水泵轴法兰
7—双联连轴轴承　8—水封　9—水泵壳连接螺栓　10—密封衬垫　11—水泵后壳体
12—密封圈　13—节温器　14—水泵主进水管　15—进水管紧固螺栓
16—自取暖器回水管的水泵进水管　17—小循环水泵进口　18—水泵叶轮

（2）散热器：桑塔纳轿车发动机的散热器如图 7-21 所示，主要组成部分为左液室 1、热敏开关 3、散热器心 6、左液室 8、蒸气导出口 4 及膨胀水箱等。该散热器的冷却液管是水

平布置的横流式散热器，冷却液流通路线长、冷却效果好，但对冷却液的流量有一定的影响。

桑塔纳轿车的散热器为全铝装配式，即散热片和水管为铝质材料，采用圆形冷却管。机械装配式联接的管片式散热器（如图 7-22 所示）。采用铝代铜，大大降低了成本，减轻了质量。由于不需焊接，简化了制造工艺。冷却液管 1 与主片 4 及液室 5 的连接是非刚性的，因冷却液管与主片及液室间有橡胶弹性密封件，由热胀冷缩引起的冷却液管和主片间的相对位移而产生的间隙变化，将通过弹性密封垫保持有效的密封。

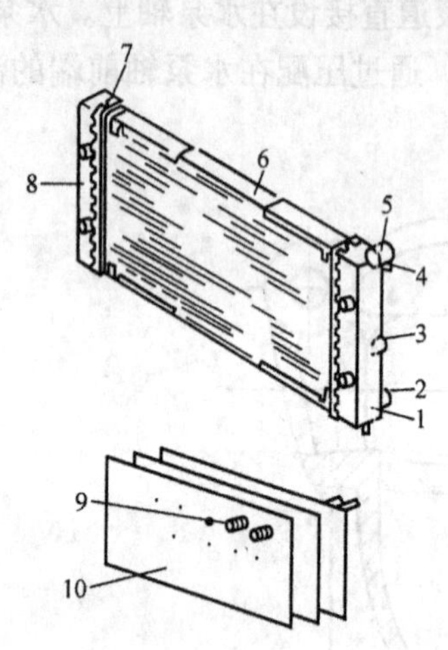

图 7-21　桑塔纳轿车发动机散热器
1—右液室　2—出液口　3—热敏开关　4—蒸气导出口　5—进液口　6—散热器心　7—夹紧板　8—左液室　9—冷却液管　10—散热片

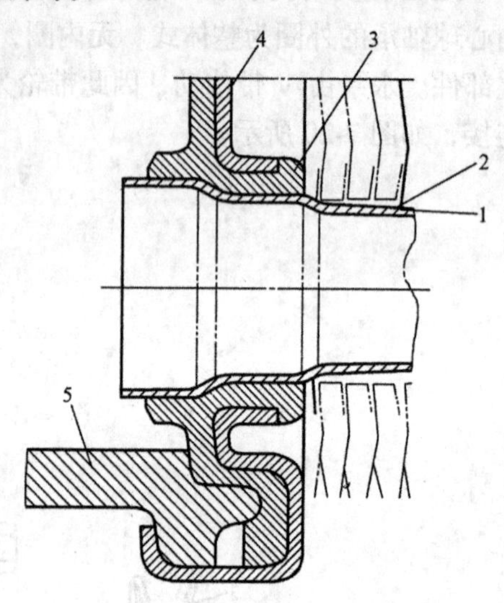

图 7-22　机械装配式散热器示意图
1—冷却液管　2—散热片　3—密封垫　4—主片　5—液室

桑塔纳 2000 型轿车发动机的散热器是自动补偿封闭式散热器，有一只膨胀水箱，用软管连接到散热器的蒸汽导出口。散热器上安装膨胀小水箱，作用之一是减少冷却系统冷却液的损失，当冷却液受热膨胀时，散热器内多余的冷却液流入膨胀小水箱；当冷却液温度降低后，散热器内会产生一定的空间，膨胀箱中的冷却液又被吸回散热器。

膨胀水箱上刻印有“MAX 高”和“MIN 低”两条标记线，当冷却液温度在 50℃以下时，冷却液液面高度应不低于“MIN 低”线，否则应添加冷却液。但是补充冷却液液面不得高出“MAX 高”线。

散热器膨胀水箱的第二个作用是提高冷却系统内部的压力，即提高冷却液的沸点，加大冷却液与外界大气的温差，提高散热能力。因为散热器的复合式加液盖（如图 7-24 所示），不设在散热器顶上，而设置在膨胀小水箱上面。平时冷却系与大气不相通，由此盖密封。

这个复式加液盖的蒸汽阀设定开启压力为 0.12MPa，此时冷却液的沸点可以达到 135℃（如果只是水，沸点是 108℃），故冷却系内蒸汽压力高于此值时，蒸汽阀克服弹簧压力自动开启，使一部分水蒸汽经导出口 4 泄出。

当冷却系内冷却液的压力因温度下降，蒸汽凝结，低于外界大气压力一定值时，空气阀 3 打开，散热器与大气相通，避免散热器水管被吸瘪。

（3）节温器：桑塔纳系列轿车发动机的节温器均采用蜡式双阀节温器，其作用与一般汽

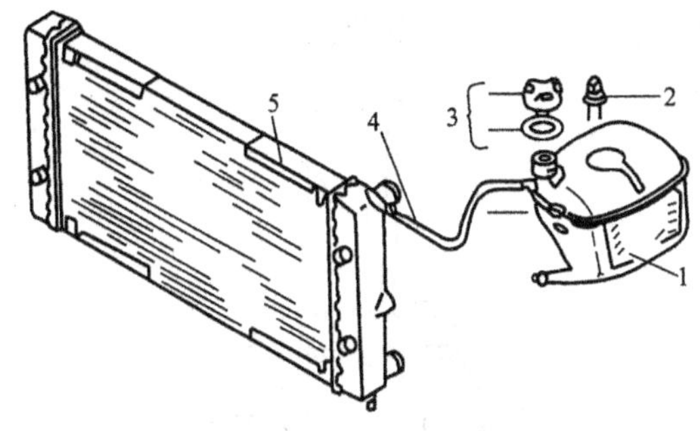

图 7-23 膨胀箱与散热器

1—膨胀箱 2—液位报警器 3—散热器盖
4—连接软管 5—散热器

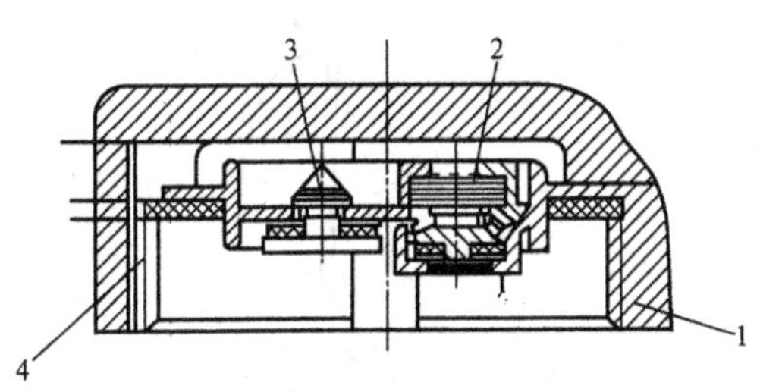

图 7-24 散热器的复式加液盖

1—外壳盖 2—蒸汽阀
3—空气阀 4—蒸气导出口

车发动机节温器相同，用来改变冷却液的流动路线及流量，自动调节冷却系的冷却强度，使冷却液的温度保持在最适宜的范围内。

AFE 发动机的节温器安装在水泵下端进水口前部（如图 7-20 所示），用来控制水泵的进水，其结构如图 7-25 所示。长方形的阀座 5 与下支架 3 铆接在一起，紧固在阀座 5 的中心杆 6 的锥形下端，插在橡胶套 10 内。橡胶套 10 与感温体 11 之间的空腔内充满着特制的石蜡。常温下石蜡呈固态，当温度升高时，石蜡逐渐熔化，体积也随之增大。感温体上部套装在主阀门 9 上部，下端与副阀门 1 铆接在一起。

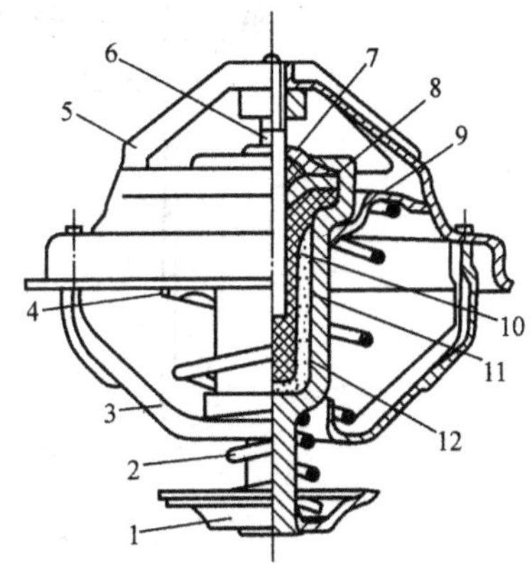

图 7-25 桑塔纳 2000 型轿车发动机的蜡式节温器

1—副阀门 2—小弹簧 3—下支架
4—大弹簧 5—阀座 6—中心杆
7—感温器罩 8—密封圈 9—主阀门
10—橡胶套 11—感温器体 12—石蜡混合物

当冷却液温度低于 85℃时，节温器体内的石蜡体积膨胀量小，主阀门 9 受大弹簧 4 的作用紧压在阀座 5 上，来自散热器的水道（图 7-20 中 14）被关闭，所以冷却液不经过散热器，只在水泵与发动机水套之间作小循环。因此发动机开始工作时，能很快暖机，在较短的时间内达到发动机正常的工作温度。

当冷却液温度高于 85℃时，石蜡体积膨胀，使橡胶套受挤压而变形，但由于中心杆 6 是固定不动的，于是橡胶套 10 收缩则对中心杆锥形端部产生一轴向推力，迫使感温体 11 压缩大弹簧 4，使主阀门 9 逐渐开启，副阀门 1 逐渐关闭，因而部分来自散热器的冷却液作大循环流动。

随着温度的升高，主阀门开大，作大循环冷却液量增多。当冷却液达 105℃时，主阀门全开，开足升程至少 7mm，副阀门则完全关闭，全部冷却液流经散热器作大循环流动。

（4）冷却风扇：AFE 型发动机采用横置两只轴流风扇，设置于散热器后面，风扇为 4 叶塑料叶片型轴流风扇。其中一只风扇由直流电动机驱动（如图 7-26a 所示），另一只由该风扇通过多楔型带传动的从动风扇（如图 7-26b 所示）。两只风扇水平横置，满足了散热器较宽及散热面积较大的需要，排风量大，散热效果好。

电动风扇与热敏开关配合使用，能实现自动控制，不受发动机转速的影响。热敏开关根

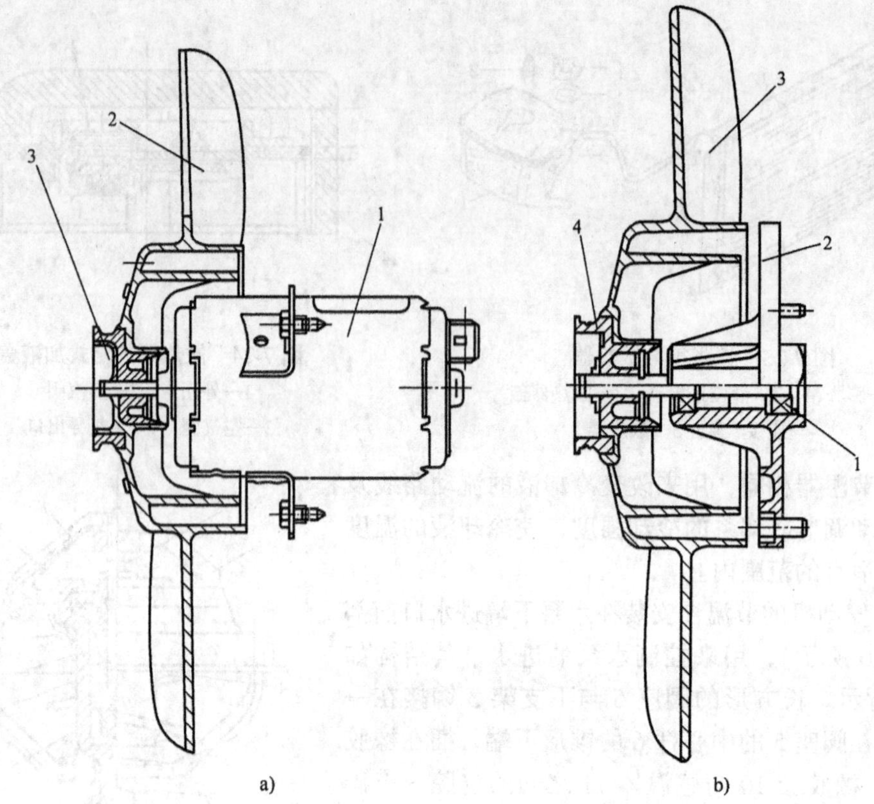

图 7-26　桑塔纳 2000 轿车发动机风扇

a）电动风扇结构图（AJR 型机用两只，AFE 型用一只）　b）AFE 型发动机用从动风扇

1—风扇电动机　2—叶片　3—主动带轮（AFE 型发动机用）　4—轴承座　5—从动轮

据冷却液温度自动控制电动风扇的变速，当发动机温度达到一定值或空调压缩机工作时，电动风扇才以一定的挡速工作。发动机温度下降或空调压缩机关闭时，温控热敏开关自动断开，风扇停转。风扇第一挡（慢挡）工作温度为 92～97℃，转速为 2300r/min，关闭温度 84～91℃；风扇第二挡（快挡）工作温度 99～105℃，转速为 2800r/min，关闭温度 93～98℃。

风扇外围还设置了护风罩，使气流集中穿过风扇，提高了散热效果，减小了空气回流，降低了振动，降低了噪声。

（二）AJR 型发动机冷却系的组成与主要零部件结构

1．组成

AJR 型发动机冷却系的布置如图 7-27 所示。

AJR 型发动机由于气缸盖的重新设计，加大了排气侧水道的流通截面积。冷却液轴向进入水泵，经叶轮后径向直接进入缸体水套，然后流入气缸盖水套，由气缸盖前端的出液口流出。此后冷却液分两路，一路为大循环，冷却液流经散热器冷却后，进入节温器，由节温器入口进入水泵进口；另一路为小循环，冷却液通过节温器后直接流入水泵进口。小循环是常循环，这样可以提高冷却系的温度，改善发动机热效率，同时可以确保冷却系始终有冷却液循环。

2．AJR 型发动机冷却系的主要部件的结构与工作过程

(1) 水泵：AJR 型发动机上取消了中间轴，在发动机前端原中间轴的位置附近，直接将水泵蜗壳铸在发动机缸体上，简化了设计。如图 7-28 所示，先将这些零件装成一个总成，然后将有 O 形密封圈的部位装入缸体上的泵壳中，水泵轴承座 4 上有 3 个螺栓孔，很方便地将水泵装上缸体。O 形密封圈 3 起封水作用。水泵轴仍为双联连轴轴承，不过，AFE 发动机上的双联连轴轴承为两只球轴承，在 AJR 型发动机的水泵上，将靠近齿型带轮一端的球轴承改为滚柱轴承，提高了耐冲击性及轴承的承载能力。

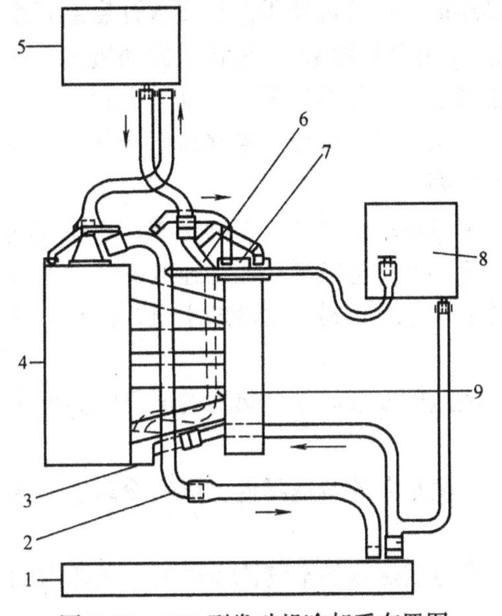

图 7-27　AJR 型发动机冷却系布置图

1—散热器　2—上冷却液管　3—节温器
4—气缸体　5—暖风热交换器　6—下冷却液管
7—进气预热　8—冷却液储液罐　9—进气歧管

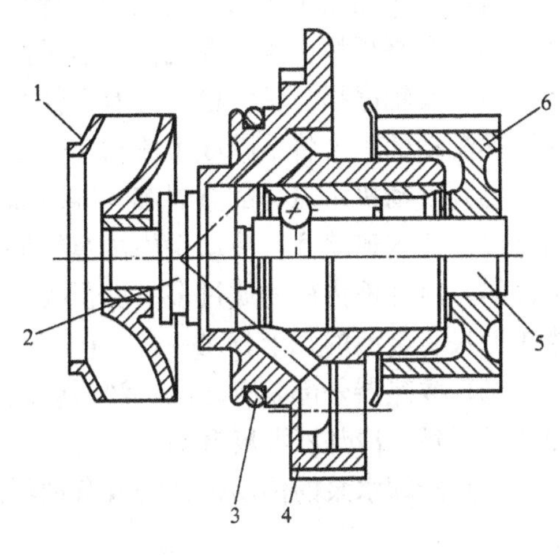

图 7-28　AJR 型发动机水泵

1—叶轮　2—水封　3—O 型圈
4—轴承座　5—水泵轴　6—齿形带

AJR 型发动机的水泵叶轮为工程塑料压制的闭式径向叶轮，质量轻，成本低，且效率高。叶轮上与水泵轴连接的部位，压铸工程塑料时预埋有钢制轴套。

(2) 风扇：AJR 型发动机的冷却系统。与 AFE 型发动机一样，也采用两只轴流风扇，安装在散热器的后面，但两只都由各自的独立电动机带动，由于独立由电动机驱动，系统的可靠性得到了提高。风扇的叶片也采用工程塑料压铸成形。但这里改用 9 片叶片，而且在外缘设计成一个圆环，将 9 片叶片连在一起，这样，不但风扇的刚性好，而且效率高。

AJR 型发动机的散热器、节温器同 AFE 型发动机。

二、AFE、AJR 发动机冷却系的故障诊断与排除

(一) 发动机过热

1. 故障现象

车辆行驶中，水温表指针长时间指在红区，发动机动力不足，配气机构异响，排气管烧红，严重时导致活塞拉伤。

2. 故障分析

冷却液量不足：冷却液是液冷系传热和散热的工作介质，如果冷却液量不足，系统的载热量减小，冷却液的流动速度降低，冷却强度下降。

（1）风扇电动机故障：风扇用来提高流经散热器的空气流量与流速，增强散热器的散热能力。桑塔纳轿车采用两个风扇，以满足散热器的需要，AFE 型发动机的一个风扇由双速直流电动机驱动，另一个由 V 带联动。AJR 型发动机上的两个风扇分别用直流电动机驱动。风扇不转或转动缓慢，就会降低散热器的散热能力，造成发动机过热。

（2）风扇电动机的热敏开关式传感器损坏：热敏开关又称为温控开关，它根据冷却液温度的不同自动接通和切断风扇电动机的电源电路。当冷却液温度达到相应温度，热敏开关的高、低温触点不能按时闭合，风扇电动机就不会及时投入工作，引起发动机过热。

（3）节温器失灵，冷却液不能及时通过散热器散热：节温器不能按要求开启或开度不够或因石蜡漏失而使主阀门长期关闭，冷却液不能充分流经散热器，将造成发动机过热。

（4）水泵损坏：当水泵壳体、卡簧槽及叶轮破裂，带轮凸缘配合松动，水封变形、老化及损坏，泵轴磨损、轴承松旷等原因使水泵漏水、泵水量下降或不泵水时，冷却液在发动机内循环流动的速度将下降或不流动，发动机温度过高。

（5）发动机水道、散热器芯管等冷却液循环水路堵塞：冷却液中的锈皮、水垢或其他脏物过多，使水道堵塞；冷却系内由空气形成气阻等，使冷却液循环流动速度降低，造成发动机过热。冷却液内矿物质过多，沉积的水垢就越多，不但容易阻塞冷却水道，而且水垢的传热能力只有金属的几十分之一。

（6）散热器外部装有泥土、油污或散热片因碰撞而变形等使散热器的通风阻力增大，冷却效果下降，冷却液温度升高。

（7）冷却水泵的传动带过松或有油污而打滑，使水泵的转速降低，影响冷却液的循环速度。

（8）汽车长时间顺风行驶或低挡工作，迎面流经散热器的空气流速过低，散热器的散热效果不良。

（9）发动机长期高负荷工作，燃料燃烧产生的热能量大，散发热量增加，发动机温度升高。

（10）点火时刻过晚、燃烧时刻滞后，或混合气过稀，燃烧速度慢，使发动机在作功行程后期的燃料燃烧量增大，经气缸壁散发的热量增多，发动机热效率降低，温度升高。

3. 故障诊断与排除

（1）检查冷却液泵驱动带的张紧度，过松时按说明书要求进行调整。

（2）检查散热器外部是否有泥土、油污，散热片有无变形。若散热器外部有脏物，可把散热器的两个固定螺栓拆下，提起散热器用水管进行清洗，直至流下清水为止。散热片变形时进行矫正。

（3）检查冷却液量。发现冷却液温度过高，仪表板上的冷却液温度/液面警告灯连续闪烁时，应检查冷却液罐中的液面高度，散热器、水管及各接头有无渗漏现象。若外部无渗漏，行驶一段距离后液面下降很多，在发动机运转当中打开散热器口时发现冒气泡，熄火后气泡消失，则为气缸垫密封不良或水套有砂眼，应查明原因，更换不合格零件。也可以采用加压的方法检查冷却系有无泄漏，在冷却液罐处安装一个专用压力表和打气管，给冷却系统充气，当气压达到 100kPa 时查看压力是否有下降趋势，若有下降，用肥皂水检查各连接部位，发现漏气之处，及时排出故障。冷却液罐上的压力阀应在 120～150kPa 时打开。正常的液面高度应位于冷却液罐的 max 和 min 标记之间。冷起动时液面高度应达到冷却液罐的上标记，热起动时允许液面稍有提高，不足时进行添加。注意应使用上海大众公司规定的冷却液。

(4) 检查风扇转速与转动时刻。冷却液温度在 92～97℃时，风扇转速应为 2300r/min，温度为 99～105℃时，风扇转速应为 2800r/min。如果风扇不转动或转动缓慢，应进一步检查双速热敏开关和风扇电动机。发动机运转过程中，从冷却液升温到沸腾，风扇一直不转，应检查熔断器、风扇电动机和连接线路工作情况。把热敏开关放在水中加热，用万用表进行检测，当水温达到 97℃时，Ⅰ速接线应导通，105℃时，Ⅱ速接线应导通，否则应该更换热敏开关。风扇电动机不转动的诊断与排除方法如图 7-29 所示。风扇电动机转动缓慢，是否有以下故障原因：电动机电枢绕组局部短路；电动机电刷磨损过多或弹簧过软，使电刷与换向器接触不良；换向器脏污；电源电压过低；温控开关高、低温触点接触不良。其诊断与排除方法如图 7-30 所示。

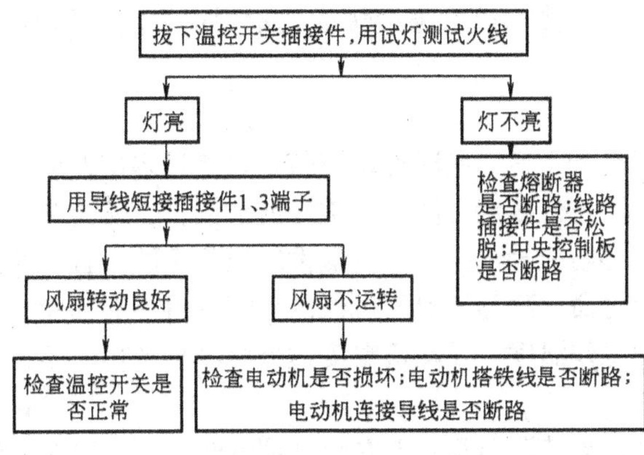

图 7-29　风扇电机不转动

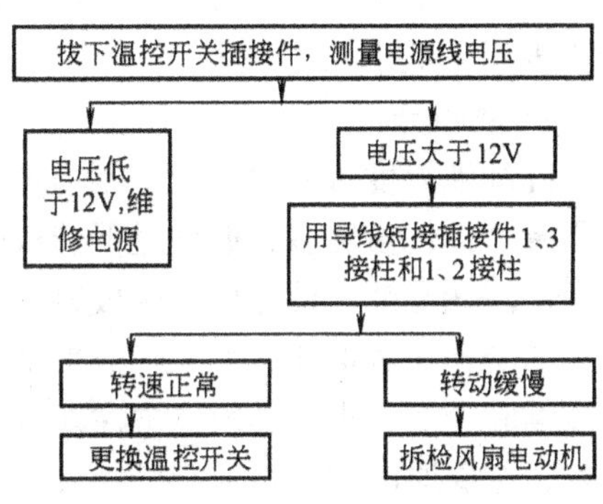

图 7-30　风扇电动机转动缓慢

(5) 检查节温器。用手触摸散热器的上、下液管，如果两根液管的温度差很大，表明节温器工作不良。将节温器取下放入盛有热水的器皿中加热，当冷却液温度升到 85℃时节温器应开始开启，105℃时应完全开启，全开时的阀门升程不小于 7mm。若相差较大，应更换节温器。

(6) 检修水泵。放尽冷却液，拆下散热器进、出水软管及旁通软管，取出暖气软管，卸下 V 形带及带轮，拧下水泵固定螺栓，拆下水泵总成，分解清洗后作如下检修：

1）检查水泵壳、卡簧槽是否破裂，如果裂纹较轻，长度在 30mm 以内，且不伸展到轴承座孔处，允许焊修或用环氧树脂胶粘结，严重时应予更换。

2）检查水泵轴有无弯曲、轴径的磨损程度、轴端螺纹是否损坏。水泵轴的弯曲程度不得超过 0.05mm，否则应予更换；轴颈磨损超限时，可采用镀铬、喷涂修复。

3）检查叶轮的叶片有无破碎、轴孔磨损是否严重。工程塑料叶轮破损，必须更换。水泵轴孔磨损严重时可镶套修复。

4）检查水封和胶木垫圈的磨损程度。水封磨损起槽时可用砂布磨平，磨损严重时更换；水封座有刮痕时可铰削或在车床上修理。

5）检查轴承磨损情况。泵轴旷动量超过 0.1mm 时应更换新的轴承。

6）检查散热器和冷却液道内的水垢是否过多。可用测量加液量的方法进行检查，如果冷却系的加水量明显少于 7L，说明冷却系中水垢过多或冷却液路堵塞。常见的水垢处理方法有盐酸处理法和碱处理法，采用铝合金机体时不能用强酸、强碱溶液除垢，以免腐蚀，可采用1L水加入100g磷酸、50g铬酐，搅拌后注入水套或散热器内，浸泡1h后放出，再用清水清洗。就车清洗时先拆去节温器，将冷却液从正常水循环相反的方向压入（即从出水管处压入），直到放出的水清洁为止。

7）检查冷却系统内是否进入空气而产生气阻使冷却液循环不良。先让发动机怠速运转，将散热器盖（安装在膨胀水箱上）轻轻拧至有气体放出为止，部分冷却液将随气体排出，因此应补足冷却液。排除空气后若温度有明显下降，说明冷却系统内有空气。

8）检查点火时刻，若过早或过晚时检查调整点火提前角，检查影响混合气浓度的传感器和执行器工作是否正常。

（二）发动机温度过低

1．故障现象

在发动机工作中长时间或全部工作时间内，冷却液升温缓慢或达不到正常的工作温度，水温表指示低于85℃。

2．故障分析

冷却液温度过低时，汽油不易汽化引起燃烧不良，同时冷却液带走热量过多使发动机功率下降、油耗量增多；温度过低造成部分汽油在气缸壁上凝结，破坏润滑油膜，还会流入曲轴箱冲淡润滑油，部分燃烧生成物在气缸内部与冷凝水结合生成酸性物质而腐蚀气缸，使发动机的磨损显著增加，大大降低发动机使用寿命。冷却液温度过低的危害一时不能察觉，往往被驾驶员所忽视，必须经常注意冷却液的工作温度。发动机温度过低由冷却系功能不正常所致，主要原因如下：

（1）节温器发卡、粘结使阀门不能闭合，当节温器阀门卡在全开位置时，冷却液在低温时就进行冷却，使发动机散热过度。

（2）风扇电动机的双速热敏开关失效，低温时风扇就转动。

（3）环境温度过低、汽车下坡逆风行驶，上下通风道无保温措施，发动机不能维持正常的工作温度。

（4）水温表或水温感应塞损坏，所显示的温度与实际温度不符。

3．故障诊断与排除

（1）检查水温表和水温感应塞工作是否正常，不正常时进行更换。

（2）检查电动风扇工作情况，当冷却液温度低于84℃时，风扇仍然转动，则属不正常，应更换热敏开关。

（3）检测发动机起动时散热器出水管与暖气水管温度是否相同，如果相同，则为节温器常开，冷却系在发动机刚开始工作就直接进行大循环。应检测节温器是否失效，如失效则应更换。

（4）环境工作温度太低时，应遮盖散热器。

（三）发动机工作时冷却系统有噪声

1．故障现象

发动机运转中冷却系的水泵、风扇或传动带发出连续不断的摩擦声或碰撞声。

2．故障分析

发动机由许多总成及零部件组成，运转时受到各种冲击、振动和相互运动的影响，因此不同的机件、不同的部位和不同的工作环境，将会产生不同的响声。引起冷却系统噪声的零部件有水泵、风扇及风扇传动带。

(1) 水泵产生噪声。水泵产生噪声的因素如下：水泵传动带轮轴松动；水泵轴上的叶轮松动；水泵轴后端间隙过大；叶轮叶片与泵体壁相摩擦；水泵轴与轴承之间的间隙过大；叶轮销断裂；水泵轴承损坏；水泵密封件太硬。以上因素使水泵在工作中产生冲击或摩擦噪声。

(2) 风扇传动带产生噪声的原因。传动带磨损或老化；传动带与带轮的沟槽配合不良；传动带太紧使轴承及自身载荷过大；传动带或带轮上面有油，工作中打滑产生摩擦噪声；带轮破裂或折断；带轮没有安装好；传动带过松，工作中弹振而产生噪声。

(3) 风扇产生噪声的原因。风扇叶片弯曲；风扇叶片与毂连接太松；风扇叶片不平衡；风扇叶片撞击散热器；风扇轴端间隙过大，风扇轴与轴承的配合间隙过大；风扇轴承损坏或缺少润滑油。

3. 检修

仔细查找发出噪声的部位及零件，拆检发响零部件的技术状况，必要时更换轴承或风扇V带；紧固、修理或更换叶片总成。

参考文献

1　杨信主编．汽车构造．北京：人民交通出版社，1994

2　汤定国主编．汽车发动机构造与维修．北京：人民交通出版社，2002

3　夏令伟主编．汽车电控发动机构造与维修．北京：人民交通出版社，2002

4　孔宪峰主编．汽车发动机构造与维修．北京：高等教育出版社，2002

5　任东主编．汽车发动机．北京：机械工业出版社，2003

6　林为群主编．高级汽车维修工培训教材．北京：人民交通出版社，2004

7　胡坪主编．汽车柴油机结构原理与维修．北京：国防工业出版社，1998

8　吴际璋主编．汽车构造．北京：人民交通出版社，1995

9　崔长海主编．柴油机维修专门化．北京：人民交通出版社，2002

10　徐家龙主编．柴油机电控喷油技术．北京：人民交通出版社，2004

11　陈家瑞主编．汽车构造．北京：人民交通出版社，2002

读者信息反馈表

为了更好地为您服务，有针对性地为您提供图书信息，方便您选购合适图书，我们希望了解您的需求和对我们教材的意见和建议，但愿这小小的表格为我们架起一座沟通的桥梁。

<table>
<tr><td>姓　名</td><td></td><td>所在单位名称</td><td colspan="2"></td></tr>
<tr><td>性　别</td><td></td><td>所从事工作</td><td colspan="2"></td></tr>
<tr><td>通信地址</td><td colspan="2"></td><td>邮　编</td><td></td></tr>
<tr><td>办公电话</td><td></td><td>移动电话</td><td colspan="2"></td></tr>
<tr><td>E-mail</td><td colspan="4"></td></tr>
<tr><td colspan="5">1. 您选择图书时主要考虑的因素（在相应项前画√）
（　）出版社　（　）内容　（　）价格　（　）封面设计　（　）其他
2. 您选择我们图书的途径（在相应项前画√）
（　）书目　（　）书店　（　）网站　（　）朋友推介　（　）其他</td></tr>
<tr><td colspan="2">希望我们与您经常保持联系的方式</td><td colspan="3">□电子邮件信息　□定期邮寄书目
□通过编辑联络　□定期电话咨询</td></tr>
<tr><td colspan="5">您对我社图书出版有哪些意见和建议（可从内容、质量、设计、需求等方面谈）：</td></tr>
<tr><td colspan="5">您今后是否准备出版相应的教材、图书或专著（请写出出版的专业方向、准备出版的时间、出版社的选择等）</td></tr>
</table>

非常感谢您能抽出宝贵的时间完成这张调查表的填写并回寄给我们，您的意见和建议一经采纳，我们将有礼品回赠。我们愿以真诚的服务回报您对机械工业出版社技能教育分社的关心和支持。

请联系我们——

地　　址：北京市西城区百万庄大街 22 号　机械工业出版社技能教育分社　邮编 100037

社长电话：(010) 68329397（带传真）；88379080；88379083

联 系 人：朱华（策划室主任）电话：(010) 88379761　13501367871

E-mail zhuhuamm@sina. com